U0925025

文物承载灿烂文明，传承历史文化，维系民族精神，

是老祖宗留给我们的宝贵遗产，

是加强社会主义精神文明建设的深厚滋养。

保护文物功在当代、利在千秋。

国家文物局 编

National Cultural Heritage Administration

科学出版社
北京

图书在版编目（CIP）数据

万年永宝 : 中国馆藏文物保护成果 / 国家文物局编. — 北京 : 科学出版社, 2021.5

ISBN 978-7-03-068634-3

Ⅰ. ①万… Ⅱ. ①国… Ⅲ. ①文物保护 – 研究成果 – 中国 Ⅳ. ①K87

中国版本图书馆CIP数据核字（2021）第070421号

责任编辑：张亚娜

责任校对：邹慧卿

责任印制：肖 兴

书籍设计：北京美光设计制版有限公司

封面图片：商代皿方罍 湖南省博物馆藏 动脉影 摄

万年永宝——中国馆藏文物保护成果

国家文物局 编

科学出版社 出版

北京东黄城根北街16号

邮政编码：100717

http://www.sciencep.com

北京华联印刷有限公司 印刷

科学出版社发行 各地新华书店经销

2021 年 5 月第 一 版 开本：787 × 1092 1/8

2021 年 5 月第一次印刷 印张：38 3/4 插页：5

字数：745 000

定价：680.00 元

（如有印装质量问题，我社负责调换）

万年永宝——中国馆藏文物保护成果

Pursuing Eternity: Conservation of Museum Collections in China

主　　办　国家文物局　北京市人民政府

协　　办　北京市文物局　河北省文物局　山西省文物局　内蒙古自治区文物局　江苏省文化和旅游厅（江苏省文物局）　浙江省文物局　湖北省文化和旅游厅（湖北省文物局）　四川省文物局　陕西省文物局　甘肃省文物局

承　　办　首都博物馆　中国丝绸博物馆　中国文物保护技术协会

时　　间　2021 年 5 月 18 日—8 月 17 日

地　　点　首都博物馆

工作团队

总 负 责　周　旸

学术顾问　（依姓氏笔画排序）
马清林　王旭东　苏伯民　李存信　吴来明　吴顺清　张金萍　周　铁　赵　丰
赵西晨　晏新志　铁付德　潘　路

展　　览

展览支持　韩战明　赵　丰　王时伟

展览策划　周　旸

展览统筹　龙霄飞　曲　亮　贾丽玲

设计统筹　钟　梅

展览协助　杨　烨　郭良实　王　俊　张　瑜

资料收集　中国文物保护技术协会　中国丝绸博物馆

资料统筹　刘建宇　杨海亮

灯光展柜　索经令　刘金陵　王　磊

点交布展　王显国　丁炳赫　李　兵　闫　娟　邢　鹏　栾　晔　李　梅　迟海迪　黄雪梅
杨丽明　徐　涛　张　杰　张贵余　唐　宁　俞嘉馨　邹非池

展品联络　首都博物馆　中国文物保护技术协会

展品运输　中国文物保护技术协会　首都博物馆　保铝（北京）国际货运有限公司

场地组织　首都博物馆

展览宣传　首都博物馆

展览设计　杭州黑曜石展示设计有限公司

云 展 览　华为终端有限公司

三维数据采集与处理　中兵勘察设计研究院有限公司

图　录

主　编　周　旸

副主编　曲　亮　龙霄飞

编　辑　杨海亮　关　明　贾丽玲　杨　洋　裴亚静　任　和　李　根　刘建宇　张　明

数字展示　刘　欢　黄　婧

展品提供

故宫博物院　国家文物局考古研究中心　首都博物馆　河北省文物考古研究院　清东陵文物管理处
山西省考古研究院　内蒙古锡林郭勒盟博物馆　南京博物院　中国丝绸博物馆　浙江省文物考古研究所
郑州市文物考古研究院　荆州博物馆　重庆声光电智联电子有限公司　成都文物考古研究院　成都博物馆
秦始皇帝陵博物院　陕西省考古研究院　陕西历史博物馆　西安元智系统技术有限公司　甘肃省博物馆
甘肃省文物考古研究所　甘肃简牍博物馆　武威市天梯山石窟保护研究所

资料提供

国家文物局　中国文化遗产研究院　国家文物局考古研究中心　中国文物保护技术协会
故宫博物院　中国国家博物馆　中国社会科学院考古研究所　中国中医科学院中国医史文献研究所
首都博物馆　北京市海淀区圆明园管理处　北京大学考古文博学院
北京科技大学科技史与文化遗产研究院　河北省文物考古研究院
山西省考古研究院　上海博物馆　中国科学院上海光学精密机械研究所
南京博物院　苏州博物馆　中国丝绸博物馆
浙江省文物考古研究所　浙江大学文化遗产研究院　江西省文物考古研究院
河南博物院　郑州市文物与考古研究院　湖北省博物馆
荆州文物保护中心　荆州博物馆　湖南省博物馆　广东省博物馆　重庆中国三峡博物馆
重庆声光电智联电子有限公司　四川博物院
成都文物考古研究院　陕西历史博物馆　陕西省考古研究院
秦始皇帝陵博物院　陕西省文物保护研究院
西北大学文化遗产研究学院　西安元智系统技术有限公司　敦煌研究院
甘肃省博物馆　甘肃省文物考古研究所

特别感谢

马家郁、陆寿麟、周宝中、奚三彩四位老先生提供历史图片资料

Hosted by: National Cultural Heritage Administration and The People's Government of Beijing Municipality

Co-hosted by: Beijing Municipal Administration of Cultural Heritage, Hebei Culture Relics Bureau, Shanxi Culture Relics Bureau, Cultural Relics Bureau of Inner Mongolia Autonomous Region, Jiangsu Provincial Department of Culture and Tourism, Cultural Heritage Bureau of Zhejiang Province, Hubei Provincial Department of Culture and Tourism, Sichuan Provincial Cultural Heritage Administration, Shaanxi Provincial Cultural Heritage Administration and Gansu Provincial Bureau of Cultural Relics

Organized by: Capital Museum, China National Silk Museum and China Association for Conservation Technology of Cultural Heritage

Time: May 18 – August 17, 2021

Venue: Capital Museum

Work team

Head: Zhou Yang

Academic advisers (in the surname stroke order): Ma Qinglin, Wang Xudong, Su Bomin, Li Cunxin, Wu Laiming, Wu Shunqing, Zhang Jinping, Zhou Tie, Zhao Feng, Zhao Xichen, Yan Xinzhi, Tie Fude and Pan Lu

Exhibition

Supported by: Han Zhanming, Zhao Feng and Wang Shiwei

Curated by: Zhou Yang

Coordinated by: Long Xiaofei, Qu Liang and Jia Liling

Design coordinated by: Zhong Mei

Assisted by: Yang Ye, Guo Liangshi,Wang Jun and Zhang Yu

Data collected by: China Association for Conservation Technology of Cultural Heritage and China National Silk Museum

Data coordinated by: Liu Jianyu and Yang Hailiang

Showcase illumination: Suo Jingling, Liu Jinlu and Wang Lei

Handover & exhibition arrangement: Wang Xianguo, Ding Binghe, Li Bing, Yan Juan, Xing Peng, Luan Ye, Li Mei, Chi Haidi, Huang Xuemei, Yang Liming, Xu Tao, Zhang Jie, Zhang Guiyu, Tang Ning, Yu Jiaxin, and Zou Feichi

Liaison: Capital Museum & China Association for Conservation Technology of Cultural Heritage

Exhibit transportation: China Association for Conservation Technology of Cultural Heritage, Capital Museum and Fenny International Fine Arts Transportation Co., Ltd.

Venue organization: Capital Museum

Exhibition publicity: Capital Museum

Exhibition designed by: Hangzhou Obsidian Exhibition Design Co., Ltd.

Cloud exhibition: Huawei Device Co., Ltd.

3D data collecting and processing: China Ordnance Industry Survey and Geotechnical Institute Co., Ltd.

Antique catalogue

Chief editor: Zhou Yang

Associate editors: Qu Liang and Long Xiaofei

Editors: Yang Hailiang, Guan Ming, Jia Liling, Yang Yang, Pei Yajing, Ren He, Li Gen, Liu Jianyu and Zhang Ming

Digital display: Liu Huan and Huang Jing

Exhibits provided by

The Palace Museum

National Centre for Archaeology (NACA)

Capital Museum

Institute of Hebei Cultural Relics and Archaeology

Administration Department of Cultural Relics in Eastern Mausoleum of the Qing Dynasty

Shanxi Provincial Institute of Archaeology

Xilingol League Museum

Nanjing Museum

China National Silk Museum

Zhejiang Provincial Institute of Cultural Relics and Archaeology

Zhengzhou Institute of Cultural Relics and Archaeology

Jingzhou Museum

Chongqing Sound Photoelectronic Zhilian Electronics Co., Ltd.

Chengdu Institute of Archaeology

Chengdu Museum

Emperor Qinshihuang's Mausoleum Site Museum

Shaanxi Academy of Archaeology

Shaanxi History Museum

Microwise System Co., Ltd.

Gansu Provincial Museum

Gansu Provincial Institute of Cultural Relics and Archaeology

Gansu Bamboo Slips Museum

Conservation and Research Institute of the Tiantishan Grottoes in Wuwei

Data provided by

National Cultural Heritage Administration

Chinese Academy of Cultural Heritage

National Centre for Archaeology (NACA)

China Association for Conservation Technology of Cultural Heritage

The Palace Museum

National Museum of China

Institute of Archaeology, Chinese Academy of Social Sciences (IA CASS)

Chinese Medical Literature Research Institute, China Academy of Chinese Medical Sciences
Capital Museum
The Administrative Office of the Old Summer Palace, Haidian District, Beijing
School of Archaeology and Museology, Peking University
Institute of Cultural Heritage and History of Science & Technology, University of Science and Technology Beijing
Institute of Hebei Cultural Relics and Archaeology
Shanxi Provincial Institute of Archaeology
Shanghai Museum
Shanghai Institute of Optics and Fine Mechanics, Chinese Academy of Sciences
Nanjing Museum
Suzhou Museum
China National Silk Museum
Zhejiang Provincial Institute of Cultural Relics and Archaeology
College of Cultural Heritage, Zhejiang University
Jiangxi Provincial Institute of Cultural Relics and Archaeology
Henan Museum
Zhengzhou Institute of Cultural Relics and Archaeology
Hubei Provincial Museum
Jingzhou Conservation Center
Jingzhou Museum
Hunan Provincial Museum
Guangdong Museum
Chongqing China Three Gorges Museum
Chongqing Sound Photoelectronic Zhilian Electronics Co., Ltd.
Sichuan Museum
Chengdu Institute of Archaeology
Shaanxi History Museum
Shaanxi Academy of Archaeology
Emperor Qinshihuang's Mausoleum Site Museum
Shaanxi Institute for the Preservation of Cultural Heritage
School of Cultural Heritage, Northwest University
Microwise System Co., Ltd.
Dunhuang Academy China
Gansu Provincial Museum
Gansu Provincial Institute of Cultural Relics and Archaeology

Special thanks to Mr. Ma Jiayu, Mr. Lu Shoulin, Mr. Zhou Baozhong and Mr. Xi Sancai for their previous picture information

序

Preface

中国是历史悠久的文明古国，也是文物大国。收藏在博物馆中传承千年、灿若星辰、精湛深邃的文物瑰宝，见证了中华先民的伟大发展历程。保护和传承好祖先留给我们的珍贵遗产，探究其价值，焕发其光彩，为社会主义精神文明建设提供滋养，是文物工作者的使命与担当。

在党和国家的高度重视下，一代又一代文物人接续努力，我国馆藏文物保护事业取得长足发展，文物保护工作已经从以抢救性保护为主过渡到抢救性保护与预防性保护并重的发展阶段。文物保护成套技术和系统解决方案逐步形成，基于风险管理理论的中国馆藏文物保护体系已经初步建立，借助多学科协同的馆藏文物保护手段更加系统全面，文物保护体系日趋完备。文物保护工作从传统到科学、从零散到规模、从合作到共赢。

为了回顾我国馆藏文物保护工作的发展历程，展示我国馆藏文物保护工作的发展成就，值此国际博物馆协会藏品保护委员会第19届大会在京举办之际，由国家文物局、北京市人民政府主办，首都博物馆、中国丝绸博物馆、中国文物保护技术协会联合承办的“万年永宝——中国馆藏文物保护成果展”在首都博物馆隆重开幕。本次展览基于馆藏文物保护学术成果交流、科学技术手段揭示、文物艺术价值呈现的定位，共分为“万年”“慧眼”“巧手”“芳华”“永宝”五个章节，展示我国馆藏文物保护修复和科学复原的最新成果，展现馆藏文物保护的中国理念和中国方案。

本书以展览展线为主要脉络，辑录了我国馆藏文物保护工作中的珍贵历史影像资料，全国23家文博单位、相关高等院校、科研院所的工作成果，以及精选的50余件（套）参展文物保护修复、复原的图文资料。希望本书不仅能够为文物保护工作者提供专业借鉴，还能够让社会公众更多地了解我国文物保护领域的相关知识和保护理念，吸引更多的人关心、关注并投身于文物保护事业中来。

我们愿与社会各界一道，做新时代文物保护的实践者、贡献者、传承者、创新者，保护共有文物瑰宝，守望共同精神家园，促进中华优秀传统文化创造性转化和创新性发展，为推动文物保护事业的高质量发展，为社会主义文化强国建设作出积极贡献！

文化和旅游部副部长、国家文物局局长　李群

2021年5月

目 录

研究论文

参考文献

附 录

后 记

Catalogue

Pursuing Eternity: Conservation of Museum Collections in China

Preventive Conservation

Research Papers

Bibliography

Appendices

Postscript

萬年永寶

中国馆藏文物保护成果

三金合铸成宝器，册文铭刻万年意。
良工造物终幽寂，钧沉里，慧眼舒光无不利。
巧手百般细雕镂，芳华分明形神俱。
更喜推陈出新技，酬所愿，延龄益寿永宝续！

萬年 慧眼 巧手 芳華 永寶

参天之木，必有其根；怀山之水，必有其源。任何国家和民族，都有根之所系、脉之所维，这个根脉就是历史和文明，文物正是维系根脉的重要物质载体。

中国是极富创造力的国度，自古以来，灿若繁星的“中国发明”和“中国创造”点亮了人类文明的浩瀚星空，也留下大量珍贵文物。这些绵延于岁月长河中的“国之瑰宝”，蕴藏着中华文明起源和中华文化特质，彰显着中华文明对世界文明的重大贡献，透射着当今中国发展繁荣的文化密码和力量源泉。

地不爱宝并世出，零圭断璧亦峥嵘。

截至2019年底统计，全国共有或考古出土或辗转传世的可移动文物1.08亿件(套)，历经岁月后，有些已是满目疮痍，亟需保护修复延续生命，以期“子子孙孙万年永宝”。

Development Process of Collection Conservation in China

No matter how tall the trees grow, they must have their roots, and no matter how far the rivers flow, they must have their sources. For a country or nation, the roots are its history and civilization, and the cultural heritage are important carriers to maintain them.

China is a country full of creative power. Since ancient times, the Chinese civilization has stood out with brilliant inventions and creations and has left us valuable cultural heritage in quantity. These treasures embody the origin of the Chinese civilization and the characteristics of Chinese culture, highlight the significant contribution of Chinese civilization to world civilization and reflect the cultural code and source of strength of China's development and prosperity today.

Earth does not regret yielding to man her treasures; even the incomplete parts of ancient treasures are precious. By the end of 2019, national movable cultural heritage excavated or transferred or handed down from generation to generation totaled 108 million pieces (sets), some of which were in disrepair by time and badly in need of conservation and restoration, so that later generations will eternally use them as treasures for ten thousand years.

萬年

伯𧇊䖒簋

西周

通高 21 厘米，口径 22 厘米，腹径 26 厘米

首都博物馆藏（5.2925）

Earl of Hao Cuo vessel (*Gui*)

The Western Zhou Dynasty

Height 21 cm, Mouth diameter 22 cm,

Belly diameter 26 cm

Collection of Capital Museum (No. 5.2925)

文物三维模型展示二维码

QR code for three-dimensional model of cultural heritage

伯椃虘簋三维渲染影像图（一组）

A group of three-dimensional renderings of Earl of Hao Cuo vessel (*Gui*)

伯椃虘簋

Earl of Hao Cuo vessel (*Gui*)

1978年12月，北京市文物事业管理局在通县物资回收公司征集到一件残铜簋，残缺约五分之一，腹内铭文也部分残缺。之后在通县城关收购站的协助下，找到了这件铜簋的一些残片，使全器得以复原。

复原后的铜簋缺盖，腹内铭文五行二十八字："白（伯）椃虘肈乍（作）皇考剌公尊毁（簋），用享用孝，萬年眉壽，畯才（在）立（位），子子孫孫永寶"。伯椃虘簋，《集韵》释"椃"木名，音"豪"，"椃虘"应为作器人名。"畯"音"俊"，指西周时期管理奴隶耕种的官员。

商周祭祀、宴飨用簋之数，少则二簋，多则十二簋，亦有四簋、六簋、八簋，皆为双数。从图像及所摹铭文拓本来看，伯椃虘簋与宋《宣和博古图》著录的"剌公敦"之二为同组器物，甚至不排除为同一器物的可能。簋自宋代以来长期误释为"敦"，清代诸家始证簋并非敦。

伯椃虘簋（修复前）
The Earl of Hao Cuo vessel (*Gui*) (before restoration)

铭文拓片（《殷周金文集成（第三册）》第2262页）
Rubbings of the inscription [*Collections of Bronze Inscriptions from Yin and Zhou Dynasties* (Vol. 3), p2262]

从传统到科学

From Tradition to Science

文物修复在我国具有悠久的历史，可以上溯到商周时代，晋侯墓地出土青铜器就有修补的痕迹，之后我国的文物修复经历了传统修复的经验保护阶段、现代科技介入传统修复的定性保护阶段、现代科技融合传统修复的半定量保护阶段。传承与创新并存，传统与科技互鉴，我国的文物保护修复已从经验、循证逐渐走向精准。

近年来，随着科技支撑力度的不断加大，文物保护领域发展呈现如下特点：一是建立在价值认知和风险评估基础上的系统性保护，得到高度重视；二是材质劣化机理与防治、保护材料评价等方面的定向基础研究不断深入，文物保护的安全性和可靠性不断加强；三是新材料及生物技术、信息技术等高新技术的广泛应用，极大丰富了馆藏文物保护的方法与手段；四是现代科技的全面介入，加快了文物保护传统工艺技术的继承、扬弃与创新。

回顾过去，我国文物保护领域的科研布局重点放在针对特定类型、特定场景的文物保护关键技术研发、技术应用研究方面，包括：主流材质馆藏文物保护材料的研发、工艺的改进，各种通用技术、装备在文物保护领域的应用研究和适用性改造。随着实践经验的积累和理念、技术的进步，又进一步向文物保护应用基础研究、文物风险防控技术等方面拓展，并取得重要进展。

1954 年，修复后母戊鼎
Experts were restoring the Houmuwu *Ding* in 1954

1958 年，甘肃省博物馆杨永清修复鸟类标本
Yang Yongqing was restoring a bird specimen at Gansu Provincial Museum in 1958

由于起步晚、基础薄，我国文物领域的科学技术研究还面临许多问题，现阶段突出表现在三个方面：一是文物保护和认知的基础理论薄弱，基础科学数据积累不足，导致很多文物保护实践缺乏理论支撑和安全保障，对文物知识的阐释和价值解读存在重大争议；二是文物保护和认知的共性关键技术供给不足，文物保护领域上的一些重大难题难以破解；三是人文与自然学科的交叉研究存在壁垒，难以构建文物“科学认知—人文解读—价值传播”的完整链条。

基于新时代文物工作的新要求，不断强化文物保护的科技支撑，已成为推动文物事业高质量发展、提升文物保护传承利用能力的必然选择。

故宫博物院徐文麟修复钟表
Xu Wenlin was restoring a clock at the Palace Museum

1978 年，敦煌研究院李云鹤修复壁画
Li Yunhe was restoring the mural at Dunhuang Academy China in 1978

1979 年，湖北省博物馆与哈尔滨工业大学合作研究曾侯乙编钟
Experts from Hubei Provincial Museum and Harbin Institute of Technology were studying the Marquis Yi of Zeng's Chime-bells in 1979

20 世纪 80 年代，修复秦始皇帝陵出土铜车马
Experts were restoring the bronze chariots and horses excavated from the Emperor Qinshihuang's Mausoleum in the 1980s

从零散到规模

From Scattered to Large Scale

我国文物保护工作走过了近百年的历程。1925 年，故宫博物院成立，即设立专门从事文物修复工作的科室。1944 年，国立敦煌艺术研究所成立。1949 年，北京文物整理委员会成立，成为新中国第一个由政府主办并管理的文物保护专业机构。1950 年，国立敦煌艺术研究所更名为敦煌文物研究所。1956 年，中国文物科学技术保护研究所（中国文化遗产研究院前身）成立。1960 年起，上海博物馆、中国历史博物馆（国家博物馆前身）、甘肃省博物馆等相继成立文物保护实验室。1962 年，《文物保护技术十年科学规划研究》上报科学技术委员会列入全国十年科学研究规划。之后，各地文博机构积极开展文物保护工作，至 1980 年中国文物保护技术协会成立、1989 年《文物保护与考古科学》学术期刊创办，标志着文物保护已初具行业规模。

“不谋万世者，不足谋一时；不谋全局者，不足谋一域”。文物保护工作离不开科技支撑，为了更好地引导科技在文物领域的应用，解决文物保护与利用过程中的重大问题，国家文物局从 2004 年开始谋划设立重点科研基地，迄今已批准成立七批次共 33 家重点科研基地，在重点领域和主要方向上开展科技基础性工作和创新性研究，极大地推动我国文物保护事业发展。第一批设立的古代壁画保护国家文物局重点科研基地（敦煌研究院）已经建设成为国家古代壁画保护工程技术研究中心，是我国文化遗产保护领域第一个国家级工程技术研究中心。

1980 年，中国文物保护技术协会第一次代表大会
The first congress of China Association for Conservation Technology of Cultural Heritage in 1980

1949 年，北京文物整理委员会成立
Beijing Commission for the Preservation of Cultural Relics was established in 1949

1965 年，敦煌文物研究所常书鸿、段文杰、樊锦诗等同志在城内办事处合影
Group photo of Chang Shuhong, Duan Wenjie, Fan Jinshi and other fellows from Research Institute on Cultural Relics of Dunhuang at its downtown office in 1965

1982 年，文物修复保护培训班结业典礼
Closing ceremony of the training course on cultural relic restoration and conservation in 1982

重点科研基地是依托文博单位、高等院校、科研院所和其他具有原始创新能力的机构形成的相对独立的科研实体，采用“开放、流动、联合、竞争”的运行机制，促进形成以国家保护为主、全社会积极参与的文物保护利用新模式。重点科研基地建设站在全局性、战略性和前瞻性的高度，以国家需求为导向，以解决文物保护科技中的热点、难点和瓶颈问题为核心，为文物事业提供全面的科技支撑，成为文物保护与利用相关领域的技术研发中心、人才孵化中心、成果辐射中心和交流合作中心。

国家文物局重点科研基地名单
List of Key Scientific Research Bases approved by the National Cultural Heritage Administration

序号 No.	科研基地名称 Name	依托单位 Supported by	组织单位 Organized by	批准 成立时间 Approved time
1	古代壁画保护国家文物局重点科研基地 Key Scientific Research Base of Conservation for Ancient Mural, State Administration of Cultural Heritage	敦煌研究院 Dunhuang Academy China	甘肃省文物局 Gansu Provincial Bureau of Cultural Relics	2005
2	陶质彩绘文物保护国家文物局重点科研基地 Key Scientific Research Base of Ancient Polychrome Pottery Conservation, State Administration of Cultural Heritage	秦始皇帝陵博物院 Emperor Qinshihuang's Mausoleum Site Museum	陕西省文物局 Shaanxi Provincial Cultural Heritage Administration	2005
3	出土木漆器保护国家文物局重点科研基地 Key Scientific Research Base of Excavated Wood and Lacquerware Conservation, State Administration of Cultural Heritage	湖北省博物馆 Hubei Provincial Museum	湖北省文物局 Hubei Provincial Bureau of Cultural Relics	2005
4	砖石质文物保护国家文物局重点科研基地 Key Scientific Research Base of Conservation on Brick and Stone Materials, State Administration of Cultural Heritage	陕西省文物保护研究院 Shaanxi Institute for the Preservation of Cultural Heritage	陕西省文物局 Shaanxi Provincial Cultural Heritage Administration	2006
5	馆藏文物保存环境国家文物局重点科研基地 Key Scientific Research Base of the Museum Environment, State Administration of Cultural Heritage	上海博物馆 Shanghai Museum	上海市文管会 Shanghai Municipal Administration Commission of Cultural Heritage	2006
6	文化遗产保护规划国家文物局重点科研基地 Key Scientific Research Base of the Conservation Planning for Cultural Heritage, State Administration of Cultural Heritage	中国建筑设计研究院 China Architecture Design & Research Group	国家文物局科研基地管理办公室 Scientific Research Base Management Office, NCHA	2006
7	空间信息技术在文化遗产保护中的应用研究 国家文物局重点科研基地 Key Scientific Research Base of Spatial Information Technology Application for Cultural Heritage Conservation, State Administration of Cultural Heritage	清华大学 Tsinghua University	北京市文物局 Beijing Municipal Administration of Cultural Heritage	2008
8	文物建筑测绘研究国家文物局重点科研基地 Key Scientific Research Base of Building Surveying and Mapping of Cultural Relics, State Administration of Cultural Heritage	天津大学 Tianjin University	天津市文物局 Tianjin Municipal Administration of Cultural Heritage	2008
9	古陶瓷科学研究国家文物局重点科研基地 Key Scientific Research Base of Ancient Ceramics, State Administration of Cultural Heritage	中国科学院上海硅酸盐研究所 Shanghai Institute of Ceramics, Chinese Academy of Sciences	上海市文管会 Shanghai Municipal Administration Commission of Cultural Heritage	2008
10	古陶瓷保护研究国家文物局重点科研基地 Key Scientific Research Base of Ancient Ceramics, State Administration of Cultural Heritage	故宫博物院 The Palace Museum	北京市文物局 Beijing Municipal Administration of Cultural Heritage	2008
11	博物馆数字展示研究国家文物局重点科研基地 Key Scientific Research Base of Digital Exhibition, State Administration of Cultural Heritage	湖南省博物馆 Hunan Provincial Museum	湖南省文物局 The Cultural Heritage of Hunan	2008
12	金属与矿冶文化遗产研究国家文物局重点科研基地 Key Scientific Research Base of Archaeometallurgy, State Administration of Cultural Heritage	北京科技大学 University of Science and Technology Beijing	北京市文物局 Beijing Municipal Administration of Cultural Heritage	2008
13	金属文物保护国家文物局重点科研基地 Key Scientific Research Base of Conservation on Metal Collection, State Administration of Cultural Heritage	中国国家博物馆 National Museum of China	北京市文物局 Beijing Municipal Administration of Cultural Heritage	2010
14	纺织品文物保护国家文物局重点科研基地 Key Scientific Research Base of Textile Conservation, State Administration of Cultural Heritage	中国丝绸博物馆 China National Silk Museum	浙江省文物局 Cultural Heritage Bureau of Zhejiang Province	2010
15	动植物考古国家文物局重点科研基地 Key Scientific Research Base of Zooarchaeology and Archaeobotany, State Administration of Cultural Heritage	中国社会科学院考古研究所 Institute of Archaeology, CASS	北京市文物局 Beijing Municipal Administration of Cultural Heritage	2010
16	考古年代学国家文物局重点科研基地 Key Scientific Research Base of Chronological Research, State Administration of Cultural Heritage	北京大学 Peking University	北京市文物局 Beijing Municipal Administration of Cultural Heritage	2010
17	考古发掘现场文物保护国家文物局重点科研基地 Key Scientific Research Base of On-site Conservation, State Administration of Cultural Heritage	陕西省考古研究院 Shaanxi Academy of Archaeology	陕西省文物局 Shaanxi Provincial Cultural Heritage Administration	2010

1966年—1970年 第三个五年计划

1970年，

河南博物院设立文物保护化验室。

1971年—1975年 第四个五年计划

1973年，

湖北省博物馆设立文物保护技术实验室。

1973—1975年，

广东省博物馆先后设立文物保护实验室、文物修复室、文物书画修复装裱室。

1976年—1980年 第五个五年计划

1978年，

南京博物院设立文物保护科学技术部。

1979年，

陕西考古研究院设立修复室。

1980年12月，

中国文物保护技术协会在北京成立。

1981年—1985年 第六个五年计划

1982年，

湖南省博物馆成立文物复制工厂。

1982年，

秦始皇兵马俑博物馆（秦始皇帝陵博物院前身）设立保管部，涵盖文物管理、文物包装运输和保护修复。

1984年，

敦煌文物研究所更名为敦煌研究院，原保护室随之成为敦煌研究院保护研究所。

1986年—1990年 第七个五年计划

1988年，

国家文物局和美国盖蒂研究所签订旨在加强中国文物保护科研的国际合作协议，之后的30余年，敦煌研究院与美国盖蒂保护研究所持续开展石窟保护项目；故宫博物院将文物保护实验室与文物修复厂、文物复制厂合并，正式成立文物保护科学技术部。

1989年，

陕西省文物保护技术中心成立；《文物保护与考古科学》学术期刊创办。

文物保护科学技术研究所与文化部古文献研究室合并为中国文物研究所；中德文物保护国际合作项目正式启动；陕西省文物考古研究院成立文物保护修复室。

在设立重点科研基地的基础上，国家文物局从技术研发、装备升级、体制机制创新和机构建设统筹考虑，组织开展文物保护领域科研联合体（创新联盟）的研究试点工作，旨在建立文化遗产保护关键技术研发的协同共享平台。2009 年，秦始皇兵马俑博物馆、中科院上海硅酸盐研究所、中科院上海有机化学研究所、中科院上海光学精密机械研究所和西安文物保护修复中心联合成立“陶质彩绘文物保护技术创新联盟”，这是文保领域首个由文博单位、科研院所组成的专业技术创新联盟。2010 年，国家文物局与浙江省人民政府签订战略协议，成立国家文化遗产保护科技区域创新联盟（浙江省），以文化遗产保护多样性为前提，通过体制机制创新，集成区域科研技术力量，实现化小为大、由弱变强。2012 年，国家文物局与中国科学院签订科技战略合作协议，在更高层面推动文物保护与科技的融合，组建由文博单位、科研院所、优势企业、高等院校联合的文物保护领域物联网建设技术创新联盟。2017 年，在 22 家重点科研基地的联合倡议下，组建了丝绸之路文物科技创新联盟，以文物科技创新助力“一带一路”建设。

发展到今天，文化遗产的科技保护已不再是过去零散被动的单兵作战，一个跨行业、跨领域、跨学科，充满创新活力的体制已经形成一定规模。

新中国成立前

1925年 1935年 1944年

1925年，故宫博物院成立，成立之初即已设立专门从事文物修复工作的科室。

1935年，旧都文物整理委员会成立。

1944年，国立敦煌艺术研究所成立。

新中国成立后

1949年 1950年 1951年 1952年

1949年，旧都文物整理委员会更名为北京文物整理委员会，这是新中国第一个由中央政府主办并管理的文物保护专业机构。

1950年，国立革命博物馆筹备处组建革命文物复制机构；敦煌艺术研究所更名为敦煌文物研究所。

1951年，故宫博物院保管部增设修整组，成为故宫博物院进行文物修复专门机构。

1952年，北京历史博物馆设立文物修整室；河南博物院设立文物修复室。

第一个五年计划

1953年 — 1957年

1956年，中国文物科学技术保护研究所成立，成为中国文化遗产研究院的前身。

第二个五年计划

1958年 — 1962年

1958年，上海博物馆设立文物修复工场。

1960年，上海博物馆、中国历史博物馆（国家博物馆前身）、甘肃省博物馆相继设立文物保护实验室，被称为全国三大文物保护实验室；故宫博物院设立文物修复复制厂。

1962年，河南博物院设立书画装裱室。

1962年，文化部和文物局起草的《文物保护技术十年科学规划研究》上报科委列入全国十年科学研究规划

19

序号 No.	科研基地名称 Name	依托单位 Supported by	组织单位 Organized by	批准 成立时间 Approved time
18	纸质文物保护国家文物局重点科研基地 Key Scientific Research Base of Paper Conservation, State Administration of Cultural Heritage	南京博物院 Nanjing Museum	江苏省文物局 Jiangsu Provincial Department of Culture and Tourism	2014
19	明清官式建筑保护研究国家文物局重点科研基地 Key Scientific Research Base of Study and Conservation of Guanshi Architecture in Ming and Qing Dynasty, State Administration of Cultural Heritage	故宫博物院 The Palace Museum	北京市文物局 Beijing Municipal Administration of Cultural Heritage	2014
20	传统木构建筑营造技艺研究国家文物局重点科研基地 Key Scientific Research Base of Technology of Traditional Wooden Architecture, State Administration of Cultural Heritage	东南大学 Southeast University	江苏省文物局 Jiangsu Provincial Department of Culture and Tourism	2014
21	体质人类学与分子考古学国家文物局重点科研基地 Key Scientific Research Base of Physical Anthropology and Molecular Archaeology, State Administration of Cultural Heritage	吉林大学 Jilin University	吉林省文物局 Jilin Provincial Cultural Heritage Administration	2014
22	文物保护领域科技评价研究国家文物局重点科研基地 Key Scientific Research Base for Evaluation of Science and Technology Research in Cultural Relics Protection Field, State Administration of Cultural Heritage	北京化工大学 Beijing University of Chemical Technology	北京市文物局 Beijing Municipal Administration of Cultural Heritage	2014
23	乡土文化遗产保护国家文物局重点科研基地 Key Scientific Research Base of Vernacular Cultural Heritage Conservation, State Administration of Cultural Heritage	山东建筑大学 Shandong Jianzhu University	山东省文物局 Shandong Provincial Cultural Heritage Administration	2015
24	木结构古建筑安全评估与灾害风险控制国家文物局重点科研基地 Key Scientific Research Base of Safety Assessment and Disaster Mitigation for Traditional Timber Structure, State Administration of Cultural Heritage	北京工业大学 Beijing University of Technology	北京市文物局 Beijing Municipal Administration of Cultural Heritage	2016
25	文物本体表面监测与分析研究国家文物局重点科研基地 Key Scientific Research Base of Surface Monitoring and Analysis of Cultural Relics, State Administration of Cultural Heritage	天津大学 Tianjin University	天津市文物局 Tianjin Municipal Administration of Cultural Heritage	2016
26	城市考古与保护国家文物局重点科研基地 Key Scientific Research Base of Urban Archaeology and Heritage Conservation, State Administration of Cultural Heritage	河南省文物考古研究院 Henan Provincial Institute of Cultural Heritage and Archaeology	河南省文物局 Henan Provincial Administration of Cultural Heritage	2016
27	石窟寺文物保护工程技术集成与应用研究国家文物局重点科研基地 Key Scientific Research Base of Research of Technology in Integration and Application of the Grottos Conservation, State Administration of Cultural Heritage	中铁西北科学研究院有限公司 Northwest Research Institute Co., Ltd. of China Railway Engineering Corporation	甘肃省文物局 Gansu Provincial Bureau of Cultural Relics	2016
28	石窟寺文物数字化保护国家文物局重点科研基地 Key Scientific Research Base for Digital Conservation of Cave Temples, State Administration of Cultural Heritage	浙江大学 Zhejiang University	浙江省文物局 Cultural Heritage Bureau of Zhejiang Province	2016
29	馆藏壁画保护修复与材料科学研究国家文物局重点科研基地 Key Scientific Research Base of Museum Mural Painting Conservation & Material Research, State Administration of Cultural Heritage	陕西历史博物馆 / 西北工业大学 Shaanxi History Museum/Northwestern Polytechnical University	陕西省文物局 Shaanxi Provincial Cultural Heritage Administration	2016
30	水利遗产保护与研究国家文物局重点科研基地 Key Scientific Research Base of Water Heritage Protection and Research, State Administration of Cultural Heritage	中国水利水电科学研究院 China Institute of Water Resources and Hydropower Research	北京市文物局 Beijing Municipal Administration of Cultural Heritage	2016
31	馆藏文物有害生物控制研究国家文物局重点科研基地 Key Scientific Research Base of Pest and Mold Control of Heritage Collection, State Administration of Cultural Heritage	重庆中国三峡博物馆 Chongqing China Three Gorges Museum	重庆市文物局 Chongqing Municipal Administration of Cultural Heritage	2019
32	旧石器时代人类演化与遗传国家文物局重点科研基地 Key Scientific Research Base of Paleolithic Human Evolution and Genomics, State Administration of Cultural Heritage	中国科学院古脊椎动物与古人类研究所 Institute of Vertebrate Paleontology and Paleoanthropology	北京市文物局 Beijing Municipal Administration of Cultural Heritage	2019
33	近现代文物建筑保护利用国家文物局重点科研基地 Key Scientific Research Base of Modern Heritage Building Conservation, State Administration of Cultural Heritage	上海市房地产科学研究院 Shanghai Real Estate Science Research Institute	上海市文物局 Shanghai Municipal Administration of Cultural Heritage	2019

从合作到共赢

From Cooperation to Win-win

“它山之石，可以攻玉”。将中国文物保护置于国际时空框架之中，与国际机构开展广泛深入的国际合作，既有助于比较、研究、吸收、利用其他国家的文物保护理念、技术和经验，又可传播推广中国文物保护的成果。中国的文物特色和丰富资源，为国际合作提供丰富选题。通过建立国际比较的学术研究路线和发表国际学术成果，使国际学术界转变对中国文物保护简单化和教条化的陈旧认识，在国际舞台上发出越来越响亮的中国文物保护科技之声。

自20世纪80年代，我国文物保护界开始与国际机构开展合作。1988年，国家文物局与美国盖蒂保护研究所签订旨在加强中国文物保护科研工作的合作协议，之后敦煌研究院与美国盖蒂保护研究所持续合作逾30年，美国盖蒂保护研究所内维尔·阿根纽获中国政府友谊奖和国际科学技术合作奖。1990年，敦煌研究院与日本东京文化财研究所签订《中日合作保护敦煌莫高窟第194窟53窟协议书、合作计划、实施细则》，后分别于1996、1999、2002年签订了第二、三、四期项目合作协议书。除此之外，敦煌研究院还与日本东京艺术大学、英国牛津大学、英国考陶尔德艺术学院、英国诺丁汉－特伦特大学等保持长期稳定的合作关系。通过国际合作，敦煌研究院逐渐摸索出一套符合中国国情的文物保护理念、技术和方法，壁画保护的“中国方案”对世界范围内的壁画保护具有重要参考价值。

2004年，中国—意大利合作文物保护修复培训开学典礼

The opening ceremony of the China-Italy cooperation of training for the conservation and restoration of cultural heritage in 2004

第十二个五年规划

2011年 — 2015年

2013年，
江苏省文物保护研究所挂牌。

2012年，
国家文物局与中国科学院合作
成立文物保护领域物联网建设技术创新联盟

2012年，
秦始皇帝陵博物院的文物保护部从原有的保管部单列出来，
成为独立部门。

2015年，
上海博物馆整合文物保护与考古科学实验室和文物修复研究室，
组建成立文物保护科技中心。

2015年，
乡土文化遗产保护科研基地（山东建筑大学）成立。

2014年，
国家文物局设立第五批五家重点科研基地：
纸质文物保护科研基地（南京博物馆）、
明清官式建筑保护研究科研基地（故宫博物院）、
传统木构建筑营造技艺研究科研基地（东南大学）、
体质人类学与分子考古学科研基地（吉林大学）、
文物保护领域科技评价研究科研基地（北京化工大学）成立。

第十三个五年规划

2016年 — 2020年

2016年，
国家文物局设立第六批七家重点科研基地：
木结构古建筑安全评估与灾害风险控制科研基地
（北京工业大学）、
文物本体表面监测与分析研究科研基地（天津大学）、
城市考古与保护科研基地（河南省文物考古研究院）、
石窟寺文物保护工程技术集成与应用研究科研基地
（中铁西北科学研究院有限公司）、
石窟寺文物数字化保护科研基地（浙江大学）、
馆藏壁画保护修复与材料科学研究科研基地
（陕西历史博物馆，西北工业大学）、
水利遗产保护与研究科研基地（中国水利水电科学研究院）。

2020年，
国家文物局考古研究中心成立

2019年，
国家文物局设立第七批三家重点科研基地：
馆藏文物有害生物控制研究科研基地（重庆中国三峡博物馆）、
旧石器时代人类演化与遗传科研基地（中科院古脊椎动物与古人类研究所）、
近现代文物建筑保护利用科研基地（上海市房地产科学研究院）。

2018年，
国家文物局、工业和信息化部、科学技术部联合发布《文物保护装备发展纲要（2018—2025年）》

2018年，
国家博物馆在原文物科技保护部与艺术品鉴定中心科技检测室的基础上组建文保院。

2017年，
甘肃省政府把麦积山石窟、炳灵寺石窟、北石窟寺也交由敦煌研究院管理，
敦煌研究院成为跨越地域最广、保护石窟数量最多的文物单位。

2017年，
丝绸之路文物科技创新联盟成立。

第十四个五年规划

2021年……

我国文物保护发展历程（1925—2020）

Development history of China's efforts in cultural heritage conservation (1925-2020)

2006年 — 2010年

第十一个五年规划

2008年，

国家文物局设立第三批六家重点科研基地：
空间信息技术在文化遗产保护中的应用研究科研基地（清华大学）、
文物建筑测绘研究科研基地（天津大学）、
古陶瓷科学研究科研基地（中国科学院上海硅酸盐研究所）、
古陶瓷保护研究科研基地（故宫博物院）、
博物馆数字展示研究科研基地（湖南省博物馆）、
金属与矿冶文化遗产研究科研基地（北京科技大学）。

2007年，

中国文物研究所更名为中国文化遗产研究院。

2007年，

中国文物保护技术协会联合发起成立东亚文化遗产保护学会。

2010年，

国家文物局和浙江省人民政府合作成立国家文化遗产保护科技区域创新联盟（浙江省）

2010年，

国家文物局设立第四批四家重点科研基地：
金属文物保护科研基地（中国国家博物馆）、
纺织品文物保护科研基地（中国丝绸博物馆）、
动植物考古科研基地（中国社会科学院考古研究所）、
考古年代学科研基地（北京大学）、
考古发掘现场文物保护科研基地（陕西省考古研究所）。
西安文物保护修复中心更名为陕西省文物保护研究院。

2009年，

敦煌研究院成立国家古代壁画保护工程技术研究中心，
是中国文化遗产保护领域第一个国家级工程技术研究中心。

2009年，

陶质彩绘文物保护技术创新联盟成立。

2001年 — 2005年

第十个五年计划

2003年，

前身为荆州博物馆实验室的荆州文物保护中心成立。

2002年，

中意两国政府在北京签署《支持和加强中国文物研究所修复培训中心》的项目谅解备忘议定书，中国文化遗产研究院开展中意合作文物保护修复培训项目。

2005年，

国家文物局设立第二批三家重点科研基地：
砖石质文物保护科研基地（陕西省文物保护研究院）、
馆藏文物保存环境科研基地（上海博物馆）、
文化遗产保护规划科研基地（中国建筑设计研究院有限公司）。

2004年，

国家文物局设立第一批三家重点科研基地：
古代壁画保护科研基地（敦煌研究院）、
陶质彩绘文物保护科研基地（秦始皇帝陵博物院）、
出土木漆器保护科研基地（湖北省博物馆）。

1996年 — 2000年

第九个五年计划

2000年，

秦始皇帝陵博物院开始中比合作。

2000年，

国家文物局批准中国丝绸博物馆成立中国纺织品鉴定保护中心。

1991年 — 1995年

第八个五年计划

1991年，

中国历史博物馆设立科技部；
陕西历史博物馆建成开放，保管部下设文保科。

1994年，

陕西省文物保护技术中心更名为西安文物保护修复中心。

2005 年，敦煌研究院与美国盖蒂保护研究所合作举办的壁画保护研究生班开学典礼
Opening ceremony of the postgraduate course on mural conservation jointly launched by Dunhuang Academy China and the GCI in 2005

1990 年，陕西省文物局和巴伐利亚文物保护局共同开展的中德文物保护国际合作项目正式启动，秦始皇帝陵博物院、陕西省文物考古研究院等文博机构在兵马俑、纺织品、青铜器等领域开展长期合作。1992 年 10 月，在德国慕尼黑召开了第一次中德合作研究与发展文物保护指导委员会工作会议，此后每两年在德国慕尼黑和中国西安轮流召开一次指导委员会，到项目结束时已经召开了 13 次指导委员会工作会议，德国巴伐利亚州文物保护局原局长、国际古迹遗址理事会（ICOMOS）原主席米夏埃尔·佩策特先生获中国国际科技合作奖。同时，1994 年，西安文物保护修复中心（陕西省文物保护研究院前身）与意大利合作；2000 年，秦始皇帝陵博物院与比利时合作，都取得丰硕成果。2016 年 9 月 23 日，陕西省文物局与法国文化遗产科学基金会在巴黎卢浮宫图书馆签署了《关于陕西省文物局与法国遗产科学基金会合作备忘录》。

中国文化遗产研究院作为国家级文物保护研究机构，多年来同意大利、德国、法国、美国等数十个国家的研究机构广泛开展合作与交流。2002 年 2 月，中意两国政府在北京签署了《支持和加强中国文物研究所修复培训中心》的项目谅解备忘议定书，正式启动“中意文物保护修复培训”项目。该项目是迄今为止，我国文化遗产保护领域开展的涉及专业领域较广、覆盖地域最广、时间跨度最长的文物保护修复培训国际合作项目。同时，中国文化遗产研究院与美国盖蒂保护研究所联合开展“中美承德殊像寺古建筑油饰彩画保护研究合作项目”，与法国巴黎第十二大学及法国国家科学研究院开展“中法铁质文物综合保护技术研究合作项目”，与德国慕尼黑工业大学联合开展的“中德合作安岳石窟保护项目”等国际合作项目，均取得了良好的成果。

筚路蓝缕，以启桑林。在党和国家的关怀支持下，一代又一代文物保护工作者接续奋斗、薪火相传，我国馆藏文物保护取得跨越式发展，在壁画、竹木漆器、陶瓷、纺织品、金属、纸张等材质的文物保护领域取得巨大进步，正在由“跟跑者”变为“并跑者”，甚至是“领跑者”，与联合国教科文组织合作开展的《中国书画文物修复导则》、世界丝绸互动地图等项目均取得标志性成果。

2010 年，德国总理默克尔考察中德合作项目
German Chancellor Angela Merkel was investigating the China-Germany cooperation project in 2010

2016 年，陕西省文物局与法国遗产科学基金会签署合作备忘录
Shaanxi Provincial Cultural Heritage Administration and French Foundation for Cultural Heritage Sciences were signing a Memorandum of Understanding (MoU) on cooperation in 2016

历经岁月的文物，仿佛一位翕然端坐的老人，用沉默缄封了过去，充满着无数的未解之谜，当人们走向它时则要穿越无尽的黑暗，这无尽的黑暗或许能用科技之光点亮。

正是科技擦亮了索解文物奥义的慧眼，也照亮着探索古代未知世界的前行方向。通过一张张图片、一个个数据、一条条曲线，在形貌、结构、成分等层面重新还原着文物的历史原貌。一件件文物，如同一个个文化符号，经过科学认知和人文求证，渐次变得鲜活灵动起来。

Cognition and Discovery

The cultural heritage that have gone through the years seal the past with silence just like an old man sitting upright with countless unsolved mysteries. People have to cross the endless darkness to approach and unscramble them by means of technology.

It is technology that has enabled people to perceive and unscramble the profound connotation of cultural heritage and guided them to explore the ancient unknown world. The original historical appearance of the cultural heritage is restored in terms of shape, structure and composition through a series of pictures, data and plots. The cultural heritage, just like cultural symbols, have gradually become vivid after scientific cognition and humanistic verification.

慧眼

微观
Micromorphology Observation

何以为纸
——从书写纸到加工纸

The evolution of paper from writing paper to processed paper

信息的记录与传播、文明的发展与传承都需要载体。纸前时代，人们通过镂于金石、刻书竹帛来记录信息，造纸术的诞生为信息记录与传播带来革命性变化。

敦煌悬泉麻纸

Fragment of Paper from Xuanquan, Dunhuang

汉
长 6 厘米，宽 3.4 厘米
甘肃敦煌悬泉置遗址
甘肃简牍博物馆藏（029318）

The Han Dynasty
Length 6 cm, Width 3.4 cm
Excavated from the Site of Xuanquanzhi, Dunhuang, Gansu
Collection of Gansu Bamboo Slips Museum (No. 029318)

敦煌悬泉麻纸
Fragment of paper from Xuanquan, Dunhuang

天水放马滩汉纸本地图

Map on Paper, Fangmatan, Tianshui

西汉
残长 5.6 厘米，宽 3 厘米
甘肃天水放马滩遗址
甘肃简牍博物馆藏（066660）

The Western Han Dynasty
Length (remaining) 5.6 cm, Width (remaining) 3 cm
Excavated from Fangmatan, Tianshui, Gansu
Collection of Gansu Bamboo Slips Museum (No. 066660)

悬泉置遗址出土大量简牍、帛书、石砚、毛笔等遗物，见证着帛、竹、木、纸等书写载体并存的时代。悬泉置遗址出土了 460 余件纸张，其中 10 余张上有墨书，是迄今为止国内外发现的最早的书写纸，其原料主要为大麻、苎麻、麦草、树皮，大部分纸张较厚，表面粗糙，纤维不匀，无帘纹，应为“浇纸法”所成，少部分纸张较薄，有帘纹，纤维分布均匀，应为“抄纸法”制造，有些加有滑石粉和淀粉之类的填料，使纸面平滑便于书写。

天水放马滩汉纸本地图
Map on paper, Fangmatan, Tianshui

加工纸是以书写和艺术欣赏为目的，经填粉、涂布、染色或砑光等加工工艺而制成的纸张。历代著名加工纸品种有唐代硬黄纸、南唐澄心堂纸、宋代金粟山藏经纸、元代明仁殿纸和明代磁青纸等。清代纸张加工技术达到了顶峰，尤其在宫廷中出现各式“粉蜡笺”，以乾隆朝最为精美。

粉蜡笺
La Jian

自唐代时粉蜡笺已然盛行，至乾隆年间，其制作工艺已是炉火纯青。粉蜡笺不仅宜书宜画，又颇具观赏价值，是常见的清代宫廷御用纸笺。

粉蜡笺制作工艺繁杂，先在纸面上涂以色粉，再加蜡砑光，使纸面光滑，质地坚韧。清代宫廷中多以此纸书写春帖子、诗赋及供补室内装饰贴落。

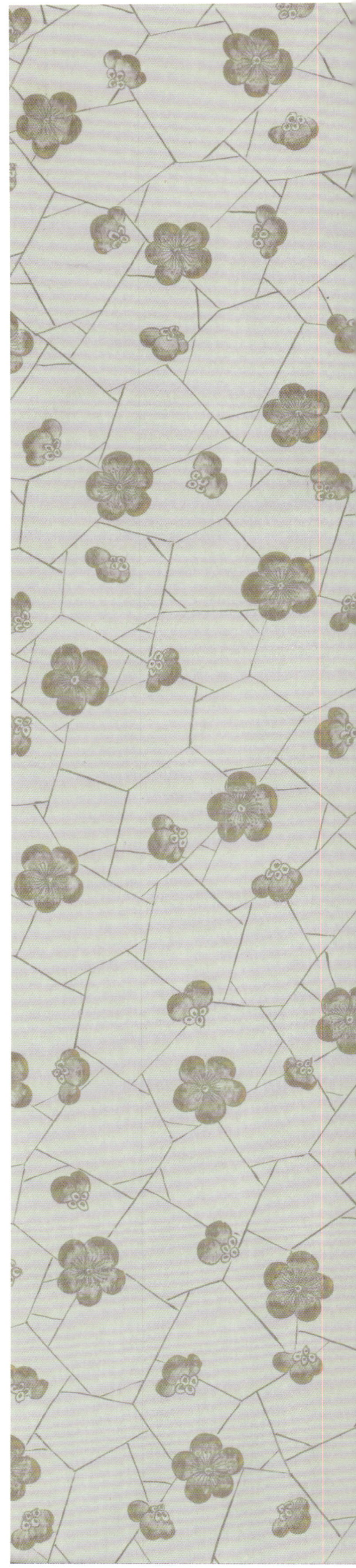

梅花玉版笺
Powder-wax Paper Decorated with Prunus Blossom

清 乾隆
长 49.1 厘米，宽 51.3 厘米
故宫博物院藏（G00224737）

The Qing Dynasty, the Emperor Qianlong Period
Length 49.1 cm, Width 51.3 cm
Collection of the Palace Museum (No. G00224737)

此纸为斗方式，以皮纸为原料，在纸面上施粉加蜡，砑光，再以泥金绘冰梅纹图案，右下角钤“梅花玉版笺”隶书朱印。纸张细腻光洁，质地柔韧。

宋代笔记中已有关于“玉版笺”的记载，清代康熙朝已有冰裂梅花纹陶瓷制品问世，将其应用于纸张，属清代宫廷首创，其纸质莹润如玉，花纹清幽高洁，与清代帝王所追求的文人雅趣相得益彰。

《活计档》中保留着乾隆皇帝下旨令内廷造办处制作梅花玉版笺的记录，可知其是当时盛行的宫廷专用纸笺。

梅萼玉版箋

白色描金暗八仙纹粉蜡笺

White *La Jian* (Powder-wax Paper) with Gold Eight Daoist Emblems Decoration

清 乾隆
长 189.5 厘米，宽 94.7 厘米
故宫博物院藏（G00249049）

The Qing Dynasty, the Emperor Qianlong Period
Length 189.5 cm, Width 94.7 cm
Collection of the Palace Museum (No. G00249049)

此纸尺幅宽大，纸质挺括，纸面砑光，表面光滑。一面描金绘暗八仙纹，此外还间饰以灵芝、竹叶、蟠桃等四季折枝花果纹，整体疏密有致，清新淡雅。另一面则洒金，两面均可书写、作画，亦可多层揭裱。

深粉色描金暗八仙纹粉蜡笺

Dark Pink *La Jian* (Powder-wax Paper) with Gold Eight Daoist Emblems Decoration

清 乾隆
长 190.3 厘米，宽 95.4 厘米
故宫博物院藏（G00249050）

The Qing Dynasty, the Emperor Qianlong Period
Length 190.3 cm, Width 95.4 cm
Collection of the Palace Museum (No. G00249050)

此纸纸质较厚，纸面蜡光浮动，更显光滑。一面绘描金银暗八仙纹，花纹以金银细致勾勒，其间还饰以水仙、月季等折枝花卉，花纹错落有致，别有雅趣。另一面则为洒金。

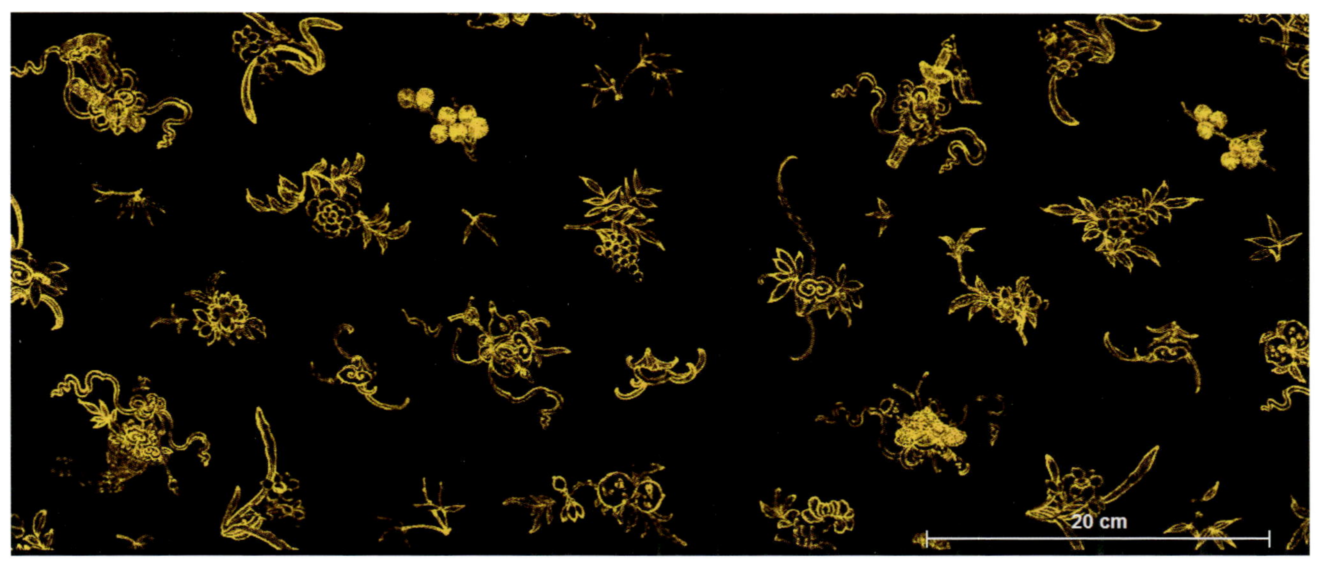

基于宏观 X 射线荧光扫描技术的 Au 元素分析
Analysis of Au element based on Macro X-ray fluorescence scanning spectroscopy (MA-XRF)

经宏观 X 射线荧光扫描技术分析，纸张表面泥金绘“暗八仙”纹饰清晰可见，这是中国传统装饰纹样之一。八仙指神话传说中神通广大的道家神仙铁拐李、汉钟离、蓝采和、张果老、何仙姑、吕洞宾、韩湘子和曹国舅，他们各持一件宝物，分别是葫芦、扇子、花篮、渔鼓、荷花、宝剑、洞箫和玉板，传说这些宝物法力无边，常被用作文物装饰。

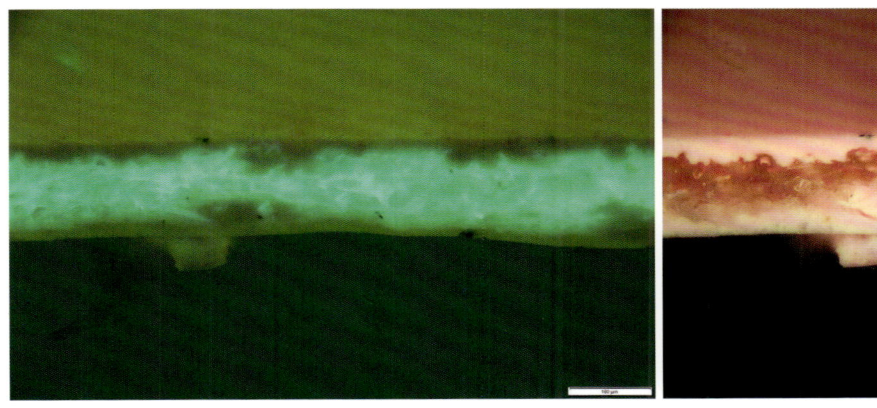

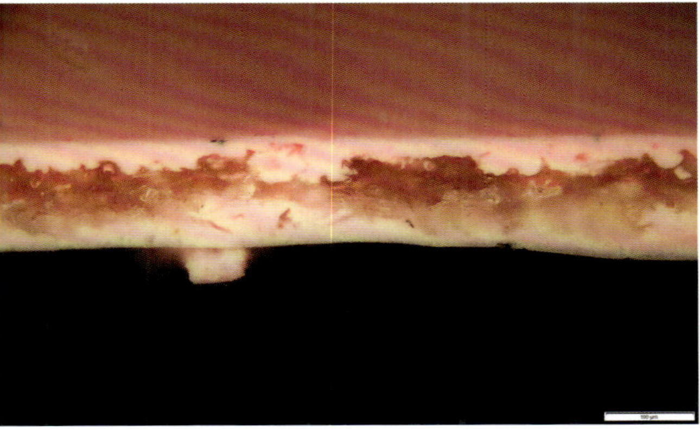

可见光和紫外光下观察纸张剖面结构
The cross-section structure of the paper observed under visible light and ultraviolet light

在可见光和紫外光下观察纸张剖面结构，可知此粉蜡笺纸具有集填粉、染色、涂布、描金等技术于一体的多层结构。

粉蜡笺纸剖面结构示意图
Cross-section structure schematic of *La Jian* (powder-wax paper)

丝毛棉麻
——敦煌藏经洞纺织品纤维鉴别

The discernment of textile fibers from the Library Cave of Mogao Grottoes in Dunhuang

丝、毛、棉、麻是四种最重要的天然纺织材料，世界各地的古代文明均根据各地的自然环境特产创造了丰富的纺织文化，在历史的过程中，逐渐形成不同特质的纺织品文化圈。粗略地说来，在旧大陆上的四大文明古国恰好与四大纺织纤维原料有着比较明显的对应关系，埃及主要使用亚麻，印度以产棉为主，古巴比伦以产羊毛为主，而中国则是产丝。

敦煌自古是“华戎所交大都会”，这一情势表现于纺织史上则是多种纺织纤维的并存，丝、麻、棉、毛，无一或缺，在敦煌莫高窟出土纺织品中皆能找到实例，如《辛卯年（991年）十二月十八日当宅现点得物色历》【伯4518（28）号】等相关文书亦有详细载录。

纺织纤维形貌特征
Morphological characteristics of textile fibers

不同类别的天然纤维在微观形态特征上存在着显著差异和高辨识度特征，因此采用形貌分析手段，在显微镜下就能够非常清晰地将丝、毛、棉、麻区分开来。

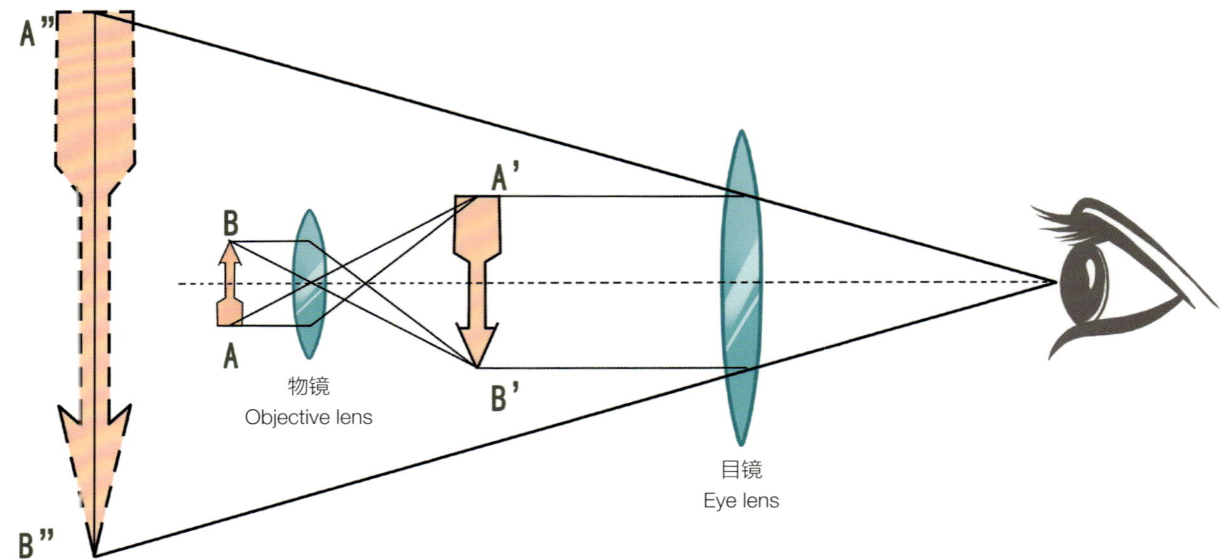

显微观察原理图

Schematic diagram of microscopic observation

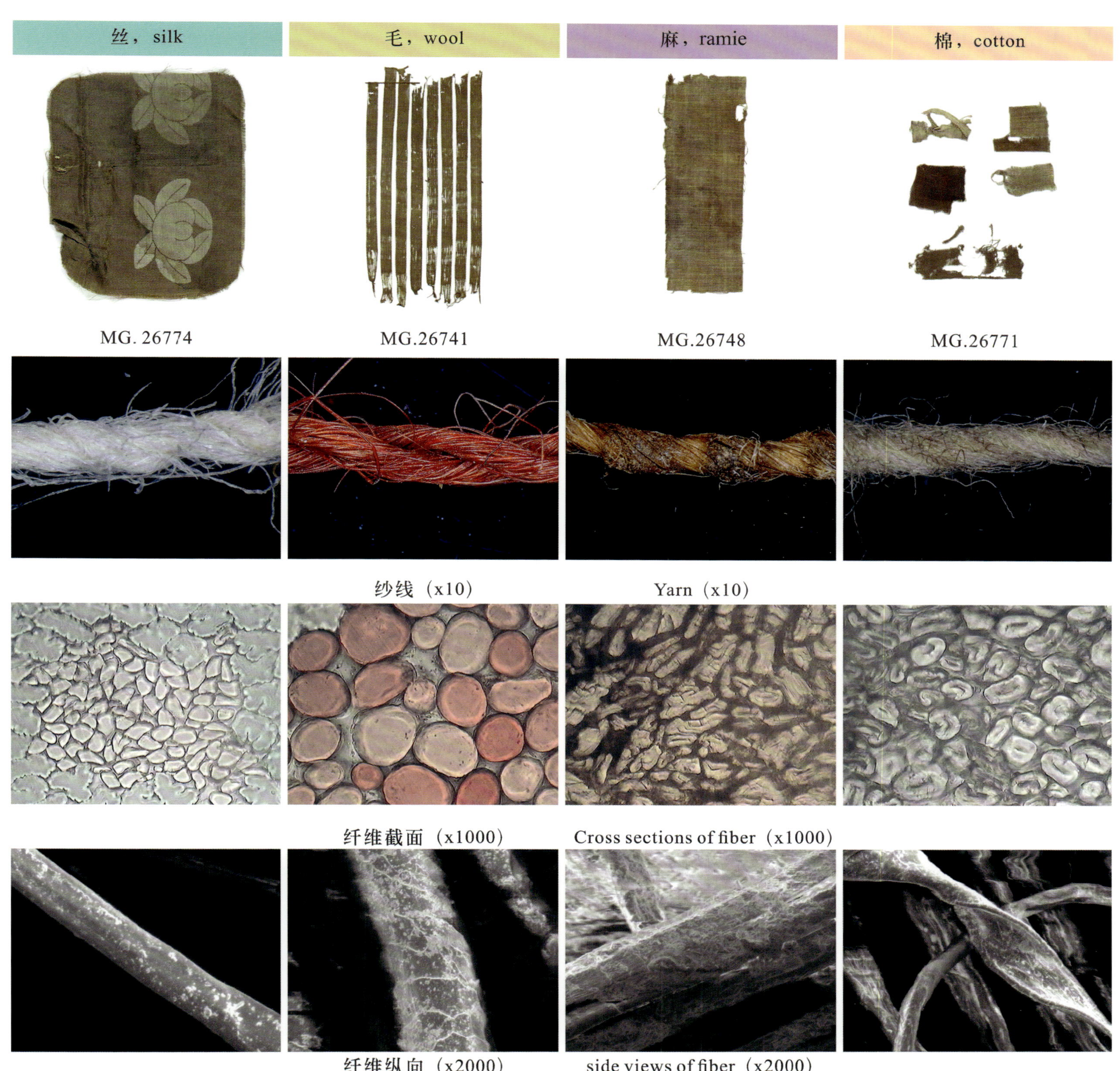

敦煌藏经洞出土纺织品纤维鉴别

Identification of textile fibers excavated from the Library Cave of Mogao Grottoes in Dunhuang

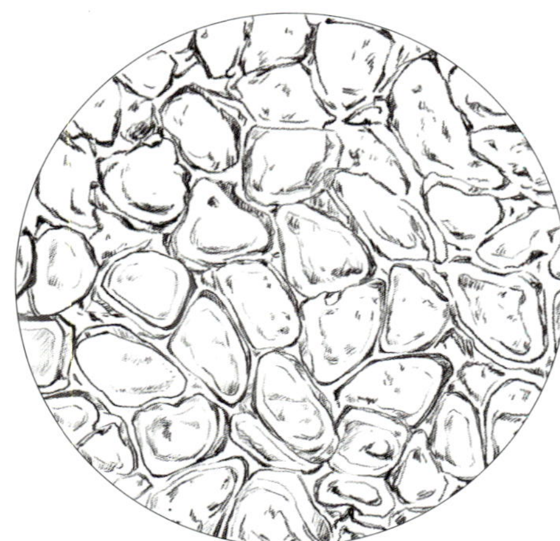
丝纤维横截面：三角形
Cross-section of silk fiber: triangle

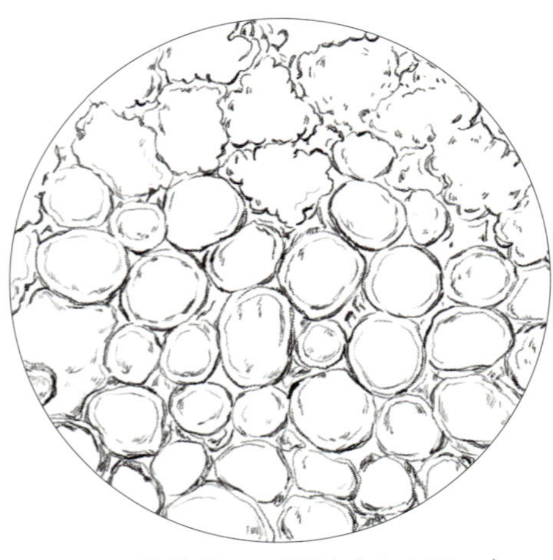
羊毛纤维横截面：圆形（大小不一）
Cross-section of wool fiber: round shape in different sizes

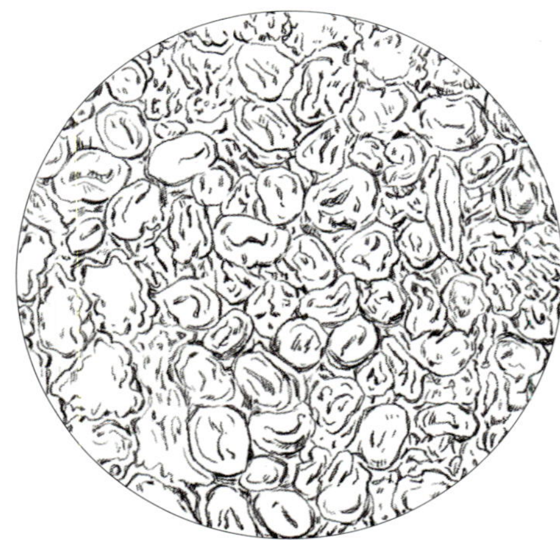
棉纤维横截面
Cross-section of cotton fiber

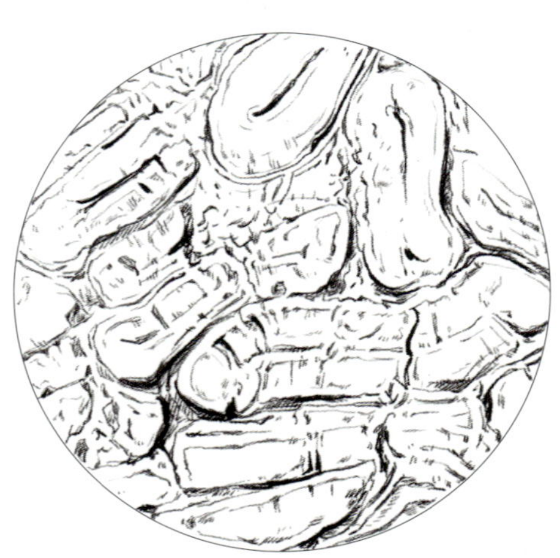
麻纤维横截面
Cross-section of ramie fiber

纤维横截面形貌
Cross-section morphology of fibers

棉 Cotton

苎麻 Ramie

显微镜下，蚕丝纤维横截面为饱满的三角形，纵向光滑；羊毛纤维横截面为圆形，纵向带有不规则鳞片；棉纤维横截面为腰圆形，且带有中腔，纵向转曲；根据品种不同，麻纤维的截面形态较为丰富多样，其横截面具有放射状裂纹，纵向有横节。

桑蚕丝 Mulberry silk　　羊毛 Wool

棉 Cotton

麻 Ramie

纤维纵向形貌

Longitudinal morphology of fibers

大麻 Hemp

纤维植物科学画

Science-based paintings of fiber plant

透视

Internal Structure Perspective

沃盥之礼
——春秋子仲姜盘铸造工艺

The investigation in manufacturing technology of Zi Zhong Jiang *Pan* (water vessel) in the Spring and Autumn Period by virtue of X-ray CT

子仲姜盘

Zi Zhong Jiang *Pan* (water vessel)

春秋
盘高 18 厘米，口径 45 厘米
上海博物馆藏

The Spring and Autumn Period
Height 18 cm, Mouth diameter 45 cm
Collection of Shanghai Museum

子仲姜盘是春秋早期青铜器，此盘绝妙之处在于盘内所铸 31 个水生动物，鱼、龟、蛙、水鸟一应俱全，19 个是浅浮雕，12 个是圆雕，每个圆雕动物都能原地作平面 360 度的旋转，体现了春秋早期极高的制作工艺水平。

子仲姜盘内，能够在旋转的小动物平均长度只有 6.5 厘米，X 射线 CT 结果显示旋转动物内部都配有一个转轴与盘体铸接。为了让每只动物作 360 度旋转，所以在合范浇灌铜液的时候，圆雕动物与轴的接触之处需要有一层非常薄的泥料，确保有间隙旋转。但在铜液高温浇铸时，薄泥料不被冲坏或脱落。此种高难度铸造技艺，在此盘上得到充分的体现。一般认为春秋早期是青铜铸造技术停滞或退步的时期，子仲姜盘的铸造技术，体现这个时代鲜为人知的技术新高度，现存众多的商周青铜器中难有其匹，是一件世所罕见的奇物。

盘为古代承水器，用于盥洗，商周时代宴飨用之，宴前饭后要行沃盥之礼，沃盥之时盘匜（或盉）相需为用，即用匜（或盉）浇水在手上，以盘承接弃水。可以想象，使用者在盥洗时，水从手上流下，冲击到盘中的小动物上，这些动物随机旋转，奇妙悦人。

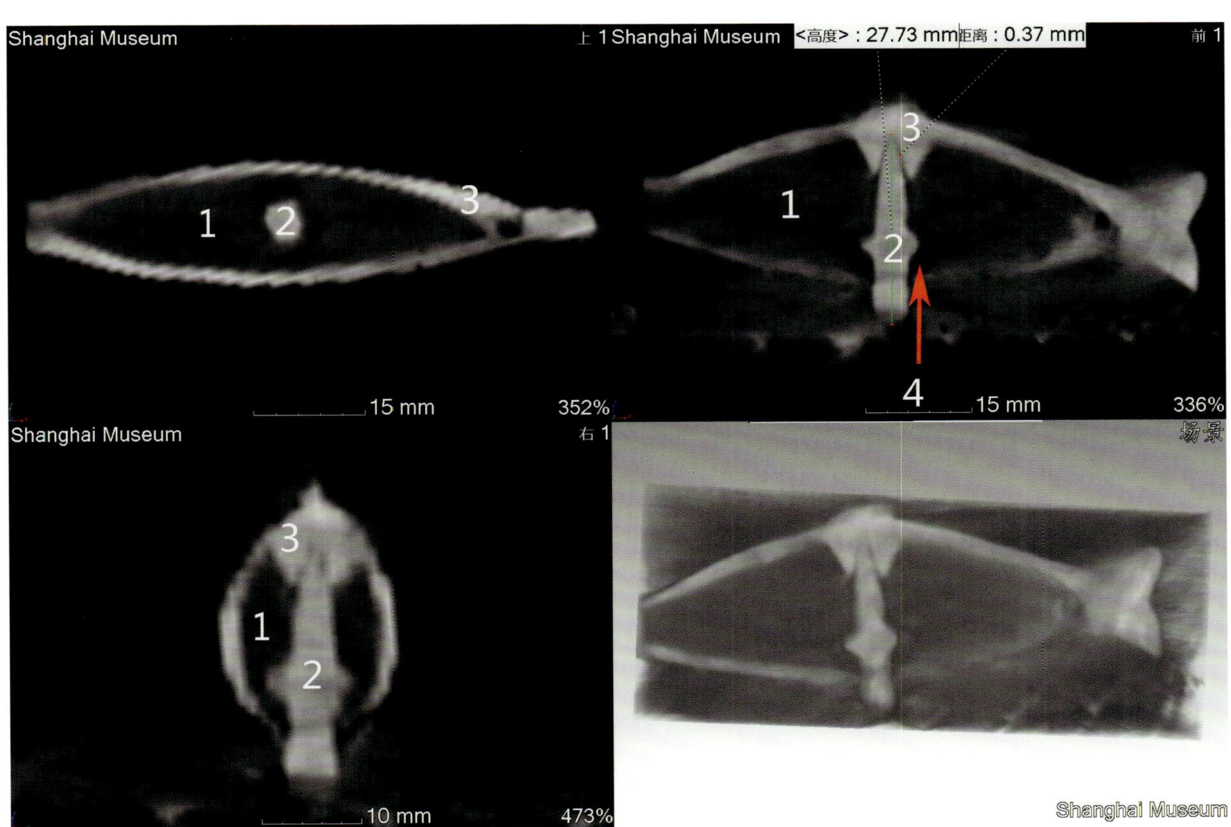

圆雕鱼 X 射线 CT 四视图

Four-view of round fish sculpture based on X-ray CT

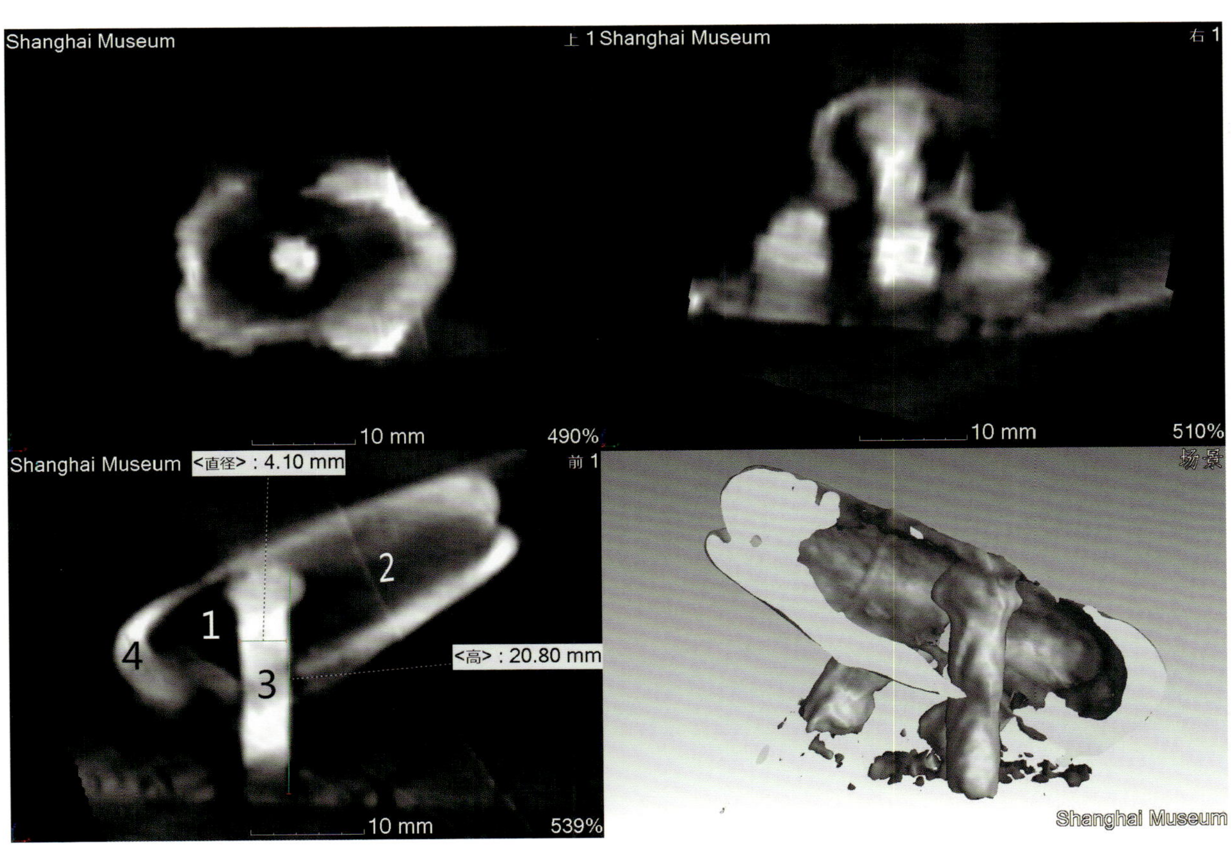

圆雕青蛙 X 射线 CT 四视图

Four-view of round frog sculpture based on X-ray CT

景泰情结
——掐丝珐琅制作工艺及来源

The exploration into manufacture technique and source of cloisonné enamels by X-ray CT and spectral techniques

掐丝珐琅缠枝莲纹兽耳炉

Cloisonné Incense Burner with Animal-shaped Handles and Interlocking Lotus Design

口径 23.7 厘米，底径 16.9 厘米，高 16.4 厘米
故宫博物院藏（G117043）

Mouth diameter 23.7 cm, Bottom diameter 16.9 cm, Height 16.4 cm
Collection of the Palace Museum (No. G117043)

文物三维模型展示二维码
QR code for three-dimensional model of cultural heritage

掐丝珐琅缠枝莲纹兽耳炉

Cloisonné incense burner with animal-shaped handles and interlocking lotus design

掐丝珐琅

The cloisonné enamel

掐丝珐琅，俗称景泰蓝，因传说明朝景泰年间所制掐丝珐琅工艺品最为精美而得名。以铜作胎，将扁平的铜丝掐成花纹后焊于胎体之上，再按照图案的需求将各种颜色的珐琅釉料填进花纹中，铜丝可以阻隔釉料的流动，防止串染。之后，还需经过多次入窑焙烧，反复打磨、镀金而成，工艺非常复杂。

利用 X 射线 CT 对掐丝珐琅缠枝莲纹兽耳炉的制作工艺进行分析，可以分辨出珐琅铜胎、掐丝和珐琅釉部位，直观反映出掐丝珐琅的制作工艺。

目前存世的带有景泰款的掐丝珐琅器物，其制作时代存疑，有专家通过款识、鎏金工艺等推测，其中大量应是清朝康乾时期改造或仿制而成。通过对掐丝珐琅缠枝莲纹兽耳炉进行原位拉曼与X射线荧光光谱分析，发现腹部珐琅明显与其余部分不同，应为不同时代所制。结合珐琅釉色、款识的特征，推测其耳、口与足应是康熙时期添配的，而腹部则是时代更早的产品，反映彼时清宫造办处仿古之风盛行，以及清皇帝对于“景泰”珐琅的特殊情结。

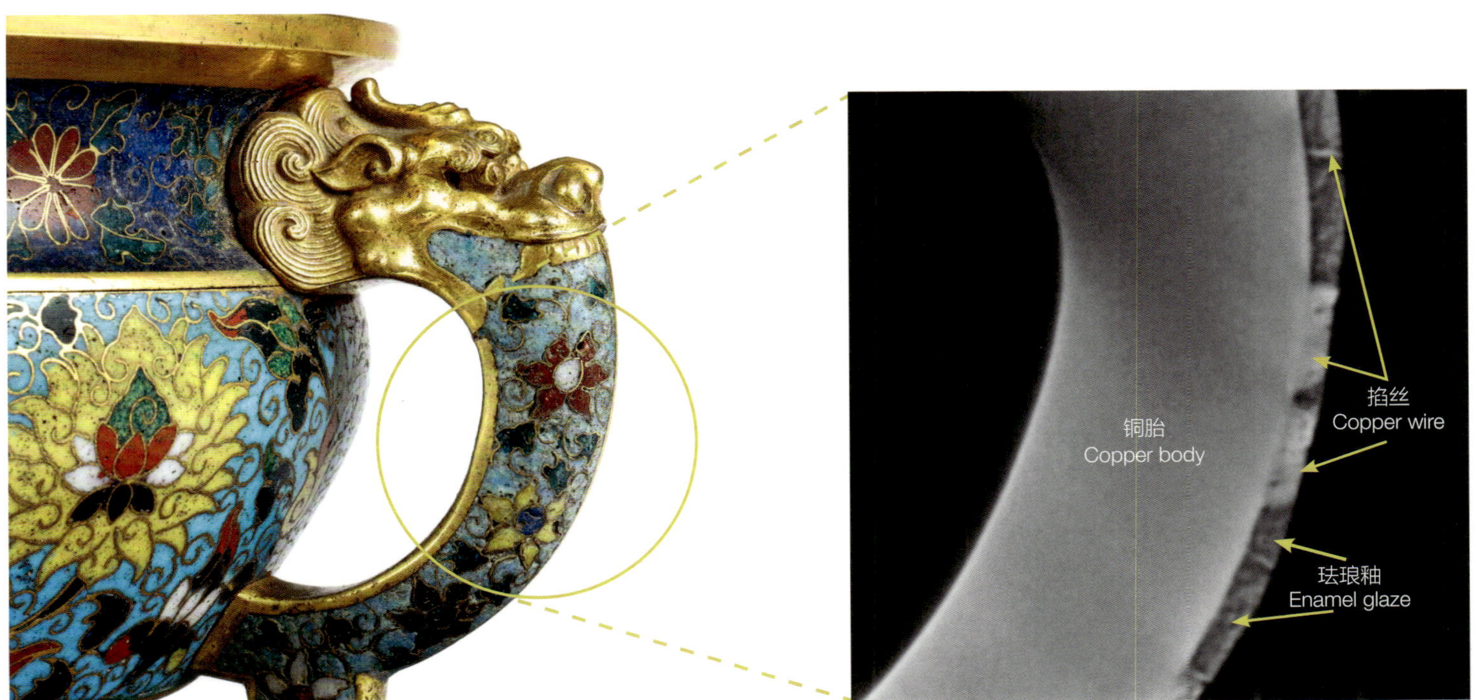

利用 X 射线 CT 观察掐丝珐琅制作工艺

The X-ray CT technology was used for observing the manufacture technique of the cloisonné enamel

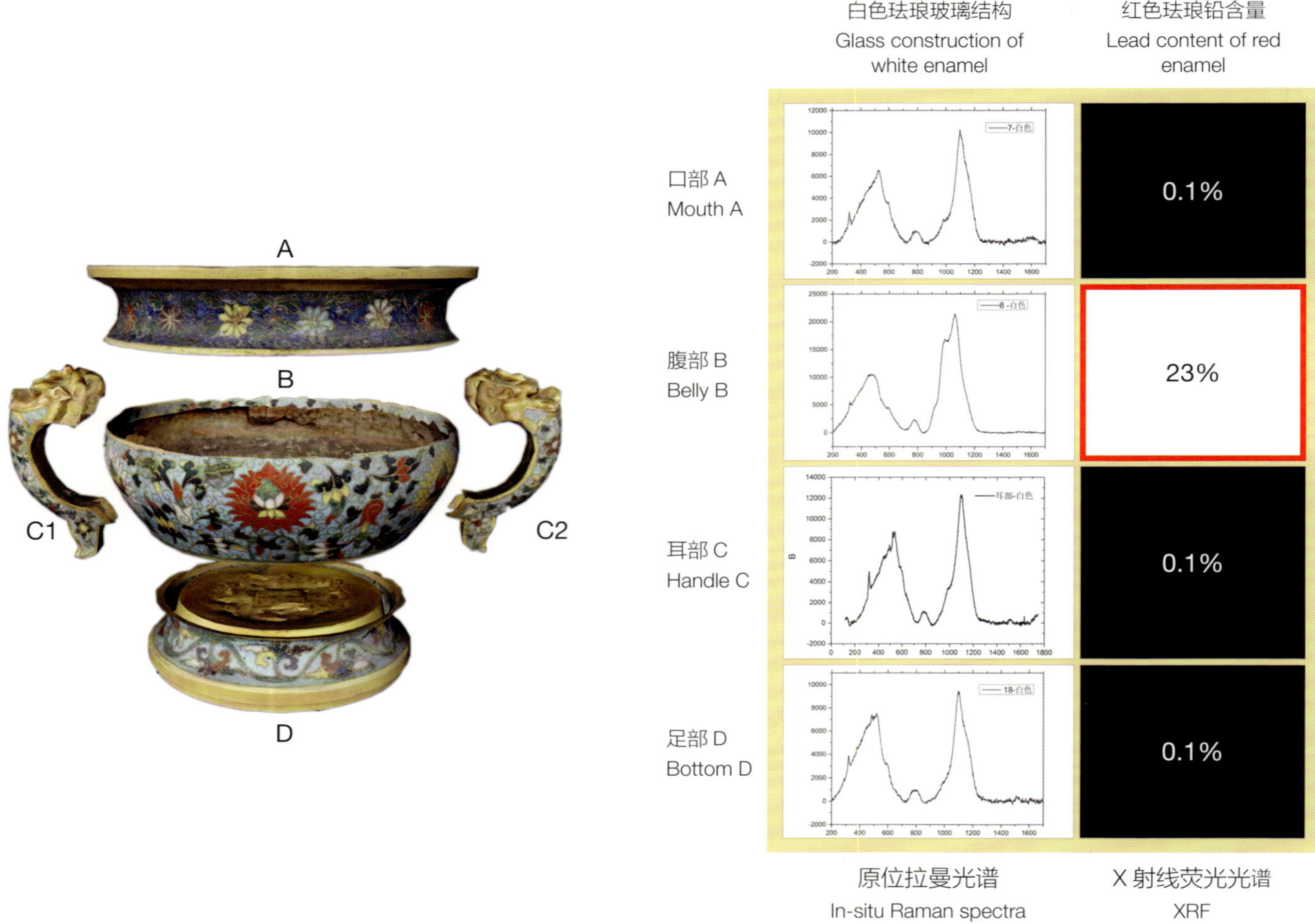

原位拉曼光谱与 X 射线荧光光谱分析，提示腹部珐琅明显与其余部分不同

The in-situ Raman spectroscopy and X-ray fluorescence spectroscopy (XRF) analyses indicated that the enamel on the belly was obviously different from the rest

基于 X 射线 CT 技术可以更直接地观察到掐丝珐琅缠枝莲纹兽耳炉的改制痕迹，在器物腹部发现具有对称性的圆孔痕迹，为遮盖缺陷所后填补的位置，表明腹部原是由一件具有双耳和三足的器物改制而来。

X 射线 CT 模型正视图，显示有圆孔加工痕迹

The front view based on X-ray CT model showed that there were processing traces of circular holes

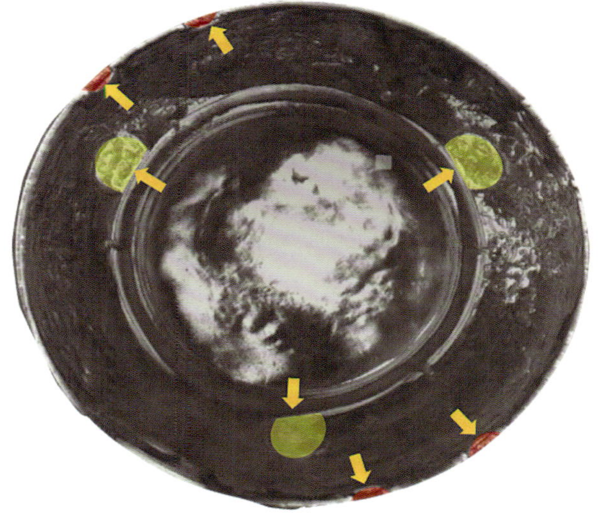

X 射线 CT 模型俯视图，显示圆孔痕迹分布位置

The top view based on X-ray CT model showed the location of traces of circular holes

双耳三足参考器物

An artifact with two handles and three legs for reference

推测中的原器物去掉耳、足、口部，并留下痕迹

It is speculated that the parts of handles, legs and mouth were taken away from the original artifact and some traces were left

新烧配部分

Parts fired newly

掐丝珐琅改制示意图

The schematic diagram of remodeled cloisonné enamel

马首是瞻
——圆明园西洋楼海晏堂红铜马首

The research on pure copper horse head statue in the Hall of National Peace (Haiyan Tang) at the European Palaces, the Old Summer Palace (Yuanmingyuan) by means of X-ray imaging

圆明园马首铜像

Horse Head Statue of Old Summer Palace

清

通高 39.3 厘米，长 40.7 厘米，宽 28 厘米

北京市海淀区圆明园管理处藏

The Qing Dynasty

Height 39.3 cm, Length 40.7 cm, Width 28 cm

Collection of the the Administrative Office of the Old Summer Palace, Haidian District, Beijing

马首铜像原为清朝圆明园海晏堂外十二生肖兽首喷泉主要构件之一，海晏堂西侧排列着十二辰人身兽头铜像，按照时辰，子鼠、丑牛、寅虎、卯兔、辰龙、巳蛇、午马、未羊、申猴、酉鸡、戌狗、亥猪依次喷水，具有报时功能，“马首”正是这十二辰兽首喷泉之一。

X 射线成像结果显示，马首通体采用失蜡法一次铸造而成，其颈部、脸部以及眼睛、耳部、嘴和舌头无分铸或焊接，马首顶部的鬃毛更是纤毫毕现，下部可见一明显的铜梗将一部分鬃毛撑起，造成悬空效果。马脸部为一空腔，该空腔直通马嘴部，空腔后部有一不规则三角形，可与颈部相通，此孔洞边缘部位极不规整。专家推测，该孔洞可能是在铸造完成时用工具临时破开，以便水能从颈部流入嘴内。

利用便携式 X 射线荧光光谱仪分析可知，马首材质为纯度 98% 以上的红铜。以精炼红铜为材，马首色彩深沉厚重，历百年风雨而不锈蚀。

文物三维模型展示二维码

QR code for three-dimensional model of cultural heritage

马首（正面）
Horse head statue (front view)

马首（左面）
Horse head statue (left view)

马首三维渲染影像图（一组）

A group of three-dimensional renderings of the horse head statue

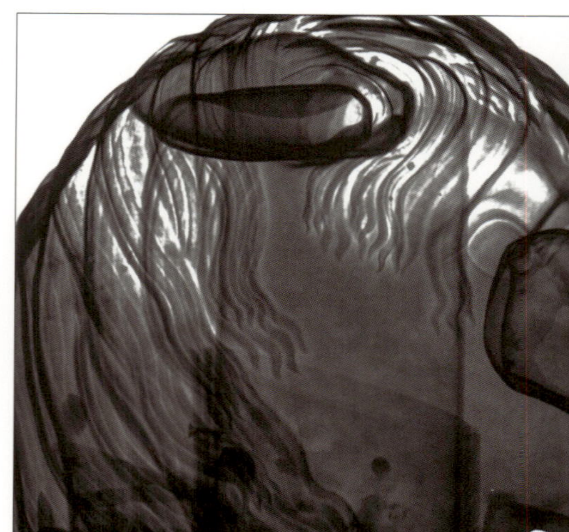

马首（右面）
Horse head statue (right view)

马首（背面）
Horse head statue (back view)

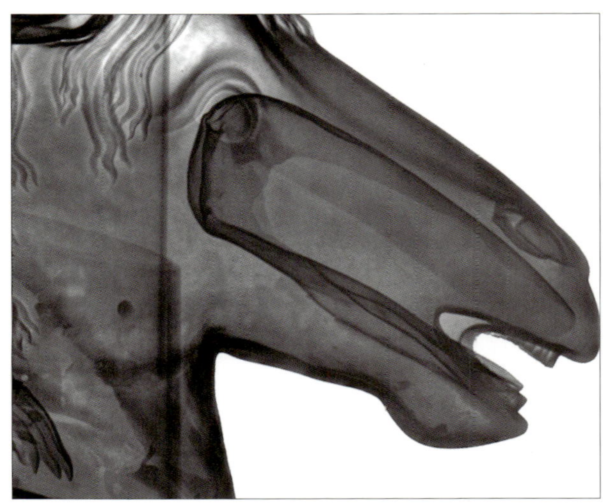

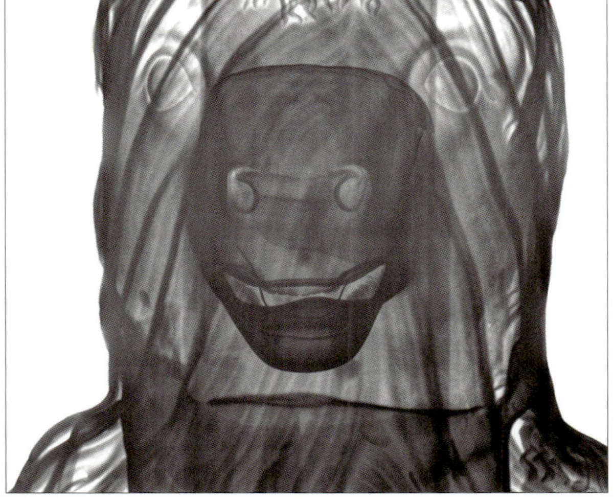

马首 X 射线成像图
X-ray photos of the horse head statue

明鉴

Material Analysis

盛装戎王
——甘肃张家川马家塬战国墓地 M16 墓主身体和服装装饰

The SEM-EDS authentication of the owner's costume decoration of M16 in Majiayuan Cemetery from the Late Warring States Period in Zhangjiachuan, Gansu

甘肃张家川马家塬战国墓地年代为战国晚期，其族属与秦人羁縻下的某支西戎有关，墓葬规格和等级较高，应是戎人首领及贵族墓地。

M16 墓主经初步鉴定为年约 40 周岁的男性，颈部散落大量也许来自冠饰或发饰的金箔饰件，头顶有圆形金帽饰，戴金耳环，颈部佩金、银半环形项饰各一，以及绿松石、玛瑙、金饰件串成的项链一条，右臂有金臂钏，腰部有金带饰的腰带三条及带钩，足底有银质鞋底一双，腿部散布大量青铜管和青铜铃，身体周围和上部发现大量规律排列的汉蓝和汉紫珠饰，推测可能为墓主服饰上的装饰。这种注重身体和服装装饰的现象，是公元前 10 世纪以来广袤欧亚草原文化带的共同文化传统，充分体现战国晚期西戎文化的独特性、多元性和多维性。

M16 墓主身体配饰

The owner's costume decoration of M16

- 头：帽饰（金）
- 耳：耳环（金）
- 颈：项饰（金、银），项链（绿松石、玛瑙、金）
- 右臂：臂钏（金）
- 上身：珠饰（汉蓝、汉紫）
- 腰：腰带及带钩（金）
- 腿部：管、铃（青铜）
- 足底：鞋底（银）

Head: hat (gold)
Ears: earrings (gold)
Neck: half rings (gold and silver), necklace (turquoise, agate and gold)
Right arm: armlet (gold)
Upper part of body: beadwork (Han blue, Han purple)
Waist: belts and hooks (gold)
Legs: tubes and bells (bronze)
Foot soles: shoe soles (silver)

金器加工

The manufacturing technology of gold ornaments

经 X 射线能谱分析可知，M16 墓主配饰金器纯度在 64%—94% 之间，绝大多数含金量低于 90%，含有较多的银（5%—18%）和少量的铜（低于 3%），均未表现出合金配比规律，为未经冶炼提纯的自然金。

金器制作以锻打为主，少量铸造，还包括捶揲、模压、珠化、掐丝、焊接、镶嵌、包金、错金和鎏金等工艺，融合了欧亚草原、西方及中原地区的多种文化因素。

金耳环、金管饰等金珠颗粒细金复合制品采用焊接技术来制作完成，焊料为银含量较高的金—银—铜合金。

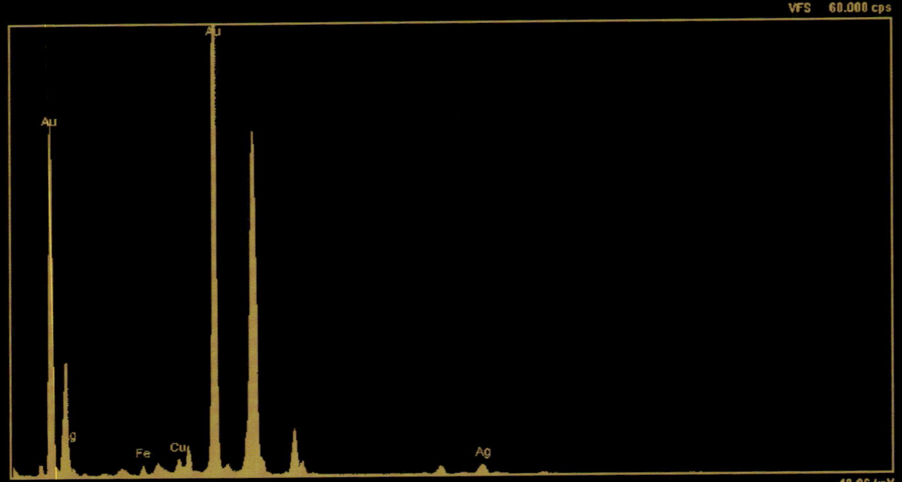

Elem. Line	Mass [%]	2 sigma [%]	Atomic [%]	Intensity [cps/mA]
^{26}Fe K	0.36	0.05	1.18	29.26
^{29}Cu K	0.40	0.04	1.13	46.53
^{47}Ag K	8.25	0.43	13.88	69.46
^{79}Au L	90.99	0.43	83.81	2445.48

金器与 X 射线能谱

Gold ornaments and its EDS results

南海遗珠
——广西合浦汉墓出土珠饰

The study on the beads and ornaments excavated from Tombs of the Han Dynasty in Hepu, Guangxi relying on Raman spectroscopy

广西合浦港是早期海上丝绸之路的始发港之一，出土的汉代水晶、海蓝宝石等各类宝石，是海上丝绸之路沿线交流的重要证据。结合南亚和东南亚出土宝玉石珠饰的物相特征、制作遗址、技术传统、资源分布等因素，探讨广西合浦汉墓珠饰产地来源，为海上丝绸之路和西南丝绸之路沿线不同地区之间的交流与贸易提供科学依据。

利用拉曼光谱分析技术，结合 X 射线荧光光谱分析技术、超景深光学显微技术等，发现广西合浦汉墓出土珠饰包括绿柱石（海蓝宝石、金绿柱石、透绿柱石）、铁铝榴石、石英质（水晶、玛瑙、红玉髓、蚀刻石髓珠）、玻璃等不同材质类型。

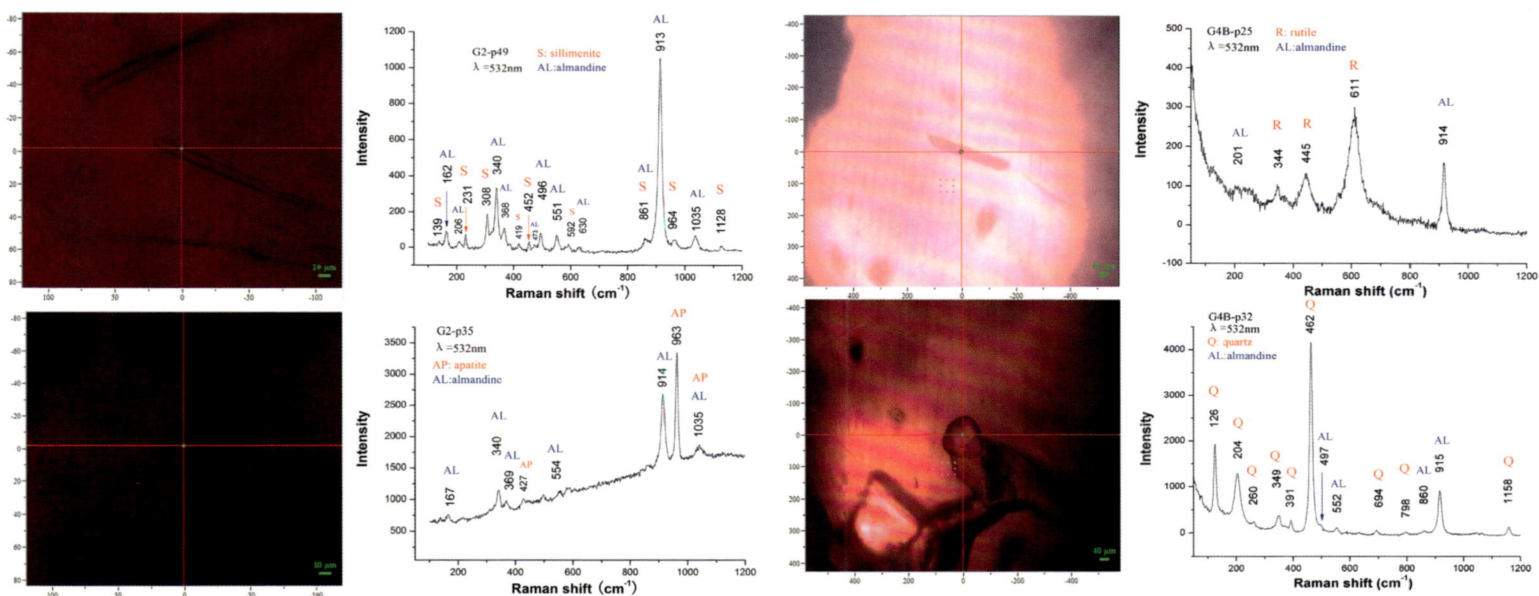

铁铝榴石包裹体物相分析

Phase analysis of the inclusions among almandine beads

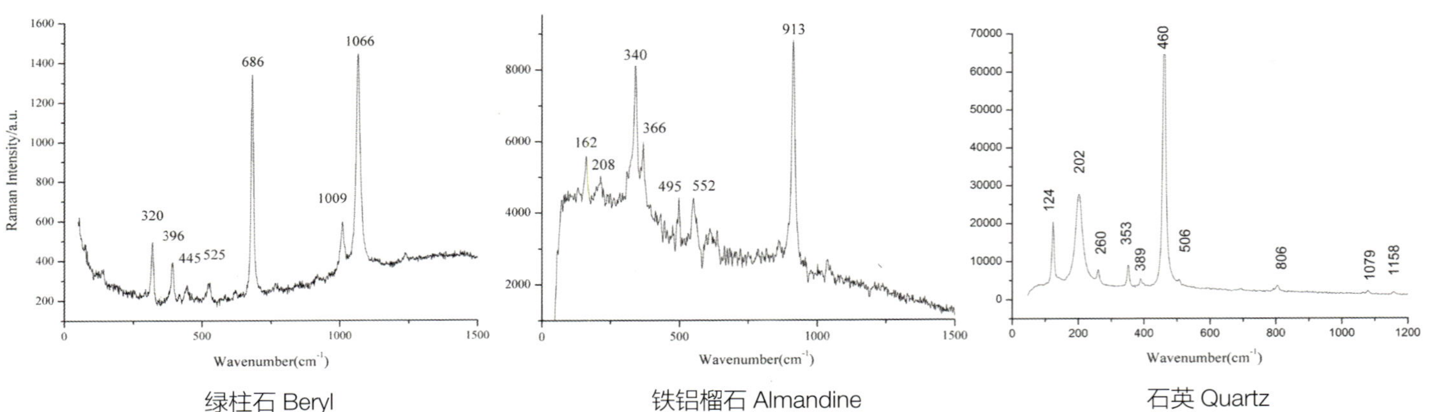

绿柱石、铁铝榴石、石英拉曼图谱

Raman spectra of beryl, almandine and quartz

出土典型石英质和绿柱石质珠饰

The excavated typical beads made of crystal and beryl

出土典型不同质地宝石珠饰
（石榴子石、红玉髓、黄水晶、绿柱石等）
The excavated typical beads and ornaments made of gems such as garnet, carnelian, citrine and beryl.

壁上丹青
——敦煌莫高窟第 98 窟供养人壁画颜料

The multi-spectral analysis of pigments for the Donor Murals in Cave 98 of Mogao Grottoes in Dunhuang

第 98 窟位于莫高窟南区中段，开凿于五代曹议金任节度使时期，占地面积 185 m^2，壁画面积 693.1 m^2，属大型洞窟。第 98 窟一个突出的特点就是，在其甬道和主室的下方，绘满了供养人像，仅就残存可见者约有 223 身，窟内供养人像所涉范围之广，为前代所未有。

通过多光谱调查，结合便携式 X 射线荧光光谱仪、微型光纤反射光谱仪、便携式数码显微镜、X 射线衍射仪、便携式拉曼光谱仪等设备，分析第 98 窟供养人壁画所使用的绘画颜料。

敦煌莫高窟正射影像全图

The complete orthophoto of Mogao Grottoes in Dunhuang

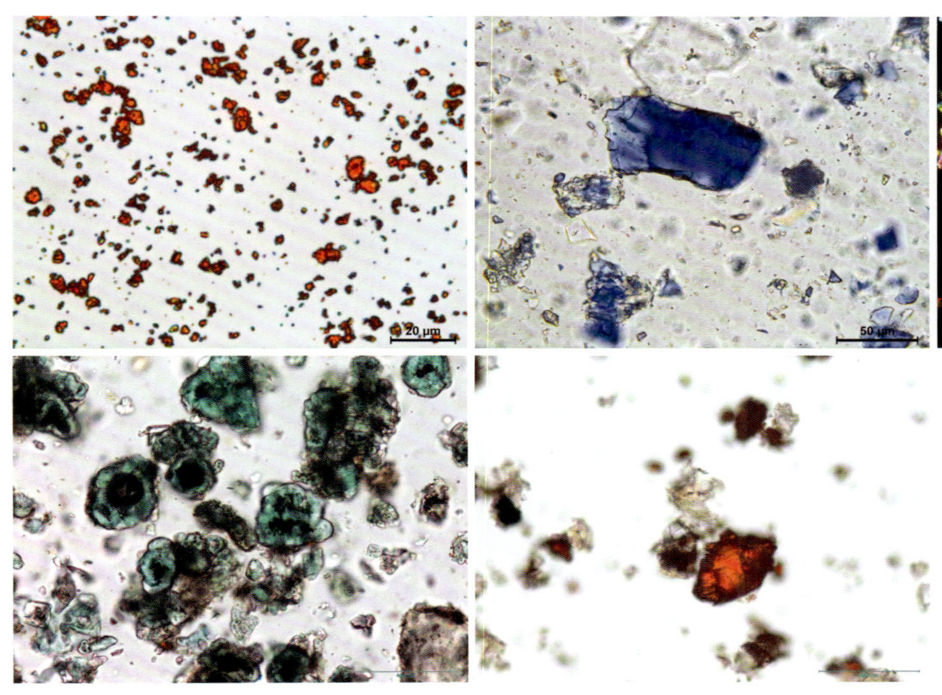
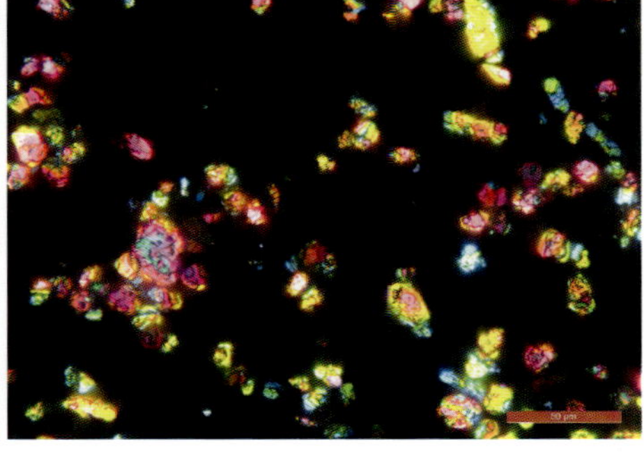

不同矿物颜料的偏光显微镜照片（青金石，密陀僧，氯铜矿，朱砂，铅丹）
Polarized microscope images of different mineral pigments (Lapis Lazuli, lithargite, atacamite, cinnabar and minium)

材料颜色 Material color	彩色材料使用位置 The location of pigments	使用的材料推定 Presumption of the materials used
红色 Red	供养人颈部饰品 Donor's neck ornaments	朱砂 Cinnabar
红色 Red	供养人题记、服饰上花瓣、红色线条 Donor's inscription, petals on clothing, and red lines	赤铁矿 Hematite
橙红色 Orange red	供养人服饰底色 Ground color of the donor's clothing	赤铁矿 Hematite
红棕色 Red brown	供养人披帛，服饰衣袖等 Donor's shawl, dress sleeves, etc.	密陀僧 Lithargite
棕色、棕黑色 Brown, brownish black	供养人服饰上装饰、服饰衣袖等 Clothing decoration, dress sleeves, etc of the donor	铅丹 Minium
绿色 Green	供养人发簪、服饰上装饰、饰品等 Donor's hairpins, clothing decoration, accessories, etc.	氯铜矿 Atacamite
蓝色 Blue	供养人服饰上装饰 Donor's clothing decoration	青金石 Lapis Lazuli
白色 White	供养人面部、服饰及底色 Donor's face, clothing and background color	方解石 Calcite，高岭土 Kaolin， 滑石 Talcum，生石膏 Plaster， 铅白 White lead，等
金色 Golden	供养人头饰、服饰上装饰 Donor's headwear and clothing decoration	金 Gold
墨 Ink	供养人头发、饰品、轮廓线等 Donor's hair, accessories, contour lines, etc.	炭黑 Black pigment

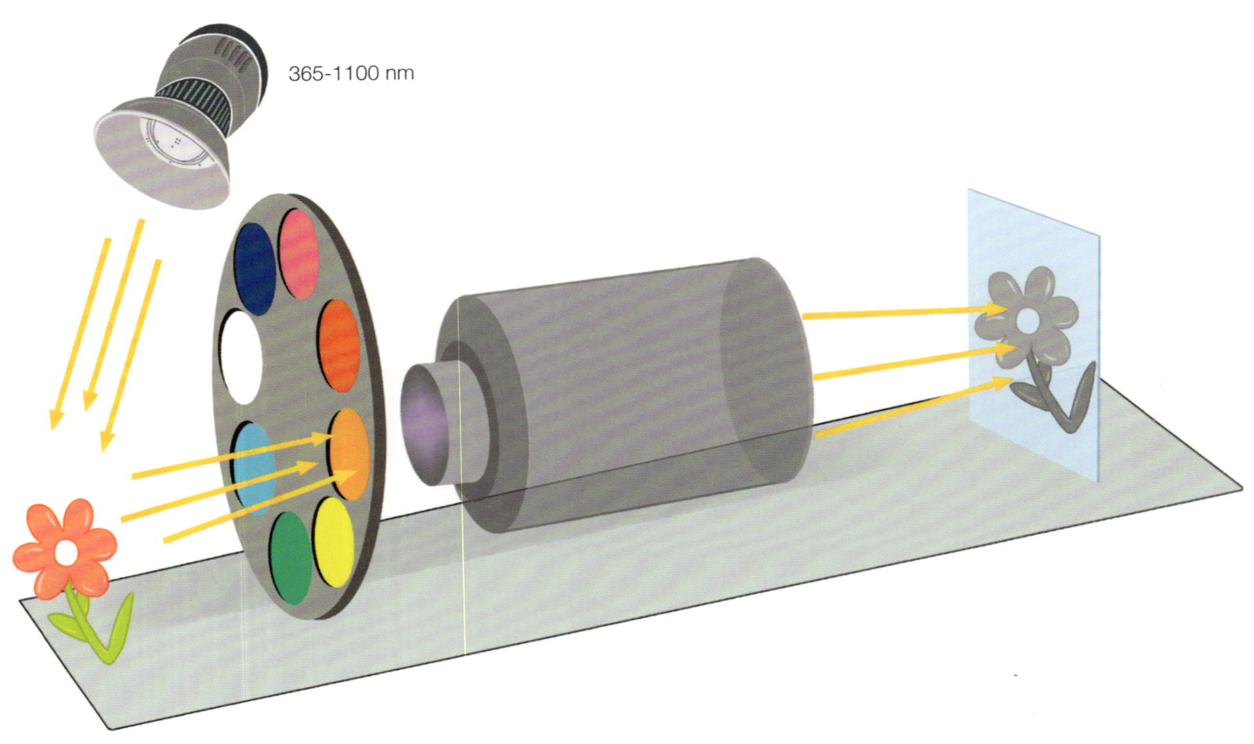

多光谱分析原理图
Schematic diagram of multi-spectral analysis

壁画颜料多光谱分析
Multi-spectral analysis of mural pigments

通过成像光谱仪记录被检验物体在一定光谱范围内密集均匀分布的多个窄波段单色光的反射、吸收及激发荧光图像，形成由许多单色光影像构成的光谱影像集。敦煌壁画经多光谱鉴别出层位结构和青金石、密陀僧、氯铜矿、朱砂、铅丹等矿物颜料。

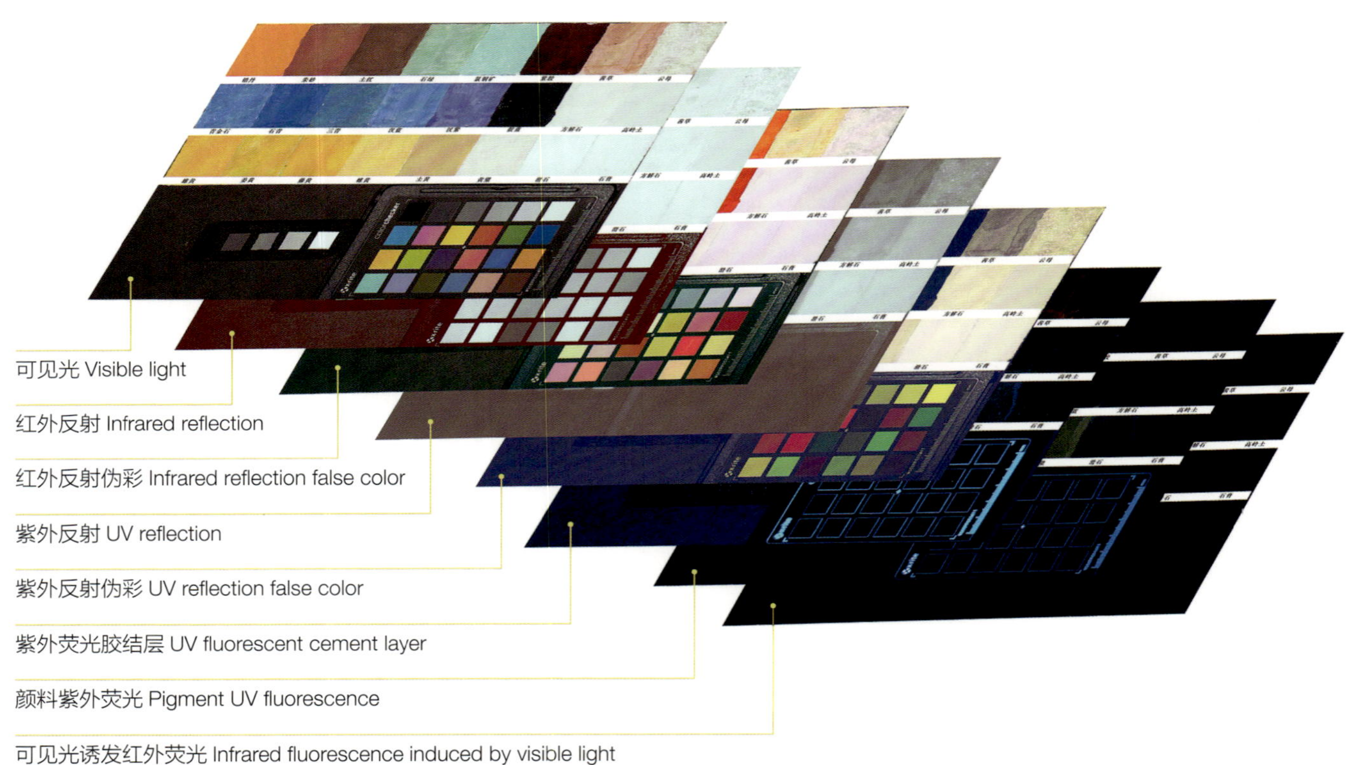

多光谱分析标准色卡
Standard color card of multi-spectral analysis

1. 可见光图像
Visible light image

2. 红外反射伪彩色图像
The infrared reflection false color image

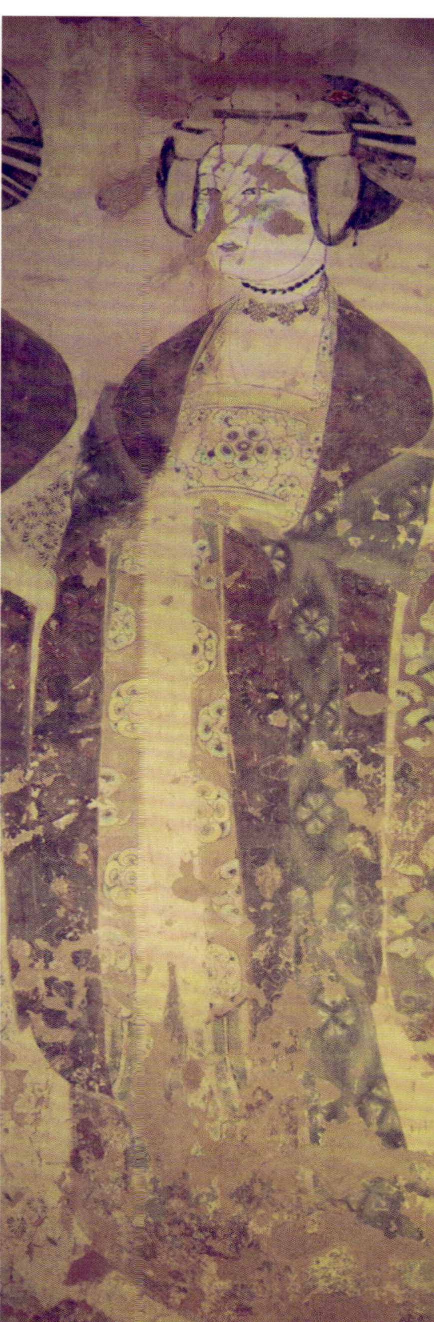

3. 紫外反射伪彩色图像
The UV reflection false color image

4. 365 nm 紫外光激发荧光图像
The 365 nm UV excitation fluorescence image

第 98 窟南壁东起第三身女供养人及多光谱图像

The third female donor from the east of the south wall of Cave 98 and its multi-spectral images

乾隆色谱
——清代宫廷服饰色彩与染料

The dye assay of Chinese Imperial Costume in the Qing Dynasty with LC-MS

染料是纺织品色彩的主要来源，能够反映当时各个地区的流行颜色、生产工艺以及技术交流。清乾隆年间内务府织染局的销算档案，是目前发现中国最完整的染色档案，记载了每种颜色的染料、媒染剂和染料的消耗。结合文献研究和文物检测，可知清代使用的染料有红花、槐米、苏木、黄檗、靛青、五倍子等十余种，这些染料通过套染能够获得上百种颜色，真实还原清乾隆年间宫廷服饰的染色色谱，重现清代宫廷染色技艺。

乾隆年间宫廷服饰的染料分析结果

Dye analysis results of Chinese Imperial Costume during the Qianlong period

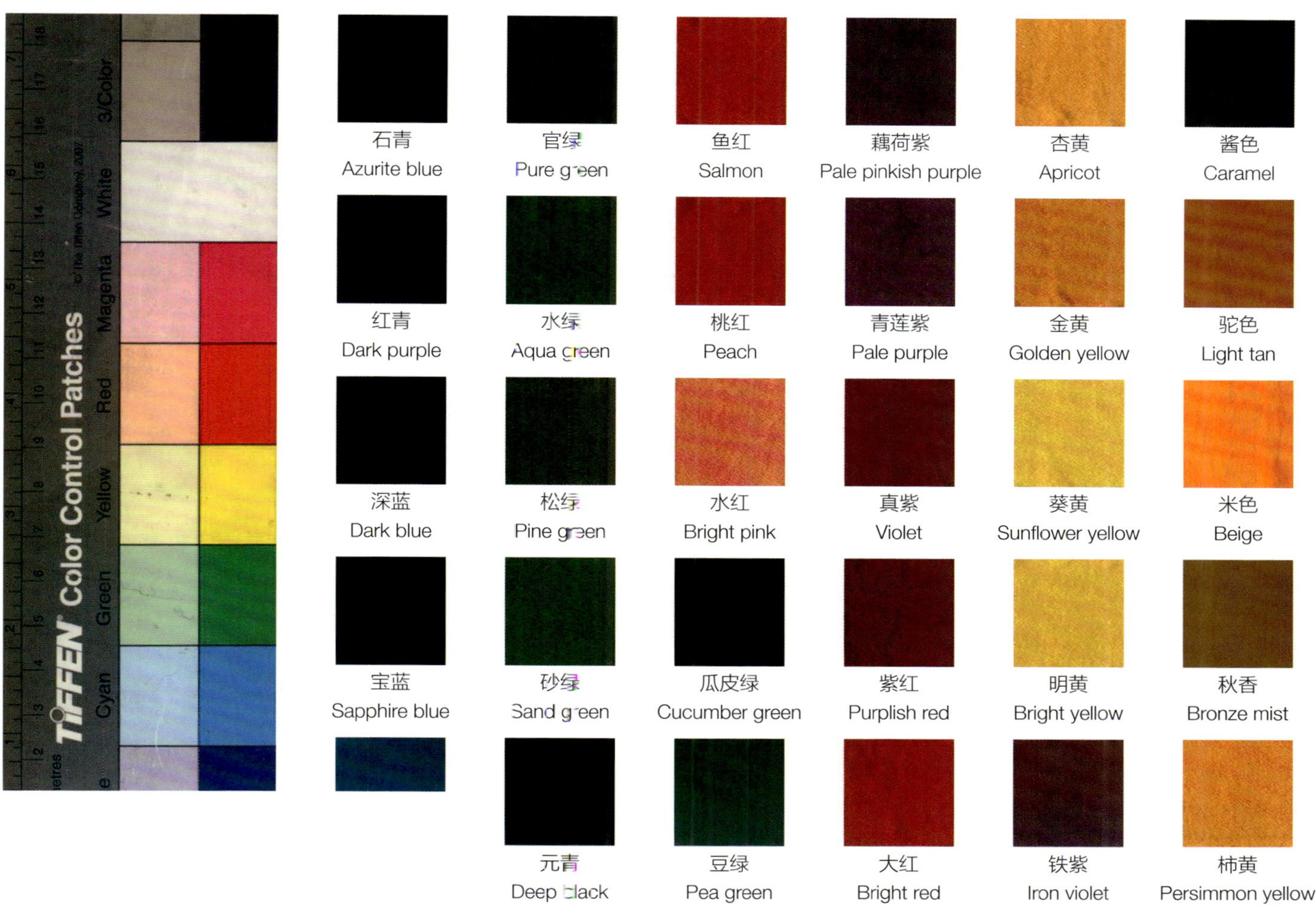

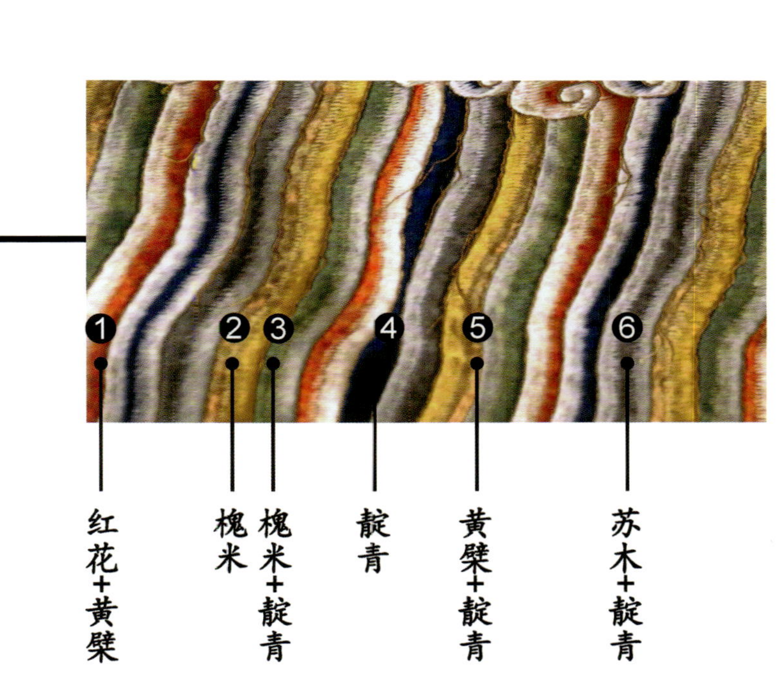

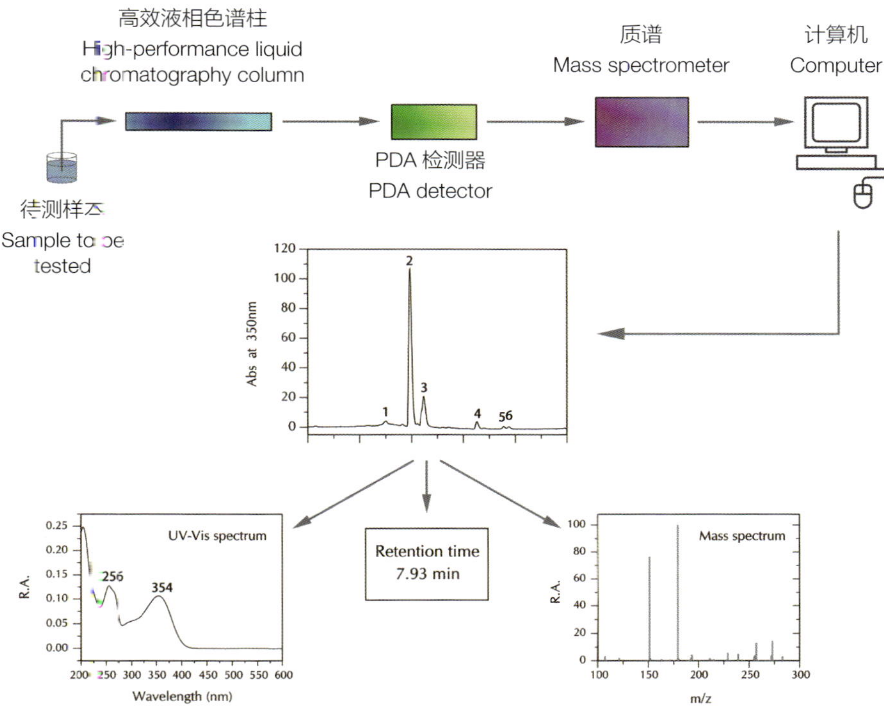

液质联用测试原理图

Schematic diagram of LC-MS test

植物染料液相色谱 – 质谱联用鉴别

Identification of plant dyes by LC-MS

将古代染料中的不同色素成分分离，同时利用二极管阵列（PDA）和质谱（MS）检测器获得每一种色素的紫外 - 可见吸收光谱图和质谱图。

通过比对清宫染料与现代天然染料标准品的谱图，确认常用的植物染料有9种，分别是红花、靛青、苏木、黄檗、橡碗子、五倍子、黄栌、栀子和槐米。

红花 Safflower

1. 红花 - 植物
Carthamus tinctorius - plant
2. 红花
Carthamus tinctorius
3. 红花 - 染料
Safflower - dye

黄檗 Amur cork

1. 黄檗 - 植物
Phellodendron amurense - plant
2. 黄檗
Phellodendron amurense
3. 黄檗 - 染料
Amur cork - dye

橡碗子 Shell of acom

1. 麻栎 - 植物
Quercus acutissima Carruth - plant
2. 麻栎
Quercus acutissima Carruth
3. 橡碗子 - 染料
Shell of acom - dye

五倍子 Gallnut

1. 盐肤木（五倍子）- 植物
Rhus chinensis - plant
2. 盐肤木
Rhus chinensis
3. 五倍子 - 染料
Gallnut - dye

靛青 Indigo

1. 马蓝 - 植物
Strobilanthes cusia - plant
2. 马蓝
Strobilanthes cusia
3. 靛青 - 染料
Indigo - dye

槐米 Buds of pagoda tree

1. 槐 - 植物
Sophora japonica - plant
2. 槐
Sophora japonica
3. 槐米 - 染料
Buds of pagoda tree - dye

黄栌 Young fustic

1. 黄栌
Cotinus coggygria - plant
2. 黄栌
Cotinus coggygria
3. 黄栌 - 染料
Young fustic - dye

苏木 Sappanwood

1. 苏木 - 植物
Caesalpinia sappan - plant
2. 苏木
Caesalpinia sappan
3. 苏木 - 染料
Sappanwood - dye

栀子 Gardenia

1. 栀子 - 植物
Gardenia jasminoides Ellis - plant
2. 栀子
Gardenia jasminoides
3. 栀子 - 染料
Gardenia - dye

——以上植物科学画来源于《中国植物志》
The science - based paintings of plant mentioned above came from *Flora of China*

识痕

Trace Identification

如胶似漆
——跨湖桥遗址出土独木舟修补用漆

The identification of lacquer for repairing canoe excavated from the Kuahuqiao Site taking advantage of ELISA

大漆是漆树韧皮部产生的乳液，是人类最早利用的天然高分子聚合材料。为寻找人类利用大漆的起源，从天然生漆中提取糖蛋白作为抗原，制得能检测大漆的特异性抗体，利用酶联免疫技术，可以灵敏而准确的鉴定大漆。

跨湖桥遗址位于浙江省萧山湘湖湖畔，是距今 8000 年的新石器时代遗址，其代表的考古学文化已经命名为跨湖桥文化。跨湖桥遗址出土的独木舟是迄今为止发现的最早的独木舟，在其底部有一个直径 10 厘米的空洞，用一个木塞修补，在修补的缝隙中还有胶黏剂留存。经酶联免疫技术检测，确定胶黏剂的主要成分是大漆。可见，8000 年前的跨湖桥先民已经开始利用大漆作为胶黏剂，这是迄今为止发现的人类使用大漆的最早证据。

独木舟及修补痕迹

Canoe and repair traces

大漆酶联免疫检测
Lacquer detection via ELISA

从天然生漆中提取糖蛋白作为抗原，制得能检测大漆的特异性抗体，用酶标记的抗体与已知抗原发生特异性结合，灵敏而准确地鉴定大漆。

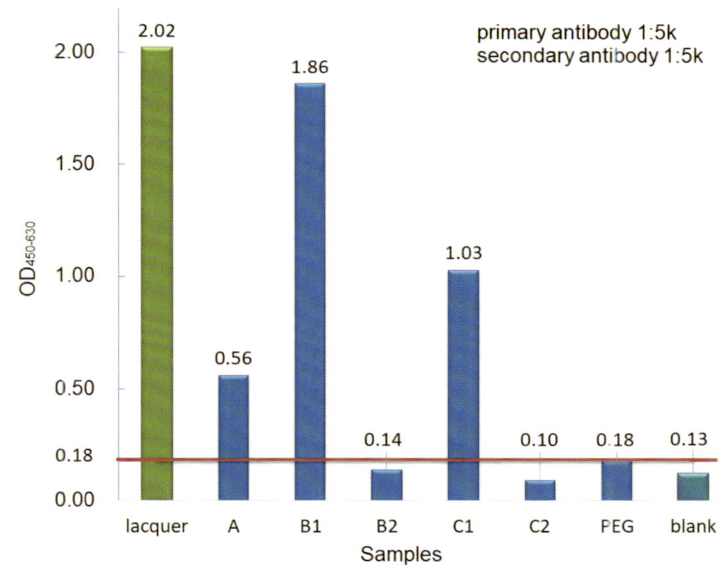

检测结果图

Detection results

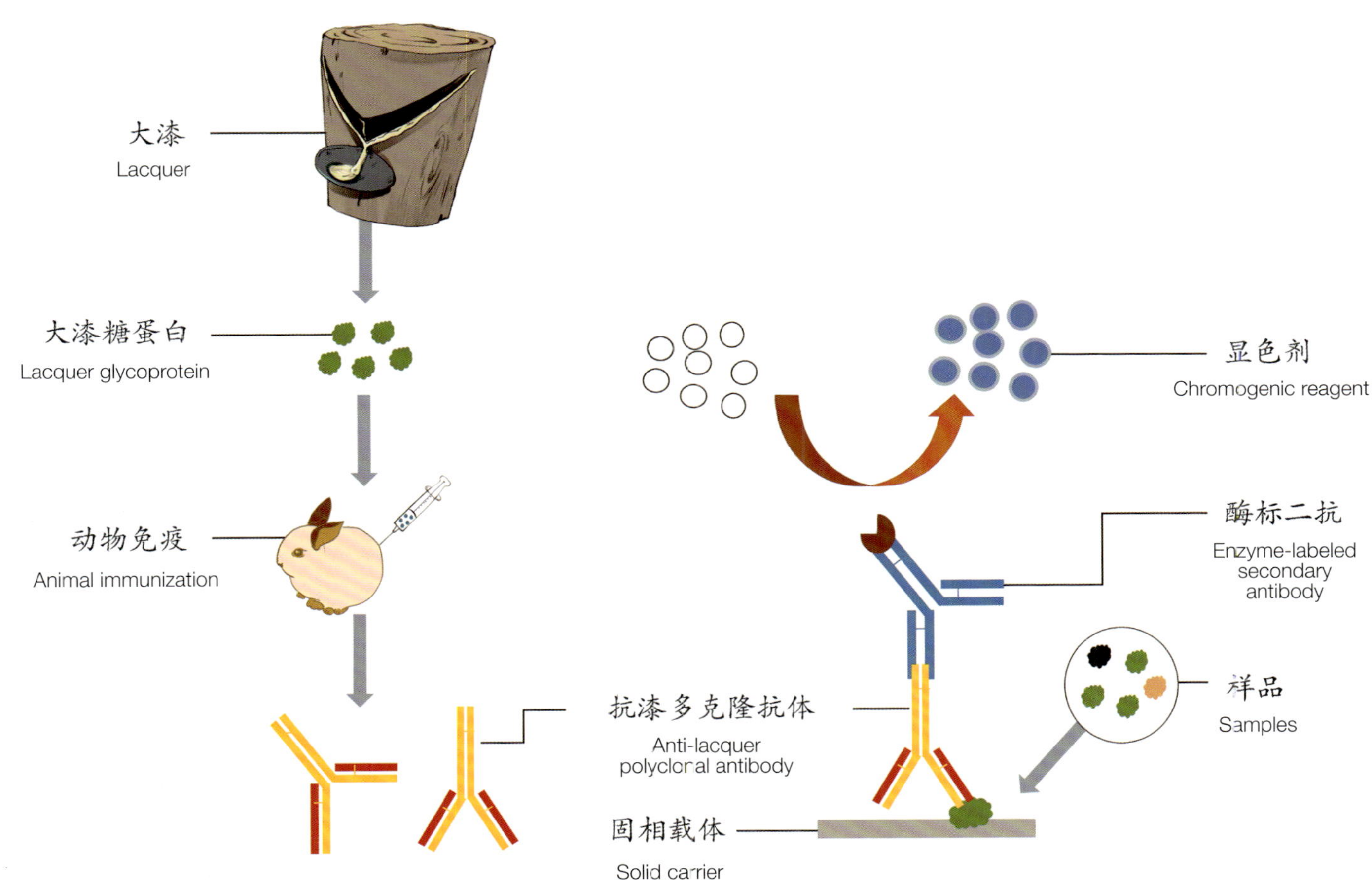

酶联免疫技术检测大漆原理图

Schematic diagram of lacquer detection via ELISA

丝绸起源
——郑州汪沟遗址瓮棺出土碳化丝绸

The inquiry into carbonized silk excavated from the urn coffin at the Wanggou Site in Zhengzhou on the basis of CGIS

汪沟遗址是仰韶文化一处拥有相当人口规模的区域性中心聚落，在该遗址出土的瓮棺中发现了碳化纺织品。采用基于定制的多克隆丝蛋白抗体建立的微痕检测技术，对该遗址瓮棺出土纺织品的纤维材质进行分析，可以确认其为丝织品。

1983 年，河南荥阳青台遗址出土瓮棺中发现丝绸残痕，是当时发现最早的丝绸痕迹。2017 年，在汪沟遗址瓮棺中再次发现同时期、同类型的丝织物，结合河南巩义双槐树遗址发现的骨雕蚕，确切证明中国先民早在 5000 多年前的黄河流域就开始育蚕制丝，而且当时丝织品的存在具有一定的广泛性。

织物放大照片

Magnified photo of fabrics

瓮棺及取样点示意图

Diagram of urn coffin and sampling point

头盖骨附着织物照片

Photo of fabrics attached to the skull

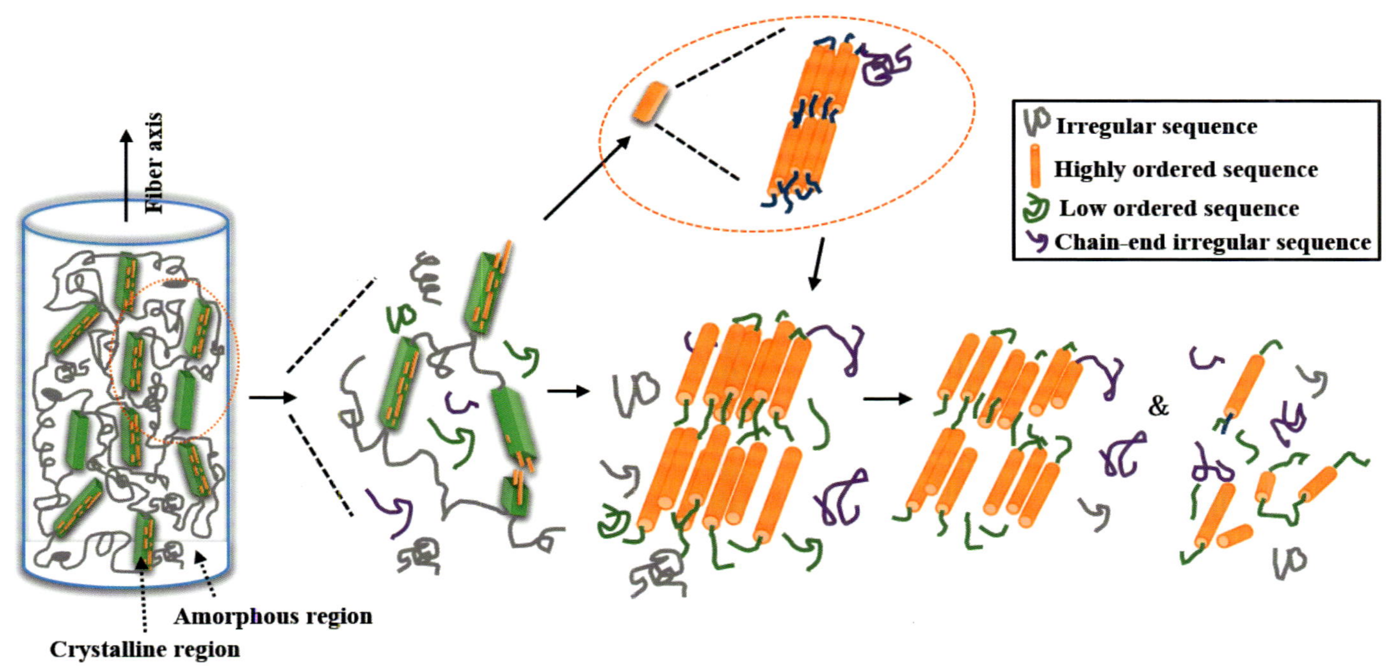

丝蛋白降解示意图

Schematic diagram of silk protein degradation

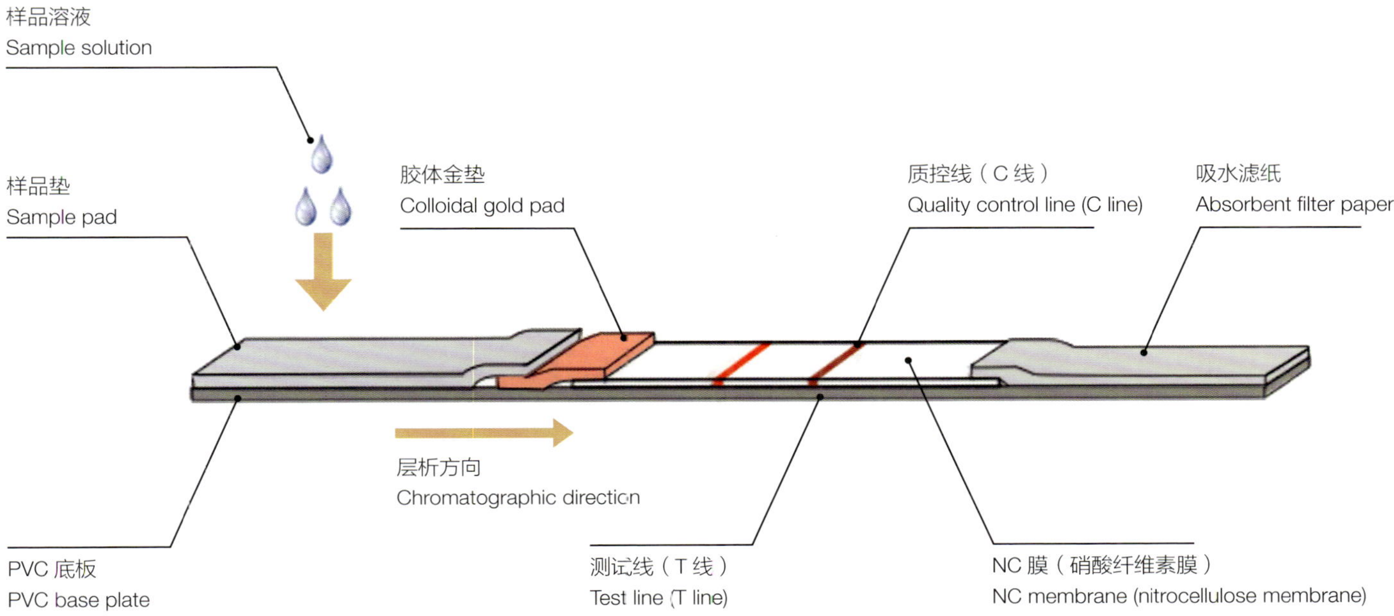

胶体金免疫层析试纸原理图

Schematic diagram of colloidal gold immunochromatography strips (CGIS)

胶体金免疫层析试纸

Colloidal gold immunochromatography strips (CGIS)

胶体金在碱性条件下带负电荷，与蛋白质分子的正电荷基团产生静电吸引，以硝酸纤维素膜为载体，利用微孔膜的毛细管作用，滴加液体经抗原抗体结合发生显色反应，可检测土壤中是否有蛋白残留物。

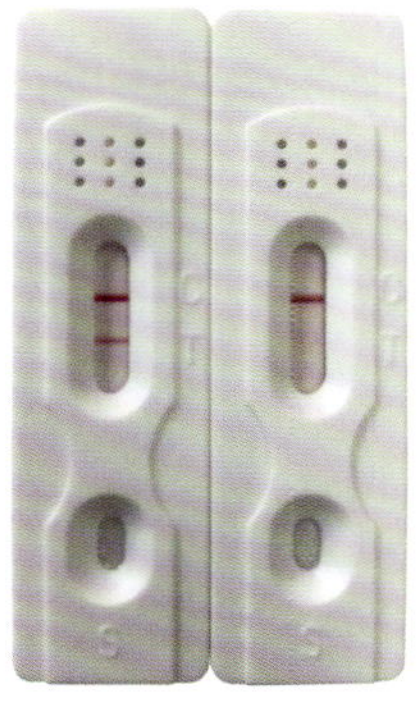

试纸测试结果

Results on the test paper

辨识漫漶
——海昏侯汉墓《论语·知道》篇竹简文字识读

The recognition of *The Analects of Confucius: Knowing the Tao* on the bamboo slips from the Tomb of Marquis Haihun in Nanchang depending on infrared imaging

江西南昌西汉海昏侯墓出土5200余枚竹简木牍，因埋藏年代久远，原有墨迹褪色，肉眼已无法识别，需要通过红外线扫描还原墨迹的痕迹得以成像，便于文字识读。经红外线扫描成像技术，出土竹简已释读出《论语》《易经》《礼记》《医书》《五色食胜》《悼亡赋》《签牌》《秦牍》八部典籍内容，其中《论语》为失传1800余年的《齐论》，是迄今为止发现的《论语》最早抄本。

《论语》在古代有三个版本——《古论》《鲁论》和《齐论》，如今看到的《论语》是基于《鲁论》和《古论》形成的版本，《齐论》在汉魏即失传。《齐论》与其他两个版本最大的区别在于多了《知道》篇和《问王》篇。经过红外识读，海昏侯出土竹简中，有一支简的反面写有“智道”，正面写有“孔子智道之昜也昜昜云者三日子曰此道之美也莫之御也”。汉代“知”与“智”互通，“智道”即为“知道”，当为此卷竹简的篇题，应为《汉书·艺文志》所载《齐论语》第二十二篇的篇题“知道”。因此基本可以确认，海昏侯墓出土竹书《论语》应为失传1800余年的《齐论》。

红外线成像照片

Infrared images

言
Saying

孔子也賜乎好故而好
子曰中人以尚可語上也中人以下
子游為武城宰子曰女得人焉爾乎
……
子曰君子不溉仁君子樂富而不厭貧
仲弓問……子曰可也
曰求也藝於從正乎何有
子曰雍也可使南面
亦可乎居閒而行閒毋乃泰閒乎
子曰公籍是之子之仁也吾未智……
孔子智道之昜也昜昜云者三日子曰此
道之美也莫之御也
（空）
門之內有王道焉一室之中有
……水推而方之西……

《知道》篇
Knowing the Tao

红外线成像
Infrared imaging

利用波长 700—1300 纳米范围内红外光具有一定穿透性的原理，摄影或扫描设备中感光元件的感光点被红外线照射后激活，并随之引发感光点的电子跃迁，产生电势差，经过 AD 转换为数字信号传入显示器进行显示，得到红外图像。

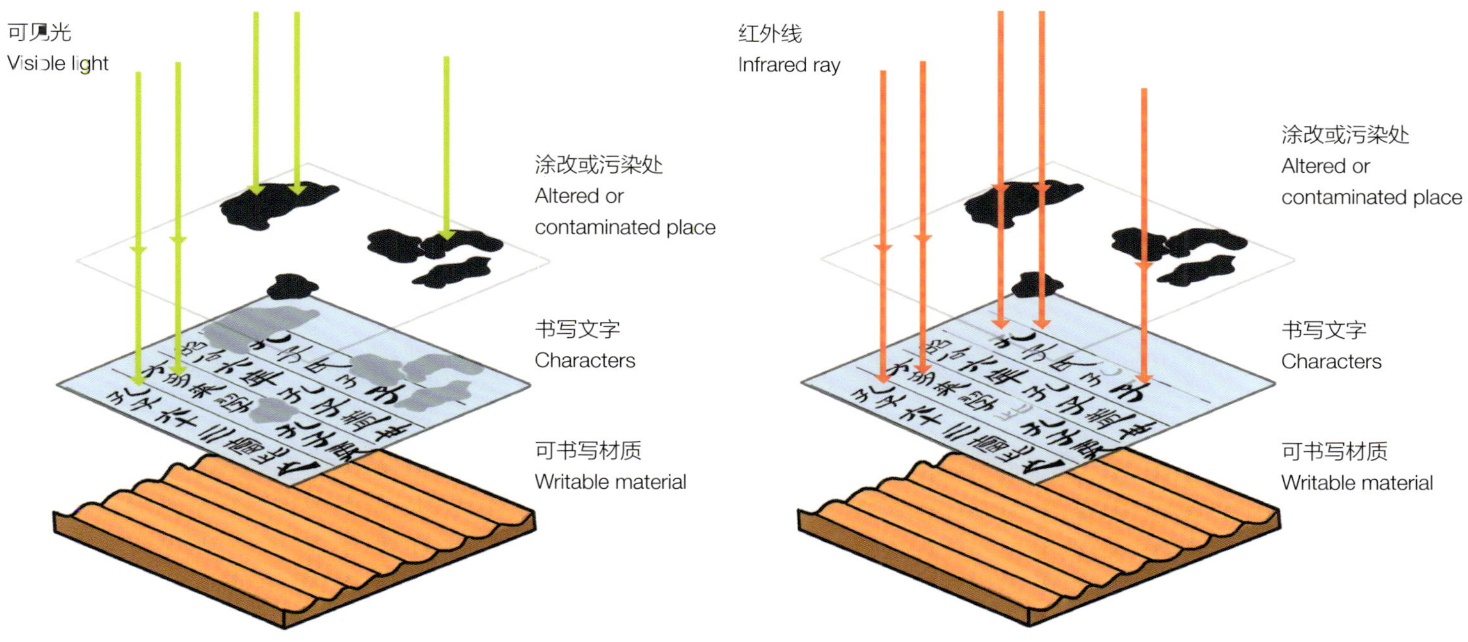

红外线成像原理图
Schematic diagram of the infrared imaging

时空

Provenance and Dating

稻饭鱼羹

——浙江浦江上山遗址出土碳化稻米和浙江余姚井头山遗址出土贝类测年

The ^{14}C dating survey of the carbonized rice excavated from the Shangshan Site in Pujiang, Zhejiang and shellfish excavated from the Jingtoushan Site in Yuyao, Zhejiang

井头山遗址出土贝壳

Shells excavated at Jingtoushan Site

距今 11000—8600 年的上山文化，得名于浙江省金华市浦江县上山遗址。作为长江流域最早旷野遗址群，从一开始就出现密集的稻作证据，对探索人类走出洞穴和稻作农业起源提供了实证。上山遗址的稻谷遗存提供了目前世界上最早的驯化初始证据。据 ^{14}C 测年可知，一万年前，水稻最早在中国开始被驯化。上山文化万年水稻起源、发展的证据，是对世界农业起源认识的一次重要修订。

井头山遗址位于浙江余姚，是我国沿海地区埋深最大的一处遗址，以海洋贝壳为主的堆积及陶片特征表明此为一处史前贝丘遗址，生业方式以海产捕捞为主，兼有采集、狩猎以及早期稻作农业，对中国沿海地区史前文化研究具有重大学术价值。据 ^{14}C 测年可知，文化层年代均在距今 8000 年左右，最早的可达到 8300 年左右。

上山遗址出土碳化稻米
Carbonized rice excavated at Shangshan Site

表 1　井头山遗址出土遗物校正后测年数据列表（ΔR=-23±42yr）
Table 1 List of corrected dating data of the remains excavated from the Jingtoushan Site (ΔR=-23±42yr)

序号 No.	采样层位 Sampling phase	材料 Material	未校正年龄（年）Uncorrected age (years)	校正后年龄中值（年）Uncorrected median age (years)	校正后年龄范围（年）Corrected age range (years)	
					1 个误差范围 Range in the case of 1 σ error	2 个误差范围 Range in the case of 2 σ error
1	12-A	木炭 Charcoal	7180+/-30BP	7989	7969—8013	7939—8025
2	12-B	木炭 Charcoal	7250+/-30BP	8086	8012—8165	7980—8170
3	13	木炭 Charcoal	7170+/-30BP	7984	7965—8012	7937—8022
4	14	麻栎果壳 Quercus acutissima shell	7160+/-30BP	7978	7959—8010	7933—8022
5	14	骨胶原 Ossein	7210+/-30BP	8005	7975—8024	7943—8165
6	14	木屑 Bits of wood	7100+/-30BP	7934	7872—7963	7847—8007
7	15	骨胶原 Ossein	7190+/-30BP	7993	7973—8016	7939—8031
8	16	蚶壳 Ark shell	7730+/-30BP	8036	7953—8121	7863—8195
9	16	木炭 Charcoal	7130+/-30BP	7956	7879—8002	7871—8013
10	17	骨胶原 Ossein	7130+/-30BP	7956	7879—8002	7871—8013
11	17	木屑 Bits of wood	7200+/-30BP	7998	7975—8019	7939—8158
12	18	麻栎果壳 Quercus acutissima shell	7110+/-30BP	7942	7875—7967	7863—8010
13	19	骨胶原 Ossein	7300+/-30BP	8106	8037—8169	8028—8174
14	20	麻栎果壳 Quercus acutissima shell	7240+/-30BP	8044	7989—8163	7973—8169
15	20	木屑 Bits of wood	7230+/-30BP	8025	7974—8158	7966—8168
16	20	贝壳 Seashell	7800+/-30BP	8105	8013—8182	7945—8266

当选择 1 个误差范围时，所有样品的日历年龄介于 7872—8182 之间，时间跨度为 310 年；当选择 2 个误差范围时，所有样品的日历年龄介于 7847—8286 之间，时间跨度为 439 年；当选择中位数为年龄界限时，所有样品的日历年龄介于 7934—8106 之间，时间跨度为 172 年。如果单纯从自然环境演化的角度看，第 20 层和第 12 层样品之间厚度约 2 米的沉积物，沉积时间约为 200 年，是一快速堆积体。

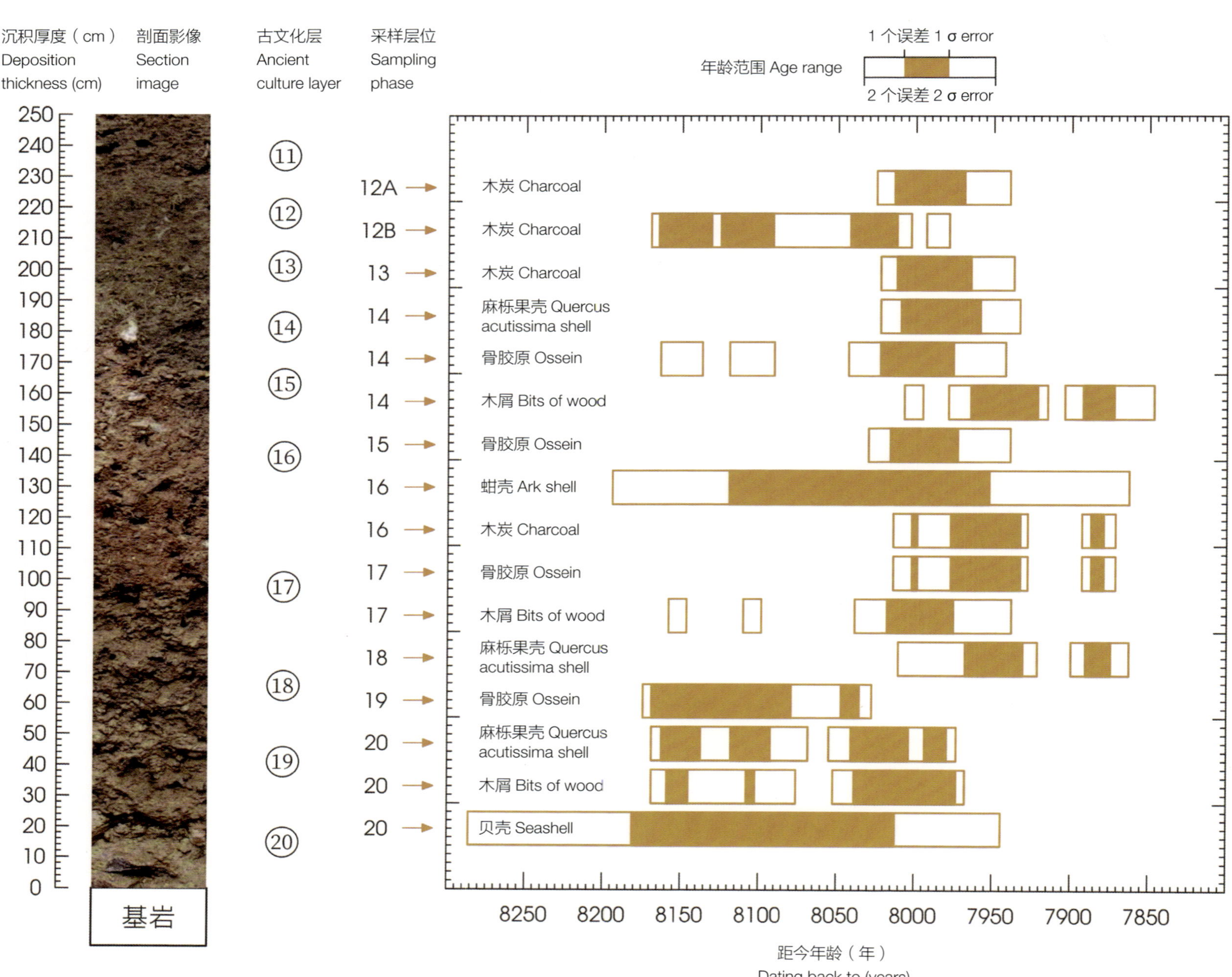

井头山遗址出土遗物校正后日历年龄变化区间

The corrected calendar age range of the remains excavated from the Jingtoushan Site

金道锡行
——叶家山曾国铜器铅同位素比值研究

The probe into the origins of raw materials of bronze artifacts of Zeng State at the Yejiashan Site on the strength of lead isotope

曾国在传世文献中没有明确记载，而常见于铜器铭文中。1978 年曾侯乙墓的发现，出土了以尊盘、编钟为代表的万件文物，而使得曾国备受世人关注，曾侯乙尊盘繁缛复杂的铸造工艺更是引起了广泛的学术争鸣。通过历年来屡次的考古发现，可证实曾国是存在于西周成康时期至战国末期长达七百余年的周王族诸侯国之一。

作为西周“南土”的重要封国，曾国的青铜器原料利用有着怎样的特征？与其他地区西周铜器在原料利用方面是否有联系？湖北随州叶家山墓地是西周早期的曾国高等级贵族墓地，葬制独特，布局清晰，保存完整。随葬铜器数量多达 800 余件套，并出土有铸铜原材料铜锭，是研究该地区商周特别是西周时期青铜原料运输和流通的重要标准器物群。采用多接收电感耦合等离子质谱仪（MC-ICP-MS）对叶家山不同合金类型铜器的铅同位素比值进行测试，发现周王室对青铜物料资源进行集中管控和配置，在周王室统筹下开展青铜冶铸生产并分配给各诸侯国，是这一时期青铜工业生产体系的主要形式。这种由国家直接控制大量青铜原料的运输和流通的模式，周代称之为“金道锡行”。

铅同位素研究显示，叶家山曾国铜器与西周早期大多数遗址或墓地出土铜器制作使用的矿料均有一部分是相同的，既包括王室分配（王室掌控的作坊铸造），也有地方生产（非王室掌管的作坊铸造）及“分器”或从其他方国或族群流入的器物。

铅同位素
Lead isotope

在古代青铜器、玻璃、陶釉、颜料等制作过程中，铅或多或少会成为原料之一。由于各地金属矿山在成矿过程中所处的地质环境中铀和钍含量不同，以及成矿的地质年代不同，其中放射成因铅的含量比率会有不同。^{204}Pb、^{206}Pb、^{207}Pb 和 ^{208}Pb 四种铅同位素组成可以作为各地铅矿石来源“指纹”。

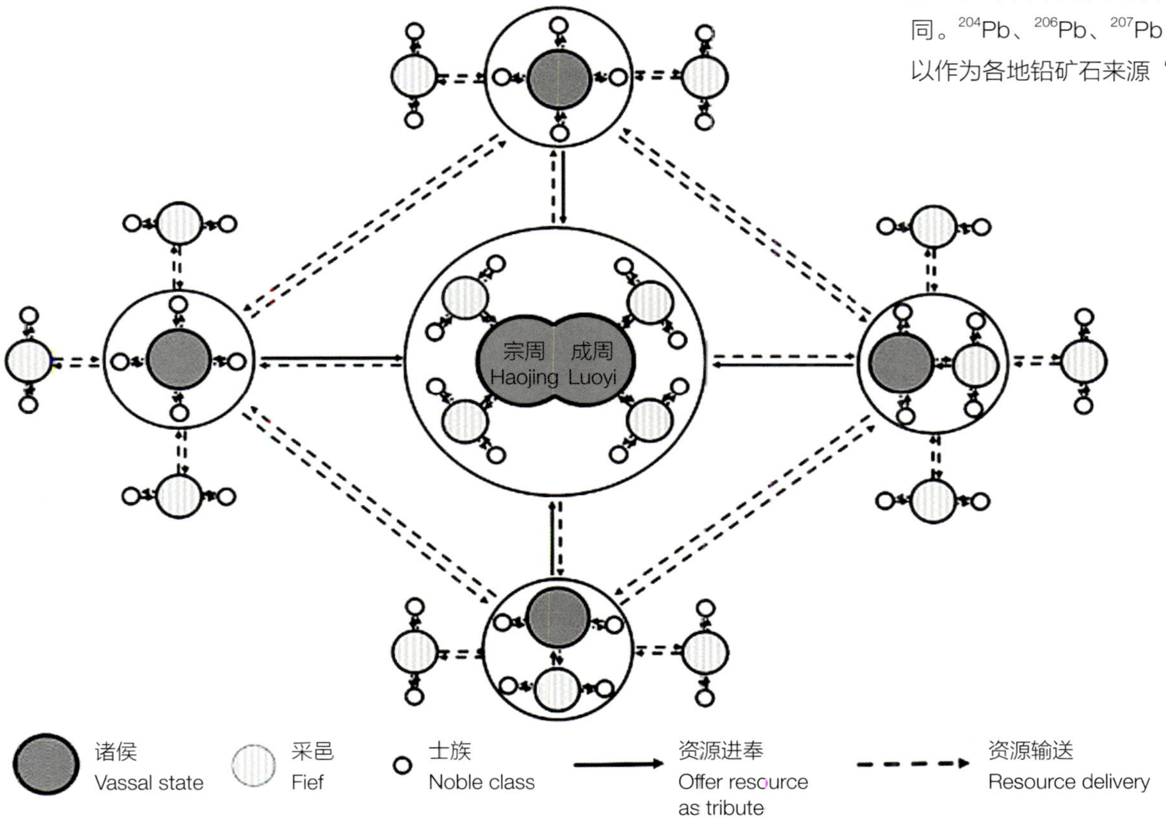

西周青铜物料生产、组织、管理和社会运营模式示意图

Schematic diagram of the production, organization, management and social operation mode of bronze raw materials in the Western Zhou Dynasty

曾侯乙尊盘

Marquis Yi of Zeng's Bronze *Zun* and its matching tray

战国
尊高 30.1 厘米，口径 25 厘米；
盘高 23.5 厘米，口径 58 厘米
湖北随州擂鼓墩曾侯乙墓地出土
湖北省博物馆藏

Warring States
Zun: Height 30.1 cm, Mouth diameter 25 cm;
Tray: Height 23.5 cm, Mouth diameter 58 cm
Excavated from the Tomb of Marquis Yi of Zeng State in Leigudun, Suizhou, Hubei
Collection of Hubei Provincial Museum

尊
Bronze *Zun*

盘
Bronze tray

曾侯乙尊盘

Marquis Yi of Zeng's bronze *Zun* and its matching tray

在中华文明进程中，古代工匠秉承“天时、地气、材美、工巧”的和谐造物思想，错彩镂金，制革砺石，抟土为器，攻木至精，丝竹凝美，将“土、革、木、石、金、丝、竹”等材料制作成一件件独具东方文明特质的精美器物。随着时间的流逝，这些文物都出现不同程度的病害，急需保护修复。文物保护工作者以中国文化底蕴为依托，顺应“完整、对称、均衡”的传统美学观念，结合代代相传的文物修复技艺，合理有度地借鉴西方修复体系中的理论和技术，发展出适合于中国的文物保护修复技术体系，使文物重获新生。

意匠如神变化生的古代良工，秉匠心以造物；科技有力任纵横的文物良医，化腐朽为神奇。他们都有着一双幻化万物的巧手。

Conservation and Technology

In the development of Chinese civilization, ancient craftsmen made clay, leather, wood, stone, metal, silk, bamboo and other materials into exquisite objects with unique characteristics of Eastern civilization, adhering to the harmonious creation thought of an opportune time, a favorable local climate, fine materials and ingenuity. However, the artifacts have suffered from damage and erosion to varying degrees as time goes by, and are in urgent need of conservation and restoration. The conservators have developed a technological system for conservation and restoration of the artifacts that is suitable in China and can contribute to rebirth of cultural heritage, relying on the Chinese cultural connotation, conforming to the traditional aesthetic concept of completeness, symmetry and balance, integrating the cultural heritage restoration techniques passed down from generation to generation, and reasonably and appropriately drawing lessons from the theory and technology of the Western restoration system.

The great craftsmen created exquisite objects by virtue of originality and workmanship in ancient times, and today the conservators of cultural heritage transform decay into miracles by means of science and technology, both of whom have exquisite craftsmanship and ingenuity.

巧手

Metal

彩绘青铜水禽
Polychrome Bronze Waterfowl

秦
6 号天鹅：长 75 厘米，宽 40 厘米，高 40 厘米
10 号天鹅：长 75 厘米，宽 35 厘米，高 30 厘米
　底部残片：长 70 厘米，宽 32 厘米，厚 1 厘米
37 号鸿雁：长 50 厘米，宽 25 厘米，高 27 厘米
铜鹤：长 115 厘米，高 75 厘米
陕西西安秦始皇帝陵 K0007 陪葬坑出土
陕西省考古研究院藏
（K0007：6，K0007：10，K0007：37）、
秦始皇帝陵博物院藏（005966）

The Qin Dynasty
Polychrome Bronze Swan No. 6: Length 75 cm, Width 40 cm, Height 40 cm
Polychrome Bronze Swan No. 10: Length 75 cm, Width 35 cm, Height 30 cm
　Bottom fragment: Length 70 cm, Width 32 cm, Thickness 1 cm
Polychrome Bronze Goose No. 37: Length 50 cm, Width 25 cm, Height 27 cm
Bronze Crane: Length 115 cm, Height 75 cm
Excavated from Accessory Pit No. K0007 of Emperor Qinshihuang's Mausoleum in Xi'an, Shaanxi
Collection of Shaanxi Academy of Archaeology (No. K0007：6, K0007：10, K0007：37) and Emperor Qinshihuang's Mausoleum Site Museum (No. 005966)

仙鹤
Bronze crane

2001—2003 年，秦始皇帝陵 K0007 陪葬坑清理出土原大彩绘青铜水禽 46 件，其中天鹅 20 件、鸿雁 20 件、仙鹤 6 件，神态逼真，形态各异，是迄今为止该陵园内首次发现的青铜禽类形象，也是目前中国发现时代最早、数量最多的一批圆雕彩绘青铜器。彩绘青铜水禽的发现，不仅丰富了秦始皇帝陵陪葬坑的内涵，而且对进一步研究战国晚期秦国乃至秦代的物质文化、青铜冶铸工艺和装饰工艺具有重要意义。

K0007 陪葬坑的建筑结构为地下坑道式的土木结构建筑，历史上曾遭人为毁坏及焚烧，出土时大多数水禽由西向东依次排列于坑底南、北侧的夯土二层台上，头部朝向象征性河道中央，少数因盗扰而倾倒于象征性河道内，破碎残损，严重矿化。通过现状调查、病害分析、保护材料和工艺的对比筛选，探索出合适的保护对策和技术路线，已完成 30 余件彩绘青铜水禽的保护修复。

青铜水禽出土时的状况

Condition of bronze waterfowl when excavated

鸿雁

Polychrome bronze goose

天鹅

Polychrome bronze swan

修复前
Before restoration

修复后
After restoration

彩绘青铜仙鹤

Bronze crane

修复前
Before restoration

修复后
After restoration

彩绘青铜仙鹤局部

Head part of bronze crane

彩绘青铜仙鹤
Polychrome bronze crane

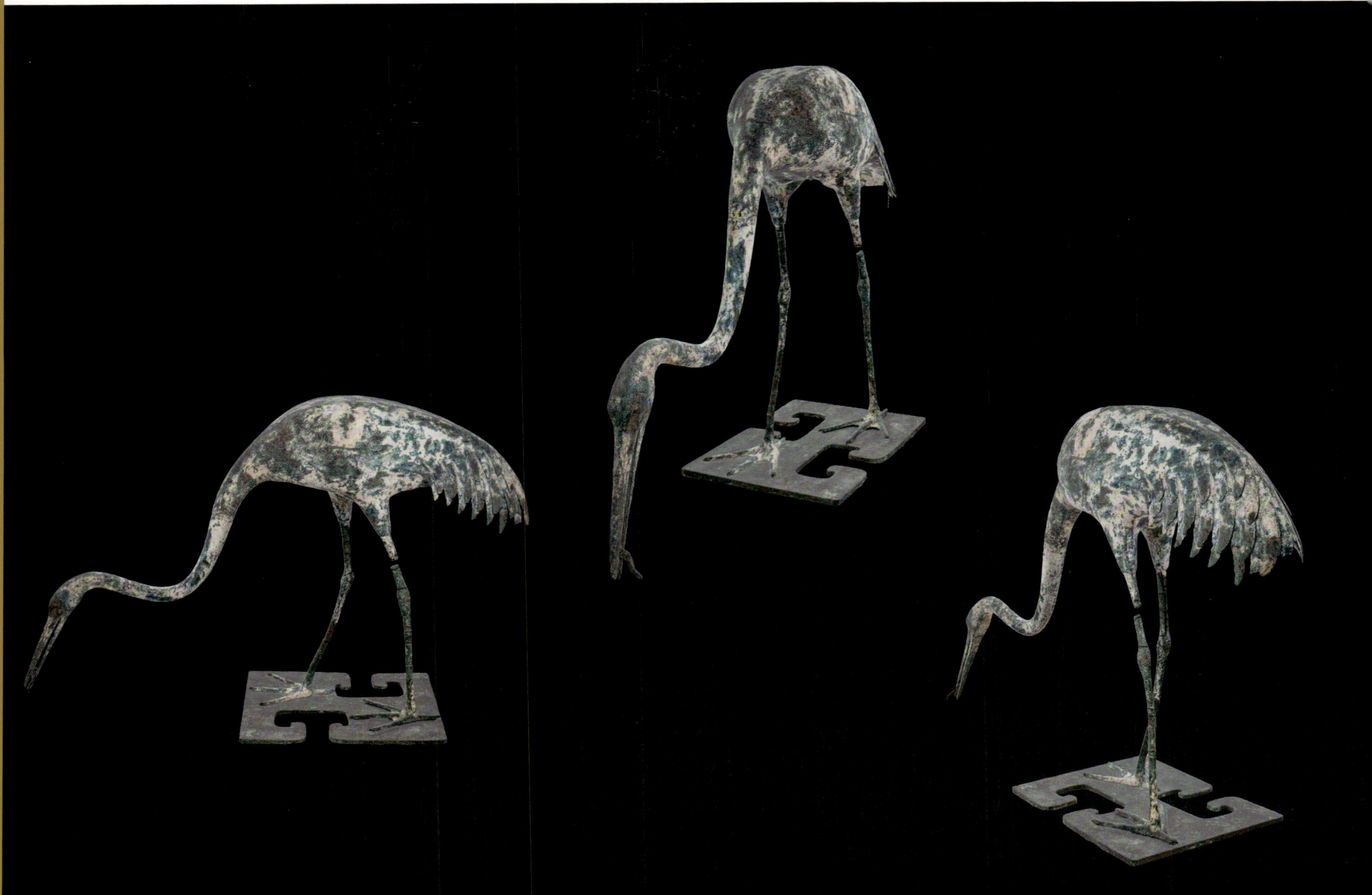

仙鹤三维渲染影像图（一组）
A group of three-dimensional renderings for bronze crane

6 号彩绘青铜天鹅三维渲染正射影像图（一组）
A group of three-dimensional rendering orthoimages for polychrome bronze swan No.6

文物三维模型展示二维码
QR code for three-dimensional model of cultural heritage

文物三维模型展示二维码
QR code for three-dimensional model of cultural heritage

37 号彩绘青铜鸿雁
Polychrome bronze goose No.37

10 号彩绘青铜天鹅身体
Body of polychrome bronze swan No.10

6 号彩绘青铜天鹅身体
Body of polychrome bronze swan No.6

修复后的青铜水禽

The polychrome bronze waterfowl after restoration

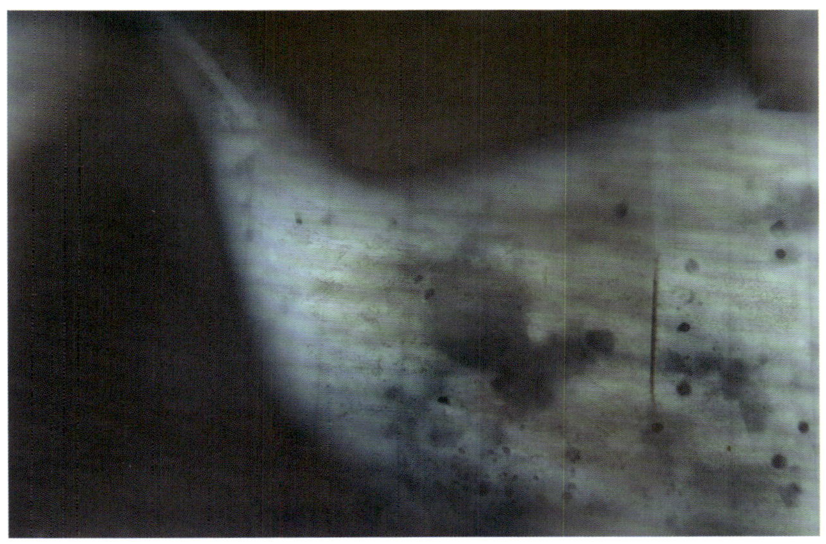

X 射线照片
X-ray photo

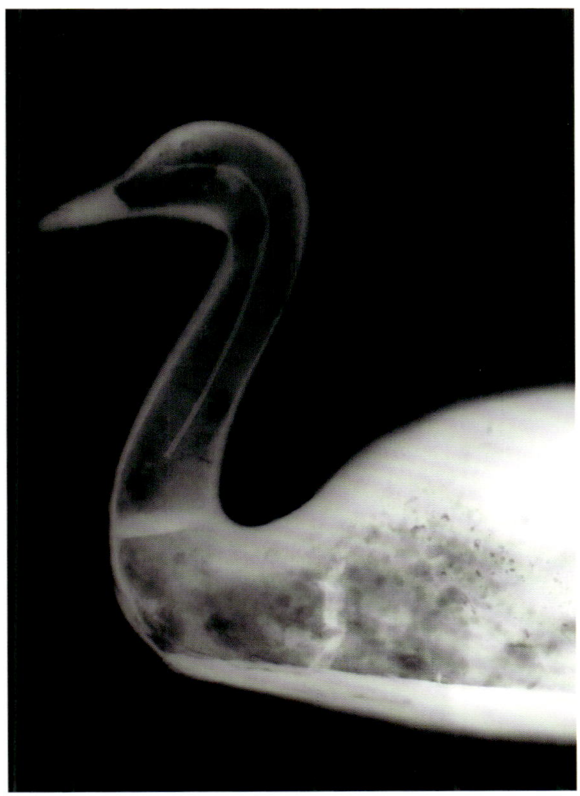

36 号天鹅颈部芯骨 X 射线照片
X-ray photo of polychrome bronze swan No.36 core framework at the neck

铸造工艺
Manufacturing technology

青铜水禽在形制、表面装饰以及表现风格上特征鲜明，明显有别于中国先秦时期的其他青铜器。利用拍摄 X 射线照片、工业 CT 照片以及显微观察等方法，对彩绘青铜水禽铸造工艺进行研究，发现其为失蜡法整体铸造而成。

青铜水禽上发现的铜隔挡、芯撑、芯骨、底部方孔、铜片镶嵌补缀、流淌状多余铜、毛刷痕迹等工艺措施或现象，与公元前一千纪西方古埃及、古希腊的大型青铜雕像的相关工艺较为接近甚至相同，而在中国先秦青铜器上却较为少见。

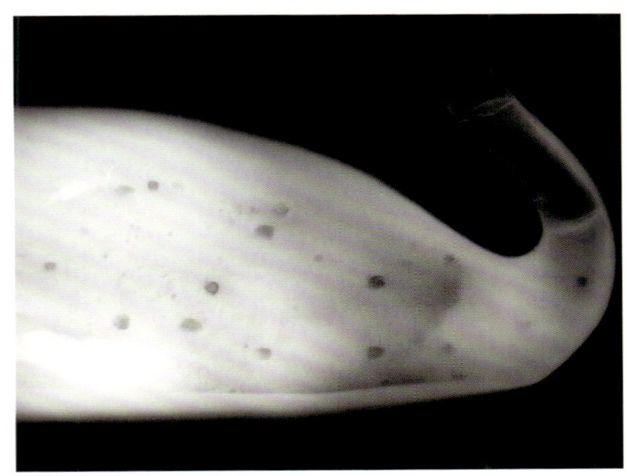

42 号鸿雁躯体 X 射线照片
X-ray photo of polychrome bronze goose No.42 body

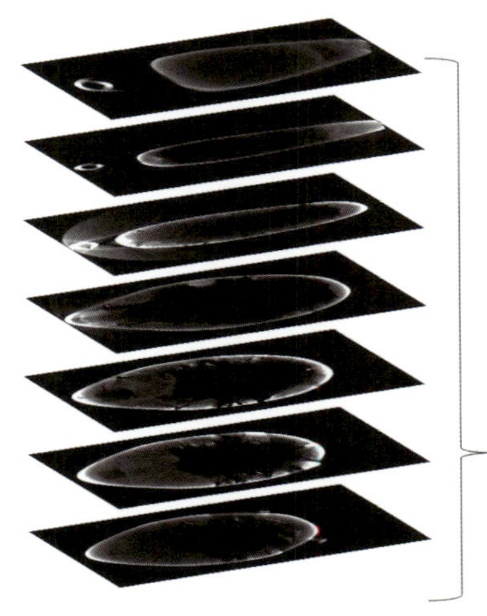

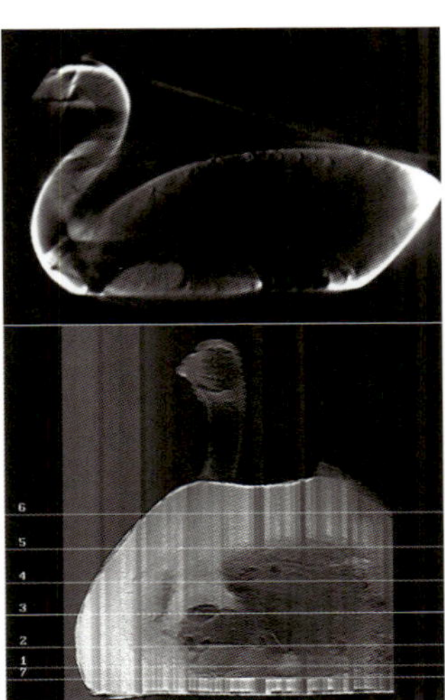

工业 CT 照片
Industrial CT photo

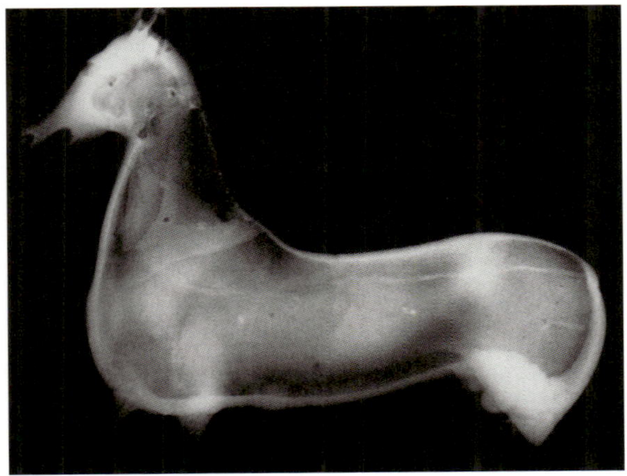

美国大都会博物收藏希腊铜马 X 射线照片
X-ray photo of greece bronze horse collected at the Metropolitan Museum of Art (U.S.)

7 号天鹅颈部铜芯骨

Bronze core rod of polychrome bronze swan No.7 at the neck

合金材质

Alloy components

利用扫描电子显微镜 X 射线能谱、电感耦合等离子体质谱分析等方法，发现青铜水禽是以含锡量为 10% 左右的铜锡二元合金铸造而成，与秦陵园的其他青铜器相似或一致，且与希腊化时期以前的希腊大型青铜雕像非常接近，明显有别于公元前一千纪以铜锡铅三元合金为主要材质的青铜器。青铜水禽与早期秦文化青铜器使用相近甚至相同的铜矿，矿料来源可能与秦岭山区有关。

腐蚀机理

Corrosion mechanism

利用扫描电子显微镜、X 射线能谱、X 射线荧光光谱、金相显微镜和离子色谱等方法，对青铜水禽锈蚀物、胎体组织结构以及埋藏土壤进行分析研究，发现高湿、火烧、人为破坏的特殊埋藏环境是该批青铜水禽严重矿化的主要原因。有些矿化严重部分为稳定的粉状锈蚀物，并非传统意义上的粉状锈。

截面

Cross section of one repairing patch

表面

Surface of one repairing patch

青铜水禽出现严重矿化现象

Bronze waterfowl heavily corroded

李倕复原冠饰及服装佩饰

Crown and Clothing Accessories Excavated from the Tomb of Princess Li Chui

唐
冠：复原高度约 39 厘米；
裙腰佩饰：高 11.6 厘米，宽 27.5 厘米；
下身佩饰：整体高 70 厘米，最大宽度 9 厘米
陕西西安唐李倕墓出土
陕西省考古研究院藏（99M1：1）

The Tang Dynasty
Crown: Height (after restoration) c. 39 cm;
Waistband accessories: Height 11.6 cm, Width 27.5 cm;
Robe accessories (dressed in the lower part of the body): Height 70 cm, Maximum width 9 cm
Excavated from the Tomb of Princess Li Chui of the Tang Dynasty in Xi'an, Shaanxi
Collection of Shaanxi Academy of Archaeology
(No. 99M1 : 1)

2001 年，西安南郊西安理工大学曲江新校区发现一座未经盗掘的唐代小型土洞墓。根据墓志可知，墓主人是唐高祖李渊第五代孙女李倕，葬于唐开元二十四年（736 年），时年仅 25 岁。出土器物有玉器、银器、铜器、瓷器等十余类，明显分为生前穿用之物和后事随葬之物，前者种类之丰富、数量之众多、工艺之精湛，生动再现一位大唐公主的奢华生活，映射出盛唐长安的物质文明，其中李倕冠饰及服装佩饰即是明证。

考古发掘过程中，发现似有华丽的冠饰和服装佩饰，鉴于冠饰和服装佩饰由大量不同材质的零散小件构成，遗物材质保存状况极差且层位复杂，对其分别整体提取至实验室清理，其复杂的结构得以完整揭示并复原。

裙腰佩饰
Waistband accessories

下身佩饰
Robe accessories

修复后的服装佩饰
The clothing accessories after restoration

修复后的冠饰

The crown after restoration

穿戴效果示意图

Schematic diagram of clothing effect

图片来源：Source of picture

Sonia Filip, Alexander Hilgner ***The Lady with the Phoenix Crown—Tang-Period Grave Goods of the Nobelwoman Li Chui (711-736)***

实验室清理
Cleanup in the laboratory

实验室清理的基本原则和田野发掘相同。X 射线拍照，获取石膏包内遗物透视图，了解遗物位置和范围；切割石膏壳开包；按照从上到下的遗物堆积顺序分层清理；每层遗物出露后，拍照、测绘记录、绘制分布图，为复原做准备；根据遗迹类型，决定各层遗物是否提取；对提取文物和遗迹进行加固保护；复原，包括立体复原与某一平层的复原。

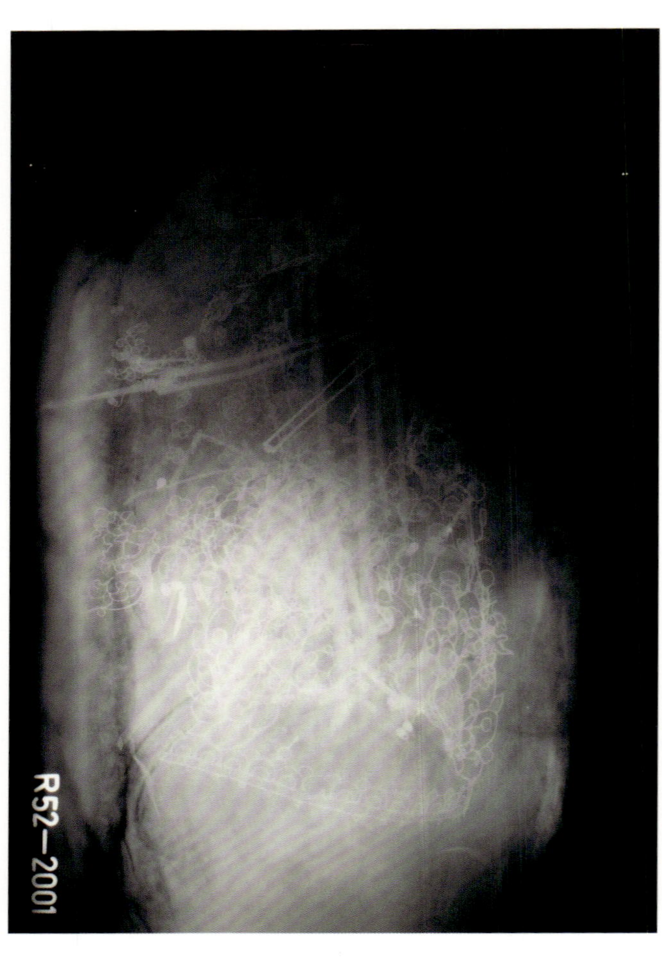

实验室 X 射线拍照

X-ray photo in the laboratory

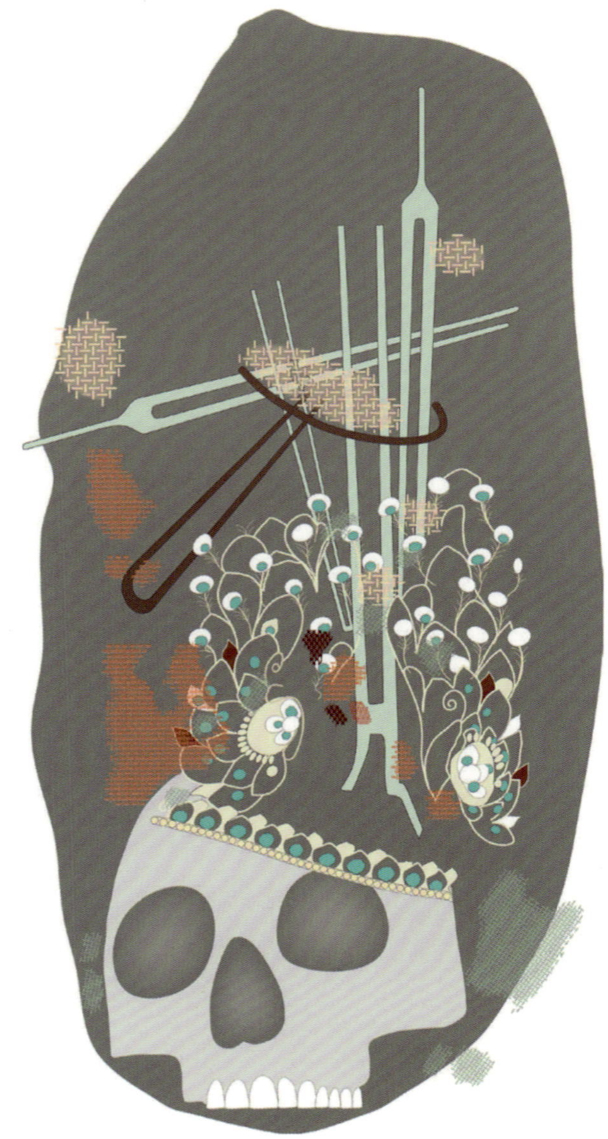

冠饰透视示意图

Perspective diagram of crown decorations

现场提取

On-site extraction

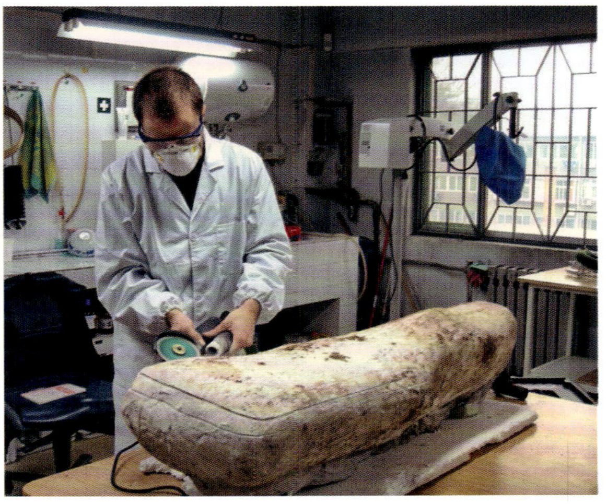

实验室石膏壳开包

Unpacking of gypsum package in the laboratory

整体提取至实验室

Extracted as a whole to the laboratory

石膏包内遗物分布示意图

Distribution schematic of remains in the gypsum package

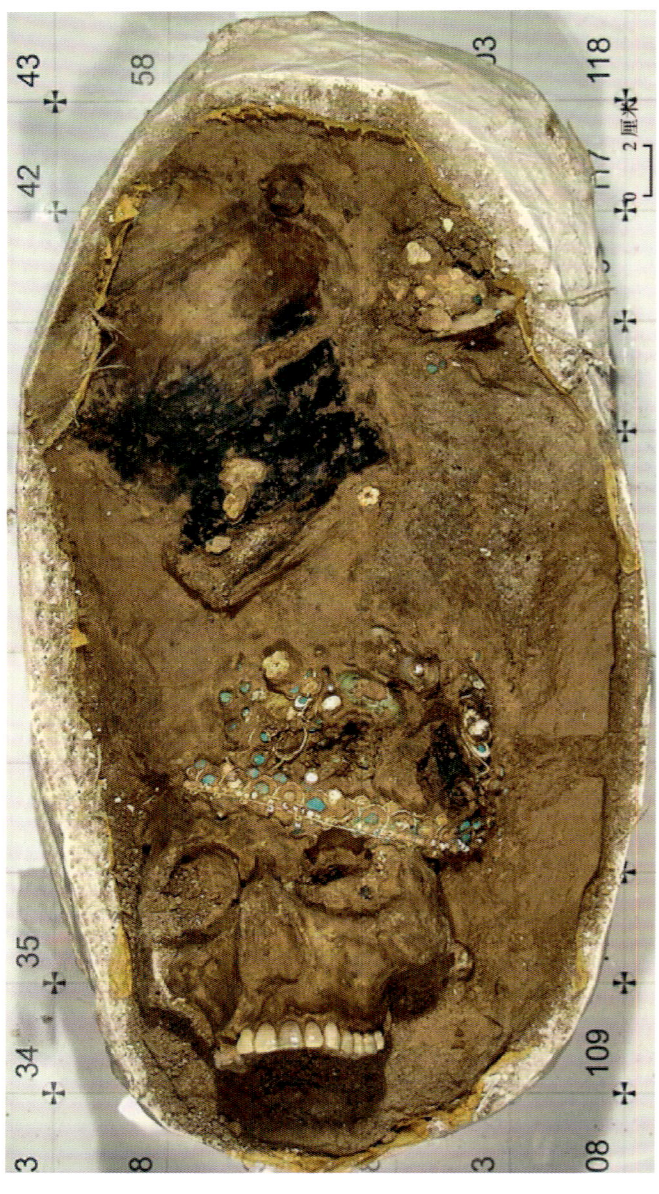

第一平层

The first flat layer

第二平层

The second flat layer

第一平层复原后

The first flat layer after restoration

第二平层复原后

The second flat layer after restoration

逐层提取并复原

Extraction and restoration layer by layer

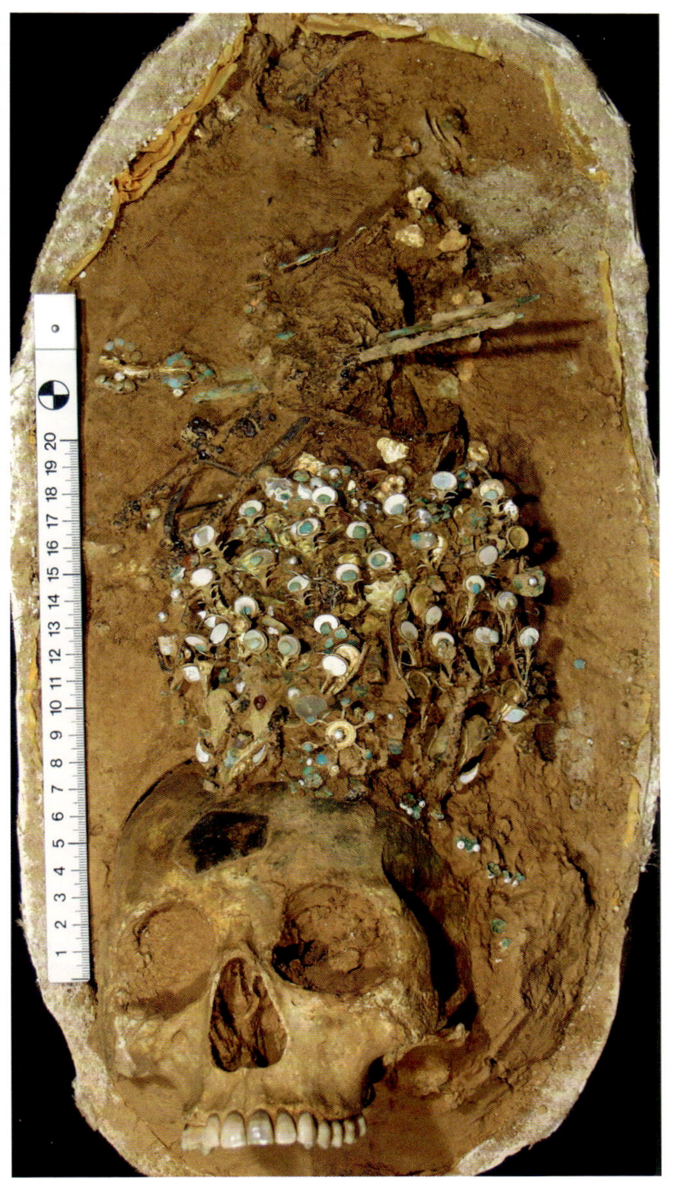

第四平层
The fourth flat layer

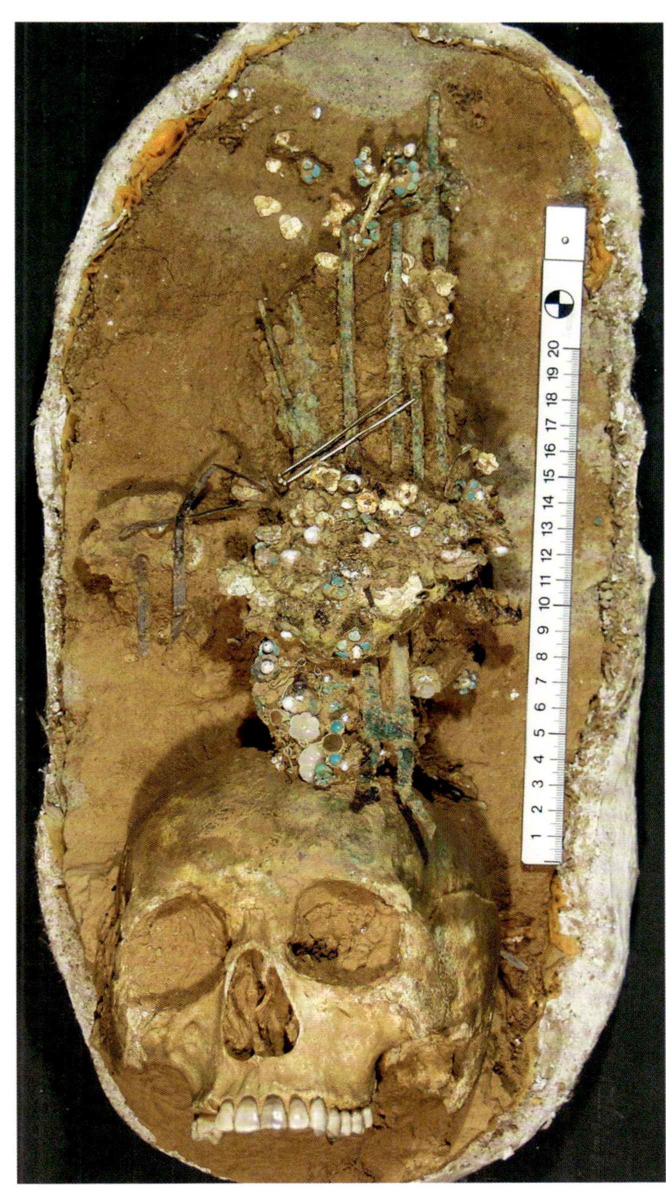

第六平层
The sixth flat layer

第四平层复原后
The fourth flat layer after restoration

第六平层复原后
The sixth flat layer after restoration

冠饰制作工艺
Workmanship of crown decorations

冠饰由凤翅1对、凤尾1对、对鸟1对、花鸟1对、花环1件组成，有金钗1件，铁钗2件，铜钗4件，嵌宝金花（3—6瓣）251件，宝石有珍珠、绿松石、琥珀、红玉髓、蓝宝石、玉、紫晶、象牙、石英、石榴石、贝壳、玻璃和云母等11种以上，除各种宝石外，还有纺织品、羽毛、漆质材料等。整个冠饰材质近20种，零散构件500余件，采用铸造、捶打、掐丝、焊接、镶嵌、金珠等工艺制作而成。

冠饰件（一组）
A set of crown decorations

土
Earth

CMK2 五号车左轮遗迹
Remains of the Left Wheel of Chariot No.5 in Pit No.CMK2

东周
长 145 厘米，宽 131 厘米，厚 5—20 厘米
故郡东周遗址车马坑 CMK2 出土
河北省文物考古研究院藏

The Eastern Zhou Dynasty
Length 145 cm, Width 131 cm, Thickness 5-20 cm
Excavated from Pit No.CMK2 in the Gujun Sites of the Eastern Zhou Dynasty
Collection of Institute of Hebei Cultural Relics and Archaeology

故郡东周遗址位于河北省石家庄市行唐县故郡村北，地处太行山东麓的山前地带，占地面积约 50 万平方米。2015—2017 年，经过考古调查、勘探与发掘，发现是春秋晚期至战国中期（公元前 5—前 3 世纪）具有北方族群特征的贵族墓地、居址和东周城址，可填补春秋战国史尤其是早期中山国研究的缺环，为研究戎狄等北方族群华夏化进程与中华民族多元一体格局的形成提供实物资料。

车马坑 CMK2 平面近长方形，坑内东西纵列摆放五辆车，辀东向，五号车置于坑内最东端，未见系驾马匹，车轮卸下后放置在车舆两侧，是研究东周时期车舆制度的重要材料。车轮为木质髹漆，木胎腐烂，部分空间被土填充，外侧漆皮保存较好，左轮整体形态保存较好，但十分脆弱，加之左轮紧靠车舆左侧板，无法从车轮下方掏土提取，只能采取揭取的方法进行整体提取。

五号车出土时的状况
The status of Chariot No.5 when excavated

提取前
Before extraction

提取后
After extraction

五号车左轮的提取过程
Extraction processing of left wheel from Chariot No.5

提取技术流程

The extraction technology

清理车轮；车轮本体有机硅加固；隔离车轮与车厢；薄荷醇临时固形；添加刚性支撑；整体提取；背面清理与加固；薄荷醇挥发后清理加固车轮正面。

薄荷醇临时固型技术

Temporary consolidation with menthol

薄荷醇来自薄荷提取物，是常用的食品添加剂和药物。近年来薄荷醇被用作考古出土文物提取时的临时固型材料，对新出土文物起到加固增强的作用。待文物安全运输到室内后，利用薄荷醇的挥发性，可以自动升华排出，无残留，不影响出土文物的原始形貌和后续处理。在中国考古发掘现场，薄荷醇已成为一种便携有效、绿色安全、可控去除的新型脆弱文物临时固型提取材料。

车轮提取技术流程

Extraction procedure of wheel

整体捆绑
Overall bundling

整体提取
Integral extraction

薄荷
Peppermint

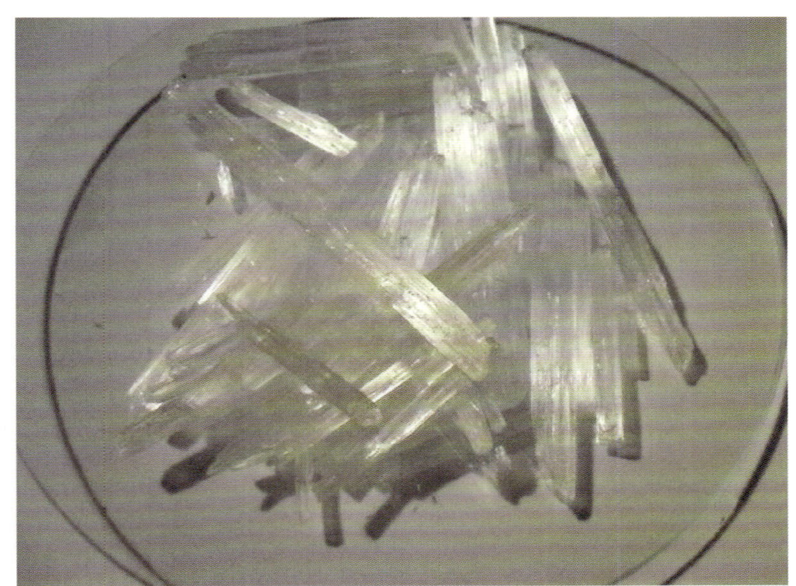

左旋薄荷醇晶体
L-Menthol crystals

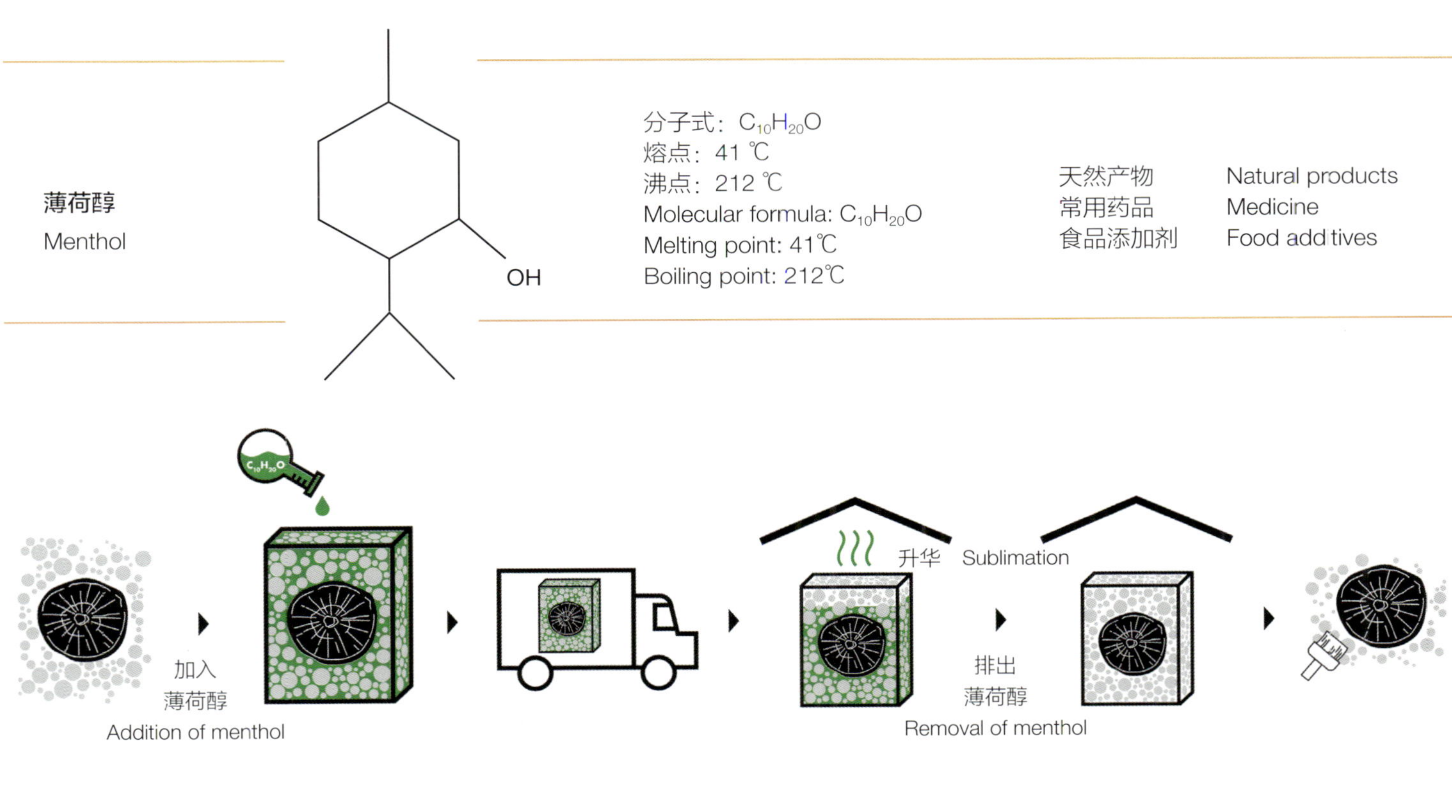

考古发掘 Archaeological excavation
提取、运输 Extraction and transportation
室内保护 Indoor protection

薄荷醇临时固型原理图
Schematic diagram of temporary consolidation with menthol

兵马俑

Terracotta Warriors and Horses

秦
彩绘紫衣御手俑：高 180 厘米，宽 70 厘米
陕西西安秦始皇帝陵一号坑出土
秦始皇帝陵博物院藏（007010）

The Qin Dynasty
Polychrome Purple-clothed Charioteer: Height 180 cm, Width 70 cm
Excavated from Qin Terracotta Army Pit No. 1 of Emperor Qinshihuang's Mausoleum in Xi'an, Shaanxi
Collection of Emperor Qinshihuang's Mausoleum Site Museum (No. 007010)

俑是古代墓葬雕塑的一个类别。殷商盛行人殉，春秋战国之际的社会变革促使葬俗发生变化，出现以俑殉葬，即用陶俑、木俑等代替人殉。秦献公元年（公元前 384 年）“止从死”，秦国废止人殉制度，秦始皇帝陵就是以俑代人殉葬的典型和顶峰。

历经千年埋藏，陶俑多已破碎成残片，修复时，首先对残片进行清理，随后依据残片出土时候的编号自下而上进行拼对，确认无误后，用黏接剂于茬口处依次黏接。若有缺损，修复时一般不进行补配，但当缺损部位影响到陶俑的力学性能时，可用“陶粉加胶”进行补配，最后再适当进行做旧处理。

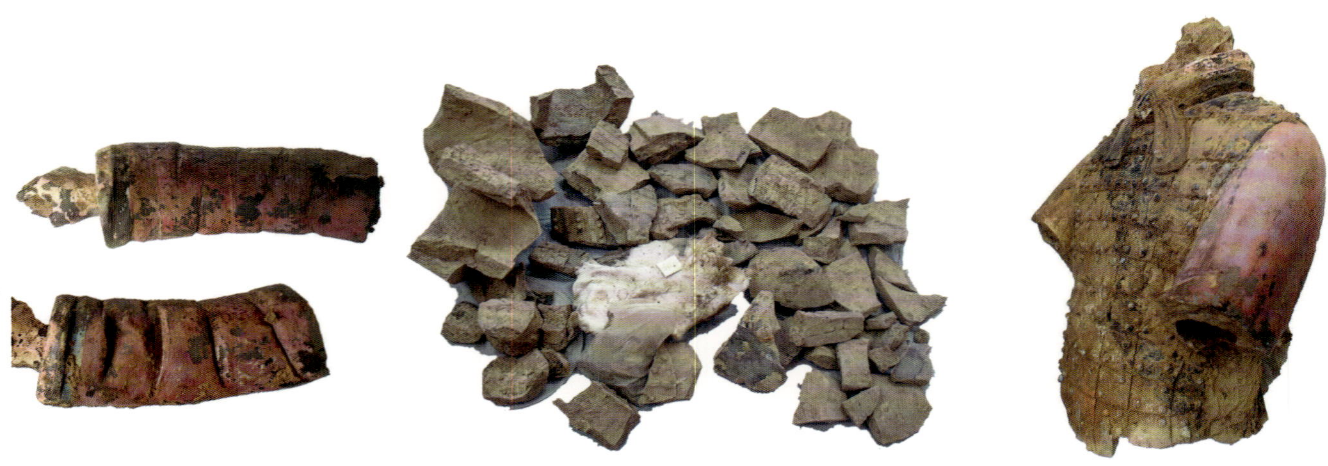

修复前的彩绘紫衣御手俑
Polychrome purple-clothed charioteer before restoration

彩绘紫衣御手俑示意图
The schematic of polychrome purple-clothed charioteer

文物三维模型展示二维码
QR code for three-dimensional model of cultural heritage

修复后的彩绘紫衣御手俑
Polychrome purple-clothed charioteer after restoration

兵马俑
Terracotta Warriors and Horses

秦
陶俑残块 1：长 31 厘米，宽 16 厘米
陶俑残块 2：长 30 厘米，宽 16 厘米
陶俑残块 3：长 21 厘米，宽 19 厘米
待修复俑（残）（1/3 残俑）：高 96 厘米，宽 54 厘米，厚 38 厘米
残俑（2/3 残俑）：高 132 厘米
彩绘绿面跪射俑：通高 128 厘米
陕西西安秦始皇帝陵一、二号坑出土
秦始皇帝陵博物院藏（G10：01、G10：02、G10：03、G8：81/88/92、002820、005504）

The Qin Dynasty
Fragment No. 1 of a Pottery Figure: Length 31 cm, Width 16 cm
Fragment No. 2 of a Pottery Figure: Length 30 cm, Width 16 cm
Fragment No. 3 of a Pottery Figure: Length 21 cm, Width 19 cm
Remnants of a Pottery Figure to be Restored (1/3 Remnants of a Pottery Figure): Height 96 cm, Width 54 cm, Thickness 38 cm
Remnants of a Pottery Figure (2/3 Remnants of a Pottery Figure): Height 132 cm
Polychrome Green-faced Kneeling Archer: Height 128 cm
Excavated from Qin Terracotta Army Pit No. 1 and 2 of Emperor Qinshihuang's Mausoleum in Xi'an, Shaanxi
Collection of Emperor Qinshihuang's Mausoleum Site Museum (No. G10 : 01, G10 : 02, G10 : 03, G8 : 81/88/92, 002820 and 005504)

陶俑残块 1 三维渲染正射影像图（一组）
A group of three-dimensional rendering orthoimages for fragment No. 1 of a pottery figure

陶俑残块 2 三维渲染影像图（一组）
A group of three-dimensional renderings for fragment No. 2 of a pottery figure

陶俑残块 3 三维渲染正射影像图（一组）
A group of three-dimensional rendering orthoimages for fragment No. 3 of a pottery figure

1/3 残俑三维渲染正射影像图（一组）
A group of three-dimensional rendering orthoimages for 1/3 remanents of a pottery figure

2/3 残俑三维渲染正射影像图（一组）
A group of three-dimensional rendering orthoimages for 2/3 remanents of a pottery figure

彩绘紫衣御手俑三维渲染正射影像图（一组）

A group of three-dimensional rendering orthoimages of the polychrome purple-clothed charioteer

清理中
Process of cleaning

清理修复后
After cleaning and restoration

彩绘绿面跪射俑头
Head of polychrome green-faced kneeling archer

文物三维模型展示二维码
QR code for three-dimensional model of cultural heritage

彩绘绿面跪射俑
Polychrome green-faced kneeling archer

彩绘绿面跪射俑三维渲染正射影像图（一组）
A group of three-dimensional rendering orthoimages of the polychrome green-faced kneeling archer

彩绘层次
Structure of polychromy

秦俑彩绘由褐色底层和彩色颜料层构成，褐色底层的主要成分为中国生漆，彩色颜料层多来自天然矿物颜料。这种带有生漆底层的彩绘是战国晚期到西汉早期的典型陶质彩绘类型，不仅是各类彩绘文物保护的关键性技术难点的集中反映，更有生漆底层对环境变化的剧烈反应以及保护剂难以渗入的特殊情况，在彩绘类文物保护中技术难度最大。

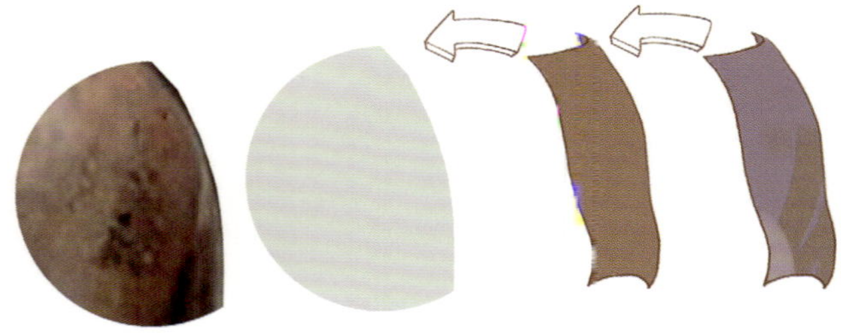

灰白色陶体 + 深褐色生漆 + 彩色颜料层
Grey pottery body + dark brown raw lacquer + polychrome pigment layer

彩绘结构示意图
Structure the schematic of polychrome pottery

彩绘脱落
Polychromy peeling off

从考古发掘情况来看，秦俑的陶体原本施有明快艳丽的彩绘，一经出土即迅速脱落。彩绘脱落主要与其制作工艺及出土时环境湿度变化有关。一方面，兵马俑彩绘结构一般是由生漆底层和矿物颜料组成，历经千年埋藏、大火焚烧，秦俑彩绘在出土时已十分脆弱；另一方面，生漆底层对于湿度变化十分敏感，陶俑出土时从地下饱水状态直接暴露于相对干燥的大气环境中，生漆底层会因失水而产生剧烈变形，随即卷曲起翘进而造成彩绘脱落。

漆层起翘变形过程示意图
Warping and deformation process of lacquer layer

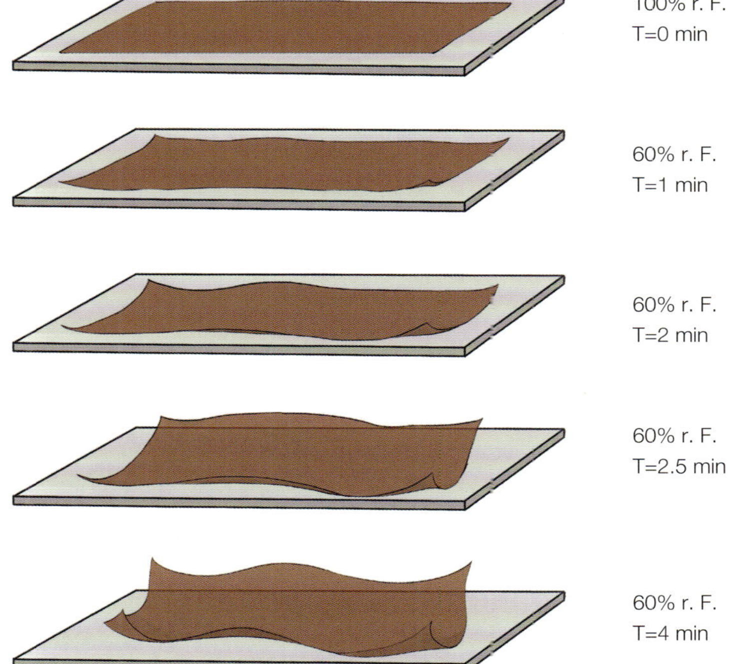

漆层脱离
Lacquer layer peeling off

彩绘保护

Conservation of polychromy

由于秦俑彩绘颜料调和剂及生漆底层均已老化，颜料层内部的凝结力、彩绘各层之间、底层与陶体之间的黏附力都很微弱，特别是生漆底层对失水非常敏感，因此彩绘保护的重点和难点在于加固生漆底层。但是，一般的加固剂难以渗透至生漆底层，同时无法抵御漆层因失水而引起的剧烈皱缩，难以奏效。针对上述原因，研发出“用抗皱缩剂（聚乙二醇）和加固剂（聚氨酯乳液）联合处理”及“单体（甲基丙烯酸羟乙基酯）渗透，电子束辐照加固聚合”两种方法对彩绘层进行保护。处理后的彩绘陶俑，既可防止生漆底层失水时的皱缩，又能大大增加生漆底层和陶体之间、彩绘各层之间以及颜料层内部的黏合力，彩绘颜色鲜艳，保护效果良好。

秦俑二号坑出土彩绘俑的现场保护

On-site conservation of polychrome figures excavated from Pit No.2 in the Emperor Qinshihuang's Mausoleum Site Museum

彩绘绿面跪射俑

Polychrome green-faced kneeling archer

紫衣绿面

Purple clothes and green face

彩绘紫衣御手俑所呈现的紫色来自“中国紫”亦称“汉紫”，主要成分为硅酸铜钡（$BaCuSi_2O_6$），在自然界中还未发现过这类紫色矿物，为人工合成。从出土实物看，中国紫的应用自西周晚期开始，持续到东汉，之后便消失踪迹。对汉紫在古代应用的地区与时代进行对比，发现其使用轨迹与秦国及秦帝国的发展路线相吻合，因此人工合成“汉紫”很可能是早期秦人掌握的一项“硬科技”。彩绘绿面跪射俑的面部、脖颈等部位的绿色并非变色所致，而是秦人有意而为，所用颜料为石绿和少量骨白的调和物。

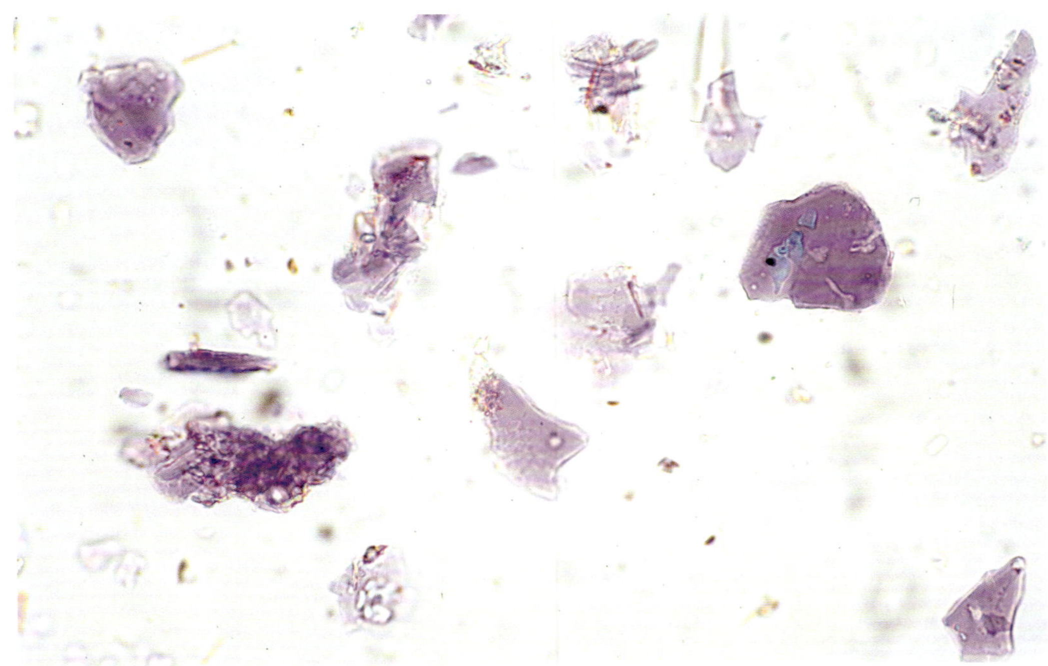

紫色颜料的偏光显微图像

Polarized light microscopic image of purple pigment

彩绘紫衣御手俑

Polychrome purple-clothed charioteer

《玄武图》壁画

Mural of Xuan Wu

唐
宽 179 厘米，高 196 厘米
唐韩休墓出土
陕西历史博物馆藏（HB16）

The Tang Dynasty
Width 179 cm, Height 196 cm
Excavated from the Tomb of Han Xiu of the Tang Dynasty
Collection of Shaanxi History Museum (No. HB16)

修复前
Before restoration

《玄武图》绘制于唐韩休墓墓室北壁，发现时已被严重盗扰，百余块壁画残块散落在地。在揭取搬迁及后续的加固修复过程中，依据壁画被破坏前的照片，通过高清扫描设备和高光谱对画面进行信息采集，对现场拾取的壁画残块进行计算机人工智能辅助拼接和人工拼对，同时在壁画修复中尝试使用新型纳米材料，最终完成壁画的复原性修复。

修复后
After restoration

玄武图
The Mural of Xuan Wu

韩休（673—740 年），字良士，京兆长安（今陕西西安）人，在唐玄宗时期高居宰相之位，葬于少陵塬（今陕西省西安市长安区郭新庄村）。2014 年，对韩休及夫人柳氏的合葬墓进行抢救性发掘，在墓室四壁及穹隆顶发现绘画 11 幅，四壁绘朱雀、玄武、高士、山水及乐舞等图像，其中南壁 1 幅，东壁 1 幅，北壁 2 幅，西壁 6 幅，穹隆顶 1 幅，为日月星象图。

乐舞图的涂改痕迹

Alteration marks of music and dance mural

韩休墓三维模型图，韩休墓是一座长斜坡墓道多天井单室砖室墓，壁画多出自墓室

The three-dimensional model for the Tomb of Han Xiu, which was a brick-chambered tomb (1 chamber with long slopes and multiple vertical air-shaft) and murals mostly from the coffin chamber

北壁玄武图和山水图

Murals of Xuan Wu and landscape on the north wall

东壁乐舞图

Mural of music and dance on the east wall

新型纳米级壁画加固材料

New nano-scale consolidation materials for murals

近年来，纳米级氢氧化钙因其渗透性好等特点逐渐替代传统氢氧化钙用作壁画加固材料，但存在制备成本高、固化速度慢等问题。在此基础上，陕西历史博物馆与西北工业大学合作研发新型纳米级氢氧化钙加固材料，包括石墨烯增强型纳米氢氧化钙和具有双功能的非分层氮化硼纳米级氢氧化钙。这两种新型材料的制备较为简单，渗透性较强，在《玄武图》壁画修复中取得良好效果。

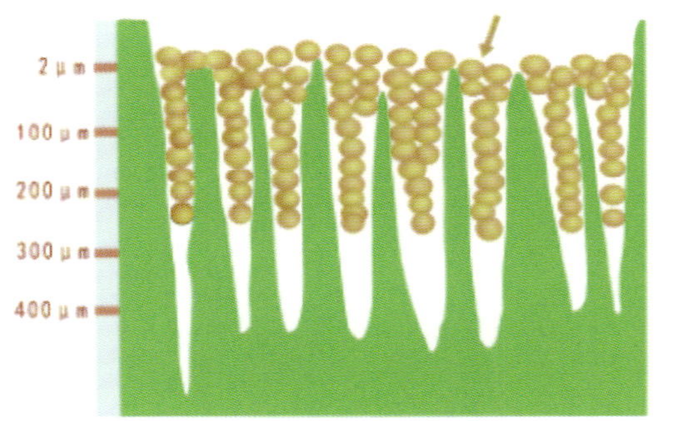

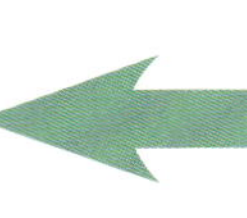

商业用纳米氢氧化钙

- 渗透深度约 250 μm

Commercial nano calcium hydroxide

- Infiltration depth of about 250 μm

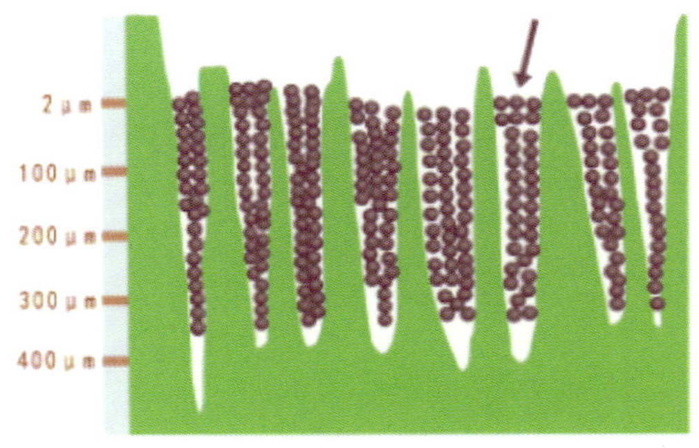

氢氧化钙 / 石墨烯
量子点杂纳米复合材料

- 渗透深度约 350 μm

Calcium hydroxide/graphene
Quantum dot doped nanocomposite

- Infiltration depth of about 350 μm

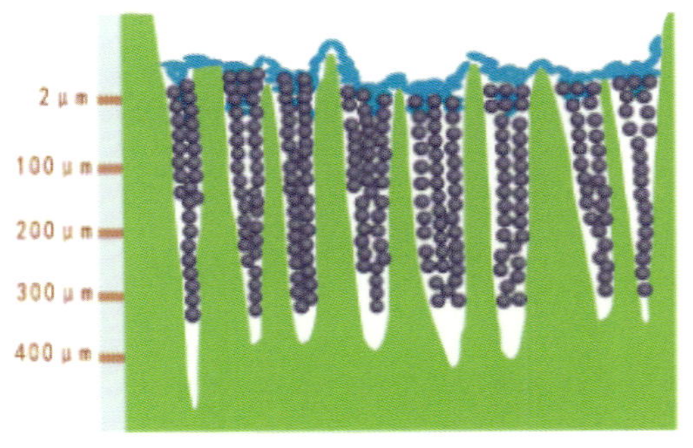

纳米氮化硼氢氧化钙

- 渗透深度约 350 μm
- 渗透后氮化硼在画面表面形成保护层

Nano boron nitride calcium hydroxide

- Infiltration depth of about 350 μm
- A protective layer of boron nitride on the surface of the mural after infiltration

加固原理图
Schematic diagram of consolidation

胁侍菩萨重层壁画

Multi-layered Mural of the Attendant Bodhisattva

北凉—元

北凉壁画：长 110 厘米，宽 75 厘米

元代壁画：长 106 厘米，宽 76 厘米

甘肃武威天梯山石窟第 4 窟中心柱

武威市天梯山石窟保护研究所藏（WWTTS-0258 附，WWTTS-0258）

The State of Northern Liang–The Yuan Dynasty

Mural of the State of Northern Liang: Length 110 cm, Width 75 cm

Mural of the Yuan Dynasty: Length 106 cm, Width 76 cm

Detached from the central pillar of the Cave No.4 of Tiantishan Grottoes, Wuwei, Gansu

Collection of Conservation and Research Institute of the Tiantishan Grottoes in Wuwei (No.WWTTS-0258 附 and WWTTS-0258)

甘肃武威天梯山石窟，又称凉州石窟，创建于北凉时期，距今有 1600 多年的历史，经北魏、北周、隋唐、西夏、元等朝代开窟或重修，至明清时期已成为喇嘛教寺院，在学界有“中国石窟鼻祖”之称。20 世纪 50 年代末，因兴修黄羊河水库，对天梯山石窟的壁画和彩塑进行搬迁，自 2015 年起对馆藏天梯山石窟壁画开展保护修复。

壁画重层分离保护

Separation and conservation of the multi-layered mural

未分层壁画

Mural before separation

修复后的表层壁画
Surface mural after restoration

修复后的底层壁画
Bottom mural after restoration

壁画重层分离保护

Separation and conservation of the multi-layered mural

重层壁画的分离与修复

Separation and restoration of multi-layered mural

该壁画（WWTTS-0258）是重层壁画，下层绘有北凉时期胁侍菩萨，上层绘有元代胁侍菩萨，具有很高的历史价值和艺术价值。为保证壁画的真实性和完整性，在对该幅壁画进行重层分离的过程中，采用先表面后结构的工序。首先对表层壁画采用除尘（污渍去除）—注射黏合剂—加固颜料层—滚压—表面封护的修复工艺，再采用探地雷达确定重层壁画分离界面，对结构层采用切除石膏包—分离重层壁画—对下层壁画进行表面处理，最后依次进行剪薄地仗—地仗补强—制作支撑体—黏接壁画—填补泥层—清除棉纸—封护支撑体，完成重层壁画的分离与修复。

揭取重层壁画

Extraction of the multi-layered mural

探地雷达在重层壁画分离中的应用

Application of ground penetrating radar in separation of multi-layered mural

由于重层壁画各层厚度不明，对壁画的分离造成不便，为此采用探地雷达对该壁画进行扫描探测，以期探明该重层壁画各层位的厚度，为壁画的分离提供参考。探地雷达法是利用探地雷达发射天线向目标体发射高频脉冲电磁波，由接收天线接收目标体的反射电磁波，探测目标体空间位置和分布的地球物理探测方法。其实际是利用目标体及周围介质电磁波反射特性，对目标体内部的构造和缺陷进行探测。

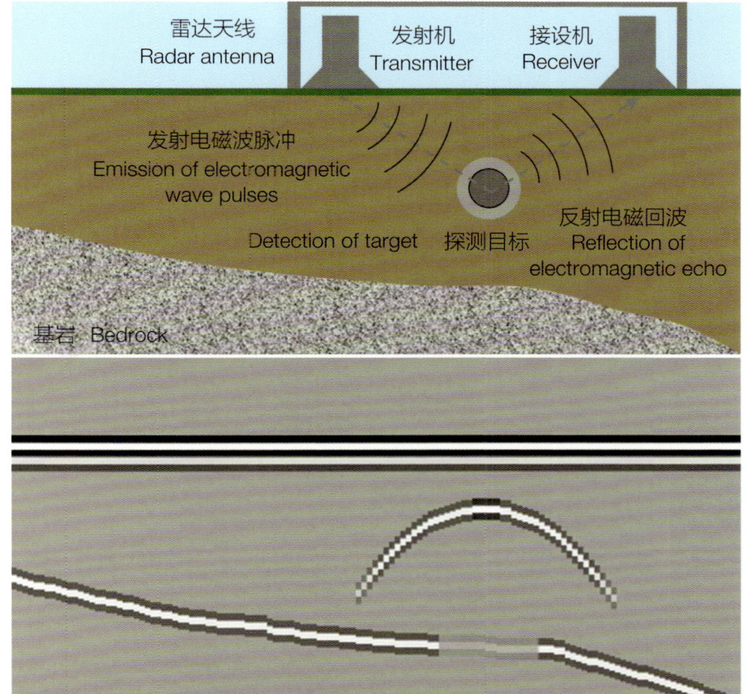

探地雷达技术工作原理图

Working principle of ground penetrating radar technology

壁画结构示意图

Schematic diagram of multi-layered mural structure

凝结物与出水瓷

Coagulum and Marine Porcelain

明

明代沉船出水

国家文物局考古研究中心藏（2010NAN Ⅰ：0114、2011NAS Ⅶ：0122、2011NAN ⅩⅣ：0103、2010NAN Ⅳ：0104、2010NAC：0345、2010NAN Ⅱ：0115、2010NAC：0321、2010NAN Ⅷ：0108、2011NAC：0107、2010NAN Ⅷ：0112、2011NAS：0100、2011NA:凝结物 1）

The Ming Dynasty

Excavated from the Shipwreck of the Ming Dynasty

Collection of National Center for Archaeology (NACA)

2010NAN Ⅰ：0114, 2011NAS Ⅶ：0122, 2011NAN ⅩⅣ：0103, 2010NAN Ⅳ：0104, 2010NAC：0345, 2010NAN Ⅱ：0115, 2010NAC：0321, 2010NAN Ⅷ：0108, 2011NAC：0107, 2010NAN Ⅷ：0112, 2011NAS：0100, 2011NA:凝结物 1）

我国沿海拥有渤海、黄海、东海和南海四大海域，有着 18000 千米的海岸线，以及 300 万平方千米的管辖海域面积。在广阔海域沉寂的沉船及船载文物是古代海上贸易网络的重要见证，海洋出水文物的保护已成为文物保护工作的重要组成部分。

南澳一号沉船遗址位于广东汕头南澳岛附近海域，2007 年发现并进行了首次水下考古调查。2010—2012 年进行了三次大规模的考古发掘，出水文物达 3 万余件，是目前我国发现并经水下考古发掘的保存最好的一艘明代贸易商船，为研究明代中晚期海上贸易、航海技术提供翔实可靠的实证材料。通过分析检测、表面清理、整体循环喷淋脱盐、微生物防治、局部加固、展台制作等措施，实现包含瓷器、铁器、铜器、木质等众多材质文物的凝结物整体保护与展示，为海洋出水凝结物的整体保护提供案例。

青花缠枝花卉纹小罐

Blue and White Jar with Pattern of Entangled Floral Branches

高 8 厘米，口径 4.3 厘米，底径 5.6 厘米

Height 8 cm, Mouth diameter 4.3 cm, Bottom diameter 5.6 cm

青花缠枝花卉纹玉壶春瓶

Blue and White Jade Bottle with Pattern of Entangled Floral Branches

高 14.8 厘米，口径 5.6 厘米，足径 5.5 厘米

Height 14.8 cm, Mouth diameter 5.6 cm, Foot diameter 5.5 cm

青花缠枝花卉四开光葡萄纹大碗

Blue and White Bowl with Patterns of Entangled Floral Branches and Consecration Grapes

高 9.6 厘米，口径 18.8 厘米，足径 7.5 厘米

Height 9.6 cm, Mouth diameter 18.8 cm, Foot diameter 7.5 cm

青花法螺应龙纹大碗

Blue and White Bowl with Snail and Winged Rain-Dragon Pattern

高 9 厘米，口径 18.6 厘米，足径 7 厘米

Height 9 cm, Mouth diameter 18.6 cm, Foot diameter 7 cm

青花仕女纹盘

Blue and White Dish with Lady Pattern

高 7 厘米，口径 26 厘米，足径 12.4 厘米

Height 7 cm, Mouth diameter 26 cm, Foot diameter 12.4 cm

青花麒麟纹盘

Blue and White Dish with Pattern of Kylin

高 6.1 厘米，口径 26 厘米，足径 12.2 厘米

Height 6.1 cm, Mouth diameter 26 cm, Foot diameter 12.2 cm

青花高士图碗

Blue and White Bowl with Picture of Profound Scholar

高 5.9 厘米，口径 12.2 厘米，足径 4.8 厘米

Height 5.9 cm, Mouth diameter 12.2 cm,
Foot diameter 4.8 cm

青花应龙纹碗

Blue and White Bowl with Winged Rain-Dragon Pattern

高 7 厘米，口径 15.2 厘米，足径 6 厘米

Height 7 cm, Mouth diameter 15.2 cm,
Foot diameter 6 cm

青花缠枝牡丹五彩四开光花卉纹碗

Blue and White Bowl with Patterns of Entangled Floral Branches of Multicolored Peony

高 6.2 厘米，口径 12.1 厘米，足径 4.5 厘米

Height 6.2 cm, Mouth diameter 12.1 cm,
Foot diameter 4.5 cm

青花缠枝牡丹纹“福”款杯

Blue and White Cup with Patterns of Entangled Floral Branches of Peony and the Chinese Character “Fu”

高 4.2 厘米，口径 6.6 厘米，足径 2.4 厘米

Height 4.2 cm, Mouth diameter 6.6 cm,
Foot diameter 2.4 cm

青花牡丹纹“福”款盖盒

Blue and White Box with Patterns of Peony and the Chinese Character “Fu”

通高 7.8 厘米，口径 10.8 厘米，足径 6.4 厘米

Height 7.8 cm, Mouth diameter 10.8 cm,
Foot diameter 6.4 cm

凝结物
Coagulum

长 101 厘米，宽 83 厘米，高 108 厘米

Length 101 cm, Width 83 cm, Height 108 cm

出水瓷与凝结物

Marine porcelain and coagulum

凝结物的形成
Formation of coagulum

目前为止，我国调查发掘的古代贸易沉船中，除了木质船体之外，船货主要为陶瓷器和金属器（金、银、铜、铁、锡、铅），尤以瓷器、铜钱与铁器为大宗，还有少量的漆器、果核、石质文物等。近年来调查发掘的一些古代沉船，如华光礁一号、南海一号、南澳一号等，普遍装载大量铁锅、铁钉和类似铁刀形状的铁器，这些铁器以及木船中的铁钉在海洋长期浸泡的埋藏环境中严重腐蚀，形成大量铁锈，这些铁锈将海泥、海藻、珊瑚、软体动物残骸以及各类船载文物包裹在一起，形成大小不一、种类丰富、坚硬致密的凝结物。

凝结物的展示
Display of coagulum

采用三维激光扫描技术精确扫描凝结物整体，尤其是根据不平整底部的尺寸建模，并依据模型制作凝结物展示的基座。

基于三维激光扫描的展示

Display based on three-dimensional laser scanning

凝结物的脱盐
Desalination of coagulum

经过拉曼光谱分析，可知凝结物表面和内部的盐为氯化铵，这是因为凝结物在出水之前长期埋藏于海底沉积物中，沉积物中大量的铵根离子扩散到凝结物中，故形成表面白色盐分主要为氯化铵。氯化铵能加速点蚀、应力腐蚀、晶间腐蚀和缝隙腐蚀等局部腐蚀，必须要脱除。采用去离子水对凝结物进行循环喷淋脱盐，并用氯离子测定仪检测脱盐溶液中的氯离子含量。在为期十个月的循环喷淋脱盐处理后，喷淋溶液中的氯离子浓度稳定在 100 ppm 以下，凝结物基本可以稳定保存。

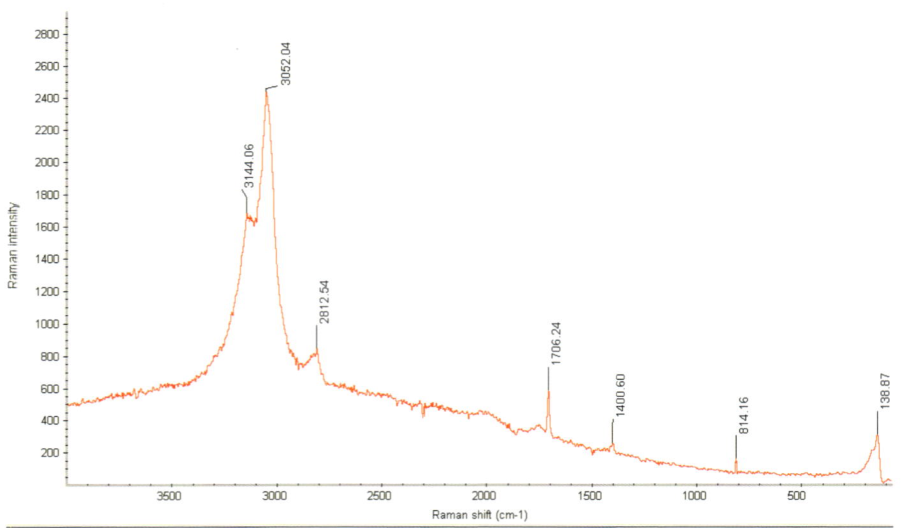

凝结物表面析出的大量白色盐分（NH_4Cl）的光学图像和拉曼光谱图

Optical image and Raman spectrum for a large amount of white minerals (NH_4Cl) precipitated on the coagulum surface

凝结物循环喷淋过程及脱盐

Cyclic spraying and desalination of coagulum

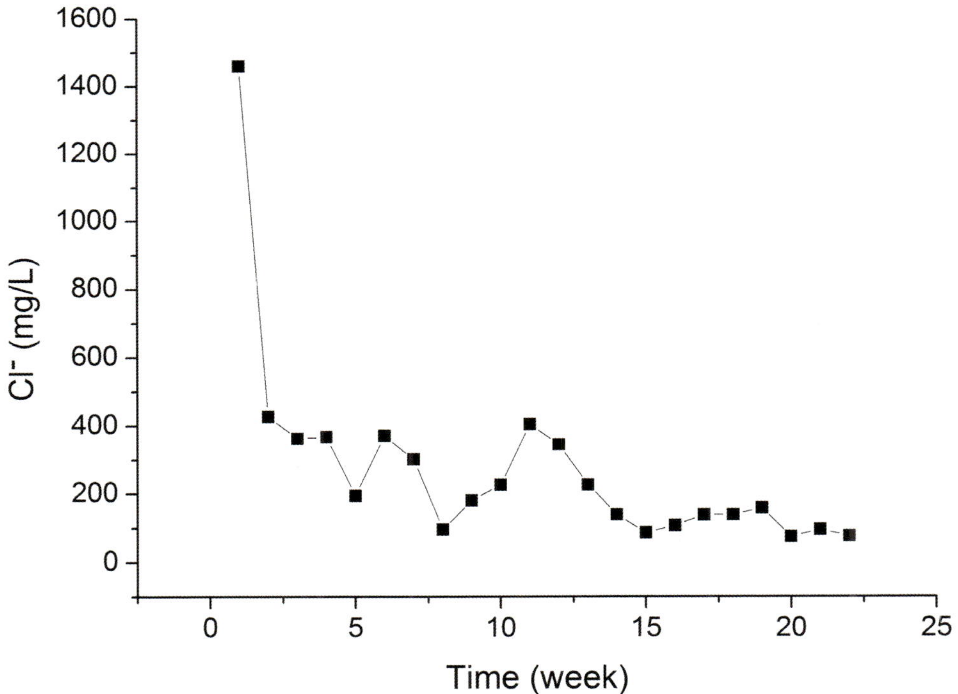

凝结物喷淋溶液中氯离子浓度变化图

Chloride ion concentration change in the spraying solution of coagulum

石

Stone

石甲胄

Stone Armor and Helmet

秦

石甲衣：长 75 厘米，宽 71 厘米，披膊长 28 厘米

石胄：底宽 31.5 厘米，高 31.5 厘米

陕西西安秦始皇陵 K9801 号陪葬坑出土

秦始皇帝陵博物院藏（T2G2）（005963、005962）

The Qin Dynasty

Stone Armor: Length 75 cm, Width 71 cm, Shoulder length 28 cm

Stone Helmet: Bottom width 31.5 cm, Height 31.5 cm

Excavated from Accessory Pit No.K9801 of Emperor Qinshihuang's Mausoleum in Xi'an, Shaanxi

Collection of Emperor Qinshihuang's Mausoleum Site Museum (No. T2G2) (No. 005963, No. 005962)

殷商、西周、春秋战国时期，甲胄主要以皮革为原材料，《周礼·考工记》记载有皮甲的制作工艺。1998 年，距秦始皇帝陵封土东南 200 米处的一座陪葬坑内出土大量的石铠甲，尽管为陪葬品，但其发现可填补中国古代甲胄发展史上秦代实物缺乏的空白。

此铠甲大部分甲片为青灰色石质，有少部分被大火焚烧后变为白色石质，还有少部分是修补的。作为使用皮革铠甲的模拟，这些制作精良的石质甲胄对于研究秦代甲胄的类型、形制、工艺、规格提供了重要物证。

出土时

When excavated

甲衣

Armor

提取后
After extraction

拼对中
Being spliced

修复后的石甲衣、石胄

The stone armor and helmet after restoration

现场提取
On-site extraction

出土时，石甲衣破损、层解严重，加之穿缀甲片的金属丝大多锈蚀残损，根据保存现状和相互叠压关系，在考古发掘现场采用套箱提取、分层分片提取等不同方法，然后进行拼对、黏接、清理、补全、复制、做旧、封护、复原直至陈列。

青铜卡缀
Bronze stitches

由甲片上的孔眼直径来判断，石铠甲应当由直径不超过 0.3—0.5 厘米的扁铜丝编缀而成，形态精美，工艺精湛。利用扫描电子显微镜和金相显微镜，对石铠甲片之间的青铜卡缀进行研究，显示青铜卡缀为含锡 6% 左右的锡青铜，热锻成形。

石材产地
Place of origin of stone materials

通过材料分析研究，制作这批甲胄的石料为青灰色石灰岩，质地细密均匀，硬度适中，这与秦始皇帝陵园南侧石料相差甚远。根据岩相学以及稀土元素比对分析，应由渭北北山开采而来，证实《史记》中“发北山之石”的说法。

青铜卡缀
Bronze stitches

革
Leather

毛领皮衣
Leather Coat with Fur Collar

北魏
通袖宽 190 厘米，长 124 厘米
内蒙古正镶白旗伊和淖尔墓群 M3 出土
内蒙古锡林郭勒盟博物馆藏
[2014XZYM3(GN)-151]

The Northern Wei Dynasty
Length from one cuff to the other cuff 190 cm, Coat length 124 cm
Excavated from Cemetery No.M3 near Yihe Naoer, Zhengxiangbai Banner, Inner Mongolia
Collection of Xilingol League Museum [No. 2014XZYM3 (GN)-151]

墓群位于内蒙古自治区锡林郭勒盟正镶白旗伊和淖尔附近，地处北魏六镇及北魏长城沿线以北，周边为典型的草原地貌环境，是目前在国内发现的纬度最偏北的北魏墓群。墓葬分布集中，排列有序，规格较高，从墓葬结构及出土器物来看，这处北魏时期的家族贵族墓地具有鲜明的鲜卑文化特色，但部分遗物又具有异域特色，说明该族群利用草原丝绸之路与中亚、西亚、欧亚草原建立一定的商贸联系，或由这些地区迁徙而来。

2013 年，对 M3 进行抢救性清理，木棺内发现一具通体用黄色丝织品包裹的尸骨，出土香囊、毛领皮衣、皮靴、毛毡、皮裤等纺织品，是研究北魏时期的草原丝绸之路、边疆历史及民族关系的珍贵实物材料，为近年来我国边疆考古的重大发现之一。

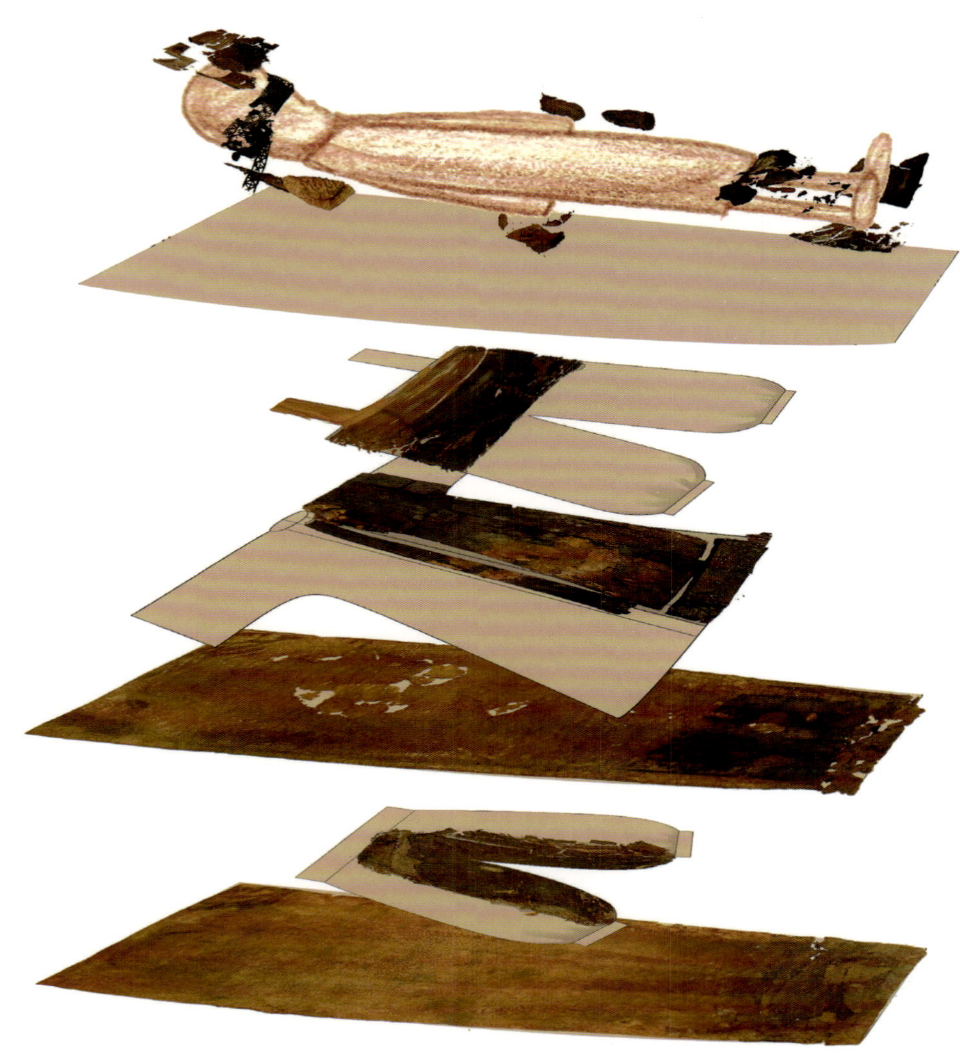

棺内纺织品文物层位示意图
Schematic diagram for the layers of textile artifacts in the coffin

修复前
Before restoraticn

修复中
Under restoration

毛领皮衣
Leather coat with fur collar

修复后
After restoration

毛领皮衣
Leather coat with fur collar

皮革回软
Softening of leather

皮革文物受埋藏环境中多因素的影响，内部起润滑作用的水分子和脂质分子流失，弹性蛋白纤维和胶原蛋白纤维受到热氧老化而严重变形，导致胶原纤维的纤维间距狭窄、胶原纤维束间摩擦变大，胶原纤维变得又细又短并互相缠结而丧失柔软性，表观显现发硬、开裂。

毛领皮衣采用以羊毛脂、蓖麻油及衍生物为主要成分的回软剂，经信息提取、材质鉴别、病害评估、样品试验、回潮、清洁、回软、平整、修复等，皮衣形制全现，材质柔软。

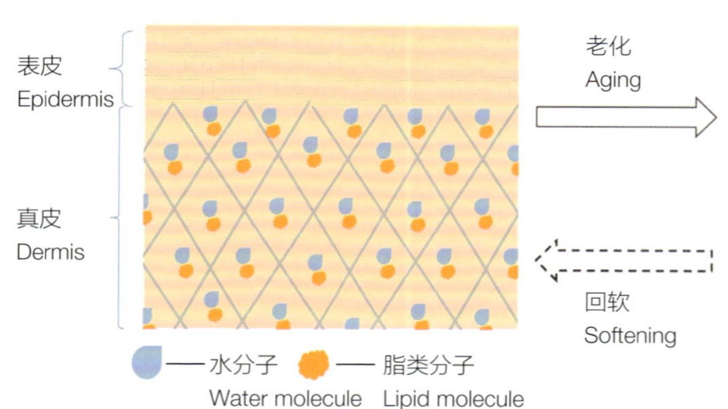

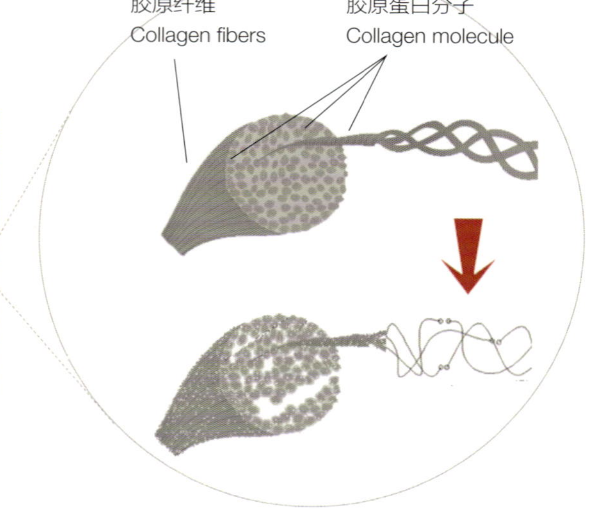

皮革文物老化与回软示意图
Schematic diagram for aging and softening of leather artifacts

木

Wood

壁龛漆器

Lacquer wares in alcoves

西周
山西翼城大河口西周墓地（M1、M8031）出土

The Western Zhou Dynasty
Excavated from Dahekou Cemetery M1 and M8031 of the Western Zhou Dynasty in Yicheng, Shanxi

大河口墓地位于山西省临汾市翼城县隆化镇大河口村，是西周时期的一处封国墓地，时代自西周早期延续至春秋初年。发掘出的众多青铜器铭文显示，墓主的国族名为“霸”，墓主人群可能为狄人系统的一支。自2009年至2016年，共发掘墓地2200余座，墓地面积4万多平方米，出土器物25000余件组，是继山西绛县横水倗国西周墓地之后，又一次将西周时期一处封国墓地全部揭露发掘，对于推动西周考古研究和晋南地区封国研究具有重要意义。

大河口墓地（M1、M8031）壁龛内存放大量漆器，经发掘清理后这些漆器的器形基本可辨、纹饰精美、镶嵌螺钿，大部分属于珍贵的漆礼器，是北方地区出土西周时期漆器的重要实物资料。考虑到出土漆木器的脆弱性及考古现场保护条件有限，考古人员将壁龛整体套箱后搬迁至室内，其中，M8031漆器采用PEG400-B60A-MH联合使用的综合处理方法进行保护清理并取得成效，对提升我国北方地区出土脆弱漆木器的后续稳定性处理具有重要意义。

大河口 M1 壁龛 8 清理过程
Cleaning process of No.8 alcoves of Dahekou Cemetery M1

大河口 M8031 北 2 壁龛
No.2 north alcove of Dahekou Cemetery M8031

大河口 M8031 西壁龛
West alcove of Dahekou Cemetery M8031

大河口 M8031 南壁龛
South alcoves of Dahekou Cemetery M8031

保护后的壁龛漆器
The lacquer artifacts in the alcoves after restoration

干旱地区漆木器加固保护

Consolidation and conservation of lacquered wood artifacts in arid areas

近年来，全国各处考古发掘出土大量漆器，保存状态基本上可分为两种类型：南方潮湿地区出土的饱水漆木器与北方干燥地区出土的不饱水漆木器。由于漆器在干燥环境中保存非常困难，所以出土漆器多是在南方地区，而北方地区出土的漆器数量少，并且保存状况不佳。

经过三千多年的埋藏，壁龛出土漆木器保存状况较差，木质部分已完全朽蚀土化，仅残余漆皮，漆皮紧紧贴附在周围填土上，依靠土体支撑，而土体结构较为疏松，局部区域还有空腔现象，造成漆皮与依附土体结构不稳定，另外漆皮对外界环境的变化非常敏感，一旦环境控制不当就会引起漆皮的起翘剥落。

加固漆皮

The consolidation of lacquer film

加固土体

The consolidation of soil

加固保护

Consolidation and conservation

大河口墓地漆木禁

Lacquer *Jin* from Dahekou Cemetery M1

西周

禁面长 44 厘米，宽 17 厘米，高 19 厘米

山西翼城大河口西周墓地 M1 出土

山西省考古研究院藏（M1：龛 6-2）

The Western Zhou Dynasty

Length 44 cm, Width 17 cm, Height 19 cm

Excavated from Dahekou Cemetery M1 of the Western Zhou Dynasty in Yicheng, Shanxi

Collection of Institute of Archaeology of Shanxi Province (M1：龛 6-2)

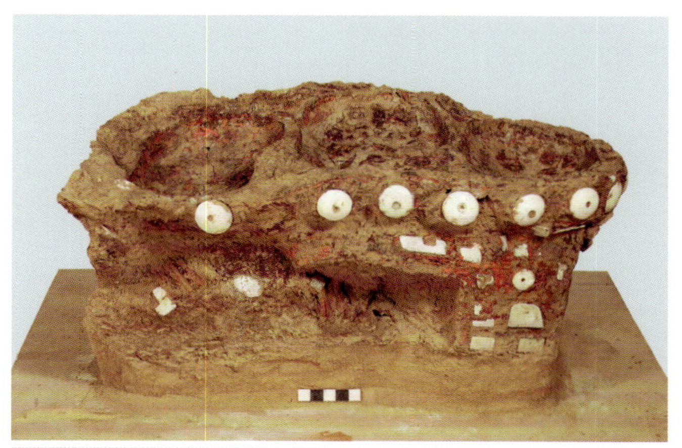

主视图

Front view

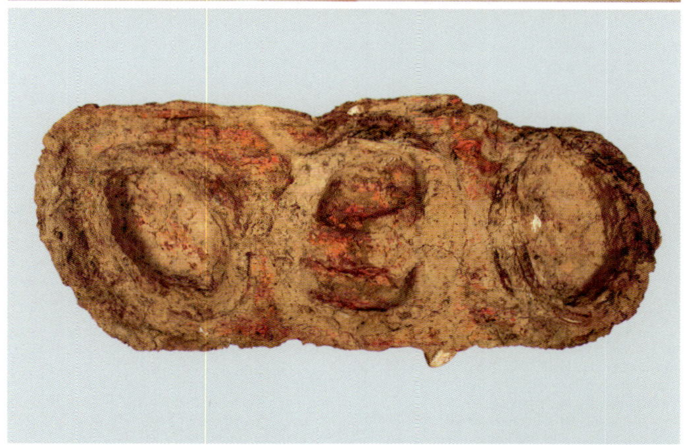

俯视图

Top view

侧视图

Side view

大河口 M1 出土漆木禁（BK6-2）及复原图

Jin and its Restoration images (an article for placing wine containers) (BK6-2) excavated from Dahekou Cemetery M1

螺钿漆器

Mother-of-pearl lacquer artifacts

螺钿是一种嵌蚌饰工艺，螺钿漆器是嵌蚌饰漆器的通称，将经过切割、裁剪、打磨的蚌饰镶嵌在漆器上形成花纹而成。螺钿漆器的起源可追溯至夏代，商周时期则称为“蜃器”，《说文解字》云：“蚌，蜃属”，郑玄注：“蜃，大蛤”，周代有专门的“掌蜃”官负责管理蜃物，西周以后，螺钿工艺衰落，唐代复兴，至迟从唐代开始，称以蚌为饰的漆器为螺钿漆器。

商周螺钿漆器集中在商代晚期和西周时期，主要出土于当时王畿内大型墓葬，河南安阳殷墟西北冈王陵区、北京琉璃河西周燕国墓地、河南洛阳林校西周车马坑、河南浚县辛村西周卫国墓等高等级墓葬均有出土，出土的螺钿漆器主要有豆、罍、方彝、案、俎、禁等，以食器、酒器为主，主要功能为祭器。

选择豆、禁、俎等典型器物对大河口西周螺钿漆器进行复原研究，可知 M1 壁龛出土漆木器是花纹由彩绘和蚌饰组成，漆器嵌蚌饰后再彩绘，多为红彩。

主视图
Front view

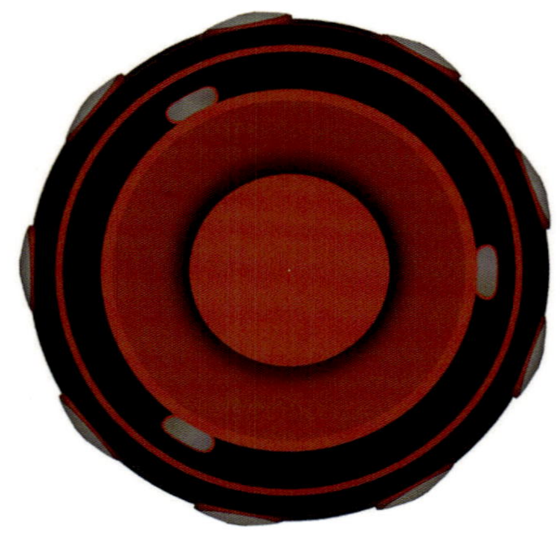

底视图
Bottom view

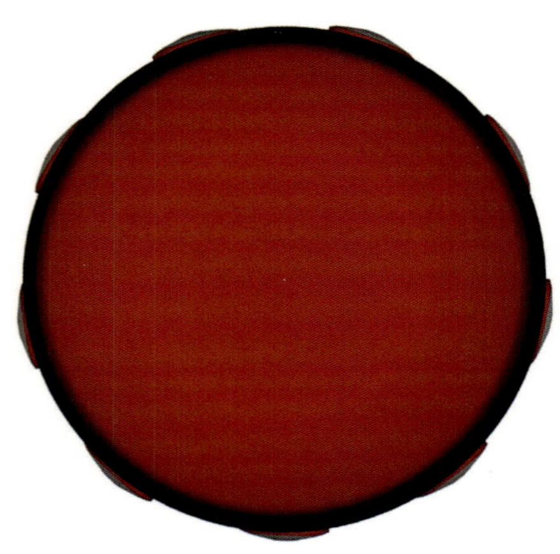

俯视图
Top view

大河口 M1 出土漆木豆（BK3-1）及复原图

Restoration images of *Dou* (an ancient food container) (BK3-1) excavated from Dahekou Cemetery M1

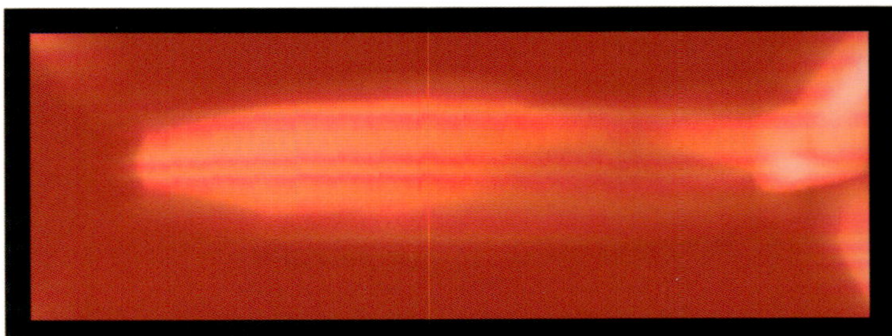

俯视图
Top view

侧视图
Side view

主视图
Front view

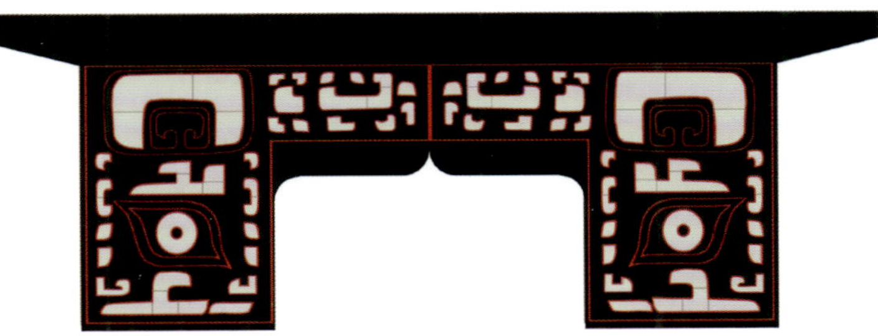

背视图
Back view

大河口 M1 出土漆木俎（BK11-1）及复原图
Restoration images of *Zu* (an ancient sacrificial utensil or vessel) (BK11-1) excavated from Dahekou Cemetery M1

漆床

Lacquer bed

战国
长约 3.25 米，宽约 1.5 米，高约 1.8 米
成都商业街战国船棺葬出土
成都文物考古研究院藏

The Warring States Period
Length c. 3.25 m, Width c. 1.5 m, Height c. 1.8 m
Excavated from the Commercial Street Boat-coffin Cemetery of the Warring States Period in Chengdu, Sichuan
Collection of Chengdu Institute of Archaeology

2000 年 8 月至 2001 年 1 月，年代约为战国早期（公元前 4 世纪）的成都商业街船棺墓葬群被发掘，出土了迄今为止体量最大的船棺以及数百件精美的漆器。根据墓葬形制和随葬器物推测，商业街船棺葬极有可能是古蜀开明王朝王族甚或蜀王本人的家族墓地，为古蜀文明研究提供了极其重要的实物资料。

成都的漆器生产很早就已经非常发达，20 世纪 70 年代长沙马王堆出土的大量西汉初年的精美漆器上就有表示产自成都的烙印文字。船棺出土的漆床等大型漆器，表明最迟在战国早期，蜀地的漆器工艺已经非常发达，甚至可以与同时期楚国的漆器工艺媲美。出土时，漆床的 45 个构件主要集中在 2 号棺中，部分构件被盗扰，饱水糟朽，结构脆弱。经过清洗消毒、加固脱水、干燥定形等技术处理，迄今发现的年代最早、保存最完整、结构最复杂的漆床得以复原。

船棺
Boat coffin

漆床出土时的状态
The status of the lacquer bed when excavated

船棺开启
The boat coffin was opened

修复后的漆床

The lacquer bed after restoration

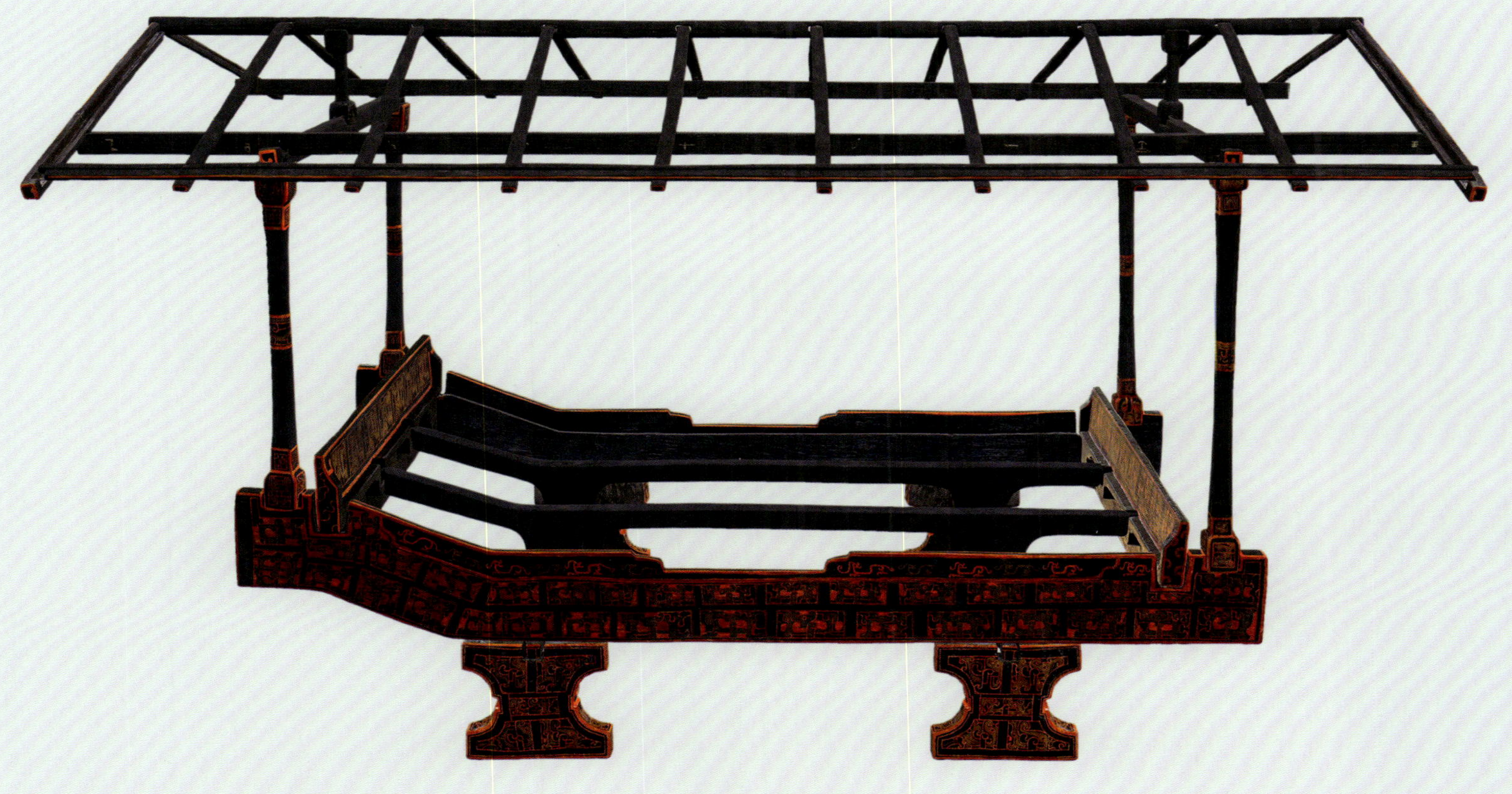

漆床三维渲染影像图（一组）
A group of three-dimensional renderings of the lacquer bed

文物三维模型展示二维码
QR code for three-dimensional model of cultural heritage

漆床结构
Structure of lacquer bed

漆床下葬时被拆成散件放入棺内，后期墓葬曾被盗扰，因此，出土时被视为不知名的器物构件进行登记。经脱水处理后，采用多学科交叉的研究方法，从散乱构件中创造性甄别并完成漆床的组装复原。

复原后的漆床共有 45 个构件，最大的长 3.2 米，最小的长约 26.5 厘米。全部构件皆由榫卯相接，非常稳固。床身一头略微上翘，床身上有两面坡悬山顶造型的床帐架，漆床底漆黑色，床头、床尾、床侧板上均绘有朱、赭二色的回首状龙纹和蟠螭纹。从形制、纹饰来看，漆床等级很高，很可能是古蜀王或其家族使用的器物。

漆床结构图

Structural diagram of the lacquer bed

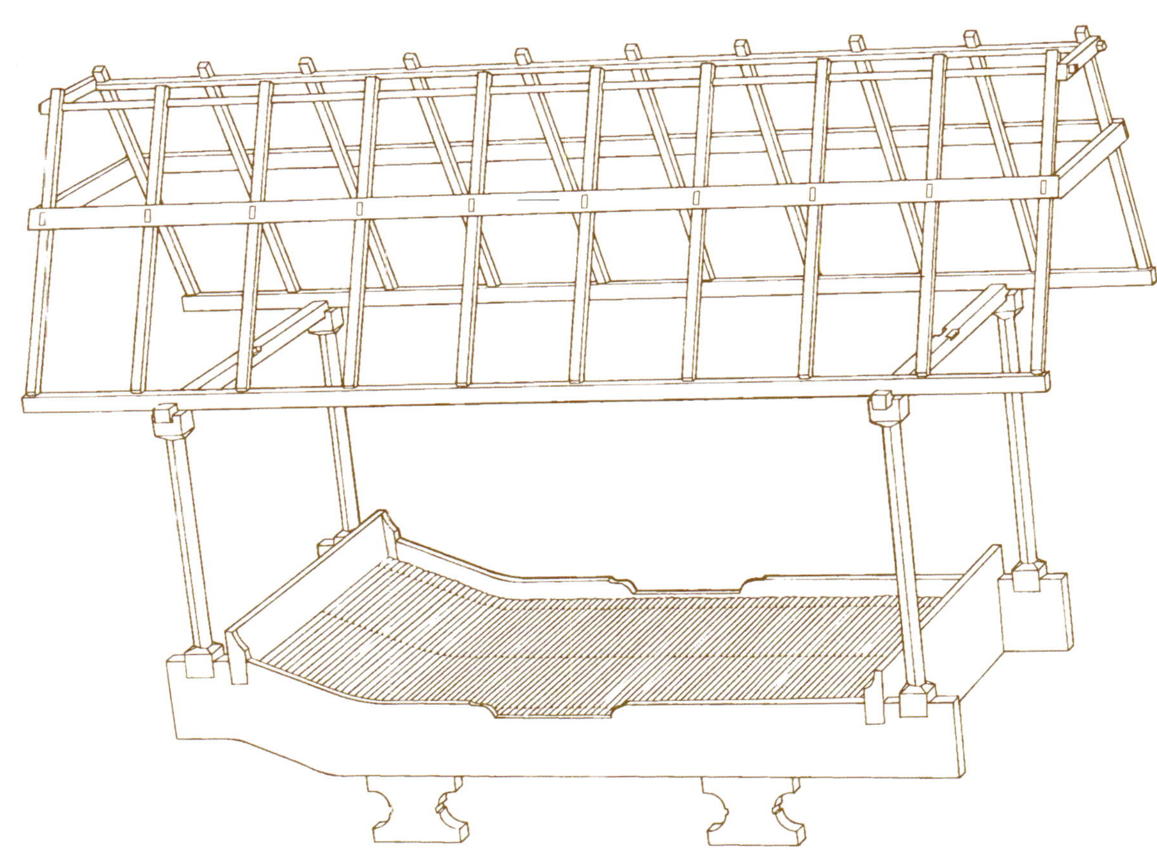

漆床线描图

Line drawing of the lacquer bed

漆床的 45 个零部件

45 components of the lacquer bed

精美纹饰

Exquisite decorations

复合乙二醛法脱水技术

Dehydration with composite glyoxal

将饱水木漆器浸泡在 40% 的乙二醛水溶液中，待乙二醛小分子完全渗透进入木胎后，向其中添加引发剂，乙二醛小分子发生聚合反应，形成分子链结构，而后再加入交联剂，使分子链结构形成空间网络结构，附着在细胞壁上。当饱水器物完全脱水干燥后，该空间网络结构在木胎内部可以起着很好的支撑固形作用，使得器物不变形不收缩，同时由于乙二醛自身分子量增大，也不易再从脱水后的木漆器中析出。

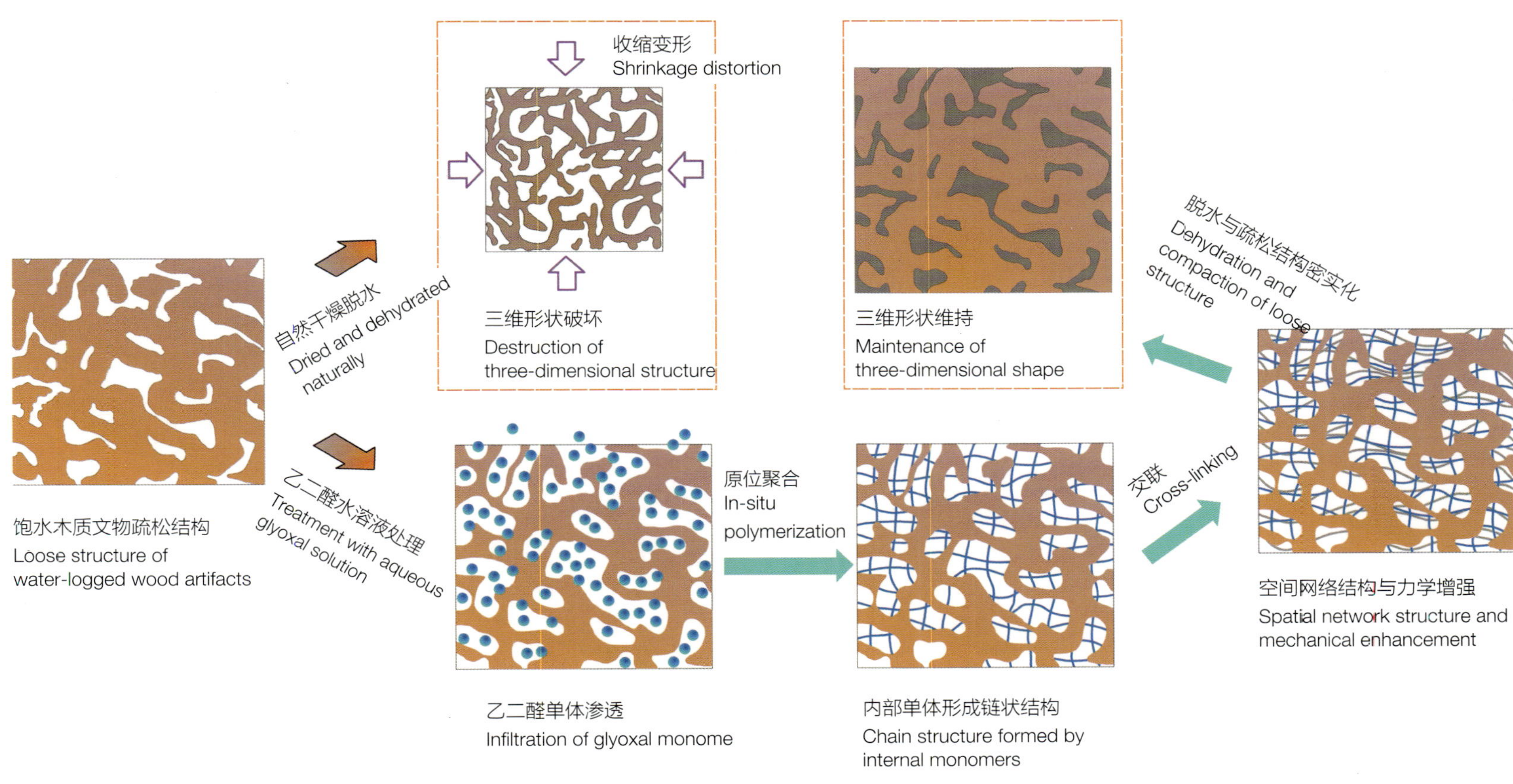

复合乙二醛脱水技术示意图

Schematic diagram of dehydration technique with composite glyoxal

精美纹饰

Exquisite decorations

竹

Bamboo

老官山汉墓医简

Medical Bamboo Slips from Laoguanshan Tomb of the Han Dynasty

汉

长 22—34 厘米，宽度为 0.7—0.8 厘米，

厚约 0.1 厘米

成都老官山汉墓 M3 出土

成都文物考古研究院、成都博物馆藏

The Han Dynasty

Length 22-34 cm, Width 0.7-0.8 cm, Thickness c. 0.1 cm

Excavated from Laoguanshan Tomb M3 of the Han Dynasty in Chengdu, Sichuan

Collection of Chengdu Institute of Archaeology and Chengdu Museum

2012 年 7 月，位于成都市金牛区天回镇（当地俗称“老官山”）的地铁 3 号线施工工地，发现四座古墓葬，经对墓葬形制和出土文物的考察，确定墓葬年代为西汉景帝、武帝时期。经抢救性发掘，共出土漆、木、陶、铜、铁、银、竹、玉等各类材质文物 600 余件，尤为难得的是，在三号墓出土了一尊制作精良的髹漆经脉人和 970 余枚医学竹简。

这批简牍长期处于饱水埋藏状态，出土时已经层层叠压、残损糟朽、字迹漫漶，将之整体提取运回实验室后，采用数字影像处理技术，对竹简的摆放位置、叠压次序等进行科学记录，经脱色、复形、脱水、整理，释读文字约两万，包含六种医书和一种法律文书。有数支简有“敝昔曰”字样，“敝昔”即“扁鹊”，故其中部分医书内容被认为是失传的中医扁鹊学派经典书籍，是中医发展史的重大发现。

出土时

When excavated

老官山汉墓医简

Medical bamboo slips from Laoguanshan Tomb of the Han Dynasty

经释读，老官山三号汉墓中共有六种医书，分别命名为《脉书·上经》《脉书·下经》《治六十病和齐汤法》《刺数》《逆顺五色脉臧验精神》《医马书》，这些医家传承之书或来自战国名医扁鹊及其弟子。这批医简中，有专论诊断的，包括脉诊、色诊以及通过症状体征来判断疾病，及“望、闻、问、切”四诊；有论述疾病的，体现出重视病因病机、辨病与辩证相结合的辨识疾病的方法；有论述经脉的，包括十二脉与别脉的循行及病症；除炙法外，还有专论针刺的专书，开列治疗数十种病症的针刺方；有使用方剂治病的医方专书，方剂数近百，大量使用复方，体现一定的组方规律。其治病方法众多，在各种外治法中还较多提及石法和犮法，所述病症包括内、外、妇、儿、五官、骨伤各科。另有一部医马的兽医专书，是我国首次出土的兽医文献。

经脉腧 [shù] 穴理论是中医理论体现的重要组成部分，是针灸学术和临床实践的核心理论。同墓所出髹漆经脉人，制作精良，漆色光亮如新，各部比例适宜，体表有数十条红白两色线纹，通关四肢、躯干及头部，是经络系统在体表的映射，更有百余个清晰可见的腧穴和多处阴刻铭文。髹漆经脉人与医简一起，具有极其重要的医学价值，为认识人体经穴的起源、演变，探索早期经脉腧穴学说的形成提供有力依据。

饱水竹简的复形

Reshaping of water-logged bamboo slips

出土饱水竹简干缩变形后，可以采用表面活性剂和生物碱进行溶胀复形。生物碱能够通过对纤维素的润胀，使干缩竹简得到一定程度的恢复，润胀后的竹简，外形尺寸基本达到干缩前的水平，微观形貌未发生显著变化。采用槐定碱溶液干缩竹简润胀复形方法，使干缩竹简的纤维发生溶胀，竹简内部干缩变小的空隙结构得以恢复，竹简上的文字笔画得以舒展，且对字迹无损伤。

脱色后

After decolorization

脱水后

After dehydration

"敝昔"字样

The Chinese characters of Bi Xi

饱水竹简的脱色

Decolorization of water-logged bamboo slips

由于 Fe^{3+} 是导致竹木简牍变色的主要原因之一，所以脱色材料的主要作用是与含 Fe^{3+} 的深色降解产物发生化学反应。针对饱水简牍出土后表面颜色发黑，字迹难以辨识的问题，采用连二亚硫酸钠脱色技术，一方面是连二亚硫酸钠的强还原性，使竹木简牍出土后所形成的含铁深色络合物还原为出土前的无色基团，另一方面是连二亚硫酸钠可以大幅度降低竹木简牍内铁离子的含量，从而达到脱色的目的。其文字可通过肉眼清晰识读，通过摄影亦可得到清晰图片。

饱水竹简的脱水

Dehydration of water-logged bamboo slips

针对饱水竹简糟朽严重，自然干燥即造成其损毁的问题，采用复合乙二醛脱水技术、乙醇 - 十六醇填充脱水技术，使饱水竹简中的水分被置换，进而达到脱水定型的目的。脱水后各向收缩率均在 3% 以内，力学强度大幅度提高，且脱水后竹简的字迹清晰可见，在温湿波动的情况下具有很好的稳定性。

汉墓髹漆经脉人

The lacquered figure with meridians excavated from Han Tomb

设色山水洒金笺折扇

Folding Fan of Gold-scattered Paper with Painted Landscape

清 乾隆

全长 29.5 厘米，排口 19 毫米，共 15 方

南京博物院藏（7：9082）

The Qing Dynasty, the Emperor Qianlong Period

Total length 29.5 cm, Maximum opening width 19 mm, 15 backbones

Collection of Nanjing Museum (No.7：9082)

永瑢折扇的纸质为洒金笺，其山水图为乾隆六子永瑢亲手所绘，系国家二级文物。修复前：扇面纸质酥脆、画面残缺、局部已成碎片，多处有烟熏的痕迹；小扇骨残损严重，折扇的合骨部分则木－竹分离，小骨朽化缺失，横纵向呈不规则断裂。此次修复遵从文物修复原则，突破以往重扇面、轻扇骨的修复惯例，对扇面和扇骨同时进行了修复。在扇骨修复中，既有传统装裱修复技法，又借鉴了竹木工艺的制作技巧，最大程度地保留了折扇的完整性，使折扇还原修复的理念得到实现。

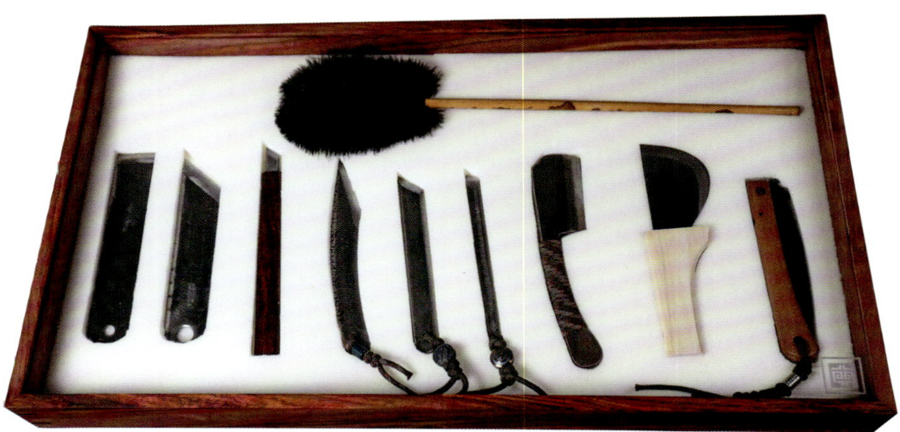

装裱修复刀具

Cutters for Mounting Restoration

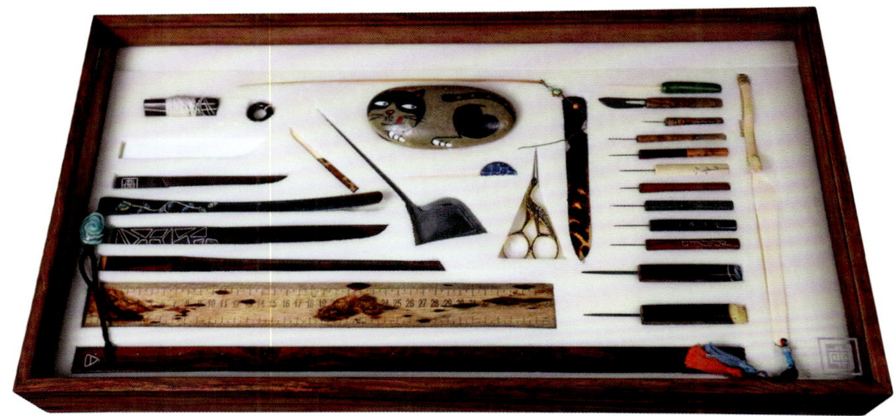

装裱修复工具

Tools for Mounting Restoration

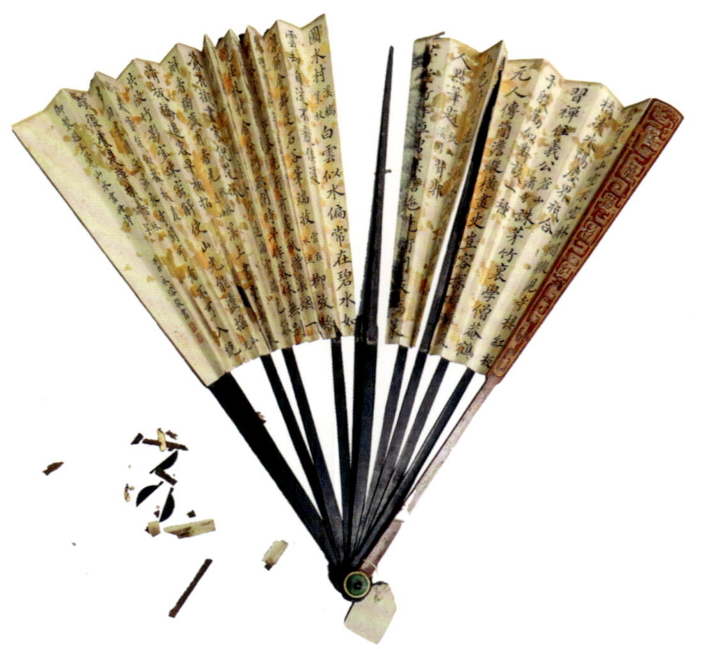

书法面
Calligraphy

山水面
Landscape

修复前
Before restoration

书法面
Calligraphy

山水面
Landscape

修复后
After restoration

合骨扇骨的修复
Restoration of joint fan backbone

本次修复最大难度在于扇骨修复，折扇为“合骨扇”，两种材质由乌木和竹合并而成。由于扇骨缺失断裂、糟朽严重，修复中根据扇骨的特有属性，对应每根扇骨不同的损伤程度，采取“贴肉、续筋”“榫、卯结构加固”“明胶皮纸粘黏”等独特方法，将断裂缺失的扇骨、扇尖，用老旧竹皮材料重新再造，达到辅助还原成扇的整个流程，恢复并保留了折扇的原装裱形制。

修复前
Before restoration

修复后
After restoration

丝
Silk

锦缘绢绣荒帷
Coffin Pall with Jin-silk and Embroidery (*Huang Wei*)

西汉
荒：长约 243 厘米，宽约 98 厘米
帷：由 39 块拼接而成，每块长约 210 厘米，宽 46—50 厘米
缘：宽约 28 厘米，长约 1800 厘米
湖北荆州谢家桥一号汉墓出土
荆州博物馆藏

The Western Han Dynasty
Huang: Length c. 243 cm, Width c. 98 cm
Wei (part of coffin pall with thirty-nine pieces spliced): Length of each piece c. 210 cm, Width of each piece 46-50 cm
Yuan (edge): Width c. 28 cm, Length c. 1800 cm
Excavated from Xiejiaqiao Tomb No. 1 of the Han Dynasty in Jingzhou, Hubei
Collection of Jingzhou Museum

出土时
When excavated

揭展后
After peeled and unfolded

荒帷
Huang Wei (Coffin pall)

2007年，湖北荆州谢家桥一号汉墓在抢救性发掘中出土纺织品153件（套），其中包括4层精美荒帷、32件大小各异功能不同的囊以及其他各类丝绸文物。据墓中出土遣策可知，谢家桥一号汉墓为西汉时期，其保存完好、形制特殊、文物精美为同时期墓葬所罕见，是继荆州马山一号战国墓之后的又一重要纺织品考古发现。

三号荒帷为四层中的第三层，在四层荒帷中面积最大，整体平面面积近45平方米。由于荒帷面积过大，加之地下埋藏时间长，受到地下水的浸泡和环境的侵蚀，存在严重的糟朽、残缺、皱褶、污染等病害。同时由于大面积皱在一起、各类病害不断加剧，对荒帷的保存极为不利，因此对之进行揭展、清洗、微生物加固、拼对整理、针线法修复等，以恢复其原貌。

修复后
After restoration

荒帷
Huang Wei (coffin pall)

荒帷是用丝绸之类的纺织品制成的棺罩，在两周时期属于常见的饰棺之物，因年代久远，绝大部分荒帷在考古发掘中难以完整地以实物形式被发现，谢家桥汉墓出土的荒帷，填补了中国考古史的一项空白。

荒帷又称墙柳，先秦史籍《周礼》《仪礼》《礼记》等对荒帷有多处记载，《仪礼·既夕礼》郑玄注："饰柩为设墙柳也……墙有布帷，柳有布荒"，《周礼·天官·缝人》郑玄注："孝子既见启棺，犹见亲之身，既载饰而以形，遂以葬，若存时居于帷幕而加文秀"。可知荒帷的设置乃是对死者生前居室中帷幄一类设施的模仿，三号荒帷的缘为对兽对鸟几何纹锦，荒、帷两部分均为绢地乘云绣，即为"文秀"。同时，出殡时荒帷还可起到"华道路"的作用，如《丧大礼》郑玄注："饰棺者，以华道路及圹中，不欲众恶其亲也"。

无强度丝绸的微生物加固方法
Microbial consolidation for flimsy silk

一种用乳杆菌、醋酸杆菌加固无强度丝绸的生物化学方法，其工作原理是利用乳杆菌分解丝绸上的角质化物质为糖类和有机酸，并将这些代谢产物用醋酸杆菌转化为纤维素附着在丝纤维上，从而达到加固无强度丝绸的目的。

锦缘绢绣草编盒

Reed Box with Jin-silk and Embroidery

汉
草编盒（带盖）：长 33.5 厘米，宽 19 厘米，高 18.5 厘米
绦带：长约 246 厘米，宽约 0.5 厘米
绦带：长约 124.5 厘米，宽约 0.6 厘米
缠线板：长 10.9 厘米，宽 4.7 厘米
针筒：5.7 厘米 × 1.4 厘米
木线轴：长 20.2 厘米
甘肃武威磨咀子汉墓出土
甘肃省博物馆藏（02489、15554、15555、11687、11696、11698）

The Han Dynasty
Reed box (with lid): Length 33.5 cm, Width 19 cm, Height 18.5 cm
Silk ribbons: Length c. 246 cm, Width c. 0.5 cm
Silk ribbons: Length c. 124.5 cm, Width c. 0.6 cm
Winding plate: Length 10.9 cm, Width 4.7 cm
Cylinder for needle: Length 5.7 cm, Diameter 1.4 cm
Wooden spool: Length 20.2 cm
Excavated from Mozuizi Tomb of the Han Dynasty in Wuwei, Gansu
Collection of Gansu Provincial Museum (No. 02489, 15554, 15555, 11687, 11696, 11698)

修复前（局部）
Before restoration (local image)

修复后的锦缘绢绣草编盒（盖和底）
The reed box with jin-silk and embroidery after restoration (lid and box body)

锦缘绢绣草编盒出自武威磨咀子 22 号夫妇合葬墓，含底和盖两部分，出土时位于棺盖之上，内盛 2 件绦带、1 件木线轴、1 件缠线板和 1 件印金罗，不仅真实反映其功能和使用情况，而且在一定程度上映射出“列四郡据两关”以来，河西重镇武威处于丝绸之路中西交通孔道，纺织技术和纺织文化体现出多样性，具有典型中原技术特点的绦带与符合河西民众审美取向的印金罗同时出现即是明证。

盒呈长方体，以苇编作胎，外包丝织物。其四个侧面中心部位为长方形绢地刺绣，绢为红色，上以锁绣而成朵状类云状纹，绣线为蓝、绿、白三色，绣技精良，但蓝色绣线却已大部分脱落。四周镶锦边，锦为黄地，显白色带钩纹样。由于年代久远，丝织品均出现不同程度的缺损、破裂、糟朽、褪色、起翘、卷曲等病害，为了最大限度地保持锦绣的纹样之美，选择薄透类修复材料绉丝纱进行表面封护。

木线轴
Wooden spool

缠线板
Winding plate

绦带
Silk ribbon

刺绣的纹样复原图
Restoration image of embroidery pattern

锦的纹样复原图
Restoration image of jin-silk pattern

薄透类修复材料——绉丝纱

Thin and transparent repair material : Crepeline

绉丝纱是一种薄透的丝织物，其原料为桑蚕丝，纱线细度 1/13/15D，织物经纬密 292×255 根 /10 厘米，组织为 1/1 平纹，织物厚度 0.098 毫米，悬垂系数 82.56%，抗弯刚度 2.455 μN · m。对于脆弱糟朽的丝织品，绉丝纱包覆于丝织品表面，既可给予丝织品全面的保护，又能较清晰地展示丝织品，不会影响文物的外观。锦缘绢绣草编盒上的绢严重糟朽，采用绉丝纱包覆修复，草编盒整体强度提升，绢地锁绣纹样清晰可辨。

双层斜编编织技法

Double-layer twill knitting technique

斜向绞编编织技法

Oblique twisting knitting technique

编织绦带的纹样复原图

Restored image of woven ribbon pattern

双层斜编

Double-layer twill knitting

花卉几何纹绦、几何纹绦均采用双层斜编组织，制作精良，配色雅致，图案细腻。

斜编是非常原始而广泛使用的编织技法，浙江吴兴钱山漾遗址出土的丝带即采用平纹斜编。战国时期，双层斜编织物开始在楚地流行，湖南长沙马王堆一号汉墓出土过多种双层斜编织物，其中最著名的就是“千金绦”。汉晋时期，双层斜编织物开始出现在新疆地区，尼雅 1 号墓地 3 号墓的红蓝色菱格纹丝头巾是目前发现体量最大的一件。由于双层斜编过于复杂，汉代以后逐渐淡出，取而代之的是通过丝线色彩的变换，借以简单结构即可获得华丽效果。

双层斜编独具中原特点，随着丝绸之路的开通，斜编技法或斜编织物随之传至沿途地区。可以推测，随着传播交流的深入，远离中原的西域逐渐深谙双层斜编显花原理和编织技术的精巧，改丝为毛，改编织为织造，启蒙产生了独特的双层毛罽组织，如营盘 15 号墓出土的红地对人兽树纹罽袍。

紫褐色罗印金彩绘花边单衣

Unline Brown-purple Luo Gauze Robe with Borders of Stamped Gold and Painted Motifs

南宋
衣长 73 厘米，通袖长 138 厘米，领高 7 厘米，
下摆宽 51 厘米
福州南宋黄昇墓出土
中国丝绸博物馆藏（0084）

The Southern Song Dynasty
Length of clothing 73 cm, Length from one cuff to the other cuff 138 cm, Height of collar 7 cm, Width of lower hem 51 cm
Excavated from the Tomb of Huang Sheng of the Southern Song Dynasty in Fuzhou, Fujian
Collection of China National Silk Museum (No. 0084)

1975 年，福州南宋黄昇墓出土 436 件随葬器物，其中 354 件为服饰、丝织品，服饰形制齐全，面料品种丰富，泥金、印金、贴金、彩绘、刺绣等装饰技法精湛，为研究南宋时期的服饰史、丝绸艺术史、纺织科技史、对外交流史提供了弥足珍贵的实物资料。

质地轻薄的紫褐色罗印金彩绘花边单衣在地下埋藏了近 800 年，地下水的浸泡，加上尸体分解物、细菌等微生物的侵蚀，出土后丧失了基本的机械强度，严重糟朽，一触即碎，采用基于丝肽—氨基酸的脆弱丝织品接枝加固技术，对因老化而断裂的丝纤维肽链进行重新链接，达到提升纤维断裂强度和改善柔韧性的目的。

修复前
Before restoration

修复后
After restoration

修复中
Under restoration

紫褐色罗印金彩绘花边单衣
Unline brown-purple luo gauze robe with borders of stamped gold and painted motifs

脆弱丝织品的丝肽—氨基酸接枝加固技术

The grafting consolidation technology based on silk peptide-amino acid for fragile silk fabrics

提出同源加固新理念。利用蚕丝蛋白的水解产物丝肽或蚕丝的基本结构单元氨基酸，在接枝助剂的作用下，对脆弱丝织品在分子水平上进行有效的接枝加固，在大幅度地提高脆弱丝织品强度的同时，不对丝织物性能产生不良影响，加固材料（丝蛋白、氨基酸）和加固对象（脆弱丝织品）总体具有同源性和亲和性，不仅符合文物保护中相关原则，还可避免其他高分子加固方法带来的材料老化影响文物安全问题。

加固后脆弱丝织品的拉伸断裂强力从 2.0 N 提高到 10 N 以上（标准试样的拉伸断裂强力），断裂伸长率从 2.5% 提高到 6.5% 以上（标准试样的断裂伸长率），色差变化在国家标准灰色样卡 2 级以内（肉眼没有变化），回潮率变化在 ±0.5% 以内，织物的抗老化性能好。

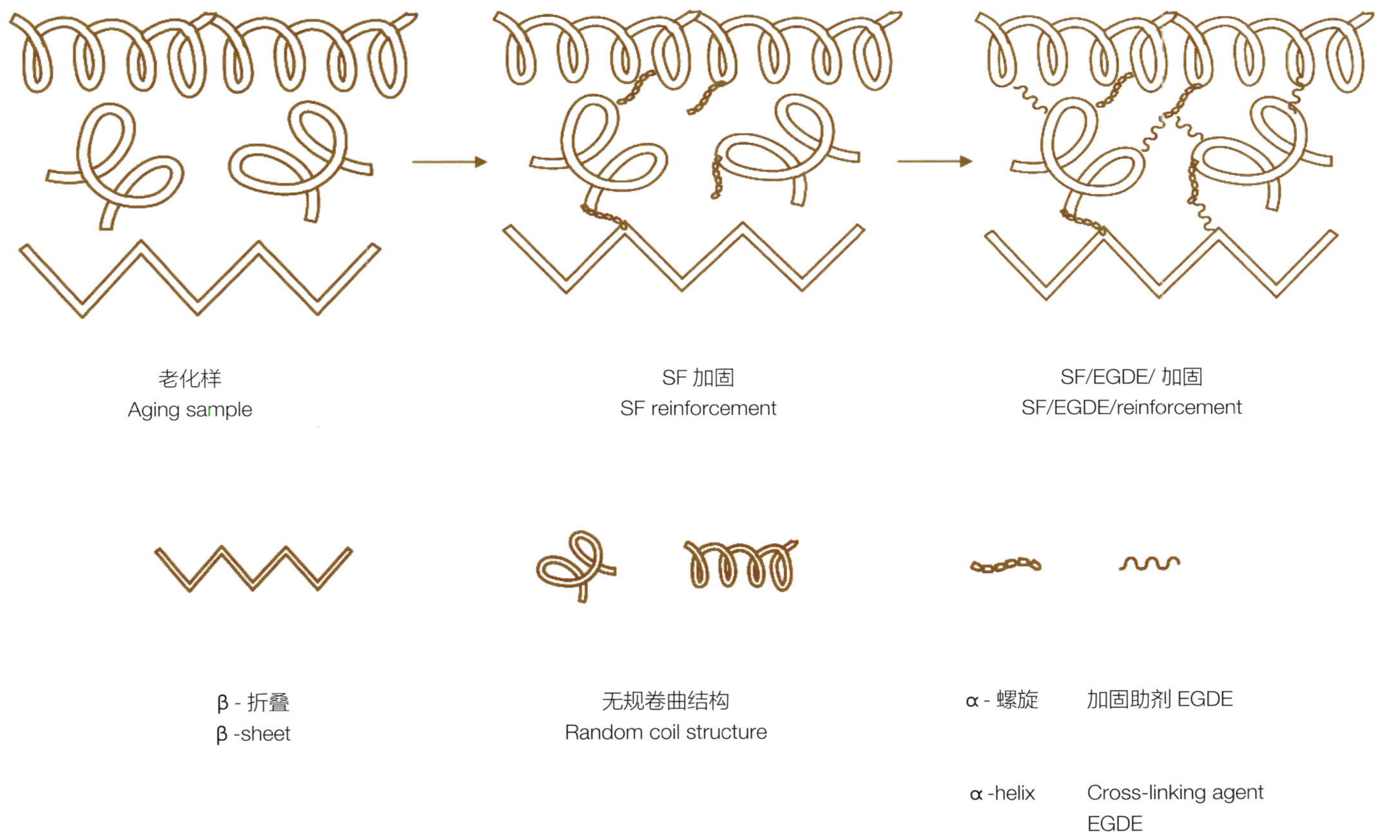

丝蛋白加固原理图

Schematic diagram of silk protein consolidation

纱罗
Leno

两宋时期是商品经济极为发达的时期，在纺织业中最为典型的流行品种就是纱罗，在黄昇墓出土的丝绸文物中，纱罗占据绝对的优势。纱罗轻薄通透，正如陆游诗句中所说“举止若无，裁以为衣，真若烟雾”。纱罗的织造难度很大，是一个系统工程，从缫丝、并丝、捻丝、络纬、织造的每一道工序都要求极为精细，在某种程度上体现出当时福建地区的栽桑、养蚕、缫丝、织绸等工艺体系已经获得全面发展。

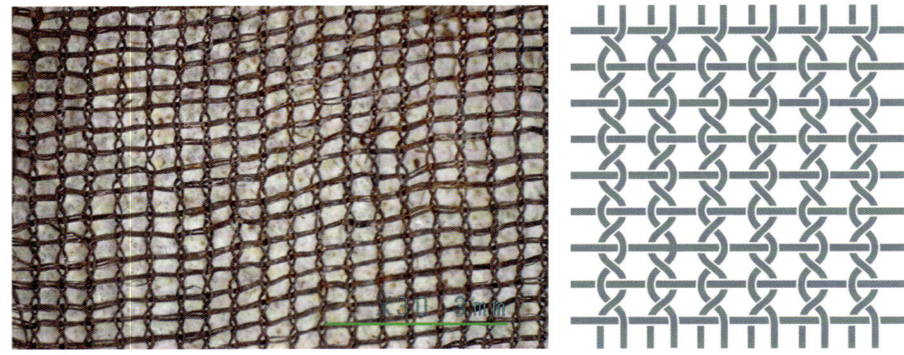

紫褐色罗印金彩绘花边单衣的组织结构

The organizational structure of the unline brown-purple luo gauze robe with borders of stamped gold and painted motifs

印金
Gold stamping

印金是中国传统工艺，是黄金精细工艺技术发展的产物。印金是在丝织物上用金银粉末、金箔银箔等金属，粘覆印制出特有金属光泽的工艺技术，主要有泥金、洒金、贴金等。从东汉开始到魏晋，考古发现的印金纺织品主要来自西北地区，这也许是因为在服饰上贴金并不符合中原地区的审美习俗，《三国志・魏书》中有“金薄蜀薄不佳”的记述。20 世纪初，贝格曼曾在小河 6 号墓地发掘到 3 件东汉时期的贴金纺织品，后来瑞典人西尔凡推断“将锤揲的金箔粘贴在软质材料上面的技术可能起源于中国”，最重要的发现是 1995 年新疆营盘汉晋墓地 15 号墓出土的贴金衣襟、绢面贴金毡靴。紫褐色罗印金彩绘花边单衣采用印金工艺对衣襟进行装饰，花纹显得光耀夺目，不失华美。

印金彩绘花边

Stamped gold and painted motifs

扫描电镜下观察到的金

Gold observed by SEM

蒋懋德画山水图贴落

Painted Wallpaper (*Tie luo*) Featuring Landscape by Jiang Maode

清

高 446 厘米，宽 282 厘米

原藏于故宫乾隆花园

故宫博物院藏（G00198966）

The Qing Dynasty

Height 446 cm, Width 282 cm

Originally stored at Qianlong Garden in the Palace Museum

Collection of the Palace Museum (No. G00198966)

蒋懋德画山水图贴落为绢本青绿设色，属清宫旧藏。此贴落原为故宫符望阁内檐装饰，张贴于一层北侧西小间南墙。符望阁建于清乾隆三十七年（1772 年），是乾隆皇帝为其归政颐养所建。作者蒋懋德活动于乾嘉时期，史载其善山水、楼阁、人物，现有多幅作品传世。透光摄影显示，背衬由小幅纸张拼接而成，显示造办处匠作对此类巨幅贴落的装裱特点。现经过故宫博物院文保科技部妥善修复，蒋懋德画山水图贴落已恢复本来面貌，重现华彩。修复后的贴落画面平整，画意清晰，崇山嶕峣，白云出岫，官式建筑隐现峰峦之间。

修复前

Before restoration

绢本青绿山水图贴落

Tie luo of ink and green color on silk

修复后
After restoration

绢本青绿山水图贴落
Tie luo of ink and green color on silk

病害识别
Disease identification

修前通过多角度摄影技术，获得文物的三维立体模型，并使用透光摄影技术，在多个维度观察其保存状态。

在多角度摄影三维建模获得的立体模型中，直观展示出贴落修前保存状态。主要存在褶皱、开裂、缺失、折伤等病害。

修复前文物三维模型展示二维码
QR code for three-dimensional model of cultural heritage before restoration

蒋懋德画山水图贴落三维立体模型
Three-dimensional model of the paintec wallpaper (*Tie luo*) featuring landscape by Jiang Maode

在透光照中发现在该贴落局部褶皱处已经形成穿透性病害，并且可分辨出命纸和背纸拼接痕迹，不同层托纸的尺幅和拼接方式均有所差别。在修复中参考透光照对原装裱用纸进行研究。贴落背纸后四周糊有桑皮纸，以保证其牢固地贴附于墙面裱糊纸之上。此外，贴落背纸后有三处题签，为不同时期对贴落背纸进行更换或加厚时所贴，以记录此贴落的位置。

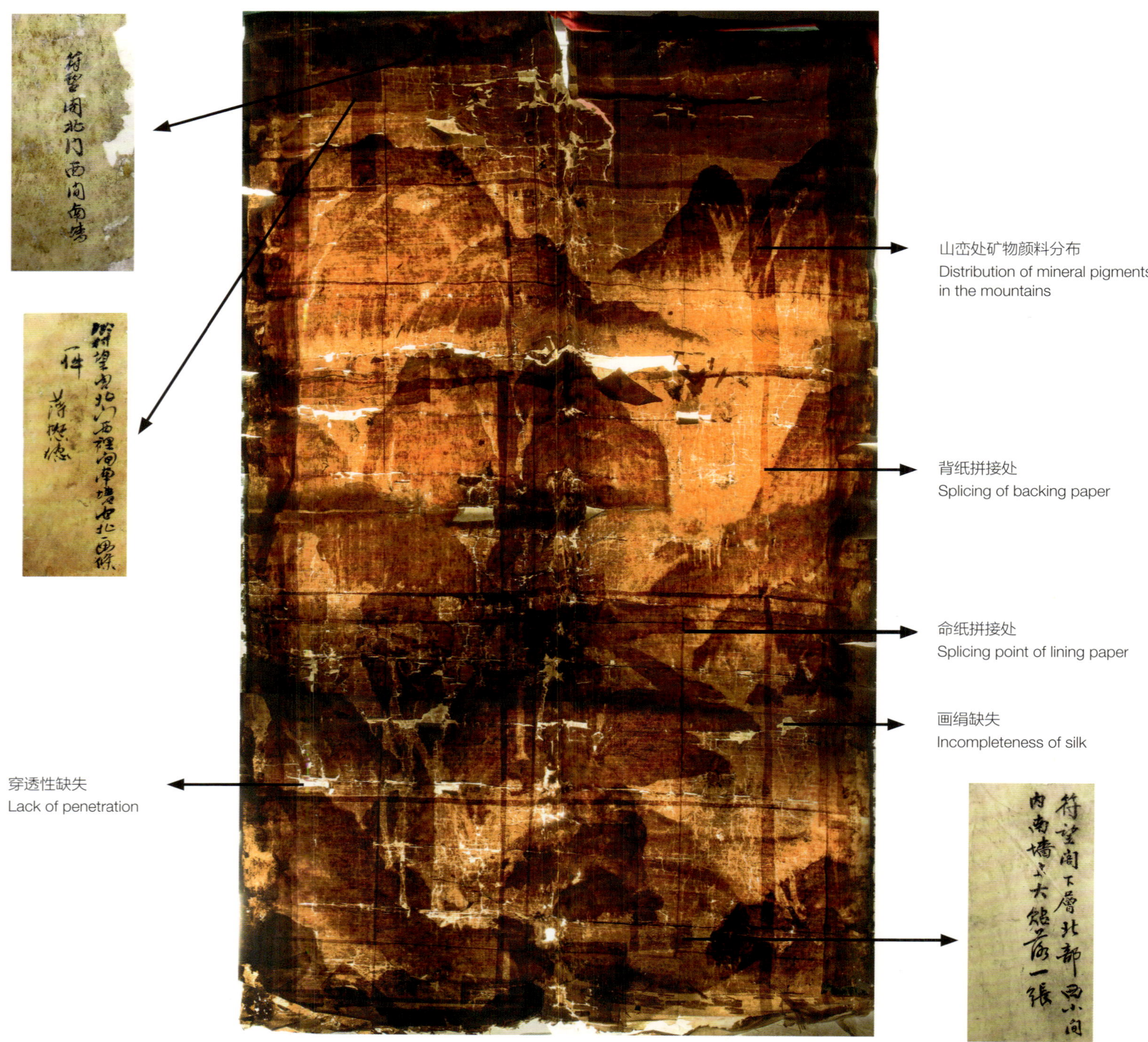

蒋懋德画山水图贴落透光照

Painted wallpaper (*Tie luo*) featuring landscape by Jiang Maode under transmission light

材料与技法

Materials and techniques

该贴落为绢本设色山水画，绘于宽幅 282 厘米的画绢之上，画绢下托有一层命纸和两层背纸。分别使用宣纸、竹纸和皮纸。

画绢层
Layer of painting silk

命纸层
Layer of lining paper

第一层背纸（竹纸）
The first layer of backing paper (bamboo paper)

第二层背纸（桑皮纸）
The second layer of backing paper (mulberry paper)

贴落基本结构示意图
Schematic diagram of the basic structure of the *Tie luo*

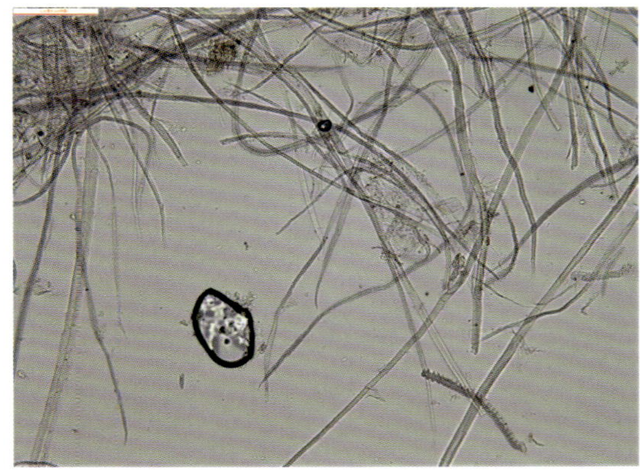

命纸纤维显微形貌
The microscopic morphology of lining paper (*Xuan* paper)

第一层背纸竹纸显微形貌
The microscopic morphology on the first layer of backing paper (bamboo fiber)

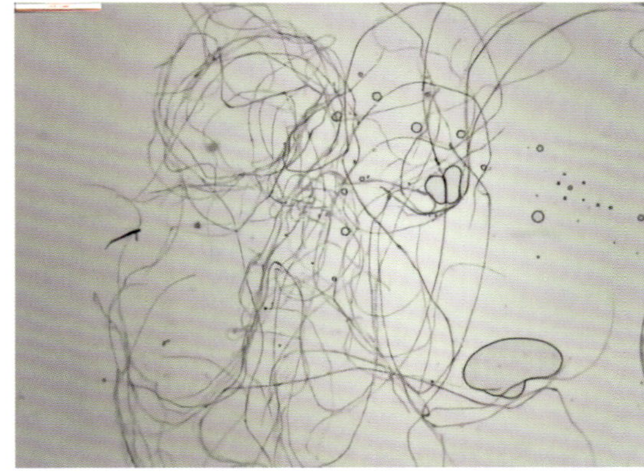

第二层背纸皮纸显微形貌
The microscopic morphology on the second layer of backing paper (mulberry fiber)

为了研究蒋懋德画山水图贴落中材料和技法，使用宏观 X 射线荧光扫描技术（MA-XRF）和光纤反射光谱技术（FORS），联合分析贴落局部呈色元素分布及颜料种类。可看出画家使用含铜矿物（石绿）颜料绘制山脉，在树木和山石的轮廓勾勒中使用了含铁的赭石，同时在画面底色的晕染中也使用了赭石。

蒋懋德画山水图贴落局部
Part of the painted wallpaper (*Tie luo*) featuring landscape by Jiang Maode

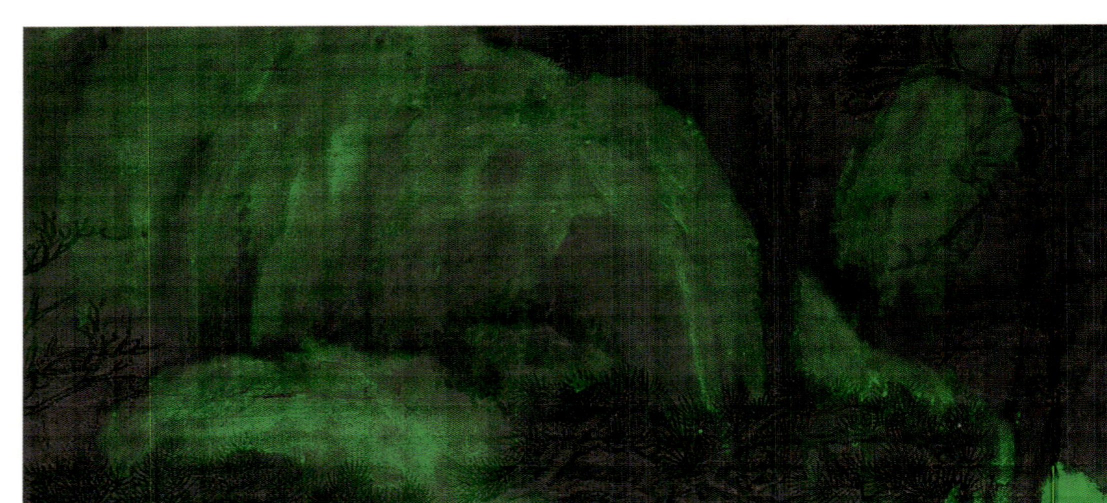

Cu 元素面分布图
Distribution of Cu element

Fe 元素面分布图
Distribution of Fe element

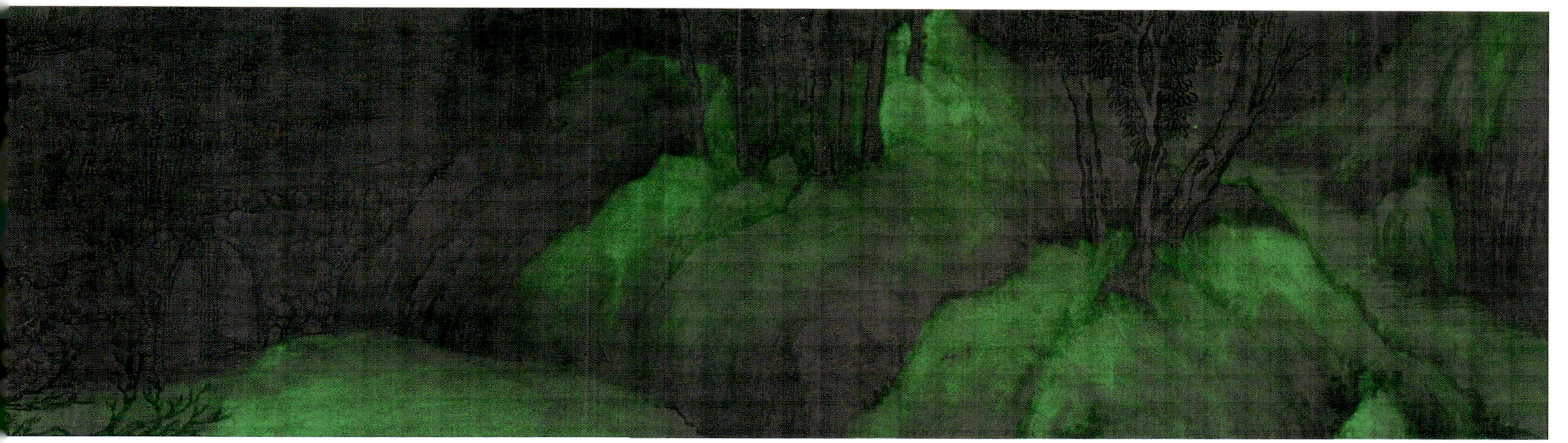

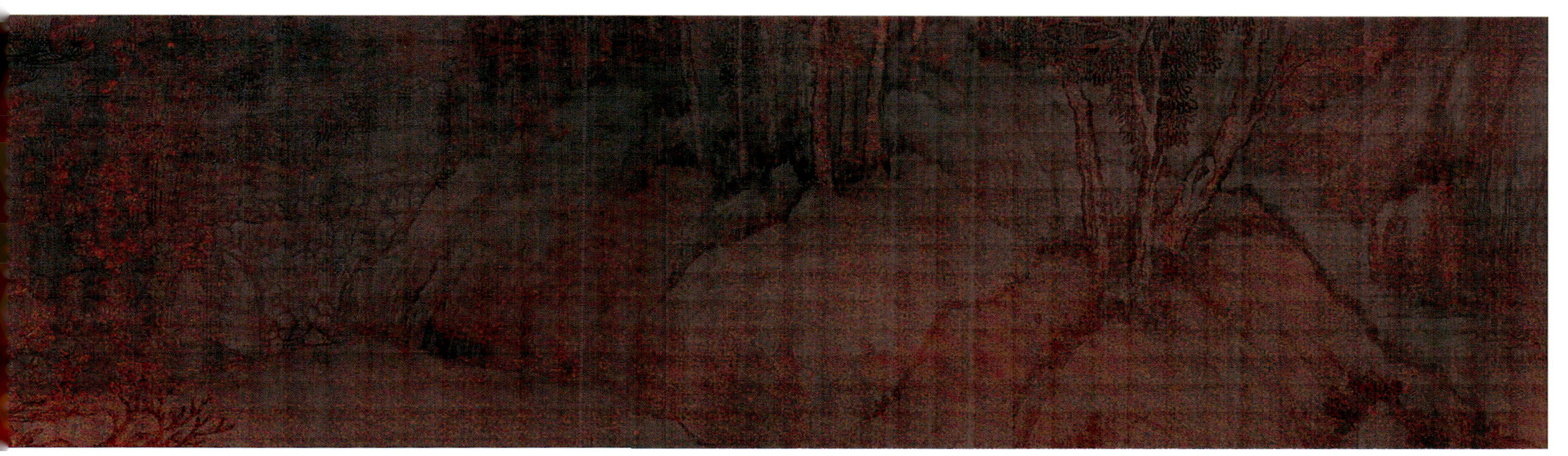

使用红外成像技术观察近红外波段下贴落底稿线信息。在绘制巨幅贴落时，画家用墨线勾勒山石、楼阁和树木的轮廓，并进行晕染。同时，在红外光下也可看出画家对局部的修改痕迹。

使用多光谱成像技术观察贴落细节，在可见光 675 nm 波长下的图像中，可以看到深浅不同的树叶效果，但是在 950 nm 波长下看不到浅色的树叶，这是由于靛蓝在近红外波段下吸收比较弱造成。因此，浅色的树叶主要用靛蓝描绘，深色的树叶主要用的墨色。

蒋懋德画山水图贴落红外成像图

Infrared imaging map of the painted wallpaper (*Tie luo*) featuring landscape by Jiang Maode

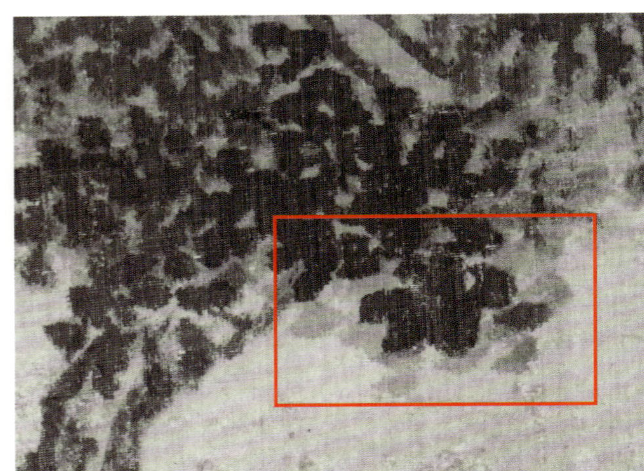

675 nm 图像　675 nm Image

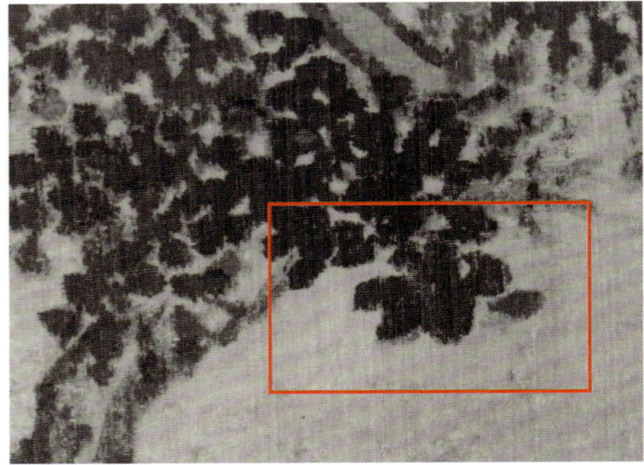

950 nm 图像　950 nm Image

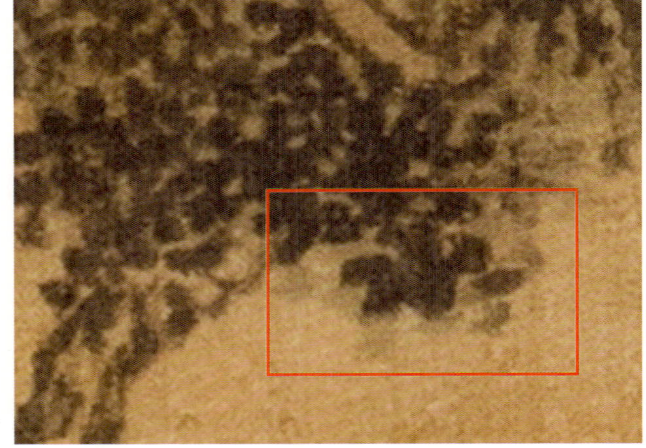

可见光图像　Visible Light Image

大型绢本贴落修复材料

Materials for large-scale *Tie luo* restoration

因保存环境影响，贴落表面绢丝已脆化开裂，因此在修复中需选择一种合适的材料对画绢进行临时加固。为了评估不同加固材料的效果，选择水油纸、化纤纸和棉纸进行模拟实验。综合其物理性能和模拟实验效果，认为化纤纸与适宜浓度的糨糊配合使用较为符合实际要求。在实际修复过程中，将化纤纸裁成等大方块九张，搭接刷于画心表面，取得理想的效果。

使用化纤纸加固绢本画心

Consolidation for the silk net of the *Tie luo* with artical fiber paper

黄江绸绣五彩五蝠平金佛字女龙袍

Robe with Dragon Pattern and Chinese Character “Fo”

清 光绪
衣长 132 厘米，通袖长 193 厘米
慈禧陵地宫出土
清东陵文物管理处藏（东 1377）

The Qing Dynasty, the Emperor Guangxu Period
Length of robe 132 cm, Length from one cuff to the other cuff 193 cm
Excavated from the Mausoleum of Empress Dowager Cixi
Collection of Administration Department of Cultural Relics in The Eastern Mausolea of Qing Dynasty (No. 东 1377)

清东陵是中国现存规模宏大、体系完整、保存较好的一处大型清代皇家陵园。1909 年，慈禧归葬定东陵，1928 年孙殿英盗掘定东陵，1979 年，清东陵文物管理处清理定东陵，1984 年，国家文物局派专家对慈禧棺内遗物进行整理。

黄江绸绣五彩五蝠平金佛字女龙袍是慈禧入殓所着最外层服饰。此袍圆领，右衽大襟，左右开裾。袖身镶中接袖和石青色素接袖，马蹄形袖端。斜纹绸面料，团寿云纹绫衬里。袍身饰龙纹九，其中两肩、前后身正龙各一，下襟前后行龙各二，里襟行龙一，并用金线绣有“佛”字 31 个；领缘饰正龙二、行龙三，两中接袖饰行龙各二，两袖端饰正龙各一，小“佛”字 14 个。佛字上应缀有珍珠，但均已缺失。袍身前后绣有“十二章”纹，“十二章”纹本只限于帝王龙袍使用。

黄江绸绣五彩五蝠平金佛字女龙袍（修复前）
Robe with dragon pattern and Chinese character “Fo” (before restoration)

背衬加固

Restoration with support fabric by sewing

针对该龙袍的保存状况和病害特点，在修复过程中采用背衬加固，即选用与待修复文物风格相近的现代织物作为背衬材料，衬于破损部位下方，采用相应针法将文物与背衬缝合，最大程度恢复其形制。

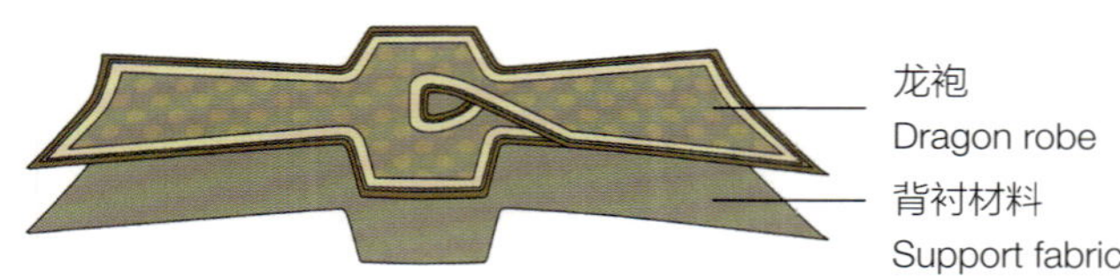

背衬加固示意图
Schematic diagram of reinforcement of support fabric

黄江绸绣五彩五蝠平金佛字女龙袍（修复后）
Robe with dragon pattern and Chinese character “Fo” (after restoration)

月纹，圆形中捣药玉兔代表月
Pattern of the moon: the jade rabbit pounding medicinal herbs in the circle represents the month

星辰，代表光明
The stars represent the light

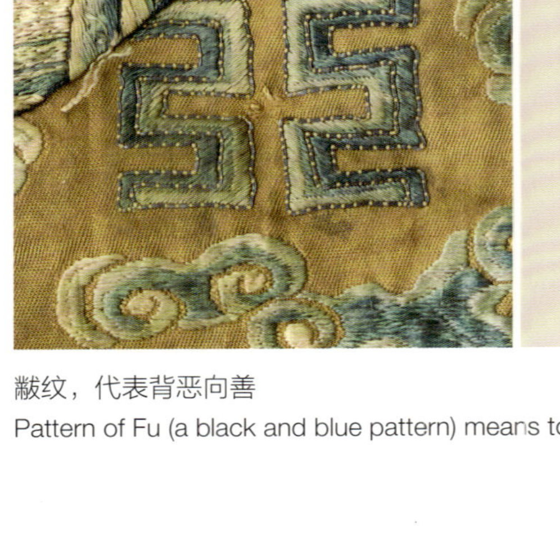

黻纹，代表背恶向善
Pattern of Fu (a black and blue pattern) means to uphold justice and reject evil

藻纹，代表洁净
Pattern of algae represents cleanliness

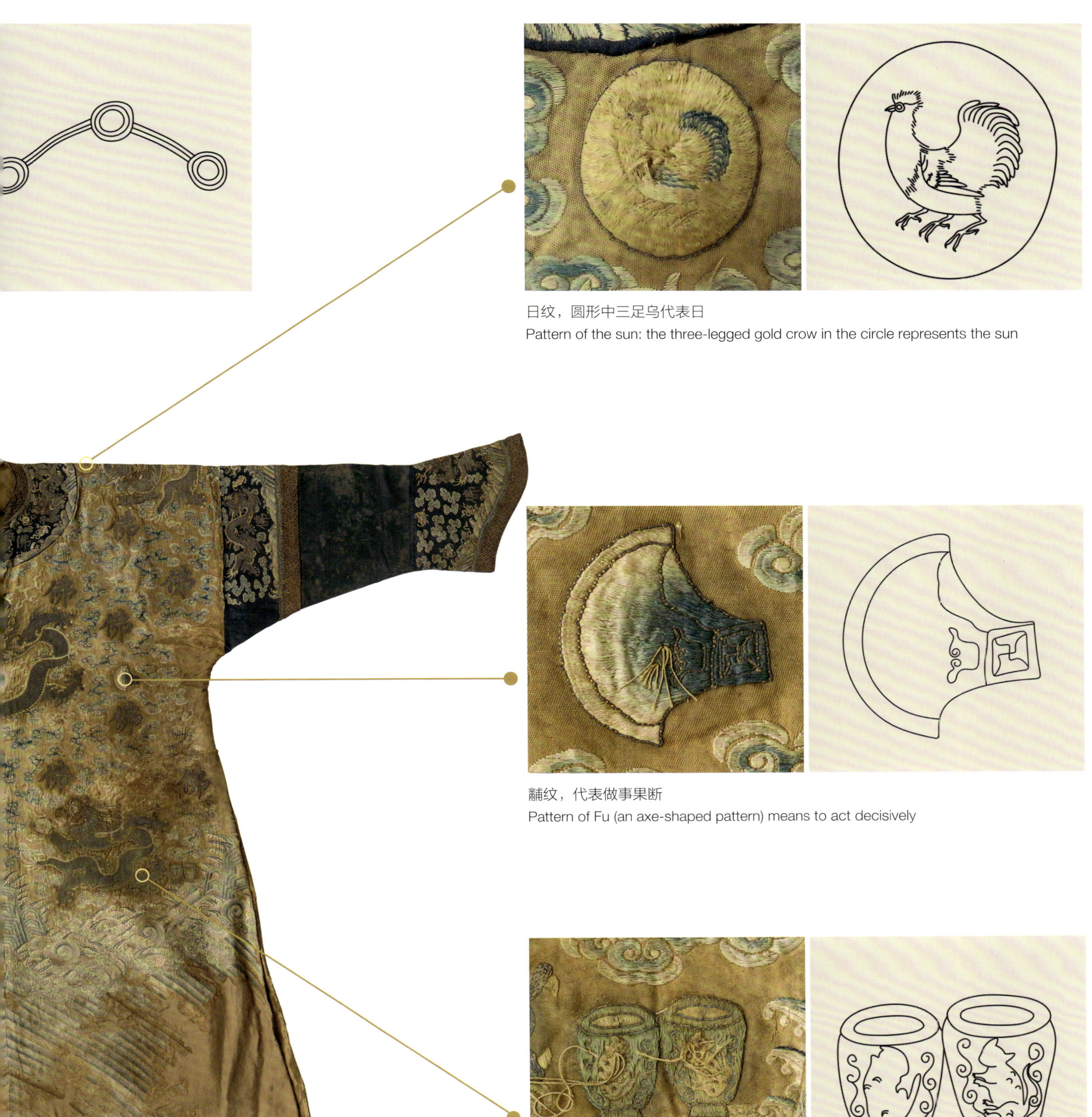

日纹，圆形中三足乌代表日

Pattern of the sun: the three-legged gold crow in the circle represents the sun

黼纹，代表做事果断

Pattern of Fu (an axe-shaped pattern) means to act decisively

宗彝，代表忠孝或威猛机智

Zongyi (a wine vessel for sacrifice in the ancestral temple) represents loyalty and filial piety or mighty wit

山纹，代表稳重
Pattern of mountains represents calmness and prudence

龙纹，代表变化
Pattern of dragon represents changes

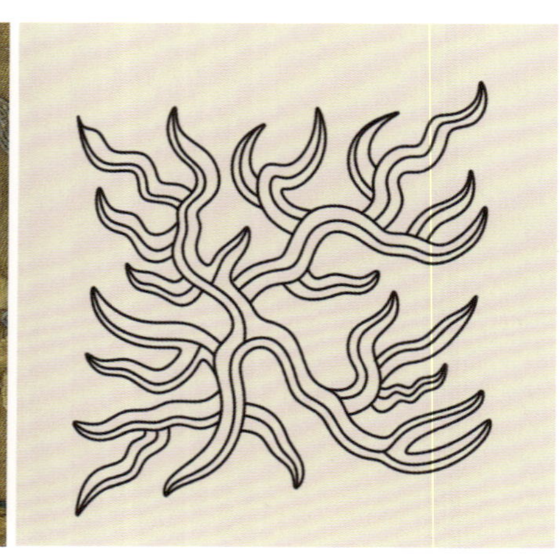

火纹，代表光明
Pattern of fire represents the light

华虫，代表五彩华丽

Huachong (the five-colored worm recorded in the ancient literature) represents colorful and gorgeous connotation

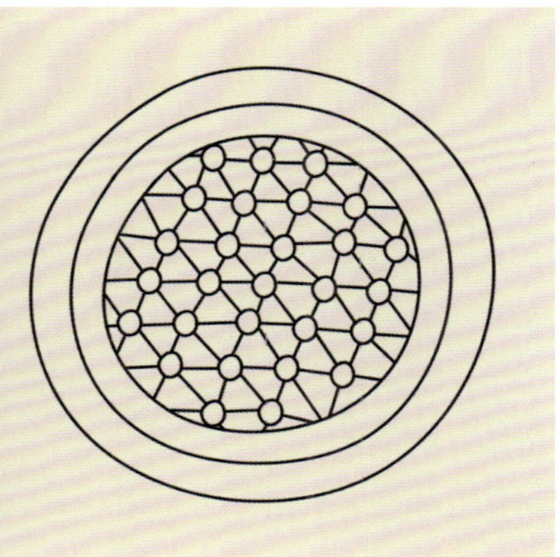

粉米，取其滋养之意

Fenmi (the pattern of " 米 " shape) represents the connotation of nourishing

黄江绸绣五彩五蝠平金佛字女龙袍的十二章

The *shierzhang* (twelve patterns with profound connotations) of the robe with dragon pattern and Chinese character "Fo"

日，圆形中的三足乌，代表太阳
月，圆形中捣药玉兔代表月
星辰，代表光明
山，代表稳重
龙，代表变化
华虫，代表五彩华丽
宗彝，代表忠孝或威猛机智
藻，代表洁净
火，代表光明
粉米，取其滋养之意
黻，背恶向善
黼，做事果断

The three-legged gold crow in the circle represents the sun;
The jade rabbit pounding medicinal herbs in the circle represents the month;
The stars represent the light;
The mountains represent calmness and prudence;
Dragon represents changes;
Huachong (the five-colored worm recorded in the ancient literature) represents colorful and gorgeous connotation;
Zongyi (a wine vessel for sacrifice in the ancestral temple) represents loyalty and filial piety or mighty wit;
Algae represent cleanliness;
Fire represents the light;
Fenmi (the pattern of "米" shape) represents the connotation of nourishing;
Fu (a black and blue pattern) means to uphold justice and reject evil;
Fu (an axe-shaped pattern) means to act decisively.

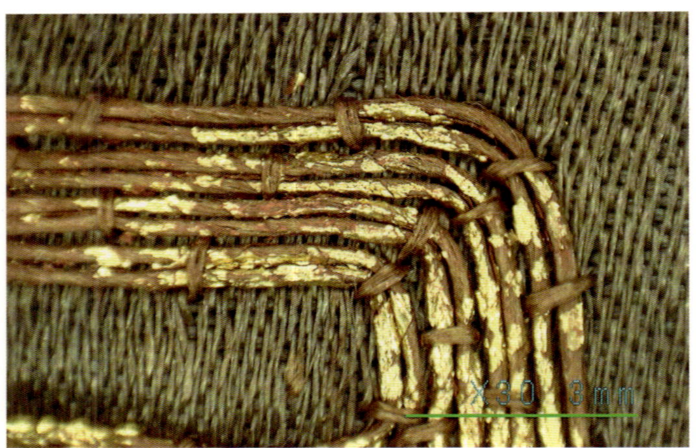

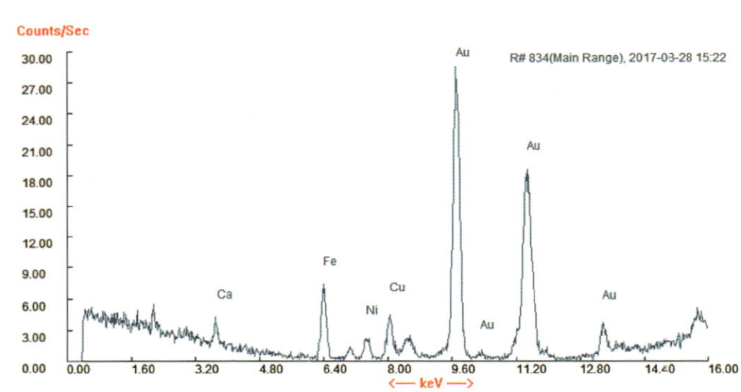

金线刺绣的“佛”字

The Chinese character of "Fo" embroidered with gold thread

佛

中国是富有创造力的国度，是传统工艺大国。中国传统工艺历史悠久，门类齐全，成就辉煌，体现着工匠精神和先贤智慧，是中华优秀传统文化的重要组成部分，对承续中华文化血脉和维护民族精神特质有特殊作用。车舆制造、彩陶烧制、丝织印染等传统工艺就是历史上的高科技，对文明形成与进步的重要性毋庸置疑。

文物是我们的国家记忆，蕴含着极为丰富的技术、科学与艺术等内涵。以文物为出发点，开展考古学、材料学、工艺美术、科技史等学科的交叉研究，使传统工艺的认知达到“知其所以然”的科学深度，借此复原一个相对完整的古代技术体系，使绵延千年的传统工艺绽放新芳华。

Restoration and Reproduction

China is a country full of creative power. With a long history and full range of categories, China's traditional handicrafts embody the spirit and wisdom of ancient craftsmen. They are an important part of the fine traditional Chinese culture and play a special role in inheriting the lifeblood of the Chinese culture and maintaining the national spirit. Traditional crafts like chariot making, polychrome pottery firing and silk weaving and dyeing used to be high-tech in history, which contributed a lot to the formation and progress of civilization.

Cultural heritage are records of the history of a nation, which are of rich technological, scientific and artistic connotations. Through interdisciplinary studies of archaeology, material science, arts and crafts, and history of science and technology, we seek to understand more about our traditional crafts, and based on that, we aim to recover a relatively complete ancient technology system and let them shine bright again as before.

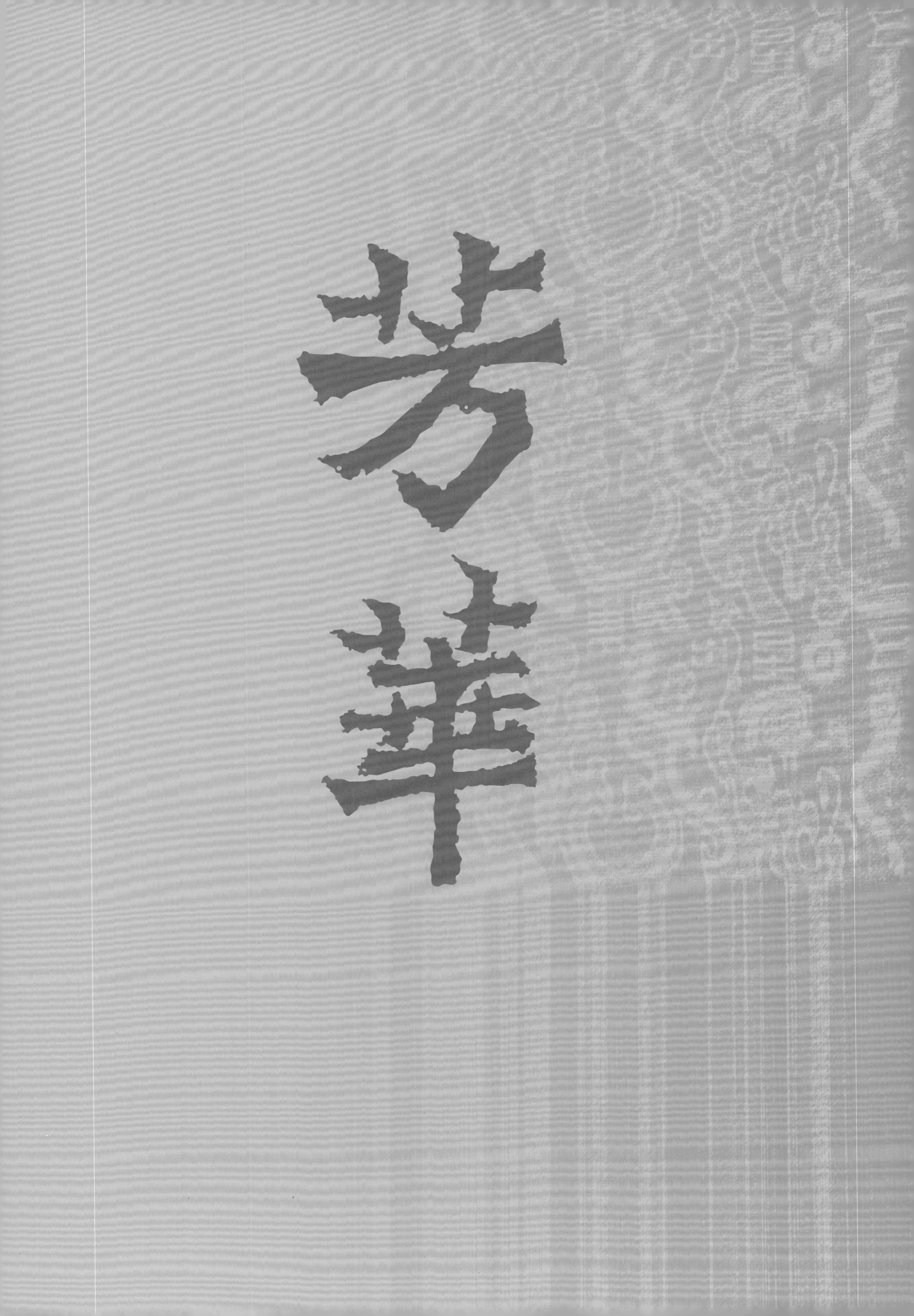
芳華

载驰载驱

中国古代车舆价值挖掘与复原

Production Process Research of Chariots Excavated from M16 in Majiayuan Cemetery, Gansu, Late Warring States Period

甘肃张家川马家塬战国墓地 M16-2 号车（复原件）

Chariot M16-2 of the late Warring States Period in the Majiayuan Cemetery, Gansu (Replica)

长 360 厘米，宽 296 厘米，高 180 厘米

甘肃省文物考古研究所藏

Length 360 cm, Width 296 cm, Height 180 cm

Collection of Gansu Provincial Institute of Cultural Relics and Archaeology

《周礼·考工记》云“一器而工聚焉者车最多”，车舆是古代机械制造最高工艺水平的集大成者。自 2006 年开始，甘肃马家塬战国墓地出土了大量车舆，为中国古代车辆的发展、演变的研究及复原和复制提供了不可多得的实物资料。

基于田野考古发掘、实物解剖、文物保护、全面信息提取、科技检测分析、模拟数字复原、传统工艺研究和复原复制、展示利用相结合的理念，充分挖掘中国古代车辆所蕴含的文化、历史、科技和艺术价值，建立古代车辆复原和复制的完整工艺体系。

甘肃张家川马家塬战国墓地 M16-2 号车（复原件）展示图

Display of chariot M16-2 of the late Warring States Period in the Majiayuan Cemetery, Gansu (replica)

M16-2 号车出土时的状况

The condition when Chariot M16-2 was excavated

左侧飞铃

Ornament on the left axle head

车厢底部解剖照片

Disassembly photo of chariot bottom

左侧飞铃

Ornament on the right axle head

M16-2 号车的车厢底部

Bottom of Chariot M16-2

以马家塬墓地出土 M16-2 号车为研究对象，对各地已出土车辆考古资料进行系统整理与研究，对古代马车的起源及早期发展脉络进行梳理；车辆遗迹的现场解剖发掘、翻模，实验室精细发掘和文物保护修复；利用人工绘图、高清照相以及三维扫描等方法，对发掘所获得的车辆形制、结构、装饰、车辆构件的尺寸、连接方式等信息进行记录提取；对残留车辆木胎的木材、表面髹漆材料、金属构件及饰件的种类、成分、成形和装饰工艺等进行综合研究；运用三维建模技术实现车舆的数字模拟复原，进行力学性能分析；在对木工、金工、车辆制作等传统工艺调查的基础上，按原工艺、原材料完成 M16-2 号车的复原。

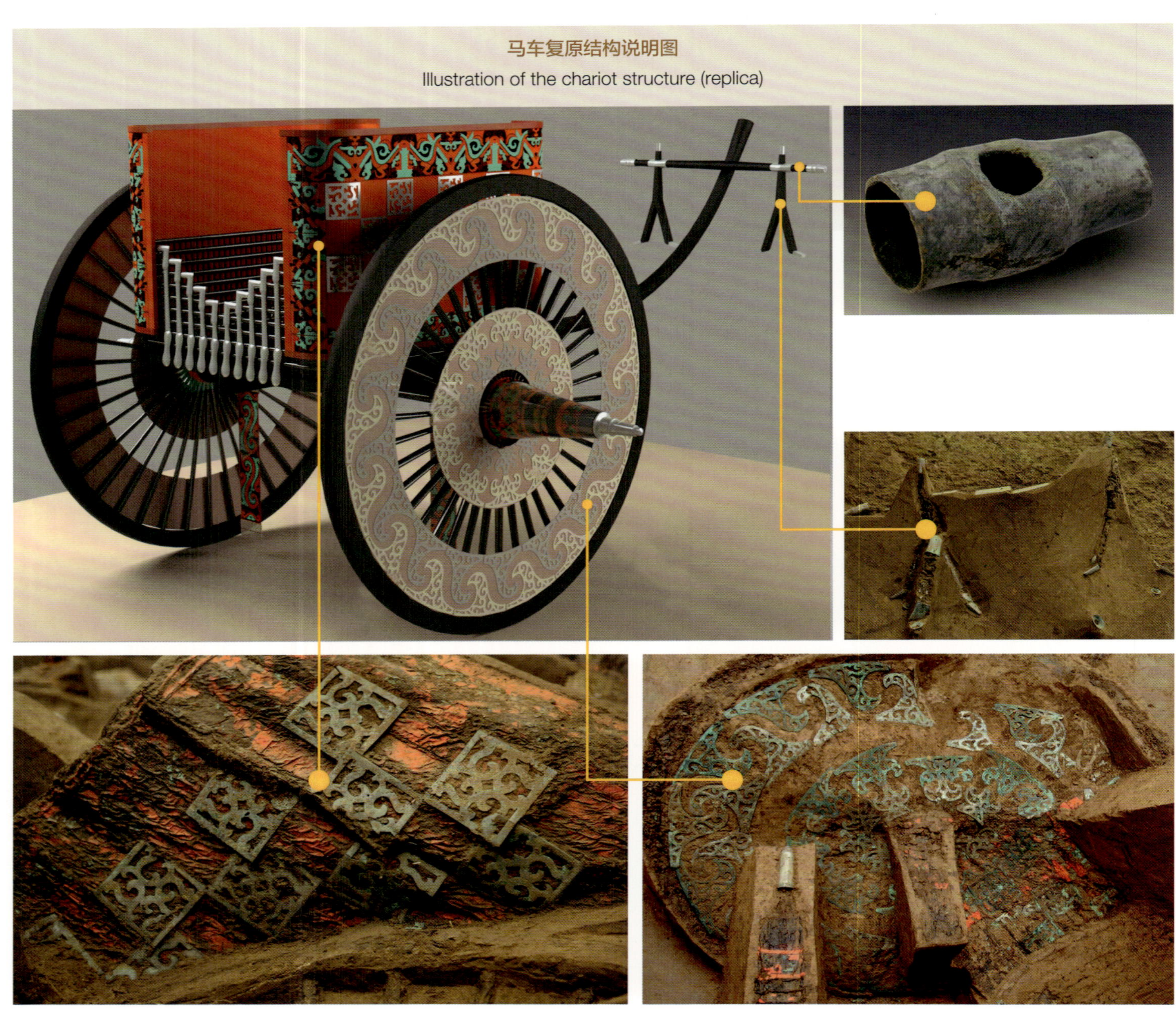

马车复原效果图

Sketch design of the chariot (replica)

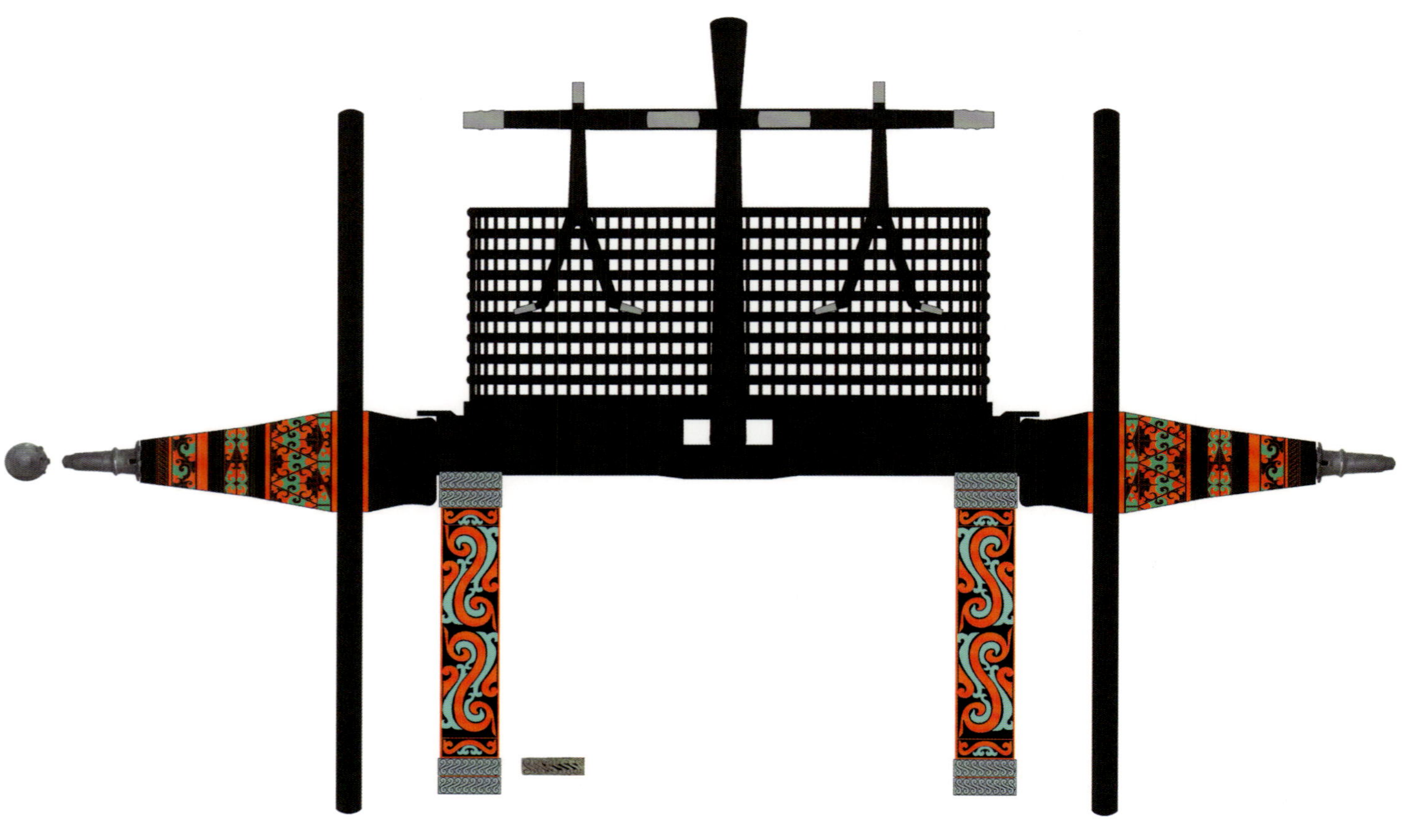

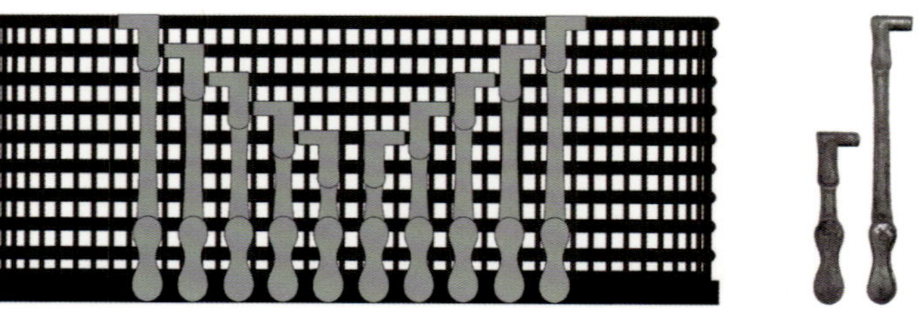

马车总装效果图

Design sketch of the chariot final assembly

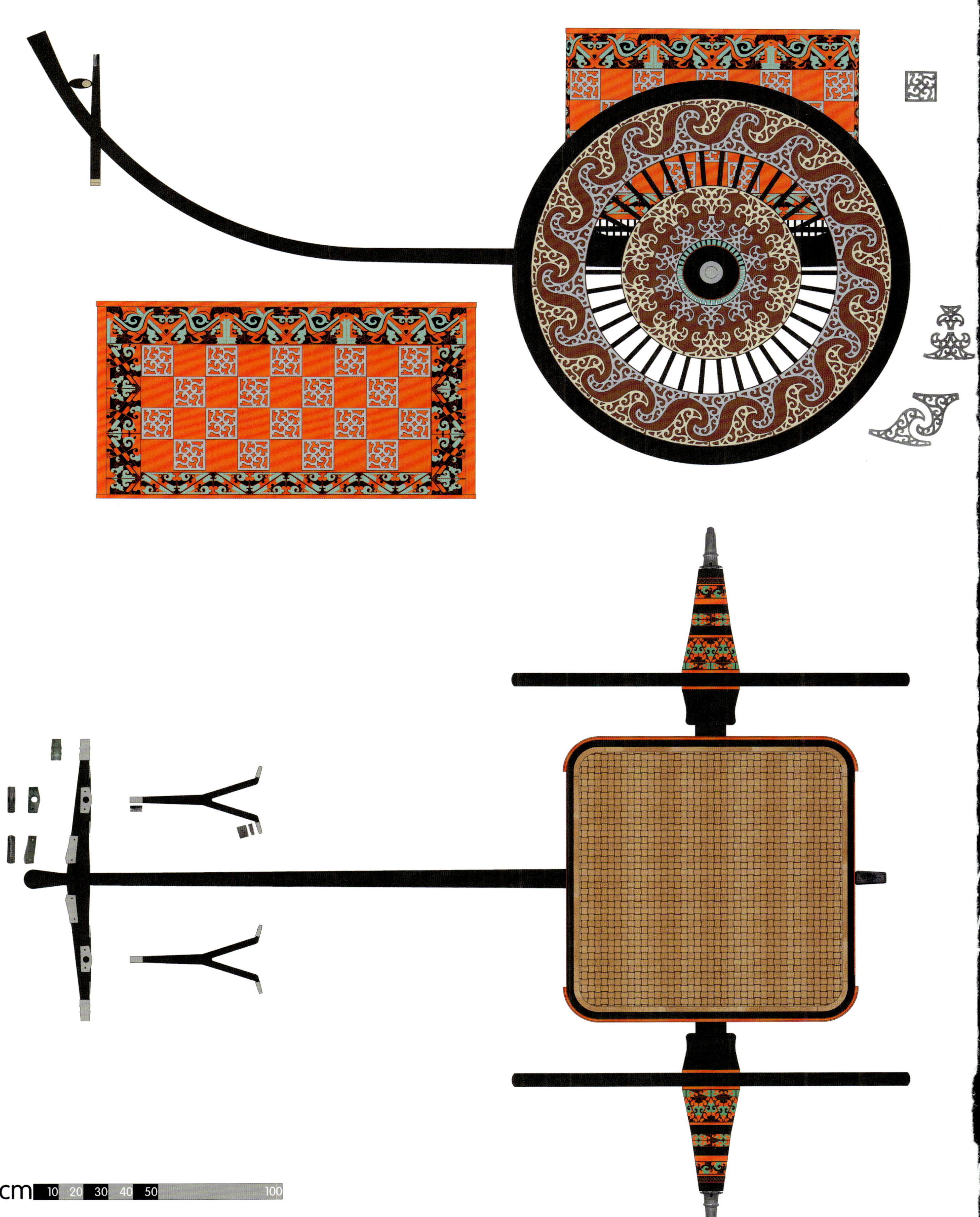
cm
10
20
30
40
50
100

古人造车

Chariot making by ancestors

古车，基本由轴、辀、舆、轮毂及衡轭等几部分组成。制作一辆车，需多工种协作完成，正如《后汉书·舆服志》云“一器而群工致巧者车最多”。古人造车，首先根据用途，对车辆结构及装饰进行规范设计，确定车体及其主要构件的形状、大小及如何装饰等；其次，明确技术标准和工艺要求，分工制作，由专人如专制车厢的“舆人”、专造车辀的“辀人”、专造车轮和盖的“轮人”等对各构件及配件进行选材、备料、设计、加工及局部装饰，各相关联的构件、配件在加工、装饰过程中随时沟通协作；在各构件、配件完成后，进行整体组装、加固和校验，完成车主体结构；最后，按设计完成车辆整体装饰，待质量检验合格后交付使用。

车轮装配

Wheel assembly

车舆形制

Chariot shapes and structures

马家塬墓地随葬车舆均为单辀双轮车，装饰的华丽程度依墓葬级别的高低而不同。迄今为止发现的 50 余辆车，据其形制可分为五类：第一类为圆角长方形车舆高拦板无珥车，均有复杂的装饰，多发现于大型墓葬中。第二类为圆角长方形车舆无拦板有珥车。第三类为圆角长方形车舆无拦板无珥高轼车。第四类为椭圆形车舆无拦板无珥车。第五类为圆角方形车舆低拦板无珥车。第一类车均有复杂装饰，多出土于大型墓葬中，第二、三、四类车均只髹漆，第五类车为无任何装饰的素车。

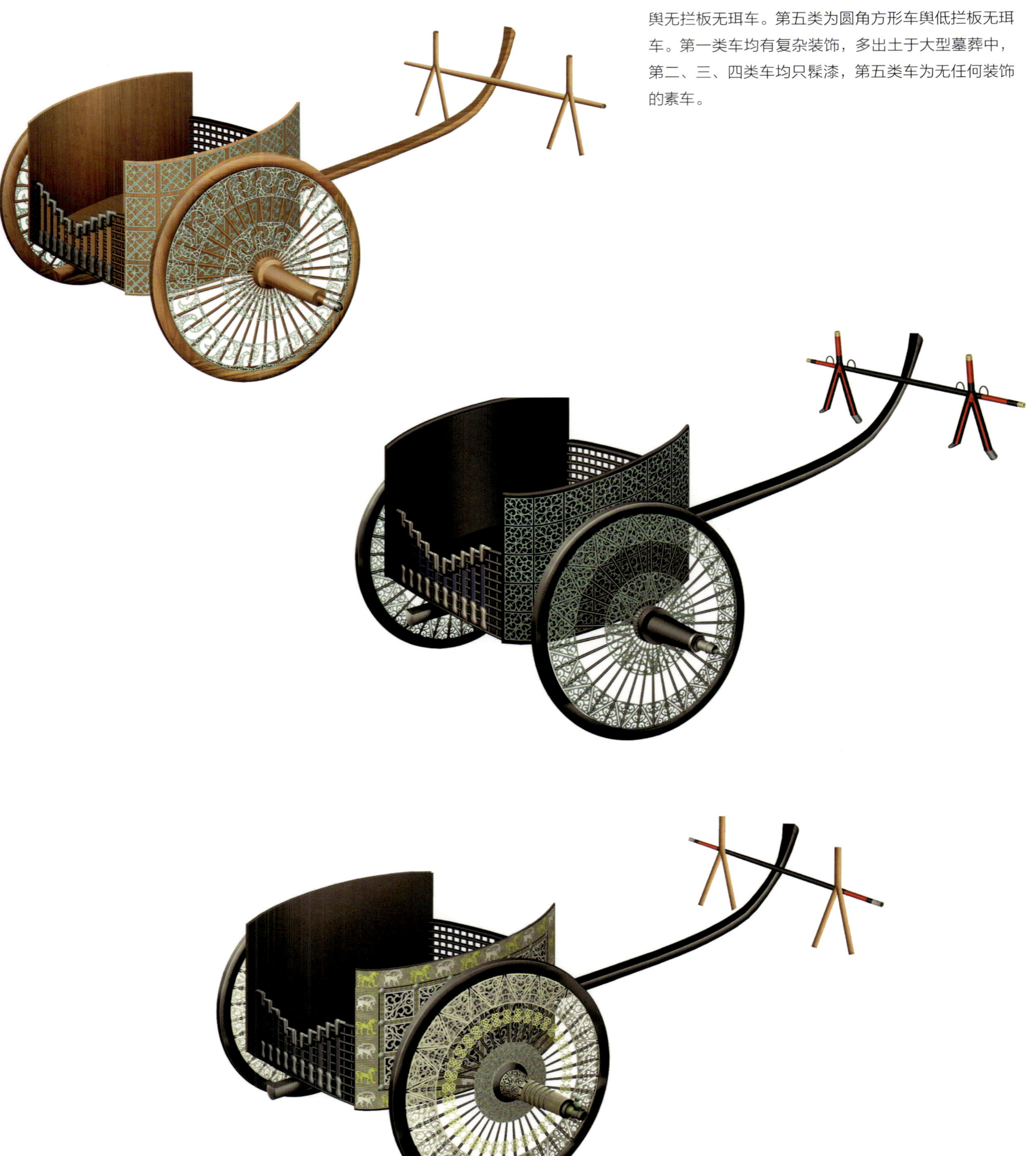

各类车舆形制复原图

Restored images of various categories of chariots

料珠复原烧制

Replicated firing of ornamental beads

通过马家塬墓地大规模出土的费昂斯（faience）、汉蓝、汉紫、铅白料珠以及铅钡玻璃珠材料的系统研究，首次揭示出战国中晚期两类硅酸盐玻璃态材料——高钾系与铅钡系材料的技术交融现象。作为埃及蓝的相似物，汉蓝和汉紫的研究工作长期以来主要围绕人工模拟制备方面展开，然而囿于考古发现所限，中外学者以往的模拟实验均以合成颜料而非成型器物（容器或料珠）为目标，且多在高温下按理想化学计量配比、辅以少量的硼砂或铅为助熔剂进行，与马家塬出土的这类料珠的实际情况（成分、形态、烧制温度等）相差甚远，而对铅白的模拟工作未见相关报道。

对马家塬墓地出土的汉蓝、汉紫和铅白料珠进行化学成分，微观结构及铅、锶同位素比值分析，借鉴国外学者模拟制备埃及蓝容器与珠饰的成果，复原出可行的烧制工艺，并以一种低温、超高助熔剂（铅）的二次烧制工艺快速高效地完成大量料珠的复原烧制。

复原料珠车饰（M14 号车）

The replica of ornamental beads (Chariot M14)

真彩再现

秦始皇兵马俑制作工艺与色彩复原

Color Reconstruction of Terracotta Excavated from Pit of Emperor Qinshihuang's Mausoleum, Shaanxi

彩绘重构将军立俑（复原件）

Reconstructed Polychrome Standing Terracotta Figure of a General (Replica)

通高 196 厘米
秦始皇帝陵博物院

Height 196 cm
Collection of Emperor Qinshihuang's Mausoleum Site Museum

兵马俑制作的基本流程是手工塑形，采用“模塑结合、以塑为主”的方法由下而上制作陶胎，阴干后入窑炉烧制，出窑待陶俑降温后，对陶俑表面进行抹光处理，再通体涂刷生漆层。生漆层不仅作底，而且还用作呈色材料。在铠甲、发髻、头冠、足履等部位的生漆层上不用涂刷颜料，直接呈现出生漆膜的细腻与光泽。对需要彩绘的区域，配好颜料，调和均匀，平涂到生漆层上。彩绘以红色朱砂、蓝色石青、绿色石绿、白色骨白（羟基磷灰石）及紫色中国紫（硅酸铜钡）颜料为主，局部细部进行描画或晕染，完成色彩复原。

兵马俑制作工艺充分运用塑、堆、捏、贴、刻、画等技法，来显示立体形象的体、量、形、神、色、质等艺术效果，说明当时已经形成我国传统雕塑技法，对后世雕塑产生深远影响。

彩绘重构将军立俑（复原件）展示图

Display of reconstructed polychrome standing terracotta figure of a general (replica)

兵马俑 1 号坑
Qin Terracotta Army Pit No.1 of Emperor Qinshihuang's Mausoleum

18

陶土来源

Source of the pottery clay

秦始皇陵出土的陶俑涵盖军队、乐舞百戏、仪仗、圄人等类型，数量在万件以上，制作这些与真人等身大小的陶俑需要大量陶土，但这些土从哪里来一直是个谜。

古代制陶所用的黏土多为就地取材，传统上认为兵马俑陶土来自附近区域，都因考古尚未在陵区附近发现大规模的采土痕迹而无法定论。采集秦陵周围不同的土样进行秦兵马俑制作技术与工艺模拟复原研究，发现无论是纯生黄土，还是黄土衍生出来的垆土、棕红土，或是俑坑回填土，其强度、硬度、黏合度都无法直接做成陶俑泥坯，土壤成分与兵马俑的陶片成分吻合度不高。经过反复实验发现，只有采集自秦代地层的垆土和棕红土，经过预制，再配以一定比例的沙子，才能达到制作泥坯的标准，烧制出来的陶俑与真实陶俑的陶片成分最为接近。

秦始皇帝陵的营建属于国家行为，有着严密的组织和规划，大规模制作陶俑时，其选土、制备极有可能是统一采土、集中存放，再分配给工匠统一制作。对陶土来源的研究，应该站在国家工程的高度，扩大研究范围。

俑体剖面图

Profile map of the figure's body

彩绘

Polychromy

陶俑成型

Molding of the terracotta warriors

根据出土陶俑残片观察，陶俑的成型工艺过程，大体分成两步：第一步制作初胎，第二部进行细部的雕饰。陶俑初胎的制法是采取自下而上逐步叠塑成型。陶俑的双足都立于方形的足踏板上，有的足踏板是和俑分别制作和分别入窑焙烧，然后再用黏合剂将两者黏接在一起。有的足踏板是和俑一起制作，即制作足踏板的同时就在上面堆泥制作俑的双足，然后依次塑腿、躯干。躯干中空，在躯干底盘的基础上接塑，其塑造方法有两种，一种是由下而上用泥条盘筑，另一种是以腰部为界分成上下两段，分别制作而后黏接套合。头和手是单独制作的，待躯干完成后与之套合。陶俑经过从足踏板到脚、腿、躯干、双臂、头，叠塑成初胎，然后各部位都要经过细致的雕饰，以表现衣着、姿态和神情的变化，使陶俑形象趋于写实。

色彩重建

Color reconstruction

写实是秦俑特有的艺术风格。对秦俑彩绘进行色彩复原研究可知：秦军没有统一的特定军服，服色各随所好。服饰用色鲜艳明快、对比强烈，主要为绿、紫、红、蓝，其中绿最多，紫、红较多，蓝次之，白较少，黄、黑极少。彩绘重构将军立俑色彩明快，鲜艳绚丽。身着彩色鱼鳞甲，甲衣以白色作底，上绘红、绿、紫等色的几何形花纹，双肩及胸前、背后各有一朵用甲带扎结的花朵，花朵绘朱红、粉绿相间的花纹图案。朱砂、赭石、石青、石绿、中国紫、骨白等矿物颜料赋予秦俑不同的色彩，其中铅白、铅丹、中国紫均被认为是人工制造。

秦俑彩绘颜料的鉴定
Pigments identified on the terracotta figures

White 白		
Lead white (ccrussite, hydrocerussite)	铅白	$PbCO_3$ $Pb_2CO_3Pb(OH)_2$
Bone white (apatite and hydroxyl apatite)	骨白	$Ca_3(PO_4)_2$ $Ca_5(PO_4)_2OH$
Barite (barium sulphate)	重晶石	$BaSO_4$
Kaolin (China clay)	高岭土	$Al_2Si_2O_5(OH)_4$ (kaolinite)
Yellow 黄		
Yellow ochre	土黄	Fe_2O_3
Vanadinite	钒铅矿	$Pb_5(VO_4)_3Cl$
Red 红		
Cinnabar	朱砂	HgS
Hematite	土红	Fe_2O_3
Red lead	铅丹	Pb_3O_4
Purple 紫		
Han Purple	汉紫	$BaCuSi_2O_6$
Blue 蓝		
Azurite	石青	$2CuCO_3 \cdot Cu(OH)_2$
Green 绿		
Malachite	石绿	$Cu_2(OH)_2CO_3$ $Cu(OH)_2 \cdot CuCO_3$
Black 黑		
Carbon black	草木灰	C

汉机汉锦

老官山提花织机与“五星出东方利中国”锦的复制

Restoration of Pattern Loom of the Han Dynasty and Reproduction of Jin-silk with Characters “Wu Xing Chu Dong Fang Li Zhong Guo”

复原的成都老官山汉墓提花织机

Reconstruction of Hook-shaft Pattern Loom with Sliding Frame Excavated from the Han Dynasty Tomb in Laoguanshan, Chengdu (Replica)

长 470 厘米，宽 120 厘米，高 280 厘米

Length 470 cm, Width 120 cm, Height 280 cm

“五星出东方利中国”锦护膊（复原件）

Jin-silk for an Arm Protector Interspersed with the Characters “Wu Xing Chu Dong Fang Li Zhong Guo” (Replica)

长 18.5 厘米，宽 12.5 厘米

Length 18.5 cm, Width 12.5 cm

“五星出东方利中国”锦（复原件）

Jin-silk Interspersed with the Characters “Wu Xing Chu Dong Fang Li Zhong Guo” (Replica)

长 200 厘米，宽 50 厘米

中国丝绸博物馆

Length 200 cm, Width 50 cm

Collection of China National Silk Museum

中国古代织机与织造技术是中国古代科技中的重要组成部分。2012 年，成都老官山汉墓中出土了四台织机模型及相关文物，是我国发现的唯一完整的西汉时期的提花机模型，也是世界上发现最早的提花机模型，填补了中国乃至世界纺织科技史的空白，是当时世界织机的最高境界。

丝绸是开创丝绸之路的原动力，丝路沿线出土了大量汉唐时期丝绸。尼雅遗址是汉晋时期塔里木盆地南缘一处典型的内陆沙漠绿洲型聚落遗址，《汉书・西域传》中记载的精绝国故地。1995 年，“五星出东方利中国”锦护膊在新疆尼雅墓地（M8∶15）出土，体量虽不大，但是堪称 20 世纪中国最伟大的纺织考古发现之一，是目前所知经线密度最大的、织造难度最大的汉锦。

2018 年，基于成都老官山汉墓出土的四台织机模型，利用这类多综提花织机的织造技术复制“五星出东方利中国”锦护膊，完整复原汉代提花织机及其提花织造技术体系，即“汉机织汉锦”。

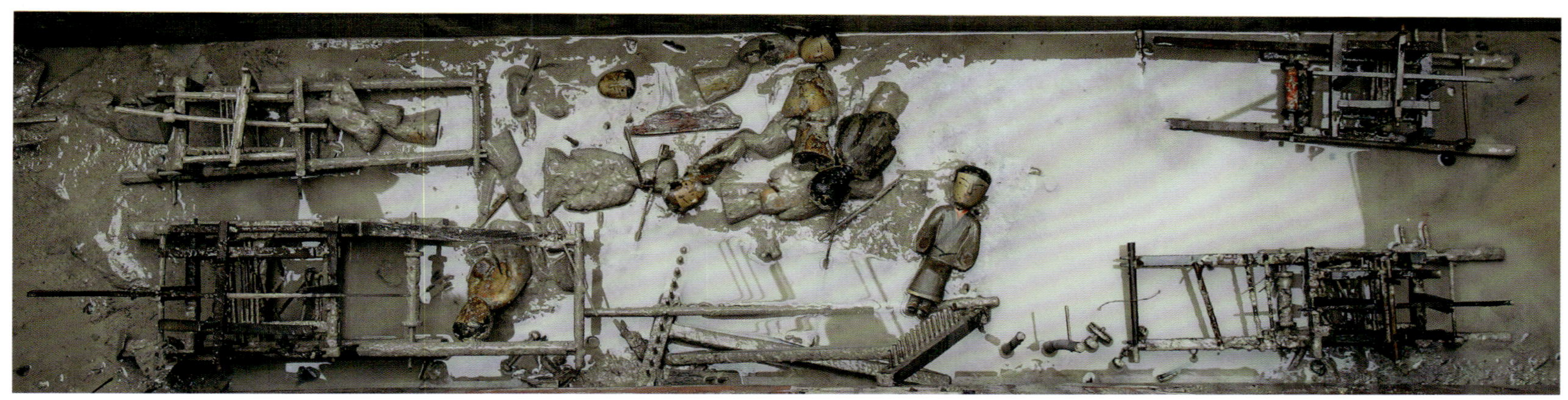

织机模型（出土时）
Loom models (being excavated)

汉代提花机复原
Reconstruction of pattern loom of the Han Dynasty

成都老官山汉墓 M2 北底箱出土了 4 部织机模型，出土的 4 部织机中较大的一部高约 50 厘米、长约 70 厘米、宽约 20 厘米，其他 3 部略小，大小相近，高约 45 厘米、长约 60 厘米、宽约 15 厘米。这些织机模型为竹木制成，结构复杂精巧、保存十分完整，一些部件上还残存有丝线和染料。这也是迄今为止我国首次发现西汉时期的织机模型。在织机四周，还散落有 15 件彩绘木俑，这些木俑或立或坐，根据他们不同身姿和身上不同铭文推测，这些木佣可能为司职不同的织工，M2 的北底箱应该是汉代蜀锦纺织工场的实景模拟再现。

以老官山汉墓出土织机模型及相关文物为研究对象，对之进行全面系统的整理和测绘，研究和复原汉代提花机的结构，解决关于汉代提花机的一些学术争论，制作 3D 展示系统，并按 1 : 6 的比例复原两台原始大小且可操作的原大提花机。

三维建模方法复原的老官山织机模型
Reconstruction of one of the Laoguanshan looms by 3D modeling method

汉机织汉锦
Han jin-silk woven by Han pattern loom

汉机织汉锦
Han jin-silk woven by Han pattern loom

织机模型（保护后）

Loom models (after restoration)

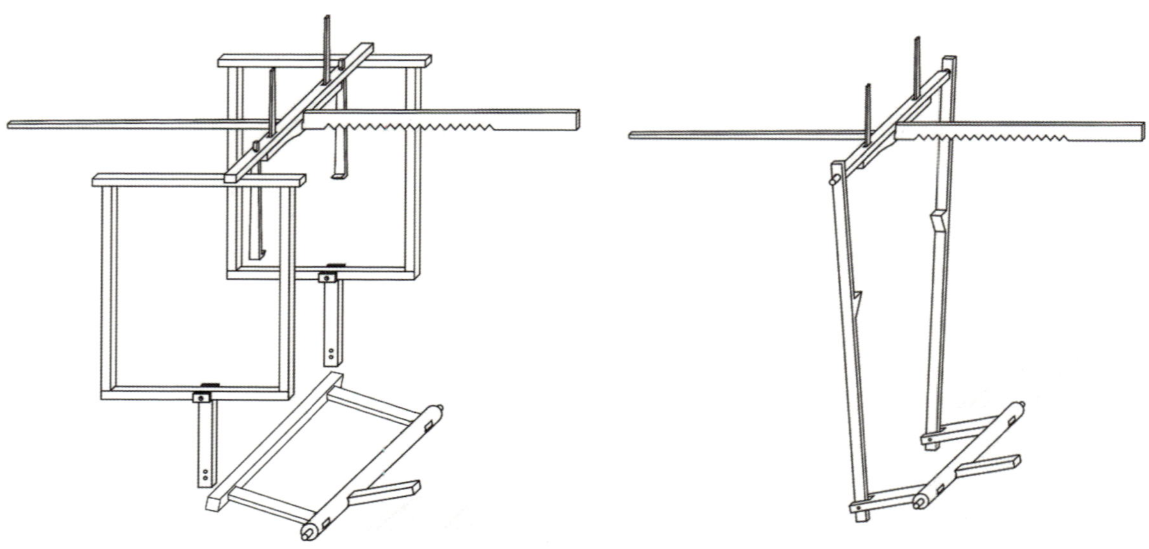

滑框和连杆的动力传动示意图

Power transmission diagram of sliding frames and connecting rods

“五星出东方利中国”锦护膊

Jin-silk for an arm protector interspersed with the characters “Wu Xing Chu Dong Fang Li Zhong Guo”

图案总体采用山状云作骨架，沿织锦纬向连续铺展。自右边起依次有两鸟、独角兽和虎，并伴以铭文“五星出东方利中国”，铭文旁两个圆点纹代表五星中的两星。在工艺上，此锦采用 1 ： 4 平纹经重组织，整个图案不分色区，均以蓝、绿、红、黄、白五色织出，经密 220 根 / 厘米，纬密 24 根 / 厘米，图案经向循环有 84 根夹纬，7.4 厘米，远远大于普通的汉锦，是汉式织锦最高技术的代表。

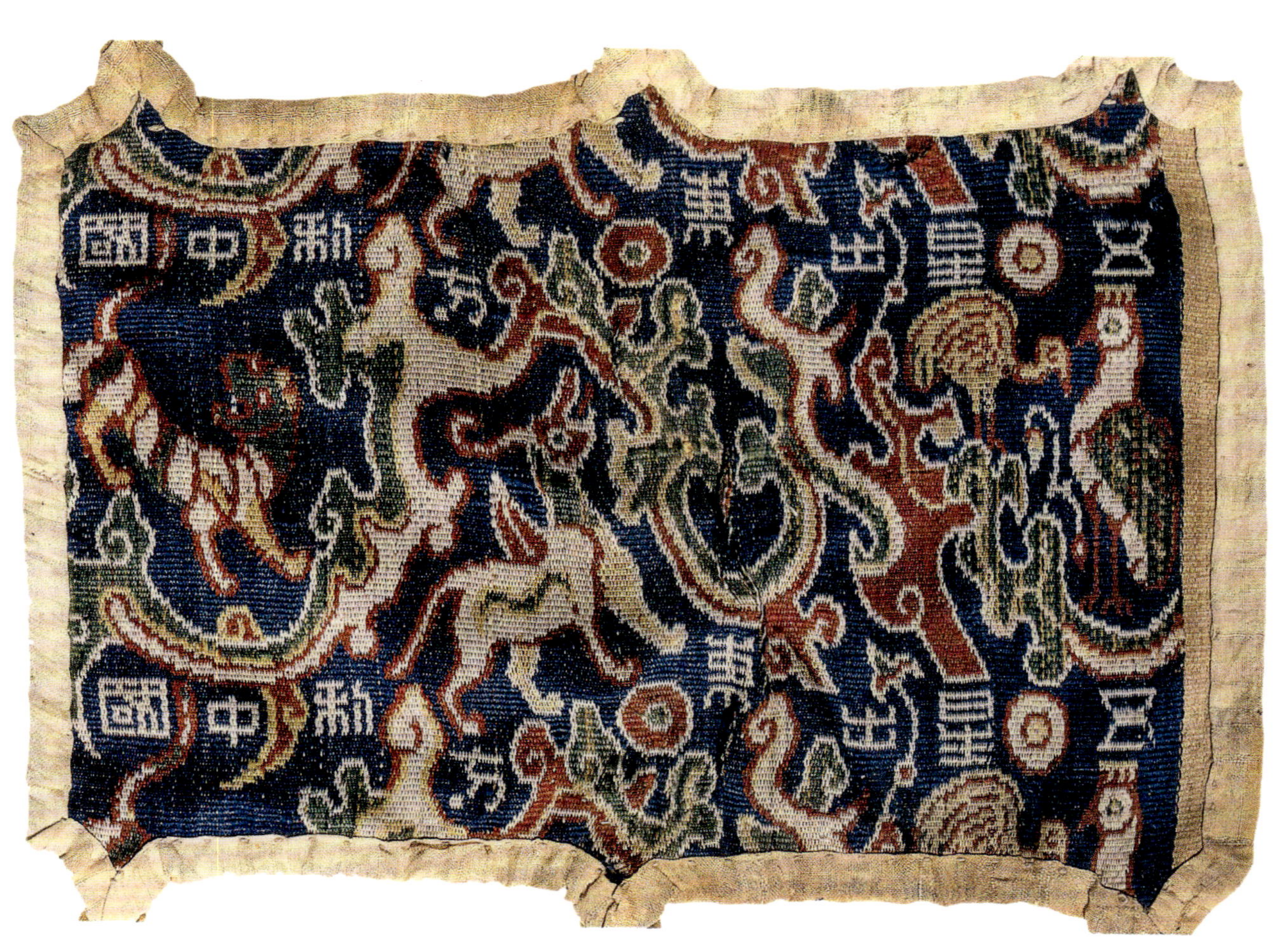

“五星出东方利中国”锦护膊

Jin-silk for an arm protector interspersed with the characters “Wu Xing Chu Dong Fang Li Zhong Guo”

“五星出东方利中国”锦复原

Jin-silk interspersed with the characters “Wu Xing Chu Dong Fang Li Zhong Guo”

此锦为 1：4 五色平纹经锦，幅宽大约在 48 厘米左右，幅面上一共有 10470 根丝线，纬向循环有 84 根纬线，这就意味着在幅面宽度上的每厘米要排布220根经线，这是目前发现的经线密度最大的织锦。

通过图案复原，可以看到总体采用山状云作骨架，沿纬向连续铺展。自右边起依次有鸟、独角兽和虎，其间织有铭文“五星出东方利中国诛南羌四夷服单于降与天无极”。织物以红、黄、蓝、绿、白五色经线显花，上有不同颜色的五个圆点代表五星，五星作为天文占星学上的用语，与汉代五行思想有关。《史记·天官书》中就有“五星分天之中，积于东方，中国利……”的记载。这类织锦最早出现在西汉晚期，流行于东汉中后期直至魏晋，在丝绸之路沿途的楼兰和尼雅有大量出土，通称其为汉锦，其中拥有五种颜色的高档织锦特称为“五色云锦”。

整个复原过程中，最关键的就是提花技术。所谓的提花技术也就是一种经线开口的技术，普通的平纹组织虽然也需要开口，但这种开口在整个织造过程只有两种规律的梭口，而遇到复杂的、有图案的丝织品这种开口也很复杂，很难操作，也极难记忆，必须将这种复杂的开口信息用各种安装在织机上的提花装置将其贮存起来，以使得这种记忆的开口信息得到循环使用。这就好像是今天的计算机程序，编好这套程序之后，所有的运作都可以重复进行。神机妙算，如果“机”是指织机，那么“算”就是指提花程序。

复制的“五星出东方利中国”锦实物及纹样细节图

The reconstructed jin-silk interspersed with the characters “Wu Xing Chu Dong Fang Li Zhong Guo” and details of the pattern

环境是造成馆藏文物损坏劣变的重要原因之一，通过环境控制，降低劣化速率，对各类风险举行综合防治，是预防性保护的主要目标。未雨绸缪，防微杜渐，正如《黄帝内经》提及的“未病先防、既病防变、愈后防复”的“治未病”思想。

基于风险管理的预防性保护是当今国际文物保护领域的发展趋势，自此馆藏文物保护从传统“抢救性”保护向现代“预防性”保护转变。目前，我国的馆藏文物预防性保护研究已经取得突破性进展，形成了“稳定洁净”的预防性保护理念，研发了环保高效的新型植物源消毒剂，文物保护装备领域走上了文物科技与专用装备的融合之路，独具中国特色的系统解决方案为文物世代永宝提供了重要保障。

Preventive Conservation

Environment is one of the major reasons for the damage and deterioration of museum collections. The main goal of preventive conservation is to reduce the deterioration rate and carry out comprehensive prevention and control on various risks through environmental control, that is, to take precautions before it is too late. This is similar to the disease treatment concept of “preventive treatment of disease” (prevention before disease onset, prevention of disease from exacerbating and prevention of recurrence) in *Huangdi Neijing*.

Preventive conservation based on risk management is the trend of development in the field of international cultural heritage conservation, and museum collection conservation has been transformed from the traditional rescue conservation to modern preventive conservation. At present, breakthroughs have been made in preventive conservation studies of museum collection in China, the preventive conservation concept of stable and clean, has been formed, and the new-type plant-derived disinfectant that is environment-friendly and efficient has been developed. In the field of cultural heritage conservation equipment, which is an important material support for cultural heritage, cultural heritage-related science and technology has been integrated with dedicated conservation equipment, and the systematic solution with Chinese characteristics serves as an important guarantee for the sustainability of cultural heritage.

永寶

大环境

Macro-environment

博物馆以公众服务需求为核心，用多维展示互动形式，实现公众与博物馆藏品的高度交互，为公众提供无处不在的服务。同时，博物馆建筑也是文物预防性保护的重要方面，主要涉及博物馆选址、功能布局、建筑材料的隔热和节能、建筑防震等方面研究。在馆区内利用感、传、知、用等互联网技术手段，利用数据融合平台和安消防风险管控系统，通过观众画像、实时客流分析、人员行为分析，了解博物馆实时动态也是当下重要的技术监测手段。

基于风险管理的文物预防性保护，结合科技检测、物联网、大数据预判技术，形成了当下“文物＋科技”深度融合的“智慧保护”，旨在搭建完整的博物馆智能生态系统，将藏品、展品、库房、展厅、游客等融为一个有机整体，充分运用智能感知技术和无损检测技术，通过“监测—评估—预警—调控”预防性保护流程，对博物馆藏品的健康状况和影响因素进行定量监控分析，在文物劣化前掌握其各项特征，实现文物的预防性保护。

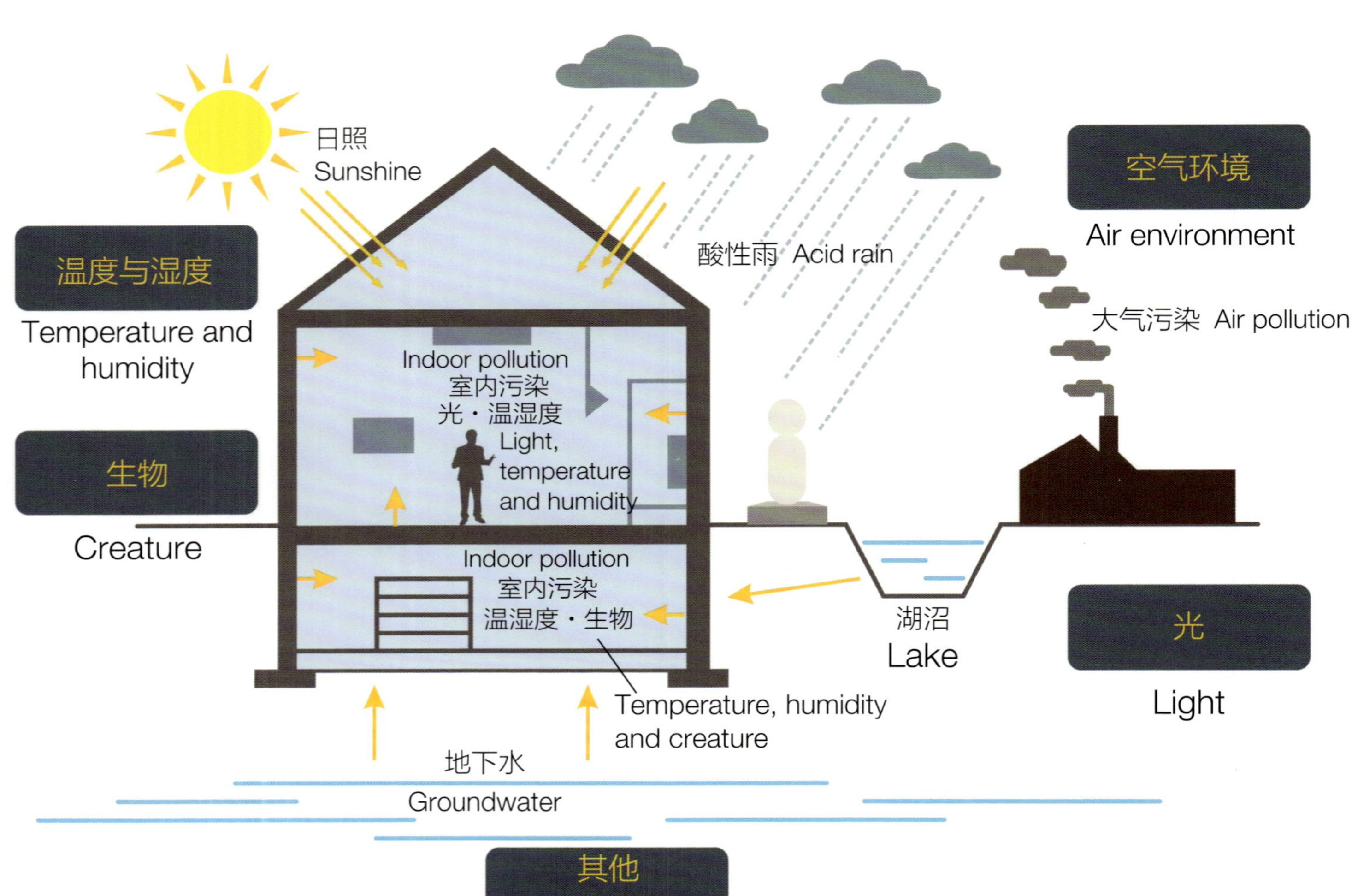

主要影响因素

Main influence factors

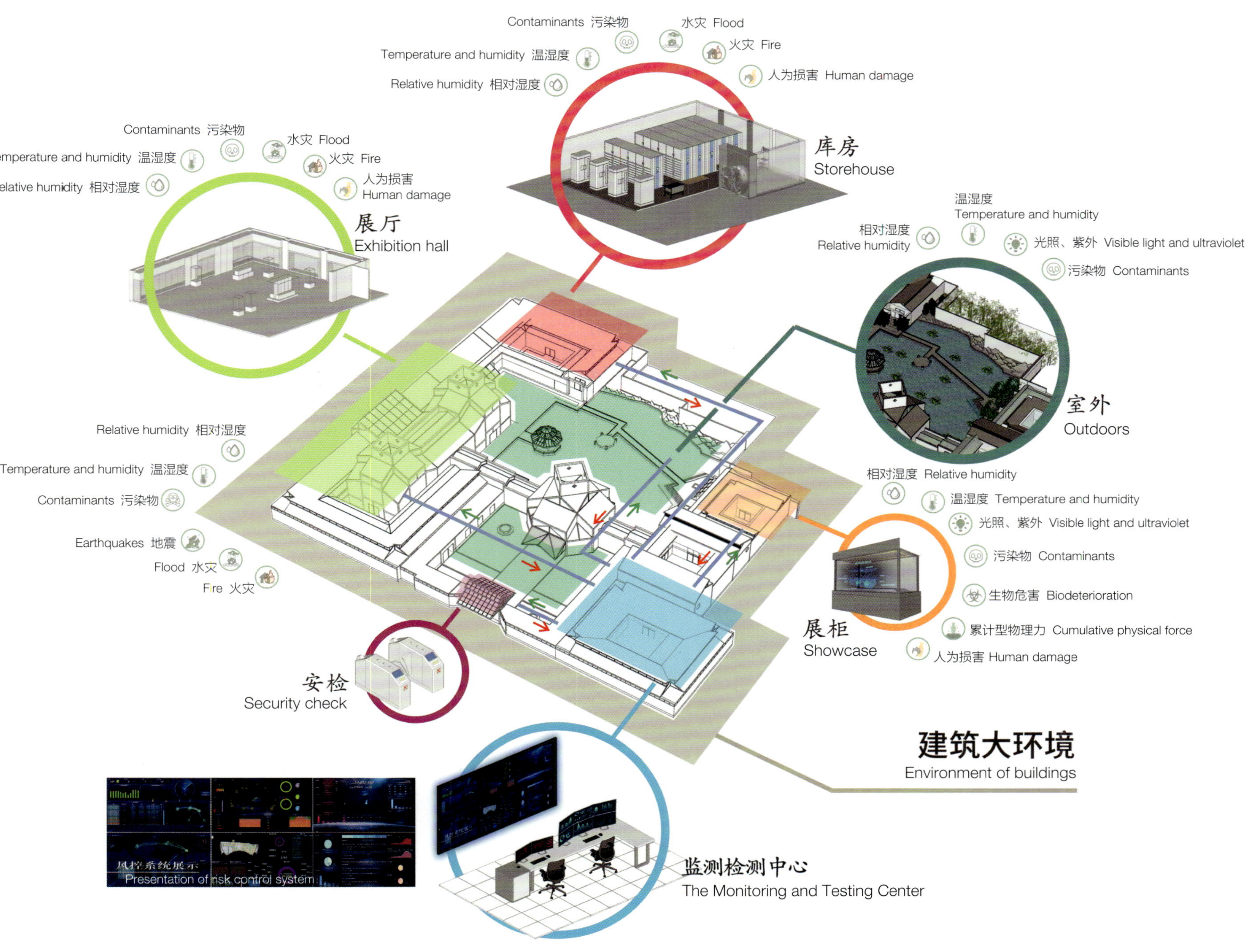

大环境预防性保护功能图（馆区）

Functional diagram of macro-environment preventive conservation (museum area)

小环境

Sub-environment

文物库房、陈列展厅等博物馆“小环境”的环境监测，是预防性保护预警预测的基本手段。“十三五”期间（2016—2020），我国从国家高度全面拓展“文物风险预控技术体系研究与示范”应用，提出“实施馆藏文物保存条件达标和标准化库房建设工程”，预防性保护正式从“微环境”延伸到博物馆室内“小环境”调控，推动了系列技术标准的研制。

目前，国内众多博物馆所建立的文物保存环境实时监测系统，基本能够覆盖温度、湿度、照度、紫外辐照强度、挥发性有机物（VOC）、二氧化碳等基本指标的变化；结合专用采样分析、便携式检测手段，还能实现对文物保护特征污染物——甲酸、乙酸、甲醛、臭氧、硫化物、氮氧化物等的定期监测。此外，文物库房、陈列展厅等博物馆“小环境”的主动调控系统，也是预防性保护的基本设施。观众区因观众流量变化会引起展厅湿度、CO_2 浓度等数据呈现周期性波动，建立恒温恒湿净化过滤系统，可以有效改善馆藏文物保存条件。

博物馆展厅环境虚拟图

Virtual display of museum exhibition hall

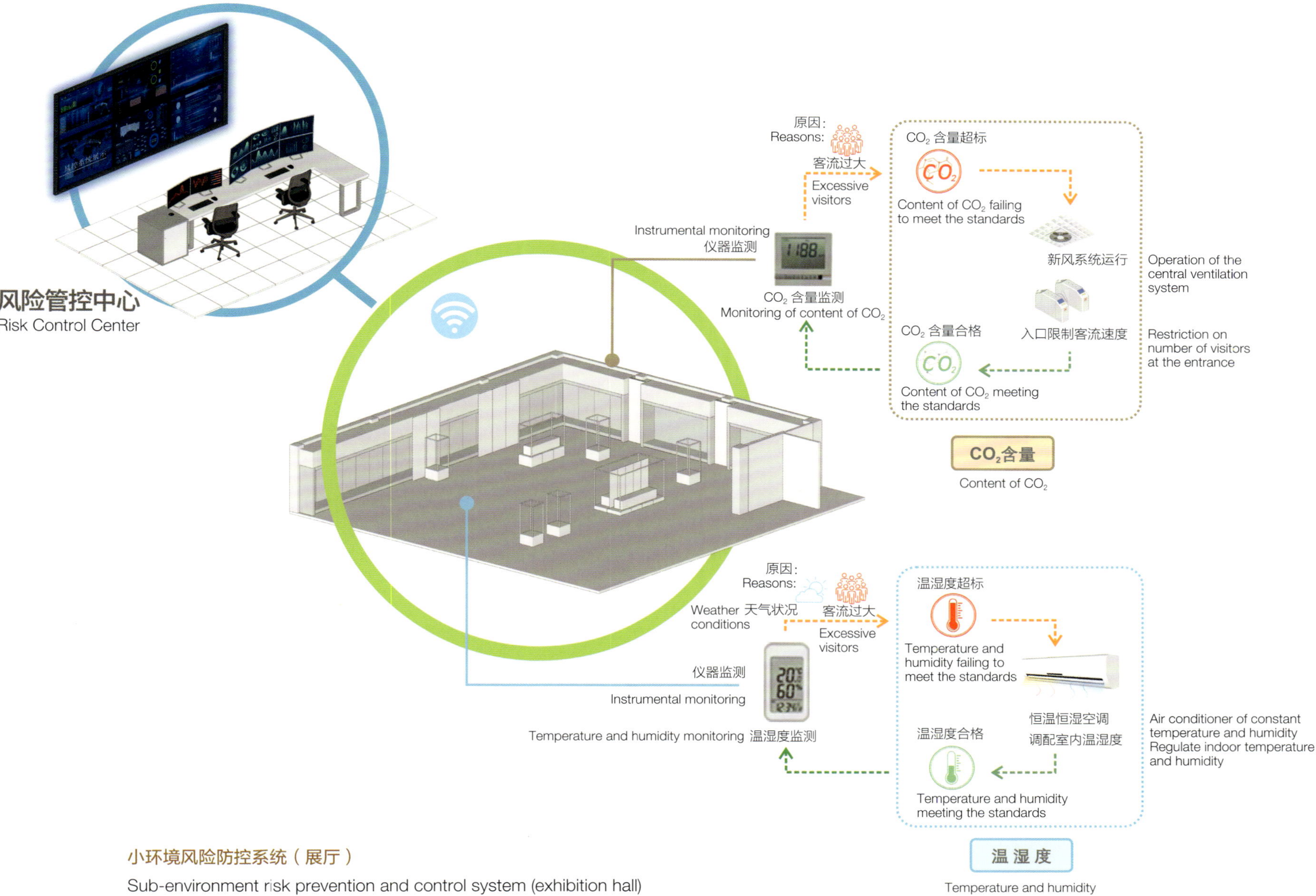

小环境风险防控系统（展厅）

Sub-environment risk prevention and control system (exhibition hall)

文物照明

Illumination for cultural heritage

照明是文物展示的重要组成部分，针对文物照明研究提出了“还原、保护、舒适、节能”的理念和要求。“还原”是指通过照明还原文物实际颜色，展现文物的艺术效果；“保护”是指通过控制照度、累积照度、照明中的紫外含量，尽量减少光照对文物的损伤；“舒适”是指通过展厅整体照明的控制协调，使观众能舒适地欣赏文物；“节能”是指通过提高照明的能效，达到降低照明能耗的目的。

材料环境安全性评价

Environmental safety assessment of materials

在博物馆密闭环境中，展厅、库房内使用的各种藏展材料的挥发物是环境污染物的主要来源。博物馆对藏展材料环境安全性的检测评估聚焦于对文物安全产生危害的污染物，如各类有机酸、含硫化合物等。在大英博物馆针对材料评估筛选的“Oddy”测试法的基础上开发更加快速灵敏的材料环境安全性评价方法“金属薄膜试片法”，能够将检测时间缩短一半，有效地对各种藏展材料中的挥发性污染物进行综合评估。

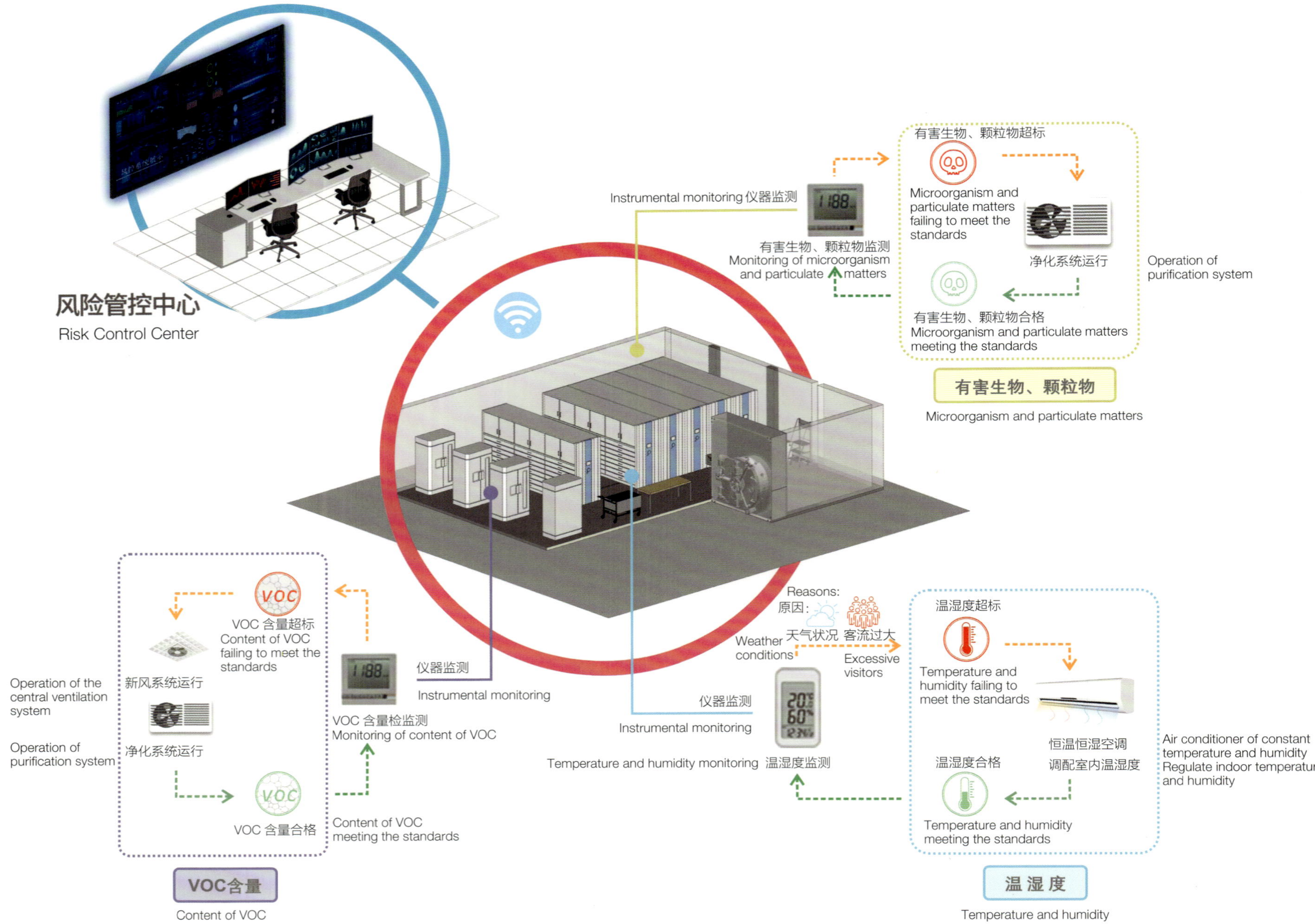

小环境风险防控系统（库房）

Sub-environment risk prevention and control system (storage room)

文物库房达标

Storage room qualification for cultural heritage

国家文物事业“十三五”发展规划（2016~2020）中明确提出了“馆藏文物保存条件达标和标准化库房建设工程”专项，出台馆藏文物日常养护技术标准和管理规范，实施馆藏文物保存条件达标和标准化库房建设工程，实现国家一、二级博物馆文物保存环境全部达标；在地震多发地区开展馆藏文物防震设施建设，完成处于全国 7 度抗震设防区国家一、二、三级博物馆珍贵文物的防震能力提升，提出文物库房系统性设计方法和成套措施，扭转馆藏文物保护“头痛医头、脚痛医脚”的局面，有针对性系统提升不同级别馆藏文物预防性保护的能力和水平。

微环境

Micro-environment

对展柜、储藏柜、囊匣等馆藏文物“微环境”的调控，是当今重要的预防保护手段。展柜内照明周期性开关、展柜外环境的变化等都会引起柜内温湿度的周期性波动。智能展柜与储藏柜通过对展柜环境因子的监测、指标体系的评估与决策，运用多种调控手段，实现展厅微环境的智能化调控，达到稳定洁净的效果。此外无酸纸、调湿剂、吸附剂等专用功能性被动调控材料的应用能较好地调控展柜内微环境。

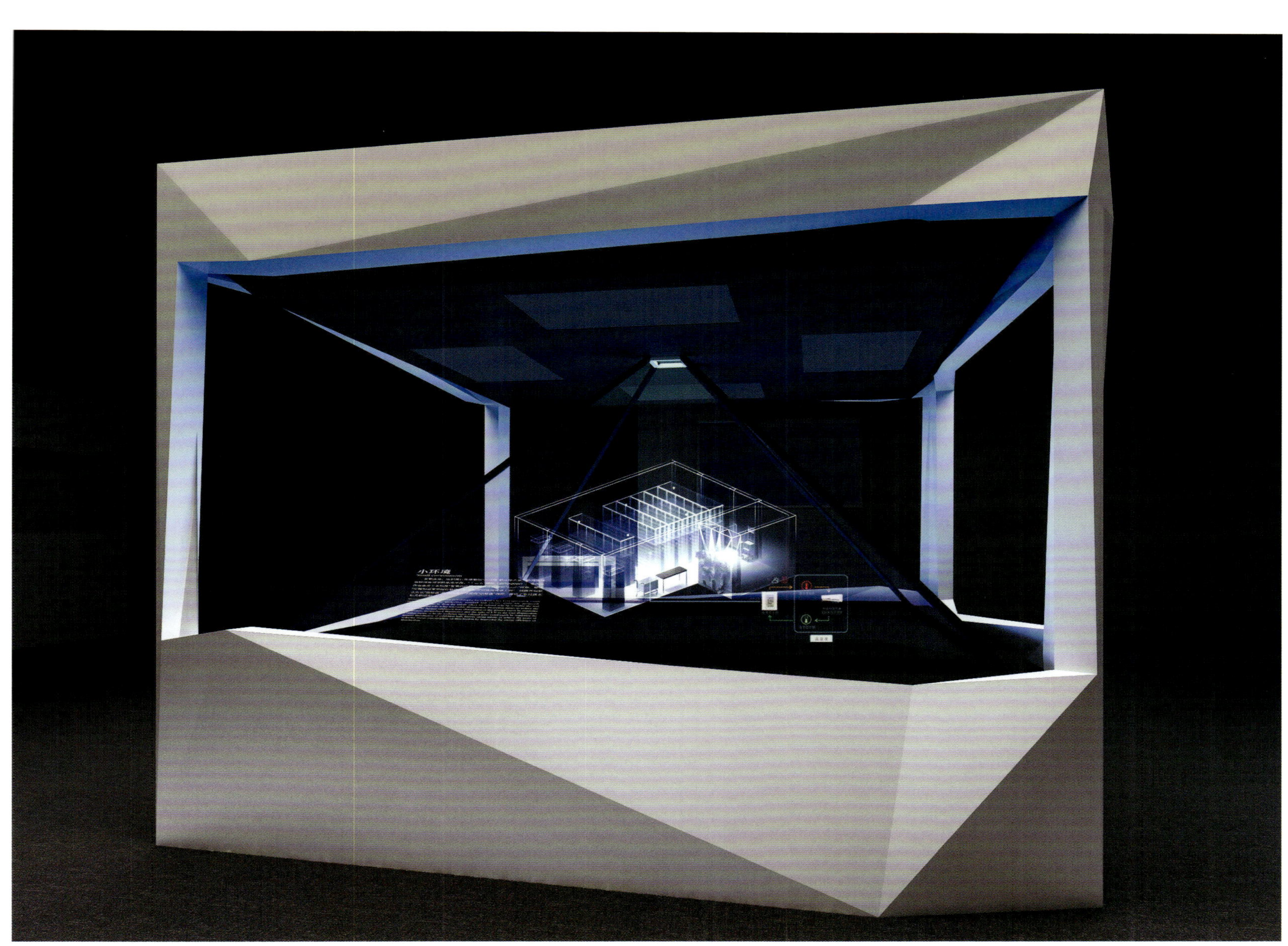

博物馆展柜环境虚拟图

Virtual display of museum showcase

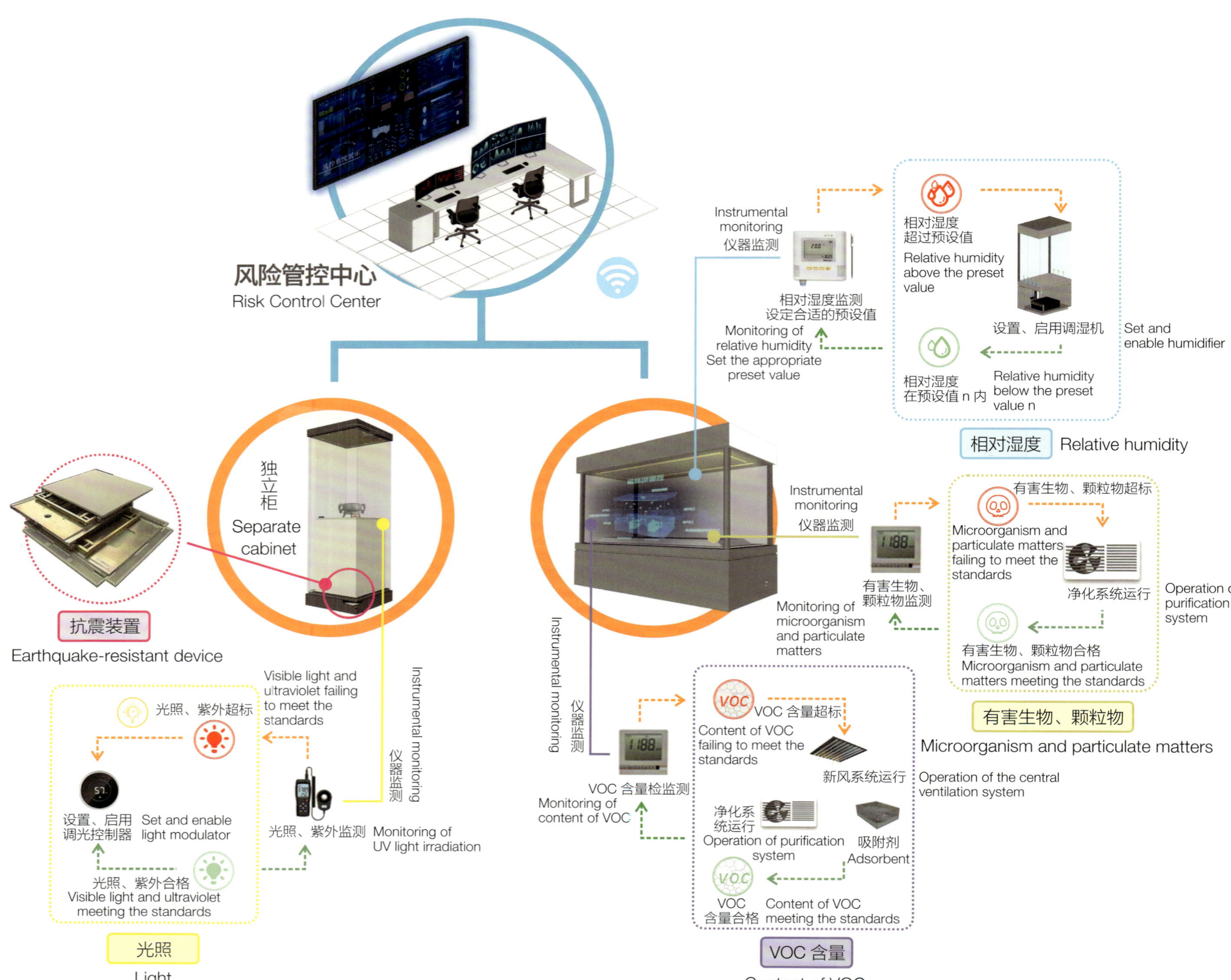

微环境风险防控系统

Micro-environment risk prevention and control system

高纯天然大蒜 E 素制剂

High-purity natural allicin-E preparations

这是一种新型绿色抑菌消毒剂，对环境安全，无毒副作用，通过配方调整，可避免令人不快的大蒜气味。研究表明，天然大蒜 E 素类制剂具有非常优异的抑菌消毒功效，在有效抑制细菌细胞膜生长的同时，能穿过致病菌的细胞膜而进入细胞质中，破坏致病菌的正常新陈代谢，从而抑制细菌的生长繁殖。空气悬浮实验发现，在 5 ppm 浓度下，大蒜 E 素即可实现高效无残留抑菌消毒，这表明低剂量的大蒜 E 素可以有效抑制细菌，为馆藏文物预防性保护提供了一种安全有效的文物熏蒸消毒剂。

被动式调湿储藏柜

Passive humidity-regulating storage cabinet

被动式调湿储藏柜，以高密封的保温柜体为基础（柜体换气率 $< 0.05d^{-1}$），柜内配备一定量的文物专用调湿材料和除氧剂，以营造柜内恒温恒湿低氧的保存环境。被动式调湿储藏柜无须外接电源，具有安全稳定的特性。柜内调湿材料及除氧剂可根据实际使用情况方便调整更换。在外界扰动小的情况下，该储藏柜能营造湿度长期稳定、低氧的文物保存微环境。

而文物囊匣根据文物的材质、形状、器形大小、重量等多种因素，选用特殊材料制作而成，对珍贵文物本体无害，满足“环境安全性”要求，从源头控制文物保存的微环境质量，且在保管与运输中起到防潮、防震、防风、防晒、防尘之功效，缓冲文物保存微环境波动，起到预防性保护作用。

无酸纸囊匣

Acid-free paper packaging box

无酸纸囊匣是以符合馆藏文物包装技术要求的无酸纸为材料，根据文物造型特点“量体裁衣”，采用现代计算机辅助设计及数控机床技术与传统工艺相结合的方法，经过文物尺寸测量、盒型结构设计、打样裁切、折叠、黏接等流程制作的囊匣。研究表明，相较于其他文物囊盒制作材料，无酸纸具有强度高、化学性能稳定、阻止酸性物质迁移等优点。

主动式调湿储藏柜

Active humidity-regulating storage cabinet

针对文物保存条件较差，无法达到恒温恒湿要求的库房，为“营造适宜、稳定的文物保存微环境”而开发的主动式调湿储藏柜，采用双层保温夹层结构，表面环保静电粉末喷涂，门板磁性密封条加天地销门锁的双重作用，形成柜体内部密闭小环境。柜体内加装免补水净化调湿一体机或充氮调湿机，可对柜体内部湿度进行主动调控。通过柜内温湿度监测终端采集相关数据集中传送到博物馆监测平台，便于管理人员对储存文物的状态进行实时跟踪管理。

碳纤维囊匣

Carbon fiber packaging box

碳纤维囊匣是选用无污染、质量轻、强度高的碳纤维材料，采用 CAD 整体设计一次成型的方法，通过模压工艺对整张碳纤维布进行制图、切割后，在模具内一次成型生产的囊匣。碳纤维具有强度高、耐高温、耐腐蚀、传热和热膨胀系数小等一系列优异性能，其密度仅为钢的 1/4，但强度却是钢的 10 倍，是制作囊匣的新型理想材料，在不增加囊匣重量的前提下，能够大幅提高囊匣的坚固性，确保文物的安全，有利于文物的长久保存。

风险管理

Risk management

主要包括风险识别、风险评估、风险防控三个部分。

风险识别：文物面临的风险是多样的，文物风险识别的任务就是要从错综复杂的环境中找出文物安全所面临的主要风险，全面识别影响文物安全的风险因子，包括文物本体风险、人为风险、环境风险等。

风险评估：对危险发生的可能性和伤害的严重程度进行综合评估，客观评定每件文物所处的风险等级和保存环境，为风险决策提供依据。

风险防控：对文物面临的风险进行预防和控制。针对风险评估的方案制定合适的对策和手段，消除或减少风险发生的可能性，降低风险发生时对文物造成的损失。文物风险防控包括建立风险预警机制、形成风险应急预案等。

6 个层次 6 levels
地理区域 Geographic area
馆址 Museum site
馆舍 Museum
展厅 Exhibition hall
展柜 Showcase
文物包装 Cultural heritage packaging

10 个因素 10 factors
物理作用力 Physical force
盗窃 / 蓄意破坏 Theft/sabotage
火灾 Fire
水灾 Flood
虫霉 Insect pests and moulds
空气污染物 Air pollutants
可见光和紫外线 Visible light and ultraviolet
不当温度 Inappropriate temperature
不当湿度 Inappropriate humidity
信息缺失 Missing information

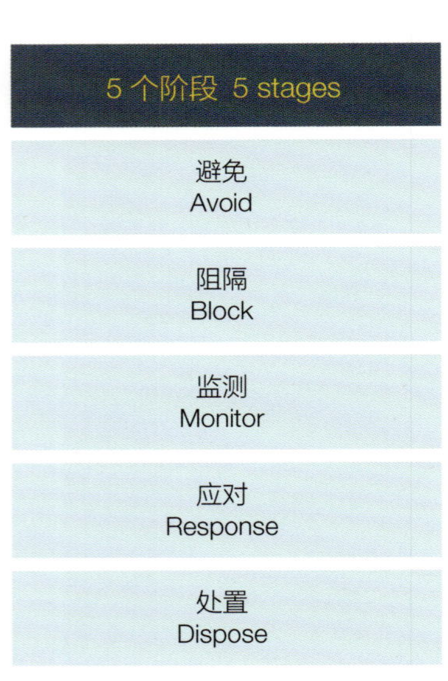

5 个阶段 5 stages
避免 Avoid
阻隔 Block
监测 Monitor
应对 Response
处置 Dispose

构成三维空间矩阵，可以毫无遗漏地识别风险

Form a three-dimensional space matrix, which can overall identify risks

风险识别的三大工具

Three tools for risk identification

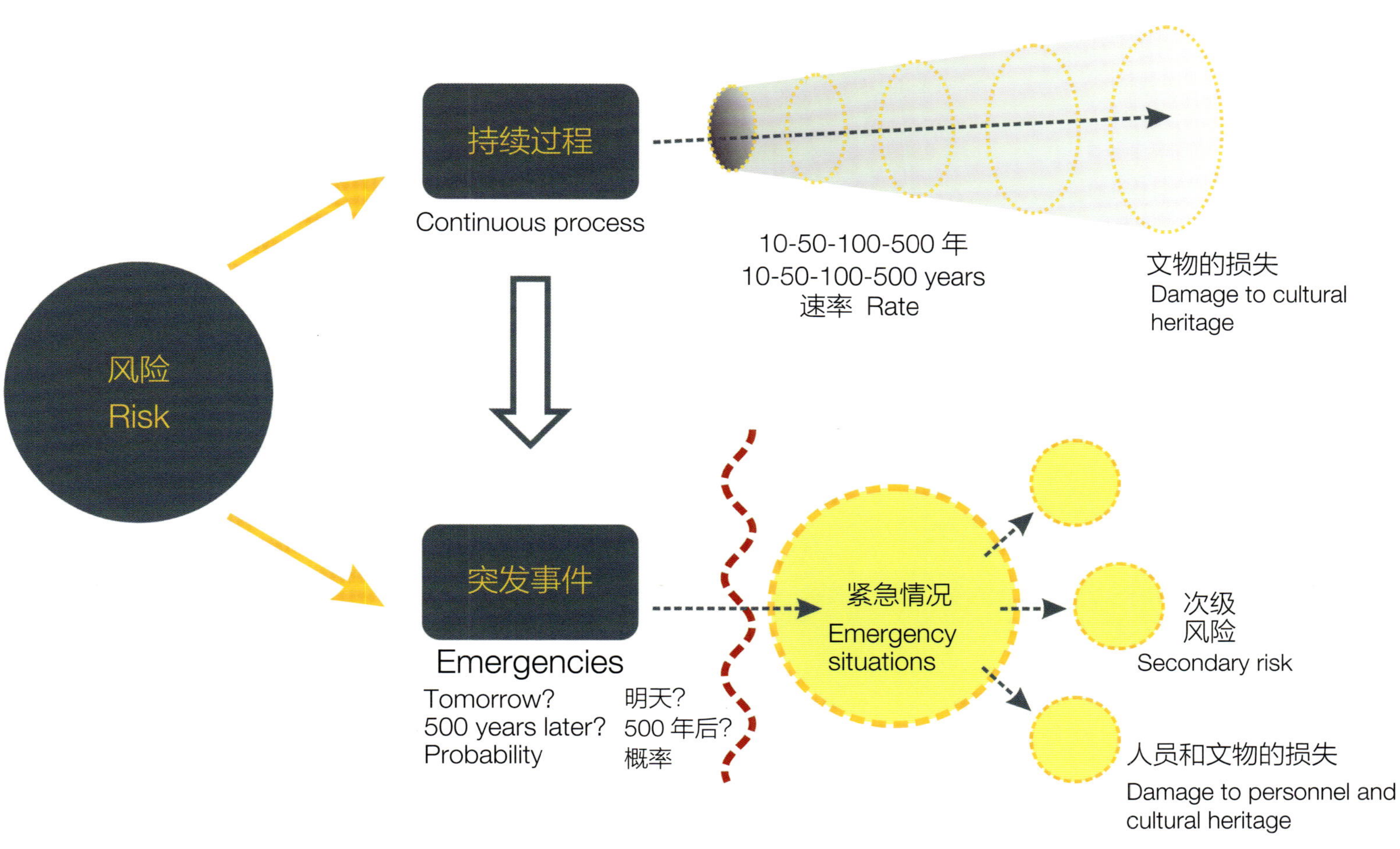

文物风险

Risk for cultural heritage

研究论文

Research Papers

基于风险管理和多学科协同的中国馆藏文物保护实践与展望

Practices and Prospects of Cultural Heritage Conservation in Chinese Museums Based on Risk Management and Multidisciplinary Collaboration

王旭东
Wang Xudong
（故宫博物院）
(The Palace Museum)

摘　要：中国是当今世界博物馆事业发展最快的国家之一，近些年来全国备案的博物馆数量保持快速增长。全国馆藏文物数量巨大，品类丰富，材质多样。历经多年的实践和发展，我国馆藏文物保护工作已经从抢救性保护为主过渡到抢救性保护和预防性保护并重的发展阶段。

中国改革开放以来，基于风险管理理论的中国馆藏文物预防性保护体系已经初步建立，借助多学科协同的馆藏文物科技保护手段更加系统全面。大批相关科技领域的专家与文物保护工作者一起致力于解决馆藏文物保护存在的诸多难题，学科的边界已初步打破。相关学科已全面介入馆藏文物的价值挖掘、保存现状评估、病害劣化机理分析、保护修复工艺和保护修复材料的筛选、风险监测和风险控制技术的开发。

未来具有中国特色的博物馆风险管理理论将会在实践中不断发展，体系更加完善。全社会参与、人文和自然科学多学科协同的生机和活力将推动包括藏品保护在内的博物馆事业的可持续高质量发展。依靠不断完善的文物保护理念和快速发展的各学科优势，藏品研究和保存状态评估会更加全面地开展，同时构建多学科协作方法体系，解决藏品保护中的难点问题，培养大量理论扎实、专业背景丰富、具有多学科协作能力的人才。

关键词：馆藏文物保护；风险管理理论；预防性保护；多学科协作

Abstract:

China is one of the most developing countries with the most rapid development in museum affairs in the world. The number of museums registered in China has kept rising in recent years. These museums have a great number of collection as well as varieties in types and materials. With years of practice and development, the purpose of conservation in China has been adjusted from “laying stress on rescue” to “laying equal stress on both rescue and preventive conservation”.

A preventive conservation system for the museum collections has been primarily built up based on risk management theory in China since the reform and opening-up. Meanwhile, the scientific and technological conservation have developed more systematically and comprehensively due to the multidisciplinary collaboration. Together with conservators, a large number of experts in related fields are committed to solving many problems in the conservation field, and the boundaries of disciplines have been crossed. Related disciplines have been fully involved in exploring the value of cultural heritage of museum collections, evaluating their preservation status, analyzing the mechanism of deterioration, selecting the techniques and materials of conservation, and developing the methodology for risk monitoring and control.

The theory of risk management in museums with China contribution will keep improved during the future practice with more perfect system. The positive participation of the whole society and the vigorous multidisciplinary collaboration of humanities and natural sciences will promote the sustainable and high-quality development of museum affairs as well as conservation. Relying on the conservation concepts of cultural heritage improved continuously and the multidisciplinary advantages developed rapidly, we will study the collections and assess their preservation status more comprehensively, build a multidisciplinary and collaborative methodology to solve difficult problems in conservation, and cultivate a large number of qualified expects with solid theoretical, professional and multi-disciplinary backgrounds as well as collaborative capability.

Keywords:

Conservation of cultural heritage of museum collections; risk management theory; preventive conservation; multidisciplinary collaboration

一、引言

中国是当今世界博物馆事业发展最快的国家之一。改革开放以来，我国博物馆数量逐年增长，质量日益提高，各方面功能不断完善，为推动社会发展、满足广大人民群众精神文化需求发挥了极其重要的作用。根据国家文物局公布的数据，截至 2019 年底，全国已备案的博物馆达到 5535 家，是 1949 年的 200 多倍，且目前仍以每年 180 家左右的速度在增长；全国馆藏文物总数同期为 4223.98 万件（套），其中珍贵文物 460.56 万件（套），占总数的 10.9％[1]。这些文物品类丰富，材质多样，工艺复杂，我国《馆藏文物登录规范》[2] 将其分为 34 个类别，包括了历史上各时代重要实物、艺术品、文献、手稿、图书资料、代表性实物等。

秉承先进管理理念，运用多学科技术手段保护和传承好这些珍贵文化遗产是博物馆的重要职责。历经理论和实践方面的长期积累，专业人才的培养和成长，中国馆藏文物风险管理和多学科协同保护取得了令人瞩目的进步。

二、风险管理理论指导下的藏品预防性保护取得显著成就

经过长期实践，我国馆藏文物保护工作从抢救性保护为主发展到了抢救性保护和预防性保护并重的历史阶段。在风险管理理论指导下，藏品预防性保护在中国博物馆领域逐步推进和发展，取得了一系列成果。

2.1 建立基于风险管理理论的馆藏文物预防性保护体系

风险管理理论被广泛成功应用于金融等多个领域。借鉴这些领域的经验，并结合博物馆事业的规律，博物馆风险管理理论已初步形成。

风险管理可分为风险识别、评估、监测、控制四部分[3,4]。博物馆藏品的风险管理是博物馆风险管理的核心。藏品的风险来自各类材质的文物保存状况及其所处的复杂人为及自然环境，因此，无论是风险的识别、评估，还是风险的监测、控制，都需要跨学科、跨领域协同工作，从管理和技术两个层面识别、评估、监测各类风险并制定控制措施。

作为预防性保护规划的核心策略，馆藏文物风险管理是减少外部因素对文物的损害、降低保护成本并尽量减少对文物本体干预的有效方法。它改变了传统的文物保护思维，将被动的文物保护提升为主动的预防性保护，这是目前国内外文物保护领域的发展趋势，也是当前及今后我国文物保护的迫切与重要工作。

我国文物预防性保护技术的核心，即为通过有效地管理、监测、评估、调控，抑制各种外部因素对文物的损害，达到延缓文物劣化、延长文物寿命的目的。

2.2 开展文物保护法律法规和行业技术标准建设

通过立法和建立标准可以有效地控制文物风险，降低发生危险的几率。中国早在 1982 年就颁布了《中华人民共和国文物保护法》（简称《文物保护法》），作为我国文物工作的基本准则。后来随着社会经济的不断发展，《文物保护法》根据文物保护工作的实际需求经历过数次修订。2018 年，中共中央办公厅、国务院办公厅印发了《关于加强文物保护利用改革的若干意见》，这是新中国成立以来首次专门针对文物保护利用改革印发的中央政策文件，也是中央对于新时代文物保护利用工作的指导性文件。

“十五”期间（2001—2005），科技部把技术标准战略、人才战略和专利战略一起列为推进我国科技发展的三大战略[5]。我国文物保护标准化工作肇始于 2006 年全国文物保护标准化技术委员会（SAC/TC289，以下简称文标委）的成立。之后，文标委发布了《全国文物保护标准化技术委员会秘书处工作细则》[6]，文物保护标准的制修订工作迅速展开。

截至 2020 年，我国已颁布实施《文物运输包装规范》等 43 项国标、《古代壁画现状调查规范》等 85 项行业标准，内容涵盖可移动文物、不可移动文物、博物馆、考古发掘等，涉及文物保护管理、文物保护技术和文物保护材料等方面[7]。2015 年，全国文物保护标准化技术委员会文物保护专业设施分技术委员会（SAC/TC289/SC1）组建，并成立了首批文物保护装备产品检测机构[8]。2019 年，国家文物局启动在国际标准化组织（ISO）成立“文化遗产保护技术委员会”的相关工作，故宫博物院作为 ISO“文化遗产保护技术委员会”（筹）秘书处所在单位，积极推动建立系统的文化遗产保护国际标准。这些法规、标准及相关机构的建立，有效控制了文物藏品在保管和保护中的风险。

2.3 完善馆藏文物预防性保护科研基础平台

近年来，国家文物局不断完善全国性的馆藏文物预防性保护科研基础平台建设，批准设立了“馆藏文物保存环境”（上海博物馆）和“馆藏文物有害生物控制研究”（重庆中国三峡博物馆）两家国家文物局重点科研基地，为全国的预防性保护科学研究提供关键技术支持。

2013 年，国家文物局与工信部签署了《关于共同推进文物保护装备产业化及应用合作协议》，通过构建政、产、学、研、用联合体，加快推进文物博物馆事业与科技、产业融合，特别是文物保护技术装备的开发。经过多年努力，有关文物预防性保护的智能化环境监测、调控、储藏、养护等专用技术装备都取得了很大发展。

2.4 加强馆藏文物预防性保护科学研究及其成果

为促进预防性保护的科学研究，国家层面先后设立"文化遗产保护关键技术研究"重点项目，在文物预防性保护理念拓展，以及博物馆环境监测、调控、评估等方面开展研究。

特别是在国家"十三五"重点研发计划中，围绕"加强文物保护利用和文化遗产保护传承"的科技需求，设立了"馆藏文物预防性保护风险防控关键技术研发示范""馆藏典型脆弱有机质文物病害防治与评价技术研究"及"馆藏文物一体化防震关键技术研究"等项目，开展基础研究和技术攻关，更为深入和全面地开展馆藏文物预防性保护研究。

馆藏文物的预防性保护工作涉及文物本体、所处环境以及可能产生风险的方方面面。相对于直接施加于文物本体的干预性保护修复，预防性保护需要自然科学、社会科学、管理科学与信息科学等相关学科更为深度地参与，协作推进科研与系统化建设。以博物馆藏品的环境监测工作为例，就需要涉及环境科学、材料科学、分析化学、精密仪器、信息技术等多个学科在内的数十个专业的协同工作。

近 20 年来，我国在馆藏文物预防性保护方面取得了长足发展，在博物馆环境全方位实时监测 [9,10]、文物运输过程环境监管、博物馆微环境精确调控、内部环境可控的文物储藏柜架 [11]、馆藏文物一体化防震成套技术研究及相关标准等方面取得丰硕成果。同时，全国上百家博物馆实施了预防性保护工程，主要在展厅及库房环境监测与调控、文物储藏条件等方面开展了大量的基础建设工作。近年来，该项工作已经在部分省份的地市级博物馆全面铺开，为各级博物馆藏品的预防性保护硬件提升提供了根本性的保障。

在馆藏文物防震（振）技术方面，2008 年"5·12"汶川大地震后，新建大型博物馆如成都博物馆、云南省博物馆等建设项目都引入了全系统防震设计理念 [12,13]，以提升藏品安全性。在国家文物局总体规划下，中国航空规划设计研究总院联合科技部、工信部推进"产学研用"集成研究，在国际上首次提出基于文物安全的博物馆全系统防震（振）设计方法 [14,15,16]，开发出馆藏文物一体化防震技术及装备。

三、多学科协同推动文物保护科学的快速发展

文物保护工作的开展不仅需要成熟理论的指导，还依赖各种先进科学技术的不断支持，复杂文物材质工艺认知的逐渐加深。近年来，为解决文物保护工作中的各类难点问题，各文博单位积极与国内外科研机构开展合作，将历史学、考古学与包括物理学、化学、材料学、地质学、生物学等在内的众多自然学科中的先进技术相结合，不断开发新的研究方法，并灵活应用于文物保护及相关展览教育工作中。在文物原始信息采集、保存状况评估、保护技术及材料研发等方面，很多传统文物保护方法难以克服的瓶颈问题得到了解决。很多新技术在文化遗产展览展示方面得到广泛应用，不但满足了公众对文物展览教育多种形式的需求，而且极大地改善了文物保护行业的外部环境，有力地推动了我国文物保护工作的快速发展。

3.1 出土文物的保护修复

考古现场是抢救性文物保护的最前线，为更完整地保留出土文物及相关信息，科研人员借鉴各类分析化学方法、有机 / 无机材料合成技术、生物防治技术、三维数字技术等先进手段，在出土文物现场和实验室保护修复、新材料和保护方法研发、考古残留物鉴别等方面取得了不少突出成果。

为解决饱水竹木漆器的出土 / 水及保护难题，荆州文物保护中心 [17]、湖北省博物馆 [18] 在文物材质科学分析的基础上，通过有机材料合成与应用、生物防治在内的多学科参与，在考古现场保护、竹木漆器脱色脱水、病害控制，特别是防止竹木漆器变形方面取得突出成果。相关保护技术被广泛应用于全国重要出土文物的保护实践当中（图 1）[19,20,21,22,23]。

秦始皇帝陵博物院（原秦始皇兵马俑博物馆）的科研人员针对彩绘、大漆、陶俑等不同材质，运用无机 / 有机分析技术，结合环境监测数据解析，全面、系统地揭示了秦俑彩绘的材质工艺以及损坏机理；同时将高分子有机材料合成与核技术相结合，确定了行之有效的抗皱缩剂和加固剂联合处理法，以及单体渗透配合电子束辐照聚合加固保护法，该成果 2004 年获得国家科技进步二等奖 [24,25,26]。相关研究成果被成功应用于秦陵出土陶俑的保护修复实践中（Cat 3.2.2）[27]。

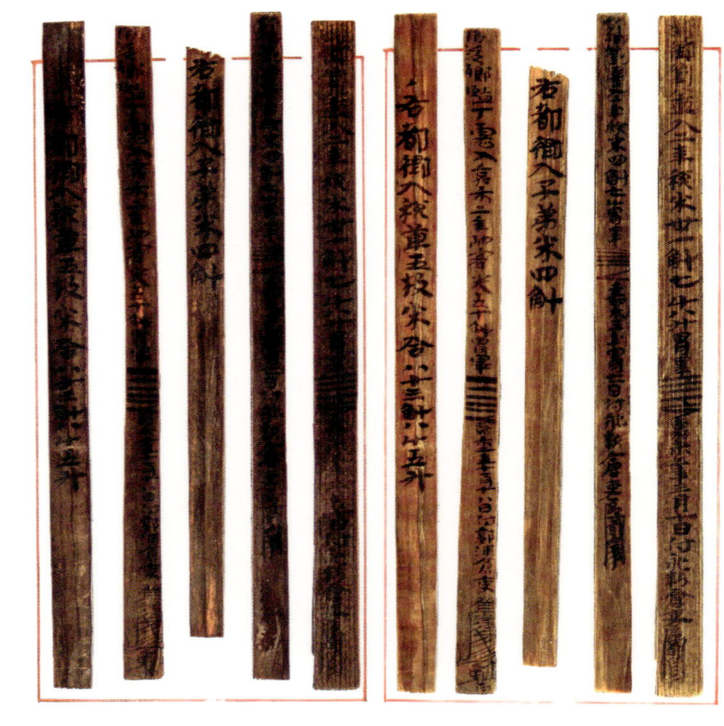

图 1　长沙走马楼三国孙吴纪年简牍修复前后（荆州文物保护中心）[23]

国内大型考古项目，如甘肃马家塬战国墓地[28]、江西海昏侯墓地[29]，以及正在发掘中的四川三星堆祭祀坑[30]等的保护和研究工作，汇集了多学科背景的专家，将地质勘探、无机/有机材质分析、材料科学、生物防治、信息科学等方面有机结合，在文物发掘以及金属文物、有机质文物现场保护和加固、文物复原等方面不断涌现新成果[31]。

考古发掘现场出土脆弱遗迹时，曾经用过石膏、聚氨酯泡沫、环十二烷等材料进行提取，这些材料由于各自的一些缺点，在国内都难以持续推广。秦始皇帝陵博物院、上海硅酸盐研究所、上海大学等多家单位充分合作，发挥各参与机构在考古学、材料科学、化学等领域的专长，首次将有机物质薄荷醇作为现场提取临时加固材料[32]。经过多年努力，相关成果“考古现场脆弱性文物临时固型提取及其保护技术”在2019年获得国家科技进步二等奖[33]，并在秦俑等国内多个考古工地进行使用，取得了良好效果（图2）[34]。

出土文物的复原需要充分了解文物材质、内部结构等信息。通过无损检测、材料分析、数字技术合成等多学科手段，陕西省考古研究院联合德国美因茨罗马－日耳曼中央博物馆，清理、复原了唐李倕墓冠饰（Cat 3.1.2）[35,36]，陕西省文物保护研究院与扬州市文物考古研究所合作研究复原了隋炀帝萧后冠（图3）[37,38]。相关工作探索了难度较高的出土复合质文物的保护修复理念与方法，成为经典保护修复案例。

作为脆弱有机质文物，丝织品的保护一直面临很多困难。近些年，国内多家文博机构结合有机材料分析鉴别、保护材料合成及筛选评价、保存环境监控等领域的研究方法，在丝织品整形、加固、制备修补材料等方面解决了多项行业难题。特别是在法门寺地宫出土唐代丝织品的科学揭展和糟朽丝织品的保护修复[39]、出土纺织品的抢救性保护工作[40,41,42,43,44]，以及宫廷传世纺织品的系统保护方面[45,46,47,48]，积累了比较成熟的经验，促进了国内纺织品保护整体水平的提高。

考古现场很多证据是通过残留物的精细科学分析获得的，借助考古勘测、微/痕量物质分析、放射性同位素测年，以及生物领域的新技术，出土文物更多信息得以提取和保留，这些证据对于人类文明的发展意义重大。北京大学等单位2012年在美国 *Science* 杂志上发表文章，将 ^{14}C 测年技术与考古发掘相结合，确定中国早期陶器出现的时间为两万年前，这是目前世界已发表的陶器最早出现年代（图4）[49,50]。浙江大学将临床医学中的酶联免疫方法应用在考古遗迹的科学分析中，研究表明8000年前的跨湖桥先民就已经采集并利用生漆作为涂料和胶黏剂，这是迄今为止发现的人类最早使用大漆的证据，而且制作工艺相当成熟（图5）[51]。2019年底中国丝绸博物馆和郑州市文物考古研究院共同宣布，采用酶联免疫技术分析证明黄河流域

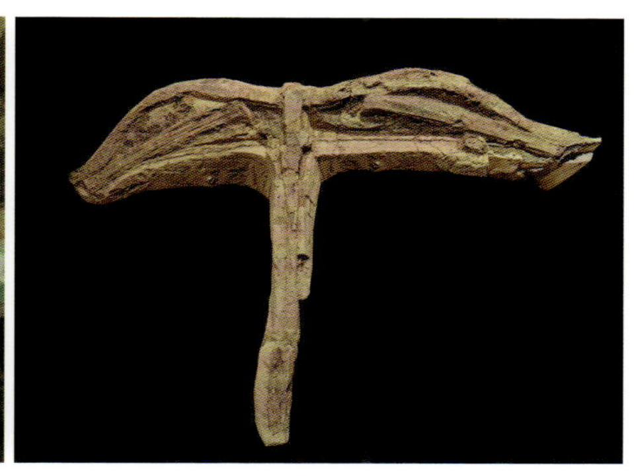

图2 秦俑一号坑弓弩遗迹出土现场、薄荷醇提取过程及修复后照片[34]

图3 隋炀帝萧后冠出土及复原图[38]

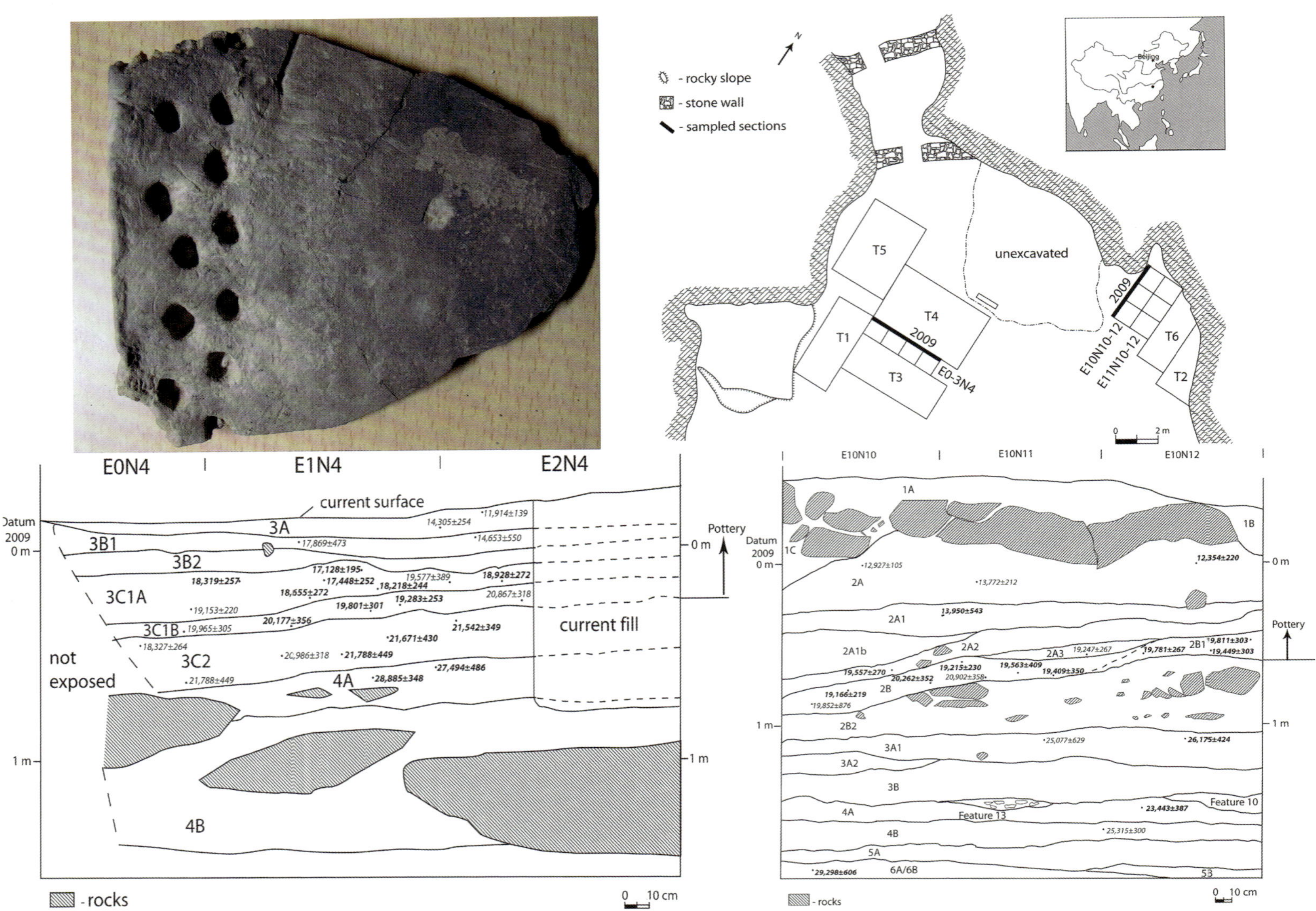

图 4　江西万年仙人洞出土最古老陶器入选 2012 年全球十大考古发现，相关研究成果发表于美国《科学》杂志（图片由北京大学吴小红教授提供）[49]

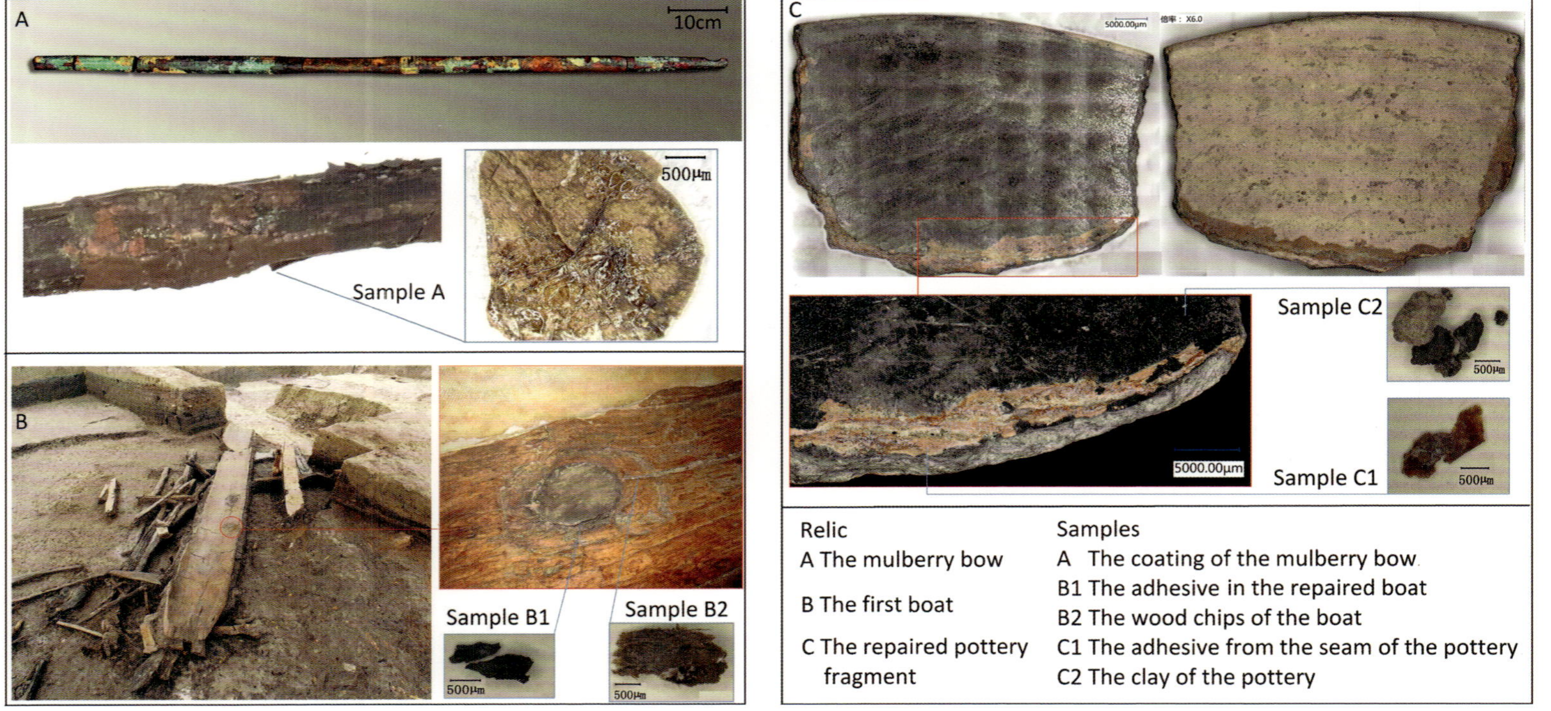

图 5　浙江跨湖桥遗址发现漆弓，以及使用大漆作为胶黏剂修补的独木舟和陶器[51]

郑州市荥阳汪沟仰韶文化遗址出土丝织物，这是中国现存最早的丝织品，距今五千多年[52]。

随着保护技术的快速发展，各类应用的不断拓展，中国文物现场保护工作中多学科背景专业人员的合作将会更加紧密，各学科在文物保护领域的交叉应用将会更加频繁和深入，更多的珍贵出土信息及遗迹将得以存留，这将对古代文明发展的探索和研究提供更加丰富、翔实的实物依据。

3.2 馆藏文物的科学分析与保护

馆藏文物的保护和工艺研究是博物馆所属保护部门的核心工作内容。目前，传统保护修复方法在各类科学技术，以及包括核技术、大科学装置等新技术手段的支持下，得以快速发展。

青铜器、陶瓷、漆器等器物保护领域，在传承传统修复方法的同时，光谱分析、核分析等分析技术也持续得到重视和引入。通过 X 射线 CT 技术、显微激光拉曼光谱技术等新的非侵入式和原位分析方法，可以获得器物内部构造、伤况，以及材质信息，从而开展器物保护处理前的状况评估（图 6）[53,54,55]。三维打印等新技术也被应用到文物的修复中，使传统修复工艺的工作效率得以大幅度提升。

书画修复领域，故宫博物院在继承传统工艺技术流程的同时，结合透光影像采集、X 射线荧光光谱与高光谱成像、有机 / 无机材料分析、加固材料筛选等科技手段，成功修复了“蒋懋德画山水图贴落”等大尺幅画作，为相关类别文物的安全、科学修复提供了经典案例[56]。与此同时，故宫博物院大力推进无损分析检测技术在中国古书画保护与研究中的应用，将遥感、光谱分析、机械控制技术与文物保护技术相结合，与中国科学院遥感与数字地球研究所合作研制了世界上第一台书画高光谱大尺寸扫描平台[57]。同时，结合其他光谱、X 射线能谱分析技术，初步建立了一套中国古书画系统分析方法，有力推动了古书画科学认知和保护技术的持续发展。

从 20 世纪开始，周仁、李家治等老一代科学家经过多年不懈努力，将物理学、化学、材料学领域中的经典分析技术用于中国古陶瓷材质分析，系统地建立了中国古代主要窑址出土瓷片的化学成分数据库[58]，系统研究了一些重要的陶瓷器[59,60,61]。伴随着纳米表征技术的发展和普及、同步辐射等大科学装置制造技术的快速发展，很多以前微米尺度的文物研究，可以在纳米尺度下进一步开展，中国古陶瓷研究也迎来了新的发展契机，取得了不少优秀成果[62]。近些年来，国内多家科研单位利用同步辐射技术结合其他材料表征方法多次在中国古代富铁酱釉中发现一种特殊晶体（ε-Fe_2O_3，如图 7 所示）[63,64,65]，这种 20 世纪初才被发现的人工合成的晶体，在距今近千年的中国古陶瓷烧造中就能够进行高纯度合成，并持续发展至今，相关工艺的解析从新的角度为现代材料的合成技术发展提供了

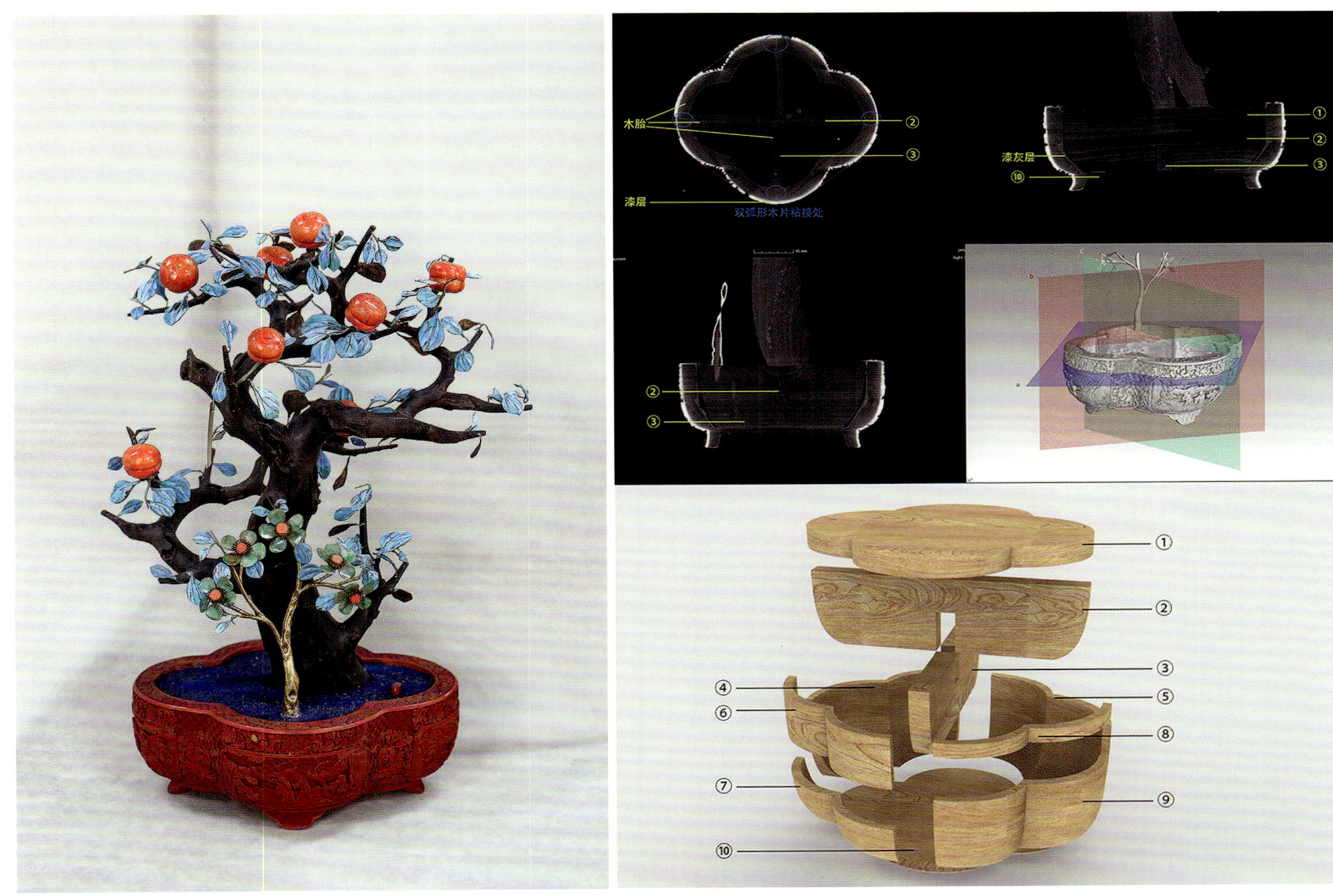

图 6　故宫博物院藏剔红海棠式柿子盆景 X 射线 CT 观测结果及内部结构示意图

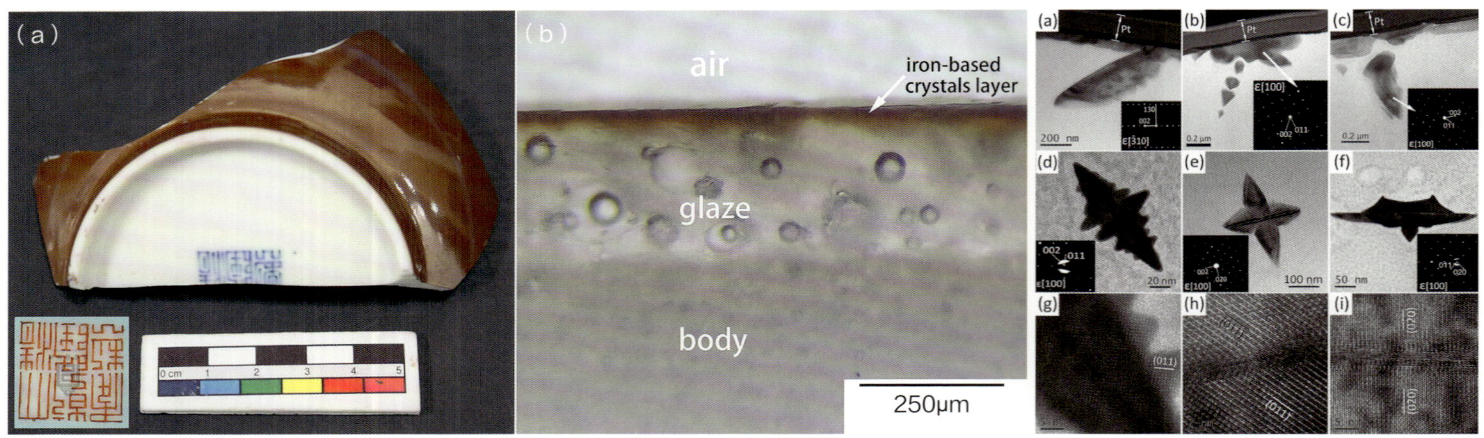

图 7　在富铁酱釉中发现 ε-Fe_2O_3 晶体 [64]

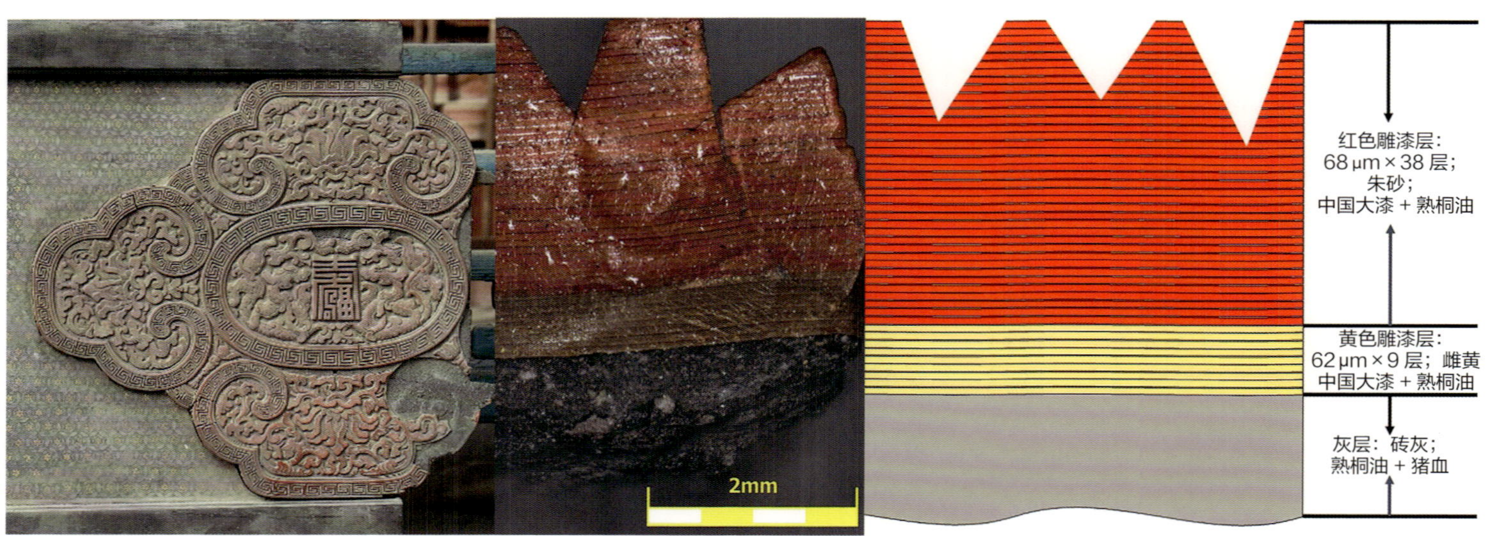

图 8　故宫宁寿宫符望阁内檐雕漆饰品组分及制作工艺研究结果

重要参考。

漆器和丝绸是中国最具代表性的有机质文物，近些年随着有机材料分析、同位素溯源等方法的广泛应用，文物工作者对这两类文物的科学认知显著加深。借助热裂解气相色谱－质谱、锶同位素分析等技术，可获取漆器材质工艺、产地、老化和发展历程等方面的科学信息(图 8)[66,67,68,69]。随着有机分析领域中超高效液相色谱－质谱技术的快速发展，中国丝绸博物馆、故宫博物院在纺织品染料鉴别、产地判断 [70,71,72]、褪色染料的科学鉴别 [73]、天然和工业染料对纺织品保存状况影响等方面都取得了不错的成果 [74]。

中国古代彩绘类文物主要通过各类颜料进行表现，综合偏光显微镜、拉曼光谱、X 射线能谱等光学、谱学分析技术，可准确判断颜料的种类，并获取其老化信息。敦煌研究院科研人员经过多年努力，系统总结了中国古代壁画使用的主要颜料种类和分布 [75,76,77]。秦始皇帝陵博物院 [78]、故宫博物院 [79] 与德国和美国专家合作，建立了专业的彩绘颜料分析实验室，并初步总结了墓葬出土彩绘陶俑 [80]、元明清建筑壁画 [81] 和彩画 [82] 的颜料种类及基本特点。

除此之外，镶嵌类文物、唐卡、钟表等传世文物作为故宫博物院的重要藏品，其保护工作在故宫得到迅速发展 [83,84,85]。针对这些文物的复杂分析需求，故宫博物院系统建立了包括核技术、光谱技术、色谱技术在内的无损 / 微损分析方法体系（图 9）。在馆藏镶嵌类文物“紫檀木边嵌牙香港图插屏”的修复过程中，故宫博物院科研人员通过 X 射线成像确定插屏背板制作工艺、通过有机 / 无机材料分析确定象牙染色工艺，相关研究成果被直接应用于插屏修复技法及材料选择工作中 [86]。这是科技分析研究与传统修复工艺相结合的典型案例，也是未来文物修复工作发展、努力的方向。

3.3 文物保护修复的展览展示

“进一步加强文物信息的数字化采集和保护，深入挖掘文物知识，创新传播传承手段，依托文物资源讲好中国故事，是贯彻落实习近平总书记关于文物保护要依靠科技、让文物活起来的重要论述精神，在新时代努力走出符合我国国情的文物保护利用之路的重要举措。” [87] 文化遗产的数字化建设，既能从源头上保护和管理珍贵文化遗产，突破在时间、空间和传播形式上的限制，让文物得以长久保存，也充分发挥了文博单位、研究机构和科技企业产学研用合作创新的潜力，更好地服务于社会和大众，具有重要的现实意义和深远的文化意义。

国家“十三五”期间，文物科技研究团队与相关科研院所广泛合作，在文物“信息采集、检测分析、材料研究、保护修复、存储加工、展示利用”等应用开发方面，获得了多项文物科技专利，出版了多部智慧博物馆学术专著，承担了相关国家重点基础研究发展计划（973 计划）重点课题、国家科技支撑课题和国家文物局重点课题，组织起草了多项智慧博物馆和文物数字化标准规范，规划设计了国内众多文物数字化保护项目[88]。

故宫博物院借助数字化、新媒体等新技术提高博物馆的服务质量，在不断为观众营造舒适参观环境的同时，也满足了不同参观群体对于教育、鉴赏、展示、传播等的不同需求（图 10）。“数字故宫”建设如今已经成为故宫博物院建院指导思想之一，未来将继续创造更多数字化成果，全面激活故宫数字资源的价值[89,90,91]。

此外，近些年来展示保护和科学分析成果的文物及艺术品展览在国内外都得到了迅速发展，成为一种新的展览形式[92,93,94]。国家文物局 2004 年在中华世纪坛举办“历史文化遗产保护科学和技术成果展”[95]、2010 年在首都博物馆举办“百工千慧：中国文物保护科学和技术成果展”[96]，故宫博物院先后在故宫神武门[97]和香港举办两次文物修复展（图 11）[98]，陕西历史博物馆举办“文物修复季特展”[99]，中国丝绸博物馆举办“后宫遗珍：清东陵慈禧及容妃服饰修复成果展”[100]，新疆维吾尔自治区博物馆举办“指尖旋舞艺成天工——新疆文物保护修复成果展”[101]，这些着重展示文物修复过程的新型展览，全方位体现了科技分析在文物保护实践工作中所发挥的重要作用。未来将会有更多的文物保护工作参与到展览的设计与展示当中。

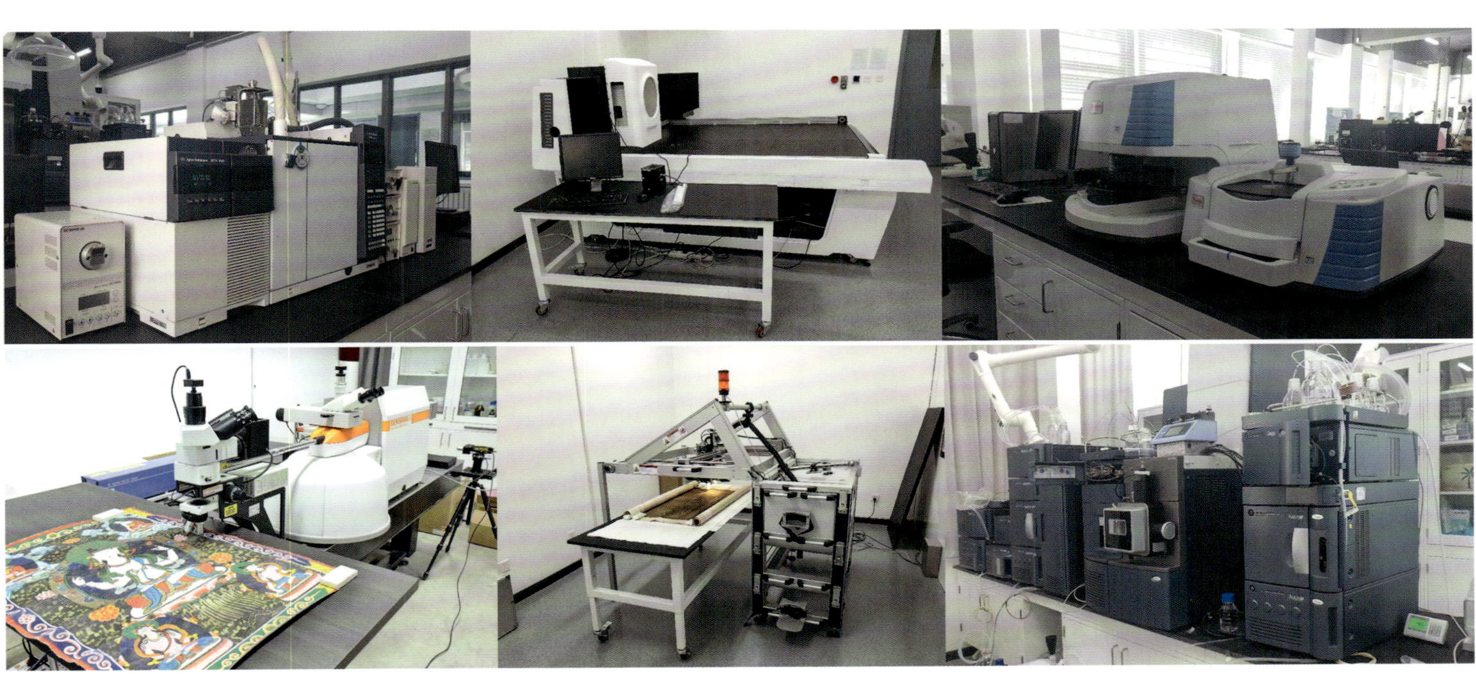

图 9　故宫博物院无损 / 微损分析检测设备

图 10　故宫博物院数字文物库

图 11　2019 年故宫博物院在香港科学馆举行“内里乾坤——故宫文物修复展”

四、发挥多学科协作优势，建立文物保护专业科研机构，通过教育机构和国际合作培养多学科背景人才

1949年，位于北京的旧都文物整理委员会更名为北京文物整理委员会（后多次更名，2007年更名为中国文化遗产研究院），是新中国第一个由中央政府主办并管理的文物保护专业机构。20世纪50年代，故宫博物院、北京历史博物馆（中国历史博物馆的前身）相继成立文物修复组（室），20世纪60年代上海博物馆、甘肃省博物馆等相继成立文物保护实验室。自此之后，全国的许多文博机构陆续组织成立从事文物修复的工作室。拥有化学、生物学、物理学背景的科研工作者也逐渐进入到文物保护领域中。

1989年，国家文物局和美国盖蒂保护研究所正式签订协议开展敦煌莫高窟的保护工作，几乎同时，陕西省文物局与德国巴伐利亚州就秦始皇兵马俑的保护签署长期合作协议。敦煌莫高窟的国际保护合作项目逾三十年仍在持续，秦兵马俑的保护合作项目也持续了约25年，这两个项目是改革开放以后中国文物保护合作的典范，他们将多学科专家引入到文物保护问题解决当中，有力地推动了中国文物保护追赶世界最高水平的步伐。1995年开始，中国和意大利联合开展“中意合作文物保护修复培训项目”，分别在西安文保中心和（原）中国文物研究所开办共两期培训班，培养了一大批既有良好自然科学知识背景，又有一定动手能力的文物保护修复专业人才。

2004年起，国家文物局开始与各地文博单位、高校联合设立行业重点科研基地，截至2019年，已设立33个基地。这些基地在全国范围内为推动多学科参与的文物保护科学研究发挥了重要作用。2009年，科技部在敦煌研究院成立国家古代壁画保护工程技术研究中心，成为文博行业第一个国家级工程技术中心。该机构集成中国科学院和高校的多领域人才和技术优势，有力推动了中国古代壁画科学保护技术研究的发展。

2010年，浙江省人民政府、国家文物局开始共建“国家文化遗产保护科技区域创新联盟（浙江省）”。2017年在国家文物局的支持下，21家重点科研基地在上海成立了“丝绸之路文物科技创新联盟”，秘书处设立在上海大学，定期开展活动，促进国内各领域学科参与文物保护技术创新。

近些年来，国家文物局和国内文博机构定期举办文物保护专业培训班，组织众多学科的专家进行授课，提高国内文物保护一线人员的专业水平。2009年，国际文物保护与修复研究中心（ICCROM）在中国举办“预防性保护：博物馆藏品风险防范培训班”，国际文物保护修复协会（IIC）、国际博物馆协会文物保护协会（ICOM-CC）也陆续在中国合作开设文物保护培训班。其中IIC在2015年与故宫博物院合作设立培训中心。2015至2019年举办五期培训班，主题涵盖多个学科知识和文物类别，分别是“预防性保护科学”“文物保护修复过程中的无损分析技术”“纺织品修护”“纸质文物的科学保护”以及“陶瓷和玻璃的保护”，目前已有来自世界36个国家的114名学员参加了培训，在世界文物保护修复领域产生了积极影响。

五、中国馆藏文物保护未来的发展与展望

经过多年努力，基于风险管理理论的中国文物藏品预防性保护体系初步形成，多学科协同参与馆藏文物保护的实践经验不断积累。未来中国的藏品保护需要继续完善风险管理相关理论，在多学科协作实践中优化体系，推动更多学科领域的专业人员系统和持续地参与到馆藏文物保护事业中。依据国家文物事业“十四五”规划，以及“面向2035年的文物领域中长期科技发展战略”，未来还需要在以下几方面进行持续深入的探索与实践：

1）继续完善藏品风险管理理论，通过国家层面的科技规划与相关项目，着力开展馆藏文物保护利用全过程中各类风险因素的甄别与监测技术研究，风险因素阈值与对策研究，风险控制决策理论与技术研究，以及风险管理智能化、系统化研究等，全面提升与完善具有中国特色的风险管理理论。

2）在藏品风险管理理论的应用和实践中，不断健全藏品风险管理体系。将文物风险管理提升为我国馆藏文物保护研究长期、持续的整体战略，将其作为理论指导、决策手段与重要支撑，纳入我国馆藏文物的管理、保护与利用等全链条工作之中，构建基于风险管理理论的中国馆藏文物“防、保、研、管、用”体系。未来结合国家重点考古与馆藏文物保护项目，以及大型博物馆馆藏文物保护实际工作，完成具有示范意义的风险管理实践案例，真正让风险管理从理论层面落地生根。

3）依靠不断完善的文物保护理念和快速发展的各学科优势技术，建立更广泛的、更多交叉学科领域密切合作的良性机制与协同平台，更加系统全面地开展藏品研究和保存状态评估，及时发现藏品保存隐患和存在问题，解析病害原因，为藏品的保护处理提供重要依据。

4）系统构建多学科协作方法体系，解决藏品保护中的难点问题。利用国家级科研与重点保护项目的契机，鼓励各行各业的优秀团队真正参与到文物保护重点问题的攻关和解决中。基于文物保护工作的实际需求，快速、高效地将科学研究新方法、新成果灵活运用于各类文物的保护，使科学技术在文物保护实践中发挥关键作用。

5）鼓励高校和各级教育机构探索全新的培养机制，着力培养懂技术、了解文物保护实际需求、具备国际视野和多学科协作能力的复合型人才和领军人才。同时，在更广层面开展对公众文物保护理念的基础教育，并逐步提高文物保护从业人员的素质和比例，为馆藏文物保护事业建设年龄梯度合理、专业背景丰富、具有多学科协作能力的专业队伍。

参考文献

[1] 国家文物局关于公布 2019 年度全国博物馆名录的通知 [EB/OL]. (2020-05-18) [2021-01-11]. http://www.ncha.gov.cn/art/2020/5/18/art_2318_43812.html.

[2] 中华人民共和国国家文物局 . 馆藏文物登录规范 :WW/T 0017-2013[S]. 北京 : 文物出版社 , 2013: 12.

[3] 王明明 , 文琴琴 , 张月超 . 基于风险管理理论的文化遗产地监测研究 [J]. 文物保护与考古科学 , 2011, 23(3): 1-5.

[4] 唐铭 , 詹建 , 许瑛 , 等 . 博物馆藏品风险动态管理系统构建探讨 [J]. 博物馆管理 , 2020(2): 20-28.

[5] 王平 , 王益谊 , John Hill. 中国的标准化战略 : 成就与挑战 [J]. 标准科学 , 2010(5): 4-9.

[6] 国家文物局关于发布《全国文物保护标准化技术委员会秘书处工作细则》的通知 [EB/OL]. [2021-01-11]. https://cyfd.cnki.com.cn/Article/N2013070059000073.htm.

[7] 第三届全国文物保护标准化技术委员会第四次全体会议在京召开 [EB/OL]. (2020-12-17) [2020-10-09]. http://cul.china.com.cn/2020-12/17/content_41396102.htm.

[8] 国家标准委办公室关于成立全国文物保护标准化技术委员会文物保护专用设施分技术委员会的复函 [EB/OL]. (2015-10-16) [2020-10-09]. http://www.sac.gov.cn/szhywb/sytz/201510/t20151016_195386.htm.

[9] 吴来明 , 徐方圆 , 黄河 . 博物馆环境监控及相关物联网技术应用需求分析 [J]. 文物保护与考古科学 , 2011, 23(3): 96-102.

[10] Wang F, Lei Y. Monitoring and Control of the Indoor Environment of a Historic Building in the Forbidden City, Beijing[J]. Studies in Conservation, 2018, 63(1): 435-437.

[11] 张冲 . 第五届全国十佳文博技术产品及服务推介活动终评结果揭晓 [EB/OL]. (2019-08-30) [2021-01-11]. http://www.ncha.gov.cn/art/2019/8/30/art_722_156574.html.

[12] 葛家琪 , 王毅 , 张玲 , 等 . 地铁所致成都博物馆振动全过程性能化研究 [J]. 建筑结构学报 , 2015, 36(2): 27-34.

[13] 成小林 , 马伯涛 , 等 . 中国馆藏文物防震技术研究进展 [C]. 2018 International Symposium //Earthquake Disaster Preparedness and Response in Museums, 韩国 , 2018.09.

[14] 冯朝晖 . 中外专家研讨馆藏文物防震技术 [EB/OL]. (2015-04-17) [2021-01-11]. http://wenbozaixian.com/portal/DigitPager/paperDetail/publishdate/2015-04-17/paperId/15038/id/80008.

[15] 叶之声 . 第二届博物馆文物防震技术国际学术研讨会在昆明召开 [N]. 中国文物报 , 2018-10-23(2).

[16] Yang S, Ma B, Ge J, et al. Overview of Preventive Conservation Research Work on Seismic Mitigation and Subway Vibration Control in Chengdu Museum of China[J]. Studies in Conservation, 2020, 65(4): 212-220.

[17] 吴顺清 , 方北松 , 周松峦 . 在传承与创新中砥砺奋进 :"出土木漆器保护国家文物局重点科研基地"发展历程及主要成就 [J]. 江汉考古 , 2019(1): 1-5.

[18] 李澜 , 杨霖 , 闵敏 . 江宁下坊孙吴墓出土犀皮漆器的保护 [J]. 江汉考古 , 2019(1): 150-154.

[19] 肖嶙 , 白玉龙 . 成都商业街船棺葬出土棺木保护概述 [J]. 江汉考古 , 2014(1): 157-163.

[20] 方北松 , 吴昊 , 陈华 . 一种饱水简牍的脱水方法 [P]. 湖北 : CN102642224A, 2012-08-22.

[21] 方北松 , 吴顺清 . 饱水竹木漆器保护修复的历史、现状与展望 [J]. 文物保护与考古科学 , 2008, 20(1): 122-130.

[22] 吴昊 , 陈子繁 , 魏彦飞 , 等 . 出土饱水竹简失水干缩的复形研究 : 以海昏侯墓葬出土竹简等为例 [J]. 文物保护与考古科学 , 2016, 28(3): 12-18.

[23] 走马楼三国吴简保护修复项目 [EB/OL]. (2018-11-21) [2021-01-11]. http://www.jzwbzx.com/x/baohuxiangmuxiangmuzhanshi/2018-11-21/ 3452.html.

[24] 秦俑彩绘保护技术研究课题组 . 秦始皇兵马俑漆底彩绘保护技术研究 [J]. 中国生漆 , 2005(1):7-16.

[25] 秦俑彩绘保护技术研究课题组 . 秦始皇兵马俑漆底彩绘保护技术研究 [J]. 中国生漆 , 2006(2): 14-22.

[26] 周铁 . 秦俑彩绘保护研究综述 [J]. 文博 , 2009(6): 12-14.

[27] 修复秦俑(五)朱颜不改 [EB/OL]. (2019-12-24) [2021-01-11]. https://www.sohu.com/a/362568217_99956791.

[28] 甘肃省文物考古研究所召开张家川马家塬出土文物抢救性保护技术评审会和实验室考古专家座谈会 [EB/OL]. (2013-04-01) [2021-01-11]. http://culture.people.com.cn/n/2013/0401/c172318-20987220.html.

[29] 中国社会科学院考古研究所 , 江西省文物考古研究院 . 江西南昌西汉海昏侯刘贺墓主棺实验室考古发掘 [J]. 文物 , 2020(6): 4-16.

[30] 郭建波 , 谢振斌 . 三星堆祭祀坑出土青铜器科技研究综述 [N]. 中国文物报 , 2019-11-19(3).

[31] 中国古代车舆价值挖掘及复原研究项目组 . 中国古代车舆价值挖掘及复原研究 [N]. 中国文物报 , 2016-12-9(16).

[32] 容波 , 周珺 , 刘成 . 考古发掘现场出土脆弱遗迹提取方法研究述评 [J]. 文物保护与考古科学 , 2016, 28(3): 122-126.

[33] 《考古现场脆弱性文物临时固型提取及其保护技术》荣获国家科学技术进步奖二等奖 [EB/OL]. (2020-01-10) [2021-01-11]. http://www.ncha.gov.cn/art/2020/1/10/art_722_158242.html.

[34] 容波 . 考古发掘现场脆弱文物新型临时固型保护技术及应用 [EB/OL]. (2020-03-13) [2021-01-11]. https://mp.weixin.qq.com/s/o9_l-xkfsbBllQ46frnYsA.

[35] 中国陕西省考古研究院 , 德国美因茨罗马 – 日耳曼中央博物馆 . 唐李倕墓 : 考古发掘、保护修复研究报告 [M]. 北京 : 科学出版社 , 2018.

[36] 唐长安李倕墓 : 冠饰清理与复原 [EB/OL]. (2018-02-22) [2021-01-11]. https://www.sohu.com/a/223511113_750865.

[37] 陕西省文物保护研究院 , 扬州市文物考古研究所 . 花树摇曳钿钗生辉 : 隋炀帝萧后冠实验室考古报告 [M]. 北京 : 文物出版社 , 2019.

[38] 隋唐冠饰风华绝代科技重现礼仪千年 :《花树摇曳钿钗生辉隋炀帝萧后冠实验室考古报告》出版 [EB/OL]. (2019-05-20) [2021-01-11]. http://www.sxwby.com/content/content?cate_id=12&id=2414.

[39] 杨军昌 , 赵西晨 , 黄晓娟 , 等 . 陕西文物科技保护研究综述 [J]. 考古与文物 , 2008(6): 222-232+237+240+245.

[40] 楼淑琦 . 谢家桥一号汉墓出土"锦缘绢地乘云绣荒帷"的修复 [J]. 文物保护与考古科学 , 2010, 22(3): 55-60.

[41] 王菊，楼淑琦．武威磨嘴子汉墓出土“印花绢袋”的修复研究 [J]. 文物保护与考古科学，2019, 31(1): 92-97.
[42] 郑海玲，胡智文，赵丰，等．丝素蛋白 / 戊二醛对脆弱丝绸织物加固的工艺条件研究 [A]. 中国文物保护技术协会．中国文物保护技术协会第六次学术年会论文集 [C]. 中国文物保护技术协会，2009: 10.
[43] 周旸，贾丽玲，刘剑．新疆帕米尔吉尔赞喀勒拜火教墓地出土纺织品分析检测 [J]. 文物保护与考古科学，2019(4): 55-64.
[44] 一例 Vol.1 ｜南宋紫褐色罗印金彩绘花边单衣保护修复 [EB/OL]. (2020-05-14) [2021-01-11]. https://baijiahao.baidu.com/s?id=1666649369424530968&wfr=spider&for=pc.
[45] 陈杨．清代宫灯配饰的保护修复研究 [J]. 故宫博物院院刊，2019(7): 98-108+111.
[46] 王允丽．宫廷传世纺织品文物的修复理念及实践研究 [J]. 自然与文化遗产研究，2019, 4(2): 104-107.
[47] 陈杨．故宫院藏清代服饰类文物的整形技术与缝补工艺研究：以清戏服“粉色缎绣折枝花纹宫衣”为例 [J]. 自然与文化遗产研究，2019, 4(8): 115-122.
[48] 史宁昌，陈杨，巨建伟，等．装裱类缂丝文物的保护修复与复制仿制实践 [J]. 故宫博物院院刊，2017(3): 141-150+163.
[49] Wu X, Zhang C, Goldberg P, et al. Early pottery at 20,000 years ago in Xianrendong Cave, China [J]. Science, 2012, 336(6089): 1696-1700.
[50] 万年仙人洞出土最古老陶器入选 2012 年全球十大考古发现 [EB/OL]. (2012-12-25) [2021-01-11]. http://www.huaxia.com/jxsr/yw/sryw/2012/12/3141081.html.
[51] Wu M, Zhang B, Jiang L, et al. Natural lacquer was used as a coating and an adhesive 8000 years ago, by early humans at Kuahuqiao, determined by ELISA [J]. Journal of Archaeological Science, 2018(100): 80-87.
[52] 河南郑州仰韶文化遗址发现中国最早丝织品 [EB/OL]. (2019-12-03) [2021-01-11]. https://www.chinanews.com/cul/2019/12-03/9024002.shtml.
[53] 曲亮，高飞，刘建宇，等．现代科技与传统技艺结合的金属文物保护修复研究：以故宫博物院藏辽代金属面具为例 [J]. 博物院，2018(2): 119-127.
[54] 刘薇，潘路，陶宁．中国国家博物馆藏“妇好”青铜偶方彝的科学研究与保护 [J]. 中国国家博物馆馆刊，2020(1): 145-160.
[55] 邵安定，梅建军，杨军昌，等．秦始皇帝陵园出土彩绘青铜水禽基体材质分析及相关问题研究 [J]. 考古与文物，2016(1): 121-128.
[56] 喻理．符望阁内檐原存蒋懋德画山水图贴落 [J]. 紫禁城，2020(8): 156-161.
[57] Li G H, Chen Y, Sun X J, et al. An automatic hyperspectral scanning system for the technical investigations of Chinese scroll paintings[J]. Microchemical Journal, 2020(155): 104699.
[58] 李家治．中国科学技术史・陶瓷卷 [M]. 北京：科学出版社，1998.
[59] 史宁昌，苗建民．宋代五大名窑科学技术国际学术讨论会论文集 [M]. 北京：科学出版社，2016.
[60] Hou J, Pradell T, Li Y, et al. Jun ware glazes: Chemistry, nanostructure and optical properties [J]. Journal of the European Ceramic Society, 2018, 38(12): 4290-4302.
[61] 故宫博物院，中国科学院上海硅酸盐研究所．古代建筑琉璃构件保护技术与传统工艺科学化研究 [N]. 中国文物报，2010-08-20.
[62] Jiang X, Weng Y, Wu X, et al. Early globalized industrial chain revealed by residual submicron pigment particles in Chinese imperial blue-and-white porcelains [J]. Proceedings of the National Academy of Sciences, 2020, 117(12): 6446-6452.
[63] Dejoie C, Sciau P, Li W, et al. Learning from the past: Rare ε-Fe_2O_3 in the ancient black-glazed Jian (Tenmoku) wares [J]. Scientific Reports, 2014(4): 4941.
[64] Liu Z, Jia C, Li L, et al. The morphology and structure of crystals in Qing Dynasty purple-gold glaze excavated from the Forbidden City [J]. Journal of the American Ceramic Society, 2018, 101(11): 5229-5240.
[65] Wen R, Wang D, Wang L, et al. The colouring mechanism of the Brown glaze porcelain of the Yaozhou Kiln in the Northern Song Dynasty [J]. Ceramics International, 2019, 45(8): 10589-10595.
[66] Fu Y, Chen Z, Zhou S, et al. Comparative study of the materials and lacquering techniques of the lacquer objects from Warring States Period China[J]. Journal of Archaeological Science, 2020(114): 105060.
[67] Wang N, Zhang T, Min J, et al. Analytical investigation into materials and technique: Carved lacquer decorated panel from Fuwangge in the Forbidden City of Qianlong Period, Qing Dynasty [J]. Journal of Archaeological Science: Reports, 2018(17): 529-537.
[68] Wang N, He L, Zhao X, et al. Comparative analysis of eastern and western drying-oil binding media used in polychromic artworks by pyrolysis–gas chromatography/mass spectrometry under the influence of pigments [J]. Microchemical Journal, 2015(123): 201-210.
[69] 王娜，谷岸，闵俊嵘，等．文物中常用蛋白质类胶结材料的热裂解 - 气相色谱 / 质谱识别 [J]. 分析化学，2020, 48(1) :90-96.
[70] Liu J, Mouri C, Laursen R, et al. Characterization of dyes in ancient textiles from Yingpan, Xinjiang [J]. Journal of archaeological science, 2013, 40(12): 4444-4449.
[71] Liu J, Zhou Y, Zhao F, et al. Identification of early synthetic dyes in historical Chinese textiles of the late nineteenth century by high-performance liquid chromatography coupled with diode array detection and mass spectrometry [J]. Coloration Technology, 2016, 132(2): 177-185.
[72] 刘剑．乾隆色谱：17—19 世纪纺织品染料研究与颜色复原 [M]. 杭州：浙江大学出版社，2020.
[73] Wei L, Chen W, Jin G, et al. Scientific analysis of tie luo, a Qing Dynasty calligraphy artifact in the Palace Museum, Beijing, China [J]. Heritage Science, 2018, 6(1): 26.
[74] Zhang Y, Wei L, Cui Z, et al. Characterizations of palace lantern tassels preserved in The Palace Museum, Beijing, by UPLC-ESI-Q-TOF [J]. Archaeometry, 2020, 62(3): 660-676.
[75] 李最雄．丝绸之路石窟壁画彩塑保护 [M]. 北京：科学出版社，2005.
[76] 王进玉．敦煌石窟艺术应用颜料的产地之谜 [J]. 文物保护与考古科学，2003(3): 47-56.
[77] 柴勃隆，肖冬瑞，苏伯民，等．莫高窟壁画颜料多光谱数字化识别系统的研发与应用 [J]. 敦煌研究，2018(3): 123-130.
[78] 周铁．秦俑彩绘保护研究综述 [J]. 文博，2009(6): 12-14.

[79] 苏珊, 雷勇 . 建筑彩绘分析技术在美国的发展及其在故宫保护中的应用 [J]. 故宫博物院院刊, 2018(3): 143-149+163.

[80] 夏寅 . 遗彩寻微 : 中国古代颜料偏光显微分析研究 [M]. 北京 : 科学出版社, 2017.

[81] Yong L. Copper trihydroxychlorides as pigments in China [J]. Studies in conservation, 2012, 57(2): 106-111.

[82] 雷勇 . 国际文物修护学会 (IIC)2014 香港会议纪要 [J]. 故宫博物院院刊, 2015(2): 139-152.

[83] 孔艳菊 . 概述故宫博物院镶嵌类文物的保护和修复 [J]. 故宫学刊, 2020(21): 435-447.

[84] Fang X, Ju J, Wang J, et al. Conservation Challenges for Thangkas in the Buddha Room of the Hall of Mental Cultivation (Yangxindian), Palace Museum, Beijing [J]. Studies in Conservation, 2020, 65(1): 1-5.

[85] 王津, 亓昊楠 . 我在故宫修钟表・英国钟表 [M]. 北京 : 故宫出版社, 2017.

[86] 孔艳菊, 李广华, 雷勇 . "香港图"插屏命名考证及修复 [J]. 故宫博物院院刊, 2020(218): 92-111.

[87] 国家文物局关于政协十三届全国委员会第三次会议第 5020 号（文化宣传类 352 号）提案答复的函 [EB/OL]. (2020-11-02) [2021-01-11]. http://www.ncha.gov.cn/art/2020/11/2/art_2237_44150.html

[88] 薛帅 . 为探索符合国情的文物保护利用之路迈出坚实步伐 [N]. 中国文化报, 2020-12-22.

[89] 安霞 . 新媒体时代的博物馆数字化服务建设 [J]. 新媒体研究, 2019, 5(9):110-111.

[90] 用数字技术为年轻人建造一座博物馆 : 中英两国博物馆的数字化实践 [EB/OL]. (2018-07-20) [2021-01-11]. https://mp.weixin.qq.com/s/jsgStxi-0cZWvtBhyliXmw.

[91] 叶祎珮 . 数字策展 : 博物馆展览在新媒体时代的创新发展 [A]. 北京数字科普协会, 北京博物馆学会, 中国博物馆协会博物馆数字化专业委员会, 北京联合大学应用文理学院 . 2019 北京数字博物馆研讨会论文集 [C]. 北京数字科普协会, 北京博物馆学会, 中国博物馆协会博物馆数字化专业委员会, 北京联合大学应用文理学院 : 北京数字科普协会, 2019:7.

[92] Understanding Picasso Through Conservation (UPTC)[EB/OL]. [2021-01-11]. https://www.clevelandart.org/exhibcef/PicassoAS/html/UPTC.html.

[93] Marije V, Muriel G, Ella H, Leo J, Alberto T. Van Gogh's Studio Practice[M]. NewHaven:Yale University Press, 2013.

[94] Vandivere A, Wadum J, Leonhardt E. The Girl in the Spotlight: Vermeer at work, his materials and techniques in Girl with a Pearl Earring[J]. Heritage Science, 2020, 8(1): 1-10.

[95] 葛承雍, 王昱东 . "历史文化遗产保护科学和技术成果展"筹备侧记 [J]. 中国文化遗产, 2004(3): 150-151.

[96] "百工千慧 : 中国文物保护科学和技术成果展"展文保科技神奇 [EB/OL]. (2010-12-15) [2021-01-11]. http://www.wenming.cn/wmzh_pd/jj_wmzh/201012/t20101215_30756.shtml.

[97] "故宫博物院文物保护修复技艺特展"在故宫开幕 [EB/OL]. (2015-09-25) [2021-01-11]. https://www.dpm.org.cn/show/226230.html.

[98] "故宫文物修复展"在港举办展现文物与科技融合 [EB/OL]. (2019-12-19) [2021-01-11]. http://www.xinhuanet.com/gangao/2019-12/19/c_1125366901.htm.

[99] "冶石为器 : 文物修复季特展之金属修复"开幕 [EB/OL]. (2019-04-08) [2021-01-11]. http://www.sxhm.com/index.php?ac=article&at=read&did=12186.

[100] "后宫遗珍：清东陵慈禧及容妃服饰修复成果展"在杭州开展 [EB/OL]. (2020-08-12) [2021-01-11]. http://www.xinhuanet.com/shuhua/2020-08/12/c_1126357434_2.htm.

[101] 新疆集中展示近 10 年文物修复成果 [EB/OL]. (2017-07-19) [2021-01-11]. http://www.xinhuanet.com//expo/2017-07/19/c_129658763.htm.

全链条保护：一种应对藏品风险与挑战的工作模式

Conservation Cycle: A Concept to Face the Global Risks and Challenges in Museum Collections

赵　丰[1,2]
Zhao Feng[1,2]
（1. 中国丝绸博物馆；2. 纺织品文物保护国家文物局重点科研基地）
（1. China National Silk Museum 2. Key Scientific Research Base of Textile Conservation, State Administration of Cultural Heritage）

摘　要：在文化遗产保护面临全球性挑战的情况下，无论是天灾还是人祸，国际博物馆界都应该步调一致进行应对。中国博物馆界也在国家文物局的协调和指导下，团结起来共同努力，实施新的顶层设计规划，布局建设科研基地，攻关保护共性问题，制订修复普遍标准，致力于提高各博物馆的藏品保护水平。

中国丝绸博物馆是一个纺织服饰类的专题博物馆，也是纺织品文物保护国家文物局重点科研基地。经过近 30 年的实践，我们在这里和大家分享纺织品文物全链条保护的工作方式，以应对不同的挑战。从大范围来看包括以下环节：前往考古现场实施抢救性保护，以应对日益增多的建设工程；带回实验室进行分析测试，以弥补认知的缺陷；根据需要修复纺织服饰，让人们更方便学习和理解；为收藏及展示提供预防性保护设施，应对环境变化；将藏品信息数字化或进行复制，以备万一发生灭顶之灾；还原或传承相关传统工艺并用于当下，以造福于广大民众。特别是新冠肺炎疫情之后，线上管理和交流显得越来越重要。

但从小范围来看，中国丝绸博物馆于 2012 年又在展厅和实验室之外，专门设计和建设了纺织品文物修复展示馆，分为上下两层，下层是保护修复空间，而上层就是陈列展示空间，一个个修复项目也在这里形成了全链条保护环：从藏品调查，编制方案，到馆之后的分析检测，实施修复，并选择部分深入研究或复制，最后策划展览，同时参与传统服装推广。这里我将与大家分享四个案例：“千缕百衲：敦煌纺织品保护项目”（2012—2014）、“丝府宋韵：黄岩南宋赵伯澐墓出土服饰保护和修复”（2016—2018）、“梅里云裳：明代中韩合作项目”（2019）、“汉机织汉锦：老官山提花织机与五星出东方锦的复制”（2017—2018）。

2017 年 6 月，在杭州中国丝绸博物馆发起成立了丝绸之路文物科技创新联盟（ATICS），20 余家丝绸之路沿线的文化遗产保护科研机构共同搭建了交流与合作的平台，我们也欢迎更多国家的相关机构和我们一起合作联动，应对全球文物保护领域的挑战。

关键词：纺织品；保护；全链条

Abstract:

Facing the global challenges, whether natural or man-made, in the cultural heritage conservation, all the museums in the world should make response in unison. With the coordination and guidance of the State Administration of Cultural Heritage, the museums in China have worked together to put into practice the top-level designs and plans, arrange the construction of scientific research bases, tackle common difficulties in conservation, formulate general standards for restoration, and strive to improve the conservation of collections.

China National Silk Museum is a special museum dedicated to textiles and apparel artifacts and the Key Scientific Research Base of Textite Conservation State Administration of Cultural Heritage. We, with nearly 30 years of practice, will share a working model of conservation cycle of textile artifacts to address different challenges. Generally, it includes the following steps: rescue and conservation at the archaeological site to cope with the increasing construction projects; analysis and testing in the laboratory to make up for limited cognition; restoration of textiles and apparel as needed to facilitate learning and understanding of people; preventive conservation facilities for collection and display to respond to environmental changes; digitization or replication of collection information to avoid catastrophe; restoration, inheritance and utilization of related traditional crafts to benefit the general public; online management and communication with increasing importance (especially after the COVID-19 pandemic).

Specifically, China National Silk Museum designed and built a textile artifacts restoration exhibition hall outside of the main exhibition hall and laboratory in 2012. It includes two floors, with the lower one for conservation and restoration and the upper for display. The restoration projects have also formed a conservation cycle here from the survey of collections, the preparation of plans, the analysis, testing and restoration after entry into museum and the selection of some collections for further research or reproduction to the final exhibition planning and participation in the promotion of traditional clothing. Here I will share four cases: "Qian Lv Bai Na" - Dunhuang Project for Conservation of Textiles (2012-2014); "Si Fu Song Yun" - Conservation Project of Silk Clothing excavated from the Tomb of Zhao Boyun of the Southern Song Dynasty (2016-2018); "Mei Li Yun Shang" - Sino-Korea Cooperation Research of the Ming Dynasty (2019); "Han Ji Zhi Han Jin" - Reproduction of Laoguanshan Pattern Loom and "Wu Xing Chu Dong Fang" Jin-silk of the Han Dynasty (2017-2018).

In June 2017, the Alliance on Technological Innovation of Cultural Heritage along the Silk Road (ATICS) was established at the China National Silk Museum in Hangzhou. A platform for exchanges and cooperation was built jointly by more than 20 scientific research institutions for cultural heritage conservation along the Silk Road. The relevant institutions from more countries are also welcome to cooperate with us to address the challenges in the field of global cultural heritage conservation.

Keywords:

Textiles; conservation; cycle

一、引言

近年来，世界文化遗产领域的保护现状面临着全球性挑战，无论是不可移动还是可移动文物的保护，天灾人祸都时有发生。2003 年以来，由于伊拉克战争，伊拉克国家博物馆珍品被抢掠，巴比伦遗址被开挖成战壕，ISIS 损毁亚述雕像；2008 年，韩国首尔崇礼门遭遇人为纵火；2015 年尼泊尔地震，加德满都达拉哈拉塔完全倒塌；2018 年巴西里约热内卢大火导致巴西国家博物馆 2000 万件藏品受到威胁。中国的西北地区新疆楼兰 LE 古城、青海都兰等墓地也屡遭盗掘，出土的大量金属文物和纺织品文物严重受损。

除了这些较为极端的风险如战争、盗掘、地震、林火之外，正常的文物保护和利用过程也会面临诸多风险，其主要类型有：① 基础建设等人类正常活动对墓葬、遗址以及相关文物带来的风险；② 出土之后环境变化和应急处理带来的文物急剧劣化；③ 文物信息提取和认识过程中由于缺乏长期专业研究带来的失误；④ 修复过程中由于对文物制作传统工艺的无知而导致应用材料和工艺不当；⑤ 展览和保存以及运输和借展过程中存在的各种风险，预防性保护未满足实际需求；⑥ 公众传播过程中文物知识的误导，通过文物复原、工艺应用而得以扩大。对此，中国博物馆界从宏观和微观两个层面开展了行动。

二、中国博物馆界的行动

在国家文物局领导下，在中国文物保护协会的指导下，中国博物馆界团结起来共同努力，致力于提高各博物馆的藏品保护水平。

2.1 顶层设计重点领域

回顾过去 15 年，中国文物保护领域的科研布局重点放在了针对特定类型和特定场合的文物保护关键技术研发、技术应用研究方面，包括保护材料的研发、工艺的改进，各种通用技术、装备在文物保护领域的应用研究和适用性改造。随着实践经验的积累和理念技术的进步，"十四五"期间又进一步向文物保护应用基础研究、文物风险防控技术等方面拓展，全面加强基础研究，重点深化对文物劣化机理与病害的环境作用机制的认知，为文物风险防控提供分子层面的科学依据。

2.2 全面布局科研基地

为了更好地引导科技在文物领域的应用，解决文物保护与利用过程中的重大问题，国家文物局自 2004 年开始在文博单位、高等院校、科研院所、科研型企业陆续设立七批次 33 家科研基地，涵盖了文物本体保护、预防性保护、数字展示、新技术应用等领域，其中包括以壁画、陶质彩绘文物、出土竹木漆器、古陶瓷、金属文物、纺织品文物、纸质文物等以材料分类的馆藏文物保护科研基地[1]。

2.3 攻关保护共性问题

近年来，中国的文物科技保护界通过联合攻关，在文物科学认知、保护修复技术与材料等方面取得一些关键核心和共性技术的突破，为馆藏文物保护修复提供了强有力的技术支撑。当然，面对挑战，还要继续深入研究：一是建立在价值认知和风险评估基础上的系统性保护理念；二是开展材质劣化机理与防治、保护材料评价等方面的定向基础研究，文物保护的安全性和可靠性不断加强；三是关注新材料、生物技术、信息技术等高新技术在文物保护领域的应用。

2.4 制订修复普遍标准

“十三五”期间，中国文物行业共组织编制国家标准27项、行业标准50项，涵盖可移动文物、不可移动文物、博物馆、文物调查与考古发掘、文物保护专用设施等重要领域[2]，围绕壁画、书画、陶瓷、丝织品、竹木漆器等可移动文物的保护修复材料、修复技术等需求，制定相应的标准。与文物修复相关的标准主要集中在文物病害评估技术规程、文物病害与图示、文物保护修复方案编写规范、保护修复档案记录规范、文物修复材料要求、分析检测技术规程等方面。通过标准引领，促进文物保护知识和技术共享，提升文物保护水平。

三、全链条保护概念的提出

中国丝绸博物馆是一个纺织服饰类的专题博物馆，也是纺织品文物保护国家文物局重点科研基地。经过近30年的实践，我们初步建立了以纤维和染料为核心的无损分析技术、基于丝肽－氨基酸的脆弱纺织品接枝加固技术、考古现场纺织品信息提取及微痕检测技术、基于科技史研究和非物质文化遗产保护理念的传统染织工艺复原技术，以及作为专题博物馆而配置的全套展览展示、社会教育、公众活动、出版发表和全媒体传播等。我们将其称为全链条的纺织品文物保护和利用模式。在这里，笔者和大家分享纺织品文物“全链条保护”的工作概念，以应对文物保护不同阶段的挑战。

3.1 行业中的全链条

博物馆藏品主要是一类可移动文物，它们通常来自传世或是考古发掘。所以，藏品保护行业的全链条应该是从一件文物的生产制作开始，到其再被复制或仿制生产、制作新的文物为止。以一件纺织品服装为例，曾几何时，它被古人生产制作出来，在经过了生活使用之后，它被主人带入墓中，

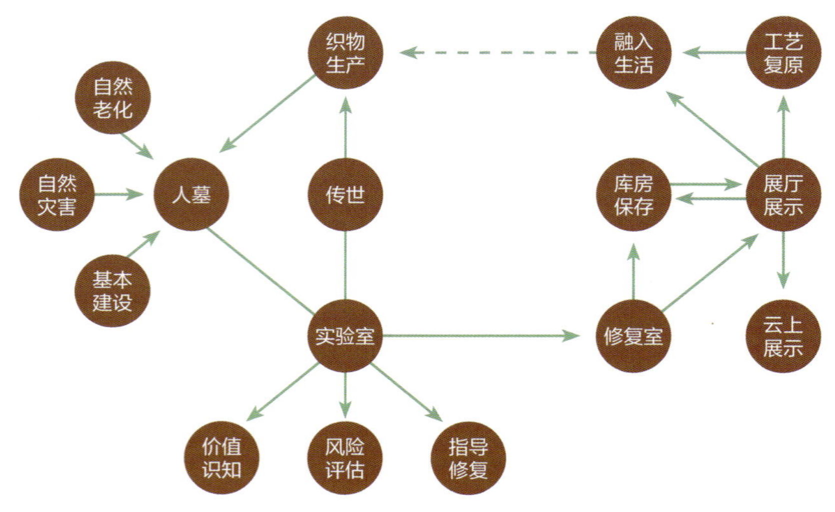

图1　藏品保护行业中的全链条

或是传给后代。较大的风险是被带入墓中，经受墓穴环境的考验。等它被发掘出土后，考古人员和文物保护师就会马上到现场实施抢救性保护；此后，它们应该会被带回实验室进行分析测试，以弥补人们对它认知的不足；再是根据需要来修复纺织服饰，让人们更方便学习和理解；为收藏及展示提供预防性保护设施，应对气候等环境变化；将藏品信息数字化或进行复制，以备万一发生灭顶之灾；还原或传承相关传统工艺并用于当下，以造福广大民众。特别是新冠肺炎疫情之后，线上管理和交流显得越来越重要（图1）。

3.2 一个博物馆里的全链条

作为一个专业性的博物馆，宗旨就是以中国丝绸为核心的纺织服饰类文化遗产的收藏、保护、研究、传承、弘扬，我们于2012年在展厅和实验室之外，在基本陈列展线上专门设计和建设了纺织品文物修复展示馆。展馆分为上下两层，下层是保护修复空间，上层就是陈列展示空间。无论是馆内还是馆外藏品，我们的一个个修复项目也在这里形成了全链条的保护环：从藏品调查开始，到编制保护修复方案，然后进入实验室进行分析检测，再细化方案，然后实施整个修复过程，并选择部分的纺织品文物深入研究或复制，最后策划研究性展览在此展出。同时，我们也开展传统工艺的复原，特别是结合非物质文化遗产把蚕桑丝织工艺用于我们的女红传习馆和博物工坊课程，取得了很好的效果。此外，我们还进行了传统工艺和服装的推广，每年4月底举办国丝汉服节，依据古代服饰来制作现代汉服，每年9月举办全球旗袍日活动，每两年举办一次天然染料双年展。最后，这些生活中的服装又有可能再一次成为我们的藏品，进入一个新的循环（图2）。

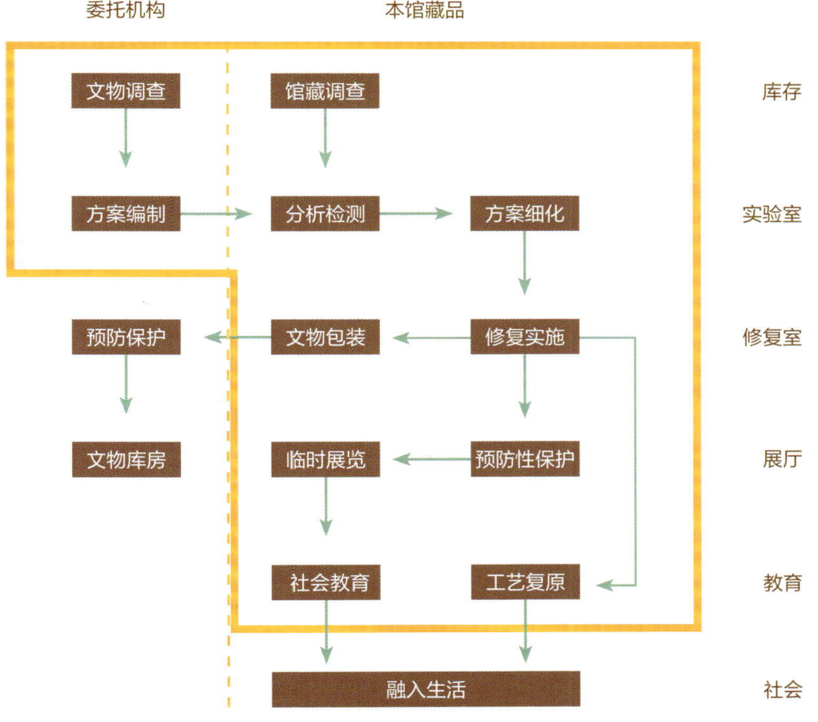

图 2　博物馆中的全链条

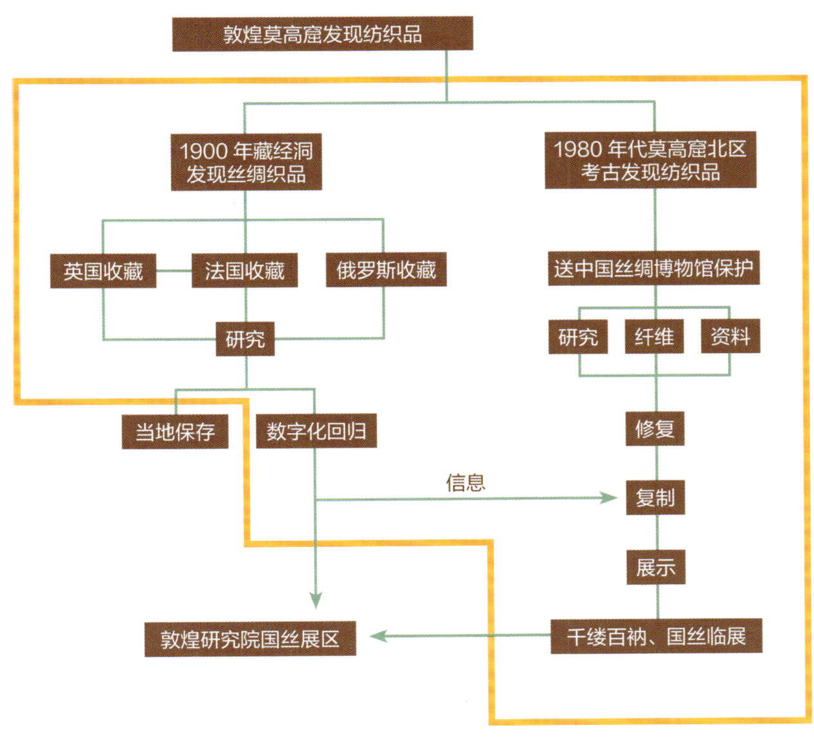

图 3　千缕百衲：敦煌纺织品保护项目

3.3 全链条模式的优越性

全链条的特点是一个博物馆或一个保护修复团队能尽可能地完成一类藏品的整个保护链的所有环节。它的优越性在于它是一个完整的系统，将藏品保护科技全面融入博物馆专业的所有环节，在一个专业的机构里保证最专业的人来做最专业的事，并进行无缝合作。

首先，针对不同的材料，我们可以找到最好的文物保护专家，他有着最为完整的知识结构、最为丰富的实践经验，由他们来串联所有环节，保证高质量完成每一个步骤。

其次，科学与艺术总是一件文物价值体现的两翼，让最好的科学家和艺术史研究学者进行充分合作，能使文物价值得到最为全面的认知。

再次，科研团队、策展团队、社教团队和传播团队之间的无缝合作，能保证保护和研究的成果被博物馆最为高效地在陈列展示上利用，藏品不仅在博物馆里、在社会上也能充分发挥作用。在这里，文物保护科研人员也有可能成为策展人、教师或网红。

四、四个案例

中国丝绸博物馆的藏品以中国丝绸为核心，但包括古今中外，不仅有中国传统服饰，也有当代时装；不仅有西方服饰，也有世界各地的民族纺织品；不仅有织物和服饰，也有生产织物的工具；不仅有正式的文物藏品，也有成系列的具有科学研究价值的标本库。但所有这些收藏均围绕着统一的主题，特别适合于进行馆藏文物的全链条的科学保护。在这里我将与大家分享四个案例。

4.1 千缕百衲：敦煌纺织品保护项目（2012—2014）（图 3）

敦煌是古丝绸之路上的交通枢纽，敦煌莫高窟中出土了相当数量的纺织品。最早于 1900 年在藏经洞中发现的丝绸基本都流散到英、法、俄等国。1965 年，敦煌文物研究所又在维修时发现了一批从北魏到隋唐时期的刺绣品和丝织品 60 余件[3]。20 世纪 80 年代后期，敦煌研究院对莫高窟北区的所有洞窟进行了清理发掘，又出土了一批以西夏至蒙元时期为主的纺织品[4]。

自 2006 年起，中国丝绸博物馆与不列颠博物院（俗称“大英博物馆”）、维多利亚与艾尔伯特博物馆、英国国家图书馆以及东华大学一起合作整理出版《敦煌丝绸艺术全集》，第一批是收藏在伦敦的 600 余件丝织品。之后再和法国吉美博物馆、法国国家图书馆等合作，整理了巴黎收藏的百余件丝绸文物。再后来就是和俄罗斯艾尔米塔什博物馆合作整理收藏的敦煌丝绸实物，最后出版了《敦煌丝绸艺术全集》[5]。

作为生活和埋葬区的敦煌莫高窟北区石窟，其出土的织物特点是时代相对较晚，而且多为残片。我们接到的任务是对所有新出土纺织品进行保护和修复。我们对拿到的所有纺织品进行了纤维和染料等材质的分析测试，然后制订了修复方案，等方案批准后，我们把所有的纺织品从敦煌运到杭州，在修复展示馆中实施了修复。经过两年多的时间，我们完成了第一批修复工作，并针对其中的北朝百衲和元代绫袍进行了工艺复原，2014年底在纺织品修复展示馆举办了临展“千缕百衲：敦煌莫高窟出土纺织品的保护与研究”[6]，召开了学术会议，出版了论文集。此后，我们还继续修复了第二批纺织品，直至把敦煌丝绸的展览送到敦煌文博会，2021年，我们还预计与敦煌研究院合作，在敦煌艺术陈列中心补充敦煌丝绸的长期展示。

4.2 丝府宋韵：黄岩南宋赵伯澐墓出土服饰保护和修复（2016—2018）（图4）

赵伯澐是宋太祖的七世孙，生于1155年，卒于1216年。整整八百年后，赵伯澐墓在浙江黄岩被发现，墓中70余件完好的丝绸服饰是浙江丝绸考古最为集中和顶级的发现。赵伯澐墓葬一经发现，中国丝绸博物馆便派出专家团队奔赴现场主持应急保护，部分服饰就在当地提取，整具尸体则连同身着服饰运至中国丝绸博物馆。我们先后采用了便携式高保真扫描仪和CR扫描、结合三维图像合成技术记录了赵伯澐尸身的服饰状况。此后在24台摄影机的天眼室实施了揭展，共有8件上衣、8条裤子被揭取。

此后，这批丝绸服饰又经历了正式的实验室分析检测，采用了丝蛋白加固、针线法修复以及绉丝纱包覆等技术手段对其进行修复。2017年5月，“丝府宋韵：黄岩南宋赵伯澐墓出土服饰展”在中国丝绸博物馆开幕[7]。2019年，我们对其中的交领莲花纹亮地纱袍和环编绣鞋子等进行了复制。2020年，我们又在中国丝绸博物馆汉服节上推出了南宋服饰新款，获得了汉服爱好者的极大欢迎。

4.3 梅里云裳：明代中韩合作项目（2019）（图5）

2006年11月，浙江嘉兴王店发现一座古墓，后被确认为明代中后期文林郎李湘及其妻妾四人的合葬墓[8]。四具棺木被移入嘉兴博物馆，中国丝绸博物馆立即派员承担了开棺揭取及应急保护工作，墓中出土了大量包括丝绸服饰在内的纺织品文物，其中李湘之妾徐氏墓出土的10件服饰整体进入中国丝绸博物馆馆藏。考虑到韩国对朝鲜时期服饰保护修复有着专门研究，中国丝绸博物馆和韩国传统文化大学开展合作修复，由中国丝绸博物馆负责实验室分析检测，双方各选5件服饰进行修复，同时再各选一件服饰进行工艺复原，分别是织金双鹤胸背曲水地团凤纹绸圆领袍和环编绣獬豸补云鹤团寿纹绸圆领袍，是明代服饰中的典型代表[9]。所有这些成果最后在“梅里

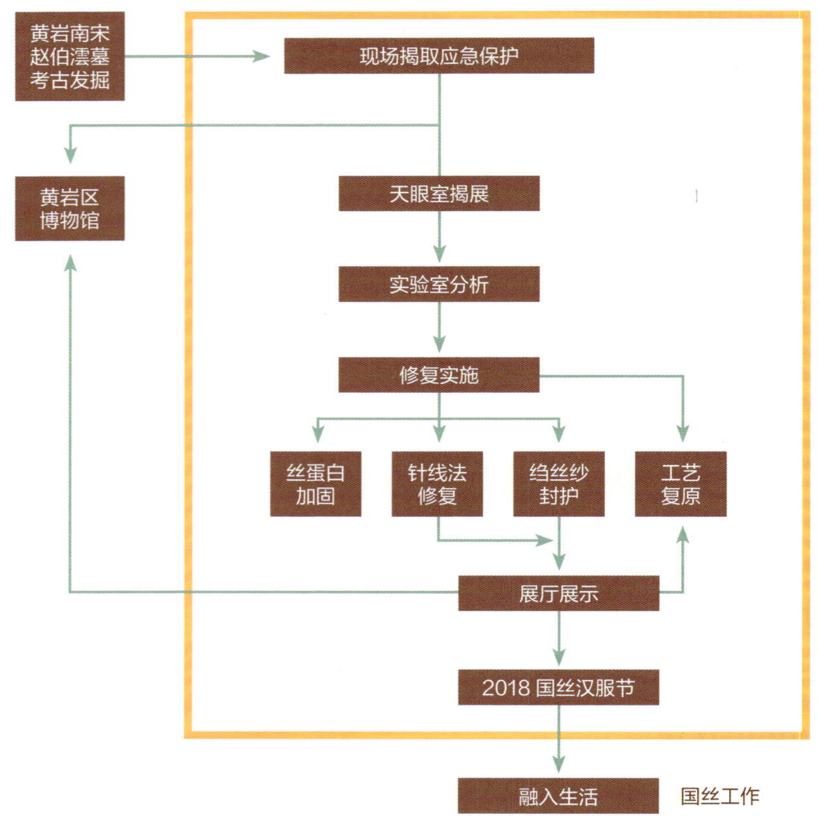

图4　丝府宋韵：黄岩南宋赵伯澐墓出土服饰保护和修复

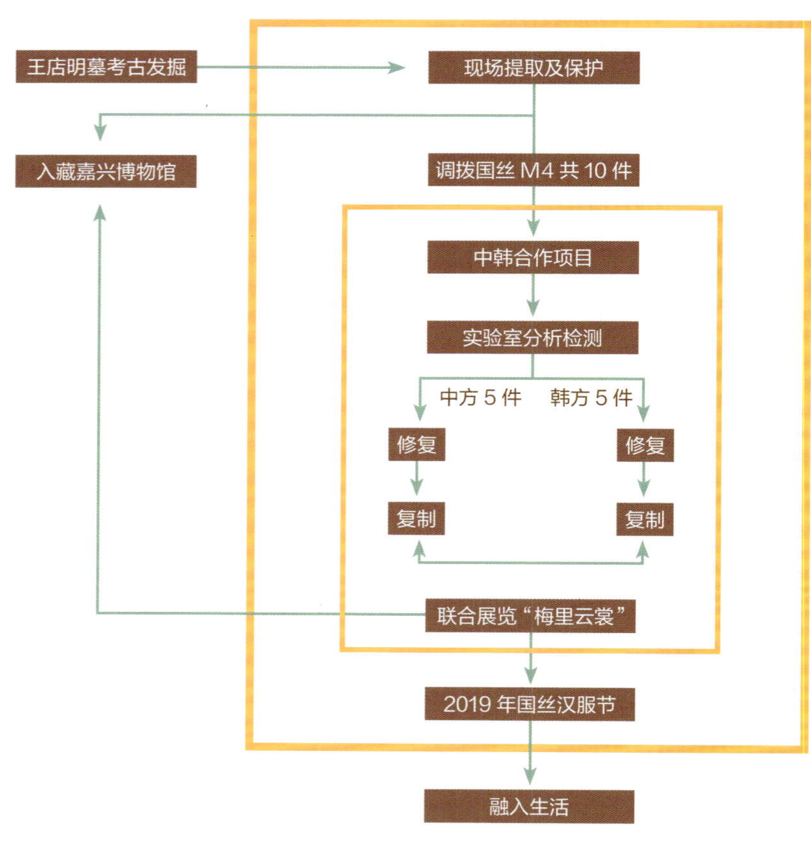

图5　梅里云裳：明代中韩合作项目

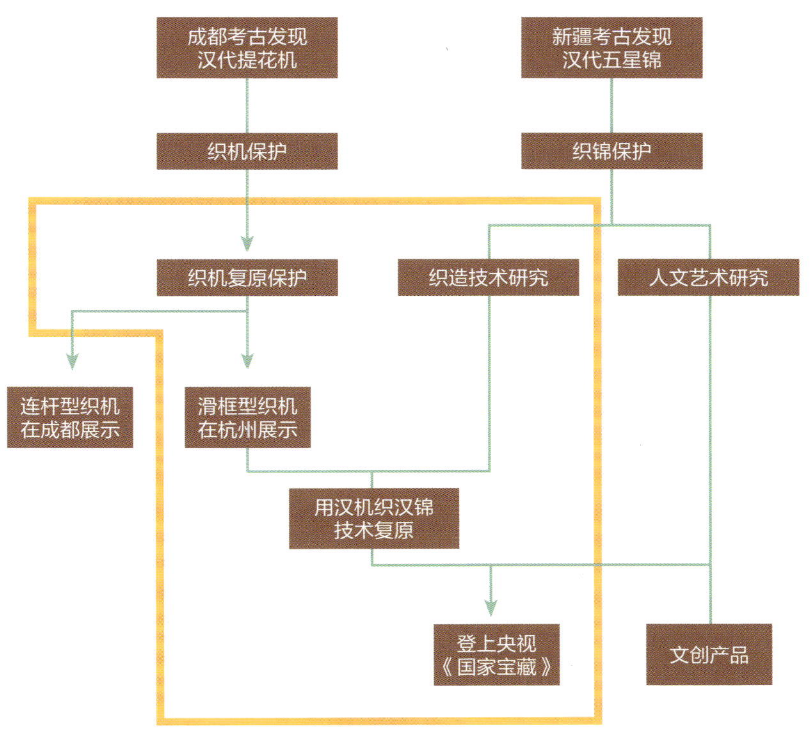

图 6　汉机织汉锦：老官山提花织机与五星出东方锦的复制

云裳：嘉兴王店明墓出土服饰中韩合作修复与复原成果展”中展出[10]，展览开幕时恰逢第二届中国丝绸博物馆汉服节，复制的明代服饰与现场生活中的明式汉服相映成趣。

4.4 汉机织汉锦：老官山提花织机与五星出东方锦的复制（2017—2018）（图 6）

1995 年，新疆维吾尔自治区文物考古研究所在塔克拉玛干大沙漠南端的尼雅 1 号墓地发现了五星出东方利中国锦（简称“五星锦”）护膊，引起国内外的极大轰动。中国丝绸博物馆曾于 2000 年举办尼雅出土文物包括五星锦护膊来杭举办特展“沙漠王子遗宝：丝绸之路尼雅遗址出土文物展”。我们对五星锦的图案进行了初步复原。

2013 年，四川成都老官山墓地出土西汉时期的 4 台提花机模型。随后，由中国丝绸博物馆牵头，联合成都博物馆和中国科学院自然科学史研究所等机构成功复原了这类一勾多综提花机，还原了织造技术，成果于 2015 年公布，引起了世界各地考古和科技史同行的关注[11]。复原的两台织机（Cat 4.3），一台属于滑框式一勾多综提花机，留在中国丝绸博物馆；另一台属于连杆式一勾多综提花机，送到成都博物馆展出。

2015 年，中国丝绸博物馆正式利用复原成功的滑框式一勾多综提花机开始对五星锦的复制（Cat 4.3）。经过对此前研究资料及海内外相关出土文物的比对研究，我们最终确定了图案并将所有文字还原为“五星出東方利中國誅南羌四夷服單于降與天無極”，绘制了意匠图。2017 年 2 月，团队开始进行上机穿综及织造工作。10470 根经线，84 片花综，2 片地综，历经一年多的时间完成了错综复杂、丝丝入扣的穿综工作，最后在 2018 年 5 月成功复制了五星锦，织机和织锦均参加了同年的“神机妙算：世界织机与织造艺术”大展。此后，汉机织汉锦的故事被央视《国家宝藏》节目看中，得到更为广泛的传播，而五星锦的设计也更多地应用于生活中，得到更为广泛地利用。

五、结论

中国丝绸博物馆“全链条保护”的概念是围绕着纺织品文物本体，开展从考古现场的应急性保护、实验室的科学认知、博物馆内的修复保护、陈列保管的预防性保护、库房的数字化保护，到纺织品文物的复原复制的一系列工作，它传承着古老而凝聚智慧的染织工艺。我们利用各个领域所拥有的专业技术人员，将上述的环节链接起来。面对可能遭遇的自然灾害与人为祸患对文物保护的挑战，“全链条保护”至少能够通过在各个环节所采集的信息、数据与图片将文物的历史价值、艺术价值和科学价值完好地保留下来，传承后世。

但我们认为，全链条保护理念也可以在藏品保护的各个层面推开，小到在一个博物馆内，大到一个国家的行业内，更大则可以到国际博物馆的同行中。2017 年 6 月，中国丝绸博物馆在杭州发起并成立了丝绸之路文物科技创新联盟（ATICS），迄今为止，已有近 40 家丝绸之路沿线的文化遗产保护科研机构共同搭建了这一文化遗产保护、文物科学技术的交流与合作平台，这个平台的建立必将有利于更大规模的文化遗产全链条保护工作的展开。我们欢迎更多国家的相关机构和我们一起合作联动，应对全球文物保护领域的挑战。

参考文献

[1] 国家文物局 . 国家文物局重点科研基地建设发展成果集 2004 ～ 2018 [G]. 北京 : 国家文物局 , 2019.

[2] 国家文物局公开行业标准 [EB/OL]. http://www.ncha.gov.cn/col/col2423/index.html.

[3] (a) 敦煌文物研究所 . 新发现的北魏刺绣 [J]. 文物 , 1972(2): 54-60. (b) 敦煌文物研究所 . 莫高窟发现的唐代丝织物及其它 [J]. 文物 , 1972(12): 55-62.

[4] 彭庆章 , 王建军 . 敦煌莫高窟北区考古报告（一、二、三卷）[M]. 北京 : 文物出版社 , 2000-2004.

[5] (a) 赵丰 . 敦煌丝绸艺术全集（英藏卷）[M]. 上海 : 东华大学出版社 , 2007. (b) 赵丰 . 敦煌丝绸艺术全集（法藏卷）[M]. 上海 : 东华大学出版社 , 2010. (c) 赵丰 . 敦煌丝绸艺术全集（俄藏卷）[M]. 上海 : 东华大学出版社 , 2014. (d) 赵丰 . 敦煌丝绸艺术全集（中国敦煌卷）[M]. 上海 : 东华大学出版社 , 2021. (e) 赵丰 . 敦煌丝绸艺术全集（中国旅顺卷）[M]. 上海 : 东华大学出版社 , 2021.

[6] 赵丰 , 罗华庆 . 千缕百衲 : 敦煌莫高窟出土纺织品的保护与研究 . 中国丝绸博物馆 , 2014.

[7] 王淑娟 . 丝府宋韵 : 黄岩南宋赵伯澐墓出土服饰展 . 中国丝绸博物馆 , 2017.

[8] 吴海红 . 嘉兴王店李家坟明墓清理报告 [J], 东南文化 , 2009(2), 53-62.

[9] 蒋玉秋 , 王淑娟 , 杨汝林 . 嘉兴王店李家坟明墓出土圆领袍复原研究 [J]. 丝绸 , 2020, 57(5):53-61.

[10] 王淑娟 . 梅里云裳 : 嘉兴王店明墓出土服饰中韩合作修复与复原成果展 . 中国丝绸博物馆 , 2018.

[11] Zhao F, Wang Y, Luo Q, et al. The Earliest Evidence of Pattern Looms: Han Dynasty Tomb Models From Chengdu, China [J]. Antiquity, 2017, 91(356): 360-374.

我国馆藏壁画保护历程的简要回顾

A Brief Review of Conservation of Museum Collections of Murals in China

苏伯民[1,2,3]

Su Bomin[1,2,3]

（1. 敦煌研究院；2. 古代壁画保护国家文物局重点科研基地；3. 国家古代壁画和土遗址保护工程技术研究中心）

（1. Dunhuang Academy China 2. Key Scientific Research Base of Conservation for Ancient Mural, State Administration of Cultural Heritage 3. National Engineering Technology Research Center for Conservation of Ancient Murals and Earthen Relics）

摘　要：壁画是依附于建筑墙壁的绘画，是人类在历史发展中为宣扬宗教信仰、体现民间风俗和寄托美好愿望而进行的绘画艺术创作，具有重要的历史、艺术和科学价值。根据赋存环境的不同，壁画可分为墓葬壁画、殿堂壁画和石窟寺壁画，这些壁画一经揭取、搬迁至博物馆进行保护修复和展示，即成馆藏壁画。我国馆藏壁画保护始于20世纪50年代，主要涉及揭取搬迁和加固修复两个环节，随着文物保护科学技术的不断发展，揭取搬迁和加固修复的工艺方法和保护材料也持续得到改进和提升。本文简要回顾我国馆藏壁画保护的发展历程，以支撑体等保护材料的变化为脉络，将馆藏壁画保护历程划分为五个阶段，对不同阶段的特点和存在问题进行总结，重点介绍第五阶段多学科交叉保护技术在馆藏壁画保护中的应用，并对未来馆藏壁画的保护技术及其发展提出建议。

关键词：馆藏壁画；墓葬壁画；揭取搬迁；加固修复

Abstract:

With important historical, artistic and scientific value, murals are artistic creations of paintings attached to the walls of ancient buildings and made by humans to preach about religious beliefs, reflect folk customs and raise good wishes in the historical development. According to the different occurrence environments, they can be divided into tomb murals, palace murals and grotto temple murals, and become museum collections of murals once peeled off and removed to museum for conservation, restoration and display. The conservation of museum collections of murals began in the 1950s, mainly referring to peeling-off and removal as well as consolidation and restoration, the techniques and materials for which have also been improved continuously with the constant development of cultural heritage conservation science and technology. This paper briefly reviews the development history for conservation of museum collections of murals in China, divides the conservation of museum collections of murals in five stages along with the changes in the conservation materials such as supports, and summarizes the characteristics and problems of the different stages, focusing on the application of cross-disciplinary technology of the fifth stage in the conservation of museum collections of murals, and making recommendations on the conservation technology and development of museum collections of murals in the future.

Keywords:

Museum collections of murals; tomb murals; peeling-off and removal; consolidation and restoration

一、引言

古代壁画是珍贵的历史文化遗存，是人类历史上最早的绘画形式之一，具有极高的历史、艺术和科学价值。依据现代文物保护理念，原址保护是展现壁画及其遗存完整性和真实性的最佳选择。但自20世纪50年代以来，因兴建水库大坝、公路、铁路及机场等大规模基础设施，一些地方的石窟壁画、殿堂壁画和墓葬壁画不得不被揭取搬迁至博物馆保存[1]。同时，一些墓葬在考古发掘过程中，原来处于封闭状态的墓室被开启，墓室内部的原有稳定环境发生急剧变化，相对湿度波动、可见光、可溶盐等因素导致墓葬壁画出现起甲、开裂、卷曲、脱落、粉化、酥碱、褪色、霉变等病害[2-6]。加之墓葬大多地处偏远地区，管理条件有限，大量濒危的墓葬壁画被揭取搬迁，经加固修复而重获新生，在此意义上，揭取搬迁和加固修复是我国馆藏壁画的重要保护方法。

二、馆藏壁画的揭取搬迁技术

保护人员面对急需揭取的石窟壁画、殿堂壁画和墓葬壁画，在对壁画的绘制工艺和保存现状的评估基础上，采用分块切割的方法进行揭取（图1、图2）。揭取时，根据壁画地仗的材料差异和厚薄，选择使用带地仗壁画揭取和无地仗壁画揭取两种方式。为减少壁画切割及搬迁过程中的损失，近十年来，保护人员不断探索，研究出墓葬壁画整体搬迁的综合技术，如西安韩休墓壁画[7]、太原市西中环南延M55壁画[8]、大同辽代墓壁画[9]、登封唐庄宋代墓壁画[10]、渭南金末元初墓壁画[11]等处都采用了整体搬迁技术（图3），这种整体搬迁技术能够更好地保护墓葬壁画的完整性和真实性。

图1　墓葬壁画切割

图2　已揭取的壁画

墓葬壁画在搬迁过程中通常采用表面烘烤、画面封护（图4）、贴纱布预加固、安装夹板等多种方法，以确保墓葬壁画处于干燥和颜料层稳定状态时开展揭取搬迁工作[12,13,14]。在此过程中，颜料层和地仗层的保护加固要使用不同的材料，颜料层的保护加固材料主要有动物胶、桃胶[15,16]、聚醋酸乙烯酯（PVA）[17]、聚乙烯醇缩丁醛（PVB）、丙烯酸脂甲基丙烯酸酯共聚物（Paraloid B72）[18,19]、聚甲基丙烯酸丁酯（PBMA）[20]、氟碳聚合物（Ftorlon）[21]、三甲树脂[22]和聚乙烯醇[23]等多种有机高分子材料。而地仗的保护加固材料大多使用水溶性聚醋酸乙烯酯乳液、三甲树脂[22]、丙烯酸类和有机硅丙烯酸等材料。在具体工艺上，为防止壁画在揭取过程中破碎开裂，通常采用壁画表面封护加固和贴敷纱布的方法，但纱布纹理会在壁画颜料层留下网纹，从而永久改变壁画彩绘的表面状态。此外，在贴布加固中，如果黏结材料使用过量，会引起壁画表面出现眩光或黏结材料残留过多等问题[24]，黏结材料的残留也会引发微生物的生长，一些高分子材料如Paraloid B72[25]同样会出现这一问题。因此馆藏壁画保护方法和保护加固材料的提升和改善是今后壁画保护工作者需突破的重点研究内容之一。

三、馆藏壁画的加固保护

从20世纪50年代开始至今，馆藏壁画保护方法和保护技术在众多文物保护工作者的努力研究下得到迅速发展，以支撑体等保护材料的变化为脉络，可以划分为五个阶段。

3.1 第一阶段：石膏支撑体

20世纪50年代至60年代中期，主要采用石膏作为壁画支撑体，以石膏支撑体加固的壁画有西安西郊枣园杨玄略墓壁画、咸阳底张湾薛氏墓壁画、西安南郊羊头镇的李爽墓壁画、西安东郊苏思勖墓壁画、长安县南李王村韦洞墓壁画、乾陵永泰公主墓壁画[26]、山西永乐宫壁画[27]、山东嘉祥英山隋墓壁画[16]、辽宁北票莲花山辽墓壁画[22]和甘肃武威天梯山石窟搬迁壁画（图5）等。

图 3　墓葬壁画整体搬迁、打包和吊装

图 4　壁画表面刷胶贴布

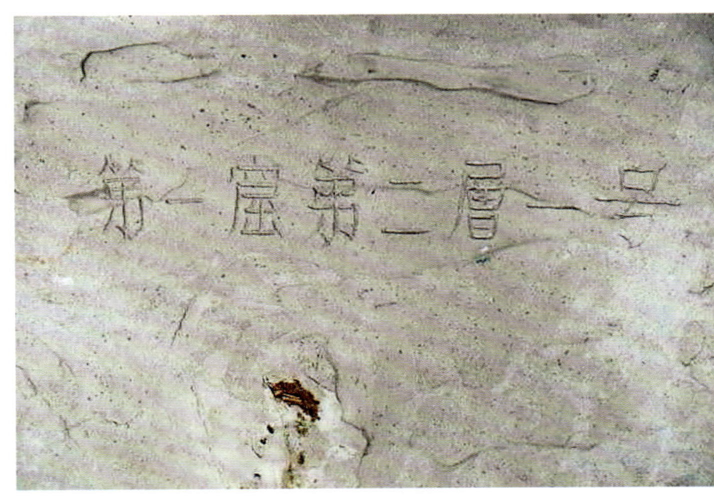

图 5　武威天梯山石窟搬迁壁画正面和背面（石膏支撑体）

在石膏支撑体中加入麦草、麻、铁丝、毛发等各类加筋材料，以增加石膏支撑体的强度和韧性。但在后期保存过程中发现，石膏支撑体易吸收环境中湿气而减弱内聚力，引起添加的铁丝生锈，石膏也会溶解并向壁画表面迁移，导致壁画颜料层表面出现灰白色斑点甚至酥碱。另外石膏支撑体加固的壁画比较笨重、脆弱易碎，在搬运、陈列和保存过程中，壁画极易发生机械性损坏[28]。欧洲使用石膏直接浇筑到壁画背部，并且内嵌金属材料来增加强度，发现同样出现盐分运移致使壁画表面出现灰色和白色斑点的问题[29]。当壁画面积较大且地仗较厚时，某些地方采用强度更大的水泥作为支撑体材料，水泥支撑体在硬化过程中强度过大，产生不均匀变化和膨胀，导致壁画出现撕裂、变形。因此石膏和水泥作为壁画支撑体不适合壁画的长期保存。

3.2 第二阶段：环氧树脂＋木龙骨支撑体

为克服石膏支撑体厚重、易断裂和盐分侵蚀等问题，自20世纪60年代末至70年代，馆藏壁画加固使用环氧树脂＋木龙骨支撑体。

木龙骨支撑体一般选择材质较轻、力学强度较好的红松木材，用榫卯技术制作支撑结构框架，再将壁画地仗减薄后背部贴布，采用环氧树脂将壁画黏接于木龙骨框架上（图6），如北周李贤墓壁画[30]、少林寺千佛殿壁画[31]、芒砀山西汉柿园墓葬壁画[32]及章怀太子墓、懿德太子墓和永泰公主墓[33]等壁画的修复均采用环氧树脂＋木龙骨框架支撑体。但随着时间的推移，采用这类方式保存的部分壁画出现了变形和木质糟朽，如河南博物院馆藏西汉早期墓葬壁画“四神云气图”就采用环氧玻璃钢＋木龙骨方法，保护之后由于环氧树脂固化时的收缩和残余应力的存在，加之壁画与木龙骨框架网络状黏接，使得壁画在有龙骨处与无龙骨处的应力分布差异很大，导致壁画正面产生网状裂缝、弯曲、开裂、变形和分层等病害[34]。另外，因木质支撑体易受环境温湿度影响，在潮湿环境下易糟朽，干燥环境下易开裂，环境温湿度变化过程中木材变形较为严重，且易受虫蛀丧失强度等缺点，不利于壁画安全稳定及长久保存。

图6　榫卯结构的壁画木龙骨支撑体

图7　金属材质壁画支撑体

3.3 第三阶段：环氧树脂＋金属支撑体

20世纪80年代初，为解决木质框架易变形和糟朽的问题，保护人员使用金属材料制作支撑体，用环氧树脂将壁画黏接在金属框架上。起初使用角铁和钢材焊接框架[35]，如钢管、方钢管、角钢等，这种方法修复后的壁画增加了重量，搬运困难。后逐步改用重量较轻的铝合金材质框架，如陕西执失奉节墓、新城公主墓、南里王村唐墓、唐安公主墓等壁画的保护修复[35,36]。铝合金框架支撑体力学强度较木材高，具有受温湿度变化影响小、耐腐蚀、质量轻等特点，成为当时普遍使用的馆藏壁画支撑体（图7）。但金属材质支撑体对于较大面积的壁画仍然存在总体重量较大，铝合金框架在搬运和展示时发生形变，从而引起承载的壁画发生形变、弯曲、开裂等问题。另外，金属材质支撑体采用的环氧树脂黏接部分易出现开裂、分层、脱离壁画等问题，一些保护研究人员认为环氧树脂具有不透气、张力大、变形严重等致命缺陷[37]，采用该材料黏结壁画支撑体易造成保护性损坏[38]，且环氧树脂的不可逆性，使壁画再修复处理成为难以解决的问题[39]，亟待研究新的替代材料[37]。

3.4 第四阶段：蜂窝铝板＋环氧树脂

20世纪90年代，壁画保护专家对已修复的馆藏壁画保护效果进行研究评估，结果表明前三个阶段所使用的壁画支撑体材料在长期保存方面均存在问题。20世纪末，河南博物院的专家对搬迁至该馆的西汉壁画“四神云气图”开展针对性系统研究，采用有限元方法，对壁画的弯曲变形进行数值计算，采用三维激光扫描技术，对壁画的开裂、起翘、裂缝、孔洞、弯曲变形特征等开展高精度数字图像档案记录等调查研究，建立壁画层材料结构模型、壁画和支撑系统力学结构模型；在修复保护措施上，首次采用航空材料蜂窝铝板作为可移动高刚性支撑层，旨在解决支撑体重量大、对环境变化敏感等问题[40]，这种支撑体一直沿用至今。蜂窝铝板是结合航空工业而开发的金属复合板系列，该产品采用“蜂窝式夹层”结构（图8），是以高强度合金铝板作为面板和底板，经高温高压与蜂窝铝芯复合制造的新型板材（图9）。

这种方法出现后，迅速在馆藏壁画保护中得到推广，许多遗址搬迁至博物馆的壁画均采用蜂窝铝板作为支撑体修复馆藏壁画。如河南洛阳北宋富弼墓壁画[41]、内蒙古清水河县五代墓葬壁画[42]都采用了这种方法。但由于蜂窝铝板黏接壁画仍然采用环氧树脂材料，环氧树脂收缩强度高，黏接层和壁画地仗强度差异性较大，在后期保存过程中，当环境波动频次高、温湿度起伏范围较大时，两种材料性质的差异也会引发壁画出现轻微的开裂、分层、鼓起等病害，另外，在壁画展陈移动过程中如稍有震动，环氧树脂黏接处极易出现裂缝，致使黏接层和壁画地仗分层。

3.5 第五阶段：蜂窝铝板＋缓冲层（或过渡层）＋环氧树脂

随着科学技术的进步和研究工作的深入，保护工作者在对以往馆藏壁画保护修复案例进行现状评估后发现，各

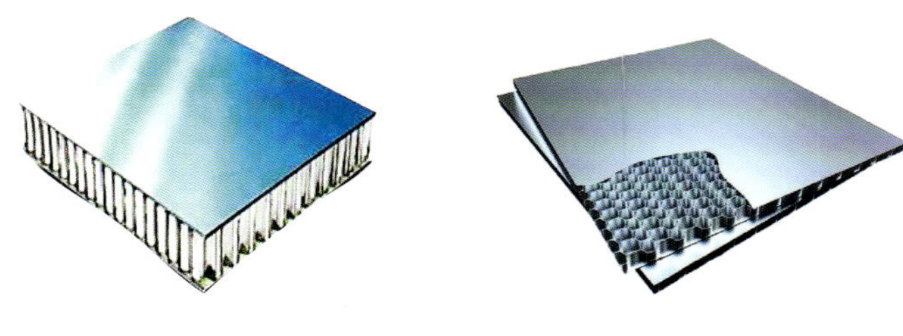

图 8　蜂窝铝板正面及剖断面照片

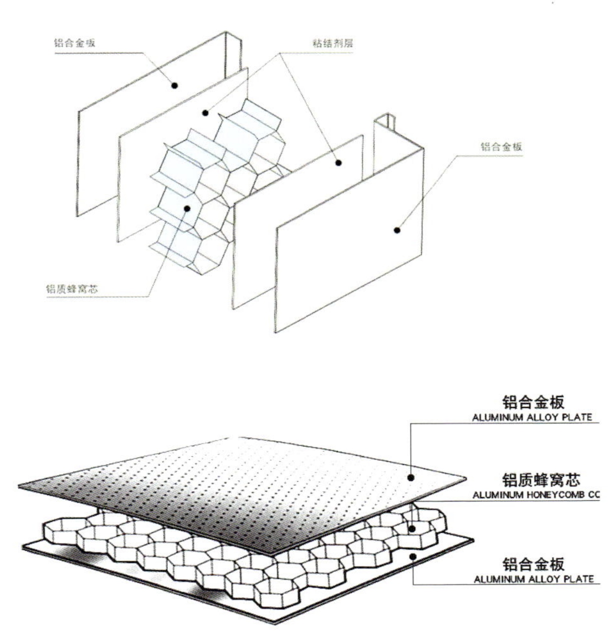

图 9　蜂窝铝板材质示意图

博物馆保存的由石膏、木龙骨和金属材料作为支撑体的馆藏壁画，均不同程度出现与支撑体相关的各种病害。因此，解决上述问题，进一步改进馆藏壁画的保护方法，就成为近 20 年来馆藏壁画保护工作者探索和研究的重点内容。

近 20 年来，馆藏壁画保护不再局限于单一的修复加固，逐步发展为集工艺调查、病害评估、保护修复、标准规范的系统解决方案。采用多种技术手段对壁画制作材料、工艺以及病害研究分析调查后，再进入后期保护修复的阶段，逐渐形成了馆藏壁画保护的科学程序。如敦煌研究院承担的国家文物局修复项目——新疆和田策勒达玛沟壁画保护修复和武威天梯山石窟搬迁壁画彩塑保护修复项目。

新疆策勒达玛沟出土的壁画在考古提取过程中，使用石膏对壁画进行打包加固，初步揭取和打包后的壁画在搬迁运输和库存过程中经历了保存环境突变影响和过多的人为干预，导致壁画产生酥碱、颜料层起甲、粉化和表面污染等严重病害。敦煌研究院对壁画的保护首先采用分析仪器设备开展制作材料及工艺调查分析，并对病害原因进行系统研究，为制定有针对性的保护修复措施提供科学依据。

在具体壁画修复保护措施方面，敦煌研究院通过反复实验研究，创新性地设计了“三明治”结构的缓冲新型支撑体（图 10），在支撑体与壁画地仗层之间，增加吸收变形力的缓冲层（厚 0.3 ～ 0.5 cm 的软木）和抗收缩变形的碳素纤维层，即将软木和碳素纤维层黏接在打磨处理后的蜂窝铝板上，用聚醋酸乙烯乳液替代干燥中收缩力较强的环氧树脂黏接壁画。这种方法可消除或减弱壁画、支撑体和环氧树脂等层与层之间黏接的力学强度、因环境变化引起的材料收缩和膨胀变形差异，各层微小收缩和膨胀可相互吸收，旨在解决因材料性质差异导致壁画变形和分层的问题。采用这种方法较好地修复极为残破的边疆地区珍贵唐代壁画，使得新疆达玛沟壁画得到妥善保护。修复后的壁画（图 11 ～图 13）很快被邀往各地巡回展览，如上海博物馆和陕西历史博物馆的“丝路梵相——新疆和田达玛沟佛教遗址出土壁画艺术展”、中国国家大剧院的“西域回响——新疆古代乐舞文物展”、新疆维吾尔自治区博物馆的“指尖旋舞 艺成天工——新疆文物保护修复成果展”等，保护修复后的壁画经历了长途运输和环境剧变的考验，至今保存状况良好。

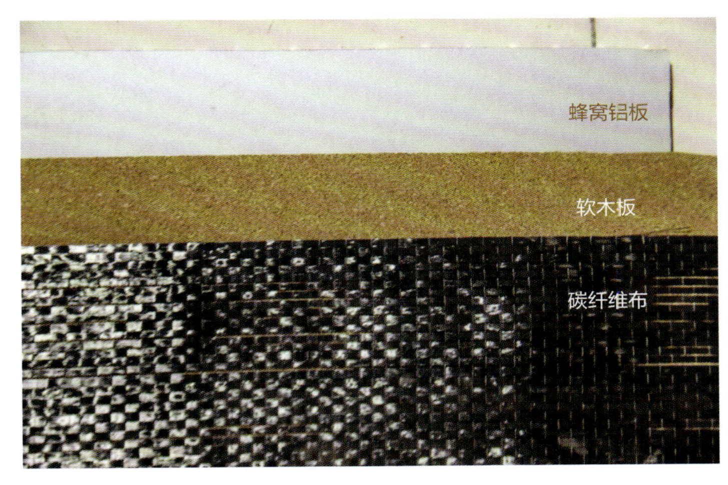

图 10　“三明治”结构的新型支撑体及馆藏壁画结构

图 11　新疆达玛沟出土壁画石膏支撑体更换为蜂窝铝板

图 12　新疆达玛沟出土壁画 5# 修复前后

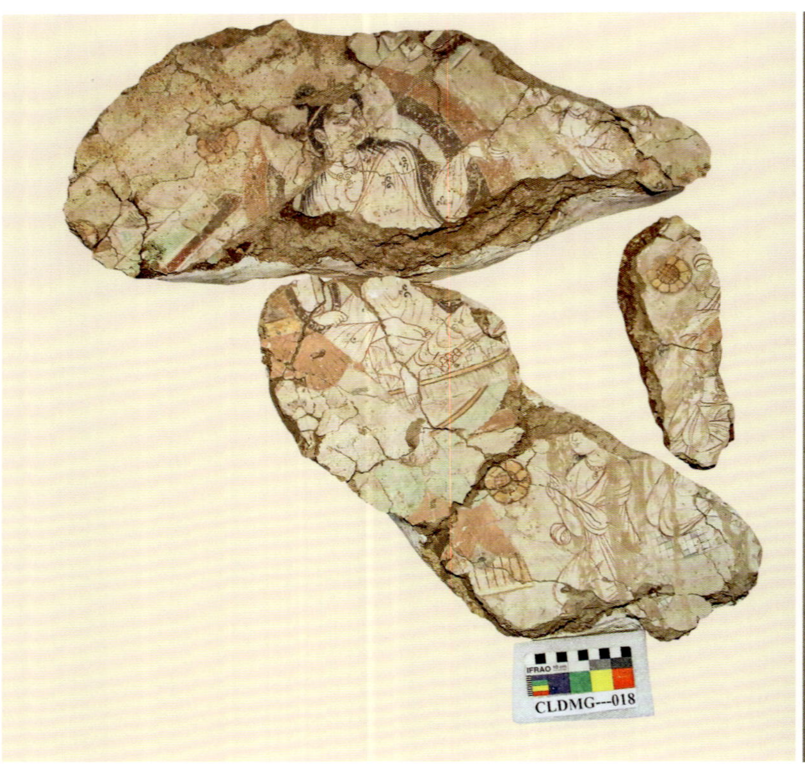

图 13　新疆达玛沟出土壁画 18# 修复拼接前后

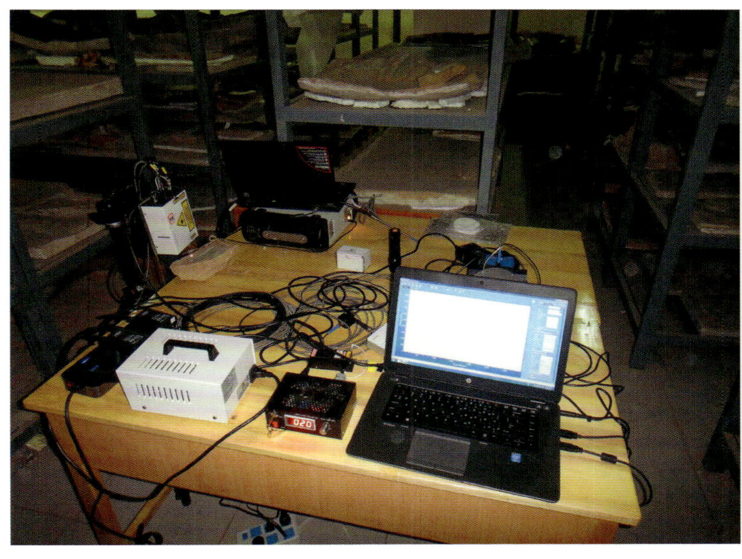

拉曼光谱与光纤反射光谱

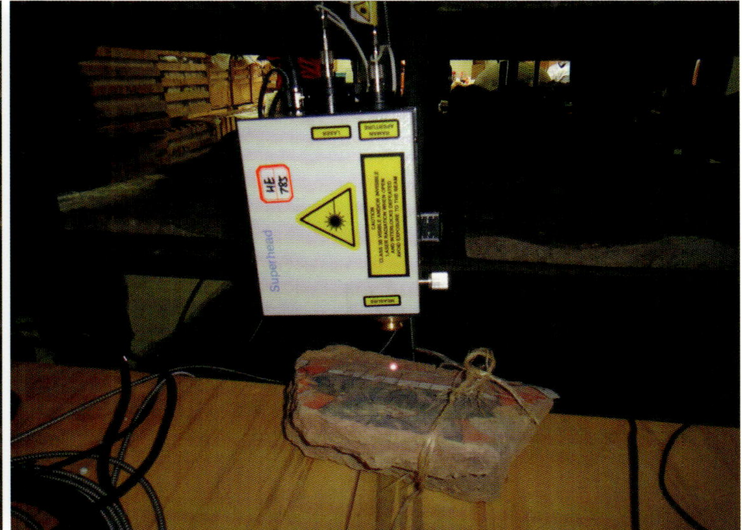

拉曼光谱探头

图 14　馆藏天梯山石窟壁画现场分析检测

图 15　探地雷达检测武威天梯山石窟搬迁壁画重层界面

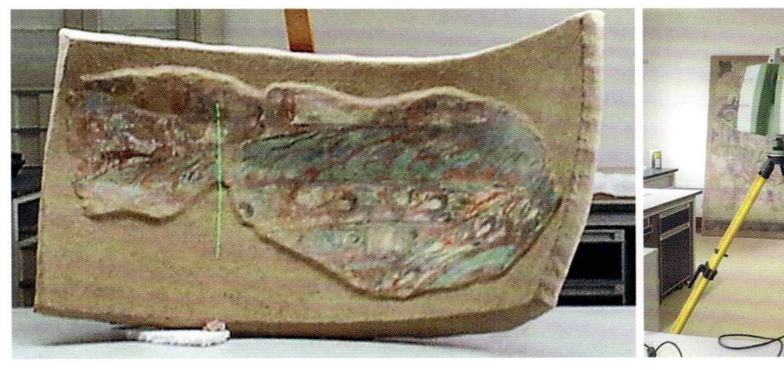

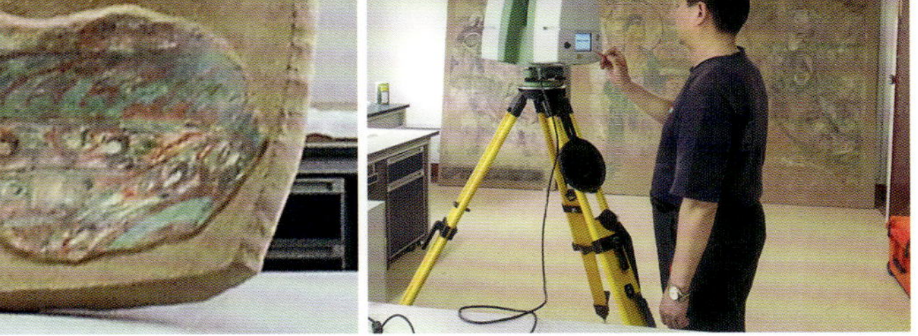

图 16　武威天梯山搬迁壁画采用激光扫描仪获取弧形异面壁画三维点云数据

这种蜂窝铝板 + 缓冲层支撑体的壁画总重量轻、厚度薄，便于远程搬运展陈，修复后的馆藏壁画整体厚度 2 厘米左右，可完整保存于壁画囊匣之中，这种“展存一体”的包装理念，既便于陈列展览，又便于保存。近年来，这种加载缓冲层的新型支撑体修复馆藏壁画的方法已成功应用于多地馆藏壁画保护[43,44,45]。

敦煌研究院通过新疆和田策勒达玛沟壁画保护修复项目的科学实施，在总结馆藏壁画病害调查、制作材料分析以及科学保护等一系列研究工作的同时，2012 年，国家文物局适时启动“馆藏壁画——可移动文物评估规范”编制项目，敦煌研究院在梳理总结过去多年来石窟壁画保护和馆藏壁画保护经验的基础上，编制完成《可移动文物病害评估技术规程——馆藏壁画类文物》[46]，规范的颁布和实施对今后的馆藏文物病害评估和具体调查提供了规范性指导规程。

2012 年，敦煌研究院开始承担武威天梯山石窟搬迁壁画彩塑保护修复项目方案的编制。1960 年，因修建黄羊河水库，为防止水库修建后上升的水位破坏天梯山石窟的壁画，当时敦煌文物研究所组织专家对天梯山壁画采取考古记录、美术临摹和切割搬迁，将天梯山石窟寺壁画移至室内保存。但由于保存壁画的库房缺少温湿度控制等必要的预防性保护措施，多年后，搬迁至室内的壁画产生起甲、酥碱、粉化、表面污染、霉变等多种病害。2013 年，敦煌研究院正式启动天梯山搬迁壁画的保护修复，保护研究人员采用便携式拉曼光谱、X 射线荧光光谱、近红外光谱和数码显微镜等方法对天梯山石窟洞窟壁画颜料和制作工艺进行原位无损分析研究（图 14），鉴定出天梯山石窟北凉洞窟壁画中使用了朱砂、赤铁矿、铅丹、针铁矿、雌黄、铅黄、孔雀石、蓝铜矿、青金石、硬石膏、石膏、高岭石、铅白和炭黑共 14 种无机颜料，在壁画中发现了红色昆虫染料和靛蓝这两种有机染料，在北魏壁画层发现了靛蓝和雌黄混合使用的颜料调色方法，多种无损技术的应用极大地丰富了对壁画科学价值的认知[47]。

在保护修复方面，敦煌研究院将多种科学仪器应用在重层壁画（Cat 3.2.4）分离、大画幅壁画拼接、弧形曲面壁画的修复过程，如使用探地雷达探测确定重层壁画的分离界面，用于指导分离重层壁画（图 15）；应用数字化技术并结合美术图案分析确定拼接位置，实现艺术与科技融合完成多块大画幅壁画的拼接，使得洞窟中整幅壁面壁画得以完整再现；使用三维激光扫描技术（图 16）采集弧形壁画曲面点云数据后，采用计算机建模技术生成精确的三维模型，为制作弧形曲面壁画支撑体模型提供数据支撑，

修复前

图 17　武威天梯山石窟搬迁壁画拼接修复前后

突破弧形曲面壁画支撑体制作的技术难点。科学技术和手段的创新性应用使得壁画修复中的针对性和有效性得到质的提升，图 17 显示大画幅壁画拼接修复前后。

四、结论与展望

我国馆藏壁画的保护历经 70 多年的发展，理念、方法、技术、材料和程序逐步成熟。在壁画揭取技术方面，从最初的套箱法切割发展到墓葬和壁画的整体搬迁，实现壁画历史信息的最大限度保存；在壁画材料和病害认知方面，从简单目测、经验判断发展到多种无损技术、多学科手段的介入应用，深化我们对古代壁画制作材料和工艺以及病害发生发展机理的理论认知；在具体的壁画保护修复方法上，从起初质量较大的石膏支撑体到如今的轻质蜂窝铝板支撑体，逐步研究总结出可推广应用的馆藏壁画表面病害修复材料和工艺、支撑体更换、大画幅壁画拼接和重层壁画分离等专门技术，修复后的壁画可长期保存。70 多年来，文物保护人员不懈努力，及时引入多学科方法和理论，抢救保护大批濒临损毁的珍贵壁画，取得可喜的成绩。但今后，为使馆藏壁画得到更加科学的保护，馆藏壁画的保护还应加强以下三方面的研究工作。

（1）加大馆藏壁画保护材料研发，研发可再处理黏接材料，解决现有黏接材料难以去除、可再处理性差等问题，如支撑体黏接需研发仿地仗的新型轻质泡沫材料，在充分保证壁画安全的状态下，以模块化组合的方式保存和展陈，同时便于后期再处理。

（2）加大传统保护材料改性和修复工艺优化，在新型材料应用方面需开展材料性能老化测试和长期服役性能的研究，为馆藏壁画的预防性保护提供数据支撑。

（3）进一步加强多种分析技术和评估技术的应用，全面分析馆藏壁画原有的制作材料工艺，并对各种病害开展系统研究，阐明各类病害的劣化机制，在保护修复过程中，应用多种数字化手段对馆藏壁画修复过程中的拼接、形变校正，异形支撑体制作等方面提供科学支撑，推动我国馆藏壁画保护技术的进步。

修复后

参考文献

[1] 敦煌研究院，甘肃省博物馆．武威天梯山石窟 [M]. 北京：文物出版社，2000.

[2] 左威．考古发掘现场环境突变对出土文物的破坏及应急保护对策 [J]. 技术与市场，2020(7): 173-174.

[3] 王亚楠．考古发掘现场环境突变对出土文物的破坏及应急保护分析 [J]. 文物鉴定与鉴赏，2020(3): 162-163.

[4] 高雄雄．考古发掘现场环境突变对出土文物的破坏及应急保护分析 [J]. 文化创新比较研究，2019(30).

[5] 李洪飞．考古发掘现场环境突变对出土文物的破坏及应急保护研究 [J]. 生物技术世界，2014(5): 179.

[6] 王蕙贞，冯楠，宋迪生．考古发掘现场环境突变对出土文物的破坏及应急保护研究 [G]. 边疆考古研究，2008(01): 303-313.

[7] 杨文宗．唐韩休墓壁画的抢救性保护 [J]. 中国国家博物馆馆刊，2016(12): 141-147.

[8] 李垚．壁画墓葬整体搬迁保护：以太原市西中环南延 M55 唐墓的整体搬迁为例 [J]. 文物世界，2019(4): 77-80.

[9] 侯晓刚．壁画保护技术在大同辽代壁画墓整体搬迁中的应用 [J]. 文物世界，2018(6): 71-73.

[10] 潘寸敏，高赞岭．河南登封唐庄宋代壁画墓的整体搬迁保护 [J]. 文物修复与研究，2016(00): 559-563.

[11] 杨文宗，郭宏．我国墓葬壁画的保护方法 [J]. 文物保护与考古科学，2017(4): 109-114.

[12] 李在青，郝月仙．太原刚玉元代壁画墓搬迁保护 [J]. 文物世界，2016(5): 64-70.

[13] 霍宝强，石美风．忻州九原岗北朝墓葬壁画的科学揭取与搬迁保护 [N]. 中国文物报，2015-5-29(7).

[14] 胡文英，任海云．山西博物院馆藏墓葬壁画保护与展存概况 [C]. 中国文物保护技术协会第八次学术年会论文集，北京：科学出版社，2014, 245-254.

[15] 茹士安．介绍我们处理古墓壁画的一些经验 [J]. 文物参考资料，1955(5): 77-79.

[16] 孟振亚．山东嘉祥英山一号隋墓壁画的揭取 [J]. 文物，1981(4): 36-38.

[17] Lavagnino, Emilio. The conservation and restoration of mural Paintings. Mouseion: bulletin de l'Office international des musées, 1938: 223-235.

[18] Guzik, Andrzej. Sandwiches as supports for transferred wall Paintings. Studia i materialy Wydzialu Konserwacji Dziel Sztuki Akademii Sztuk Pi?knych w Krakowie, 1992: 103-113.

[19] 李淑琴，王啸啸．中德壁画修复保护方法初探 [C]. 中国文物保护技术协会第二届学术年会论文集，中国文物保护技术协会，2002(7).

[20] Kristova-Bojkova R. The removal of medieval frescoes and their transfer onto a basis[J]. International Restorer Seminar, Veszprem, 1981: 182-186.

[21] P.I. Kostrov, E.G. Sheinina. Restoration of monumental Painting on loess plaster using synthetic resins[J]. Studies in Conservation, 1961(6): 92.

[22] 李宏伟 . 辽宁北票莲花山辽墓壁画的揭取 [J]. 考古 , 1988(7): 655-657.

[23] L.P. Gagen. The study and restoration of antique fresco from Nymphaeum[J]. International Restorer Seminar, Veszprem. 1985(1): 159-163.

[24] H.B. Bull. Absorption of water vapor by proteins[J]. Journal of American Chemical Society, 1944(66): 1499-1507.

[25] Petersen, K. Heyn, C., and Krumbein, W.E. Degradation of synthetic consolidants used in mural Painting restoration by microorganisms, Les Anciennes Restaurations En Peitures Murales, Journees d' Etudes de la S.F.I.I.C. 1993: 47-58.

[26] 杨文宗 , 刘芃 , 惠任 . 陕西唐墓壁画揭取后的保护与修复技术——文物科技研究（第 6 辑）[M]. 北京 : 科学出版社 , 2009, 182-186.

[27] 祁英涛 , 柴泽俊 , 吴克华 . 永乐宫壁画迁移修复技术报告 [J]. 山西文物 , 1982(2).

[28] 杨文宗 , 郭宏 , 葛琴雅 . 馆藏壁画失效支撑体去除技术研究 [J]. 文博 , 2009(6): 184-190.

[29] Cottfredsen F. Construction Materials-Basic Properties. Conservation of cultural heritage Polyteknisk forlag. Nielsen A, 1997: 277.

[30] 徐毓明 . 北周李贤墓壁画的揭取和修复新技术 [J]. 文物保护与考古科学 , 1990(1): 26-31.

[31] 陈进良 , 蔡全法 . 少林寺千佛殿壁画的临摹揭取与复原 [J]. 中原文物 , 1987(4): 31-38.

[32] 河南省商丘市文物管理委员会 . 芒砀山西汉梁王墓地 [M]. 北京 : 文物出版社 , 2001.

[33] 王佳 . 传承与发展——陕西历史博物馆馆藏壁画保护修复的探索之路 [J]. 文物天地 , 2019(10): 62-65.

[34] 铁付德 . 西汉早期柿园墓四神云气图壁画保护研究（一）——历史与现状调查 [J]. 文物保护与考古科学 , 2004(1): 47-51.

[35] 李云鹤 , 侯兴 , 孙洪才 . 瞿昙寺殿壁画修复——敦煌研究文集・石窟保护篇・下 [M]. 甘肃民族出版社 , 1993, 279-287.

[36] 杨文宗 . 古代壁画加固工艺 [J]. 文博 , 1996(1): 101-102+106.

[37] 罗黎 , 张群喜 , 徐建国 . 陕西唐代墓葬壁画 [J], 陕西历史博物馆馆刊 , 1994(1), 209-214.

[38] 谢伟 . 唐墓壁画保护若干问题探 [J]. 陕西历史博物馆馆刊， 1998(5): 345-353.

[39] 杜小帆 , 泽田正昭 , 等 . 古代墓室壁画的保护与修复 [C], 西安唐墓壁画国际学术讨论会论文提要 , 2001(10).

[40] 铁付德 . 馆藏西汉四神云气图壁画修复报告 [M]. 北京 : 文物出版社 , 2014.

[41] 杨蕊 . 北宋富弼墓壁画的揭取及修复保护 [J]. 文物保护与考古科学 , 2010(1): 72-78.

[42] 塔拉 , 张牧林 , 恩和 , 等 . 内蒙古清水河县五代墓葬壁画抢救性揭取与保护修复 [C]. 东亚文化遗产保护学会第二次学术研讨会论文集 , 北京 : 科学出版社 , 2013, 220-230.

[43] 汪万福 , 赵林毅 , 裴强强 , 等 . 馆藏壁画保护理论探索与实践——以甘肃省博物馆藏武威天梯山石窟壁画的保护修复为例 [J]. 文物保护与考古科学 , 2015(4): 101-112.

[44] 薛止昆 , 赵阳 , 杨志杰 . 新疆和田策勒县达玛沟出土壁画保护修复研究 [J]. 吐鲁番学研究 , 2013(1): 73-78.

[45] 樊再轩 , 薛止昆 , 唐伟 , 等 . 新疆和田达玛沟遗址出土壁画修复试验报告 [J]. 敦煌研究 , 2013(1): 18-22.

[46] 中华人民共和国国家文物局 . 可移动文物病害评估技术规程——馆藏壁画类文物 : WW/T 0061—2014[S]. 北京 : 文物出版社 , 2014.

[47] 张文元 , 苏伯民 , 殷耀鹏 , 等 . 天梯山石窟北凉洞窟壁画颜料的原位无损分析 [J]. 敦煌研究 , 2019(4): 134-146.

我国陶质彩绘文物保护技术发展回顾与展望

Review and Prospects of Polychrome Pottery Conservation in China

周　萍[1,2,3]　夏　寅[1,2,3]

Zhou Ping,[1,2,3] Xia Yin[1,2,3]

（1. 秦始皇帝陵博物院；2. 陶质彩绘文物保护国家文物局重点科研基地；3. 陕西省陶质及彩绘文物保护修复工程技术研究中心）

(1. Emperor Qinshihuang's Mausoleum Site Museum 2. Key Scientific Research Base of Ancient Polychrome Pottery Conservation, State Administration of Cultural Heritage 3. Engineering and Technology Research Center of the Ancient Pottery and Polychrome Conservation and Restoration, Shaanxi Province)

摘　要： 陶器在中华文明的发展过程中扮演了极其重要的角色，是具有中华民族鲜明特征的历史文化遗产。开展陶质文物保护技术、方法、材料的研究，意义重大。陶质彩绘文物保护技术应从材料与工艺两方面着手，而彩绘加固和陶质文物黏接是其中最为重要的环节。本文简要回顾了我国早期陶质文物保护的发展，介绍了以秦俑彩绘为主要代表的陶质彩绘保护，并从临时固型提取、黏接和陶胎加固三类材料入手，简要梳理了相关保护材料的研发与应用；并提出了在今后工作中需要着力开展的几方面工作。

关键词： 陶质文物；秦俑彩绘；黏接加固；修复

Abstract:

Pottery has played an extremely important role in the development of Chinese civilization as the historical and cultural heritage with distinctive characteristics of the Chinese nation. It is of great significance to study the conservation technology, methods and materials of polychrome pottery. The conservation technology of polychrome pottery should consist of materials and manufacturing technology among which most important are polychromy consolidation and bonding of pottery fragments. This paper briefly reviews the development of polychrome pottery conservation on the early year, and takes polychromy conservation of Emperor Qin Shihuang's Terracotta Army as the example, then summarizes the development and application of conservation materials including temporary consolidation, bonding and consolidation of pottery. In addition, it also puts forward several tasks that need to be fulfilled with great efforts in the future.

Keywords:

Pottery; polychromy of Emperor Qin Shihuang's terracotta army; bonding and consolidation; restoration

一、引言

作为人类最早的发明创造之一，陶器的发展演变与人类的生产和生活密切相关，是历史信息的重要载体。在近万年的发展演变中，陶器的产生是旧石器时代和新石器时代的分界标志。在中华文明的发展过程中，陶器扮演了极其重要的角色，是具有中华民族鲜明特征的历史文化遗产。它一直伴随着炎黄子孙从原始社会走向文明社会，典型古陶器已经成为重要时代文化的代表符号，其内涵十分丰富，用途极为广泛，渗透于物质生活、精神生活以及社会生活的各个方面，见证了中华文明的发展历程，是考古学研究中建立器物类型学和断代发展序列最重要的实物资料之一，具有不可替代的历史价值、艺术价值、科学价值[1]。

陶质彩绘文物，应包括表面装饰层（彩绘层）和陶胎两类性质差异较大的材料，广义上说，应包括素陶、彩陶、漆衣陶、彩绘陶、釉陶和锡衣陶等不同类型，其表面装饰层和陶胎材质的差异性，又导致了一些主要和难点问题的出现。由于自然风化、人为活动、生物侵蚀、环境污染等问题，陶质文物彩绘文物会出现彩绘层粉化、起翘、龟裂、脱落等病害，陶胎也存在表面酥粉、釉色蜕变、表面片状脱落等病害；这些病害不但造成视觉上的影响，而且其中的有害成分严重威胁着文物本体的保存，造成文物损毁，同时会进一步影响保护措施的实施效果。因此，开展陶质文物保护技术、方法、材料的研究是非常迫切、十分必要的。

陶质彩绘文物保护技术应从材料和工艺两方面着手。其中从保护修复的工作环节来考虑，材料包括提取材料、清理材料、加固材料和黏接材料等，而工艺则包含保护修复工艺和专用设备研发等多个方面。按照保护修复工作环节次序，又可以分为考古环节、保护修复环节和其他环节等，而彩绘加固和陶质文物黏接是其中最为重要的环节（图1）。

二、早期陶质文物保护

传统陶器修复多采用漆皮和明胶等天然材料，也会用到环氧树脂等现代黏合剂材料[2,3]。陶质文物黏接早期就采用了聚醋酸乙烯酯、乙烯—醋酸乙烯共聚物和环氧树脂等高分子黏合剂，在使用环氧树脂黏接前涂刷聚乙烯醇作为初级胶结面，并提出了有机硅作为黏合剂的前景。同时，借鉴壁画层修复，采用聚乙烯醇水溶液、聚醋酸乙烯乳液和丙烯酸乳液加固颜料层[4]。或是借鉴国外壁画修复加固材料，如丙烯酸酯/甲基丙烯酸酯共聚物（Paraloid B72）、丙烯酸酯乳液 AC33 等[5,6]，修复工艺方面也采用了贴丝和铆接等工艺[7]。

三、秦俑彩绘保护

以秦俑彩绘为代表的这类带有生漆底层的彩绘，代表着战国晚期到西汉早期的典型陶质彩绘类型，其保护具有相当的难度[8]。20 世纪 90 年代，文物保护人员对秦俑彩绘的层次结构和成分进行了全面、系统的剖析研究，得知秦俑彩绘是由褐色有机底层和彩色颜料层所构成，褐色有机底层的主要成分为中国生漆。而陶俑身上残存的彩绘颜色，主要有红（朱砂、铅丹）、绿（石绿）、蓝（石青）、紫（紫色硅酸铜钡）、黄（钒铅矿）、黑（炭黑）、白（羟基磷灰石、铅白）等，多为天然矿物质材料。其中的紫色硅酸铜钡（$BaCuSi_2O_6$）、铅白 [$2PbCO_3 \cdot Pb(OH)_2$]、铅丹（Pb_3O_4）均被认为是人工制造的。这种紫色硅酸铜钡的紫色颜料目前在自然界中还未发现，由于是在古代中国制造

陶片拼接

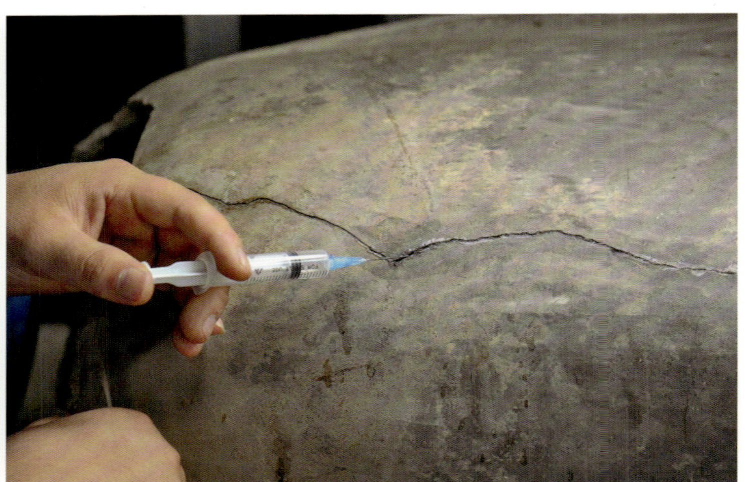

陶片渗透加固

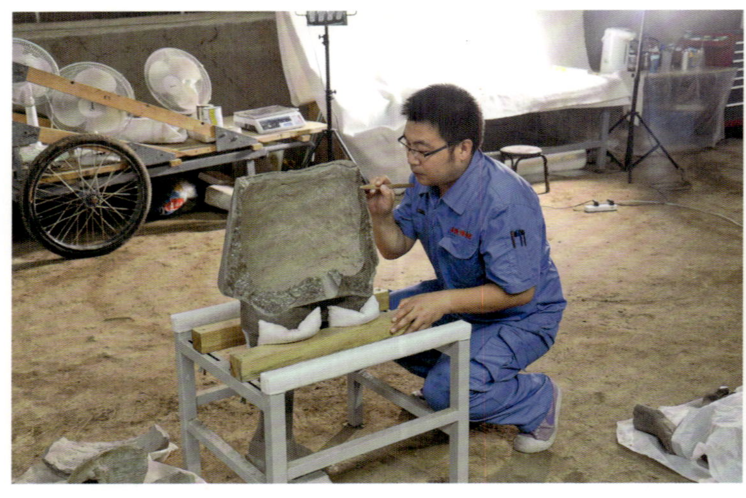

陶界面涂胶

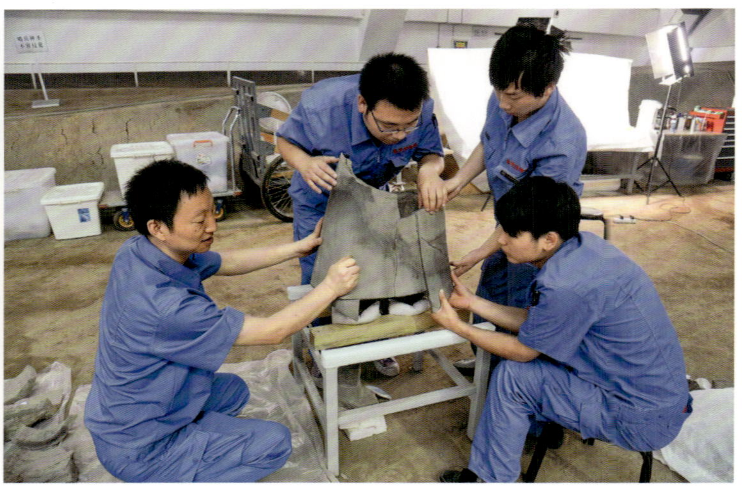

陶俑片黏接

图1　陶质彩绘文物保护技术工作环节

和使用，所以又称“中国紫”或“汉紫”。

秦俑彩绘之所以难以保护，与其特殊的层次结构、所用材料的特性以及出土时的保存状况有关。特别是生漆底层对失水非常敏感，出土后，环境变化使得漆层失水（图2），引起漆层剧烈收缩、龟裂、起翘、卷曲，造成彩绘脱离陶体。文物保护工作人员试用了多种天然及合成高分子加固剂对彩绘层和生漆层进行加固，结果发现这些加固剂难以渗过底层，在底层和陶体之间起加固作用，况且一般的加固剂也不足以抵御漆层因失水而引起的剧烈皱缩[9]。

运用现代分析手段可以揭示其彩绘损坏的机理为出土后环境变化导致其底层迅速失水而起翘、剥落，基于此确定了两套行之有效的保护处理方法：一是用抗皱缩剂和加固剂联合处理，即聚乙二醇 PEG200 和聚氨酯乳液 PU 联合处理法；二是单体渗透，电子束辐照聚合加固保护法。比较而言，前者实用性较好，后者保护效果更佳。接着又进行了发掘现场的保护实验，基于抗皱缩剂（PEG200）和加固剂（聚氨酯乳液）联合处理的保护方法，总结出了一套适用于发掘现场的保护工艺，对刚出土的彩俑实施了精细的保护处理，经过保护处理后的彩绘陶俑表面彩绘颜色鲜艳，颜料层、生漆层和陶体之间的结合力大大加强[10]（图3）。除此之外，还采用该技术成功保护了汉阳陵彩绘陶质文物、青州香山汉墓出土彩绘陶俑[11]（图4）、榆林出土彩绘陶器等。该成果于 2003 年获陕西省科学技术一等奖，于 2004 年获得了国家科技进步二等奖。

四、材料研发与应用

4.1　临时固型提取材料

考古出土的脆弱遗迹和遗物多具有一定的含水率，还具有结构酥松以及与周边环境关系复杂等特点，因而存在含水率骤变、提取技术难度大和清理时间周期长等困难因素。需要筛选和研发能够临时加固考古出土的脆弱遗迹和遗物的材料和工艺，能够将其提取至实验室，并开展精细的实验室考古和保护工作，从而最大限度地保存文物信息。当前已针对考古发掘现场临时固型的应用需求，开展了相关材料的设计、制备以及应用工艺研究，如环十二烷材料[12]，以及国家科技支撑计划课题“出土陶质彩绘文物保护关键技术研究”和国家 973 计划课题“脆弱性硅酸盐质文化遗产保护关键科学与技术基础研究”中研发的薄荷醇[13]等材料和工艺等；并通过结构上的化学修饰与改性，研究其组分、结构以及制备工艺与材料渗透性、形成的固化层强度以及升华性能间的关系，优化制备工艺，研究材料与文物

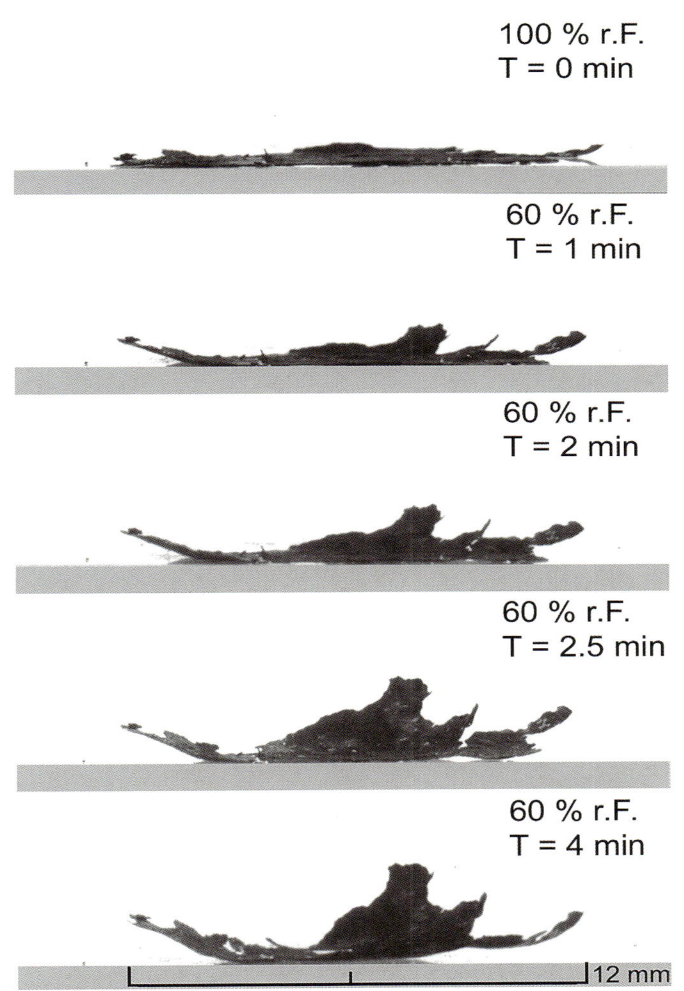

图 2　湿度变化导致漆皮起翘试验

图 3　秦俑二号坑保护中的彩绘跪射俑

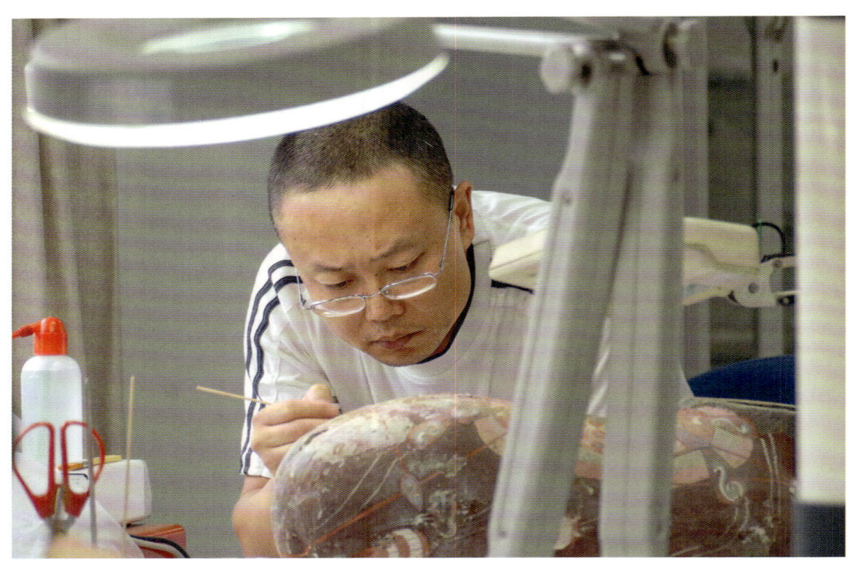

图 4　青州香山汉墓出土陶马修复

的作用机理，研究可控去除的技术以及可控去除过程的物理、化学以及力学性质变化规律。该成果于 2016 年获文物保护科学技术一等奖，于 2019 年获得国家科技进步二等奖。

4.2　黏接材料

我国陶质文物修复黏合剂多为借鉴自国外的聚乙烯醇、聚乙烯醇缩醛、甲醛树脂、有机硅、含氟聚合物、聚丙烯酸类及环氧树脂类材料。同时，随着新材料的不断涌现及先进修复理念的发展，原有黏合剂存在的不足越来越受到关注，如存在黏接材料抗老化性能、渗透性及黏接强度不足等问题，包括残片拼接的复杂性、脆裂黏接力学强度需求的特殊性、表面修复工艺实施要求的精准性、本体结构组成的多层次性等诸多方面。故需要在黏接材料、结构力学、效果评价等方面进行理论研究与技术研发。如纳米复合材料在强化黏接性能及耐久性方面已成为共识，可逆性黏接理念被不断认可。在这方面，环氧树脂以其优良的黏接性和施用性等优异性能，越来越普遍地用于陶瓷文物修复 [14]。但普通环氧树脂也存在质脆，耐冲击性、耐开裂性、耐疲劳性差以及抗紫外线能力弱等缺点，所以，为了适用于文物修复，对其进行必要的改性，甚至开展进一步的研发工作 [15,16]，已成为目前乃至今后研究的热点和重点。同时，由于高分子材料本身无法弥补的易老化等缺陷，对于陶质文物来说，无机黏合剂也是未来发展的趋势，目前已研发出具有陶瓷材料特性的磷酸盐 / 氧化铜 / 纳米氧化物黏合剂，并已取得良好效果 [17]。

4.3　陶胎加固材料

在脆弱陶质文物加固方面，开展了一些合成和改性等尝试性研究工作。杨璐采用 SiO_2 改性的聚丙烯酸酯复合乳液对陶质文物进行加固保护 [18]，袁传勋等以硅溶胶为主体，白乳胶和聚乙烯醇缩丁醛对其进行共混改性制成无机—有机复合材料对陶质文物进行保护 [19]；王蕙贞等人对出土的西汉彩绘陶俑采用有机硅类加固剂对陶俑进行加固保护处理 [20]；王丽琴团队等针对彩绘类陶器保护的特殊要求，在人工气候箱中对所选择的有机高分子文物保护涂层材料进行人工老化试验，分别采用傅立叶红外光谱仪测量试验材料的分子结构，分光光度仪测量颜料的主波长、色纯度和高度的变化，黏接强度仪测量颜料的黏接强度变化。结果表明，有机硅的耐老化性能好，颜色变化小，黏接强度高，能很好地起到保护彩绘文物的作用 [21]。其他复合材料，例如含氟聚合物，尤其是仅由碳和氟组成的全氟聚合物，其耐热性、耐氧化性、耐化学侵袭性能特别良好，氟涂料已被列入世纪重点发展的涂料。和玲等论证了有机氟聚合物加固保护砂岩文物的可行性，并将其试探性地用于文物保护研究，利用不同浓度的四元含氟共聚物溶液加固保护了一批陕西户县出土的新石器彩陶，研究加固后彩陶的外观颜色、机械强度、吸水性的变化，保护效果显著 [22]。

五、虚拟拼接与数字化修复

秦兵马俑在出土时，多数破碎成大小不一、形状各异的陶片，鲜有完整陶俑出土。传统的兵马俑碎片拼对过程，是由修复师尝试两两拼对而确定，并经常存在多次反复拼对的情况，不但耗时费力，且陶俑碎片在确定相互位置关系过程中彼此间多次进行接触摩擦，易产生碎片掉渣及其表面的彩绘纹理脱落、起皮等二次破坏。早在 2009 年西北大学可视化技术研究所便开展了“文物虚拟修复和数字化保护技术的研究与应用”项目，针对兵马俑复原问题，利用虚拟现实等技术完成了大量兵马俑碎片拼接与重组的实验 [23]。近年来，北京建筑大学和秦始皇帝陵博物院团队基于秦兵马俑出土陶片高精度正射影像和亚毫米级精细化文物三维模型，研究粗拼接与精拼接多层次文物碎片虚拟拼接流程，开发实用、高效的三维拼接软件系统，初步实现了文物碎片拼接及复原可视化 [24]。

六、结论与展望

尽管作为可移动文物的陶质彩绘文物，相对于金属质和有机质文物等，看似在文物科技保护与修复方面难度不高，但其仍然蕴含着较为复杂的科学问题。应在现代文物保护理念的指导下，宏观把握陶质文物保护的重点研究领域，从考古发掘、现场保护与提取、室内保护与修复、展示保存以及科学研究等多个环节，开展包括陶质文物材质和工艺研究、劣变机理研究、保护修复技术研究、文物应急及预防性保护等研究；在今后的工作中，还应着力在以下三个方面开展研究工作。

（1）大型陶质文物的黏接修复，目前仅仅简单采用黏接和单一的黏接方式，尚未达到能够根据特征部位实施有针对性的黏接工艺，导致强度和稳定性不足，无法满足科学黏接修复的需要。应该在充分吸收大型石质文物乃至岩土加固中的锚杆锚固技术研究方法的基础上，首先从陶质力学强度以及胶粘材料的黏结强度等方面分析材料的力学性能，进行整体结构的材料力学性能分析以及受外力影响的力学分析研究；通过有限元等相关计算方法，建立结构模型，分析大型陶质文物在受各种外力影响下的受力特点；根据力学分析结果，优化黏接加固方案，开展内衬、销钉和扒钉等辅助加固工艺在陶质文物修复中的适用性和科学化研究，形成系统化规范化材料和专用工具。

（2）陶质文物表面装饰层和陶胎两类性质差异较大的材料，尽管以秦俑彩绘为主要代表的陶质彩绘保护取得了突破性进展，但是在厚质漆衣陶、釉陶和锡衣陶等不同类型陶质文物的保护领域，由于表面装饰层和陶胎材质差异性而导致的一些难点问题，依然需要开展联合攻关研究。

（3）陶质文物材料和工艺研究，不仅对研究我国科学技术史和社会文化形态有重要意义，同时有助于在保护修复中选取更具针对性的保护方法。尽管目前该研究工作不时见于报刊，但仍嫌零散；应以传统工艺制作为基础，结合多种分析化学研究手段，科学认知陶质文物的化学成分、结构组成等，同时综合多种科技分析方法，从陶器的陶土来源分析、羼和料分析、成型工艺分析以及烧成温度分析等方面进行更加严谨和科学的探究，完善和推进古代的制陶工艺研究，乃至全面推进陶质文物科技保护工作。

参考文献

[1] 朱乃诚 . 中国陶器的起源 [J]. 考古 , 2004(6): 70-78.

[2] 赵振茂 , 赵玉中 . 古代陶器的传统修复技术 [J]. 文物 , 1996(2): 73-77.

[3] 毛晓沪 . 古陶瓷修复 [M]. 北京 : 文物出版社 , 1993.

[4] 马清林 . 陶质文物保护方法综述 [J]. 考古 , 1993(1): 81-84.

[5] 周宗华 . 用于文物保护的高分子材料 [J]. 高分子通报 , 1991(1): 41-45.

[6] 俞蕙 , 杨植震 . 古陶瓷修复基础 [M]. 上海 : 复旦大学出版社 , 2012.

[7] 李钢 , 李跃 . 东汉陶三轮马车保护与修复 [J]. 成都文物 , 2004(4): 31-34.

[8] 周铁 , 张志军 . 秦俑表面彩绘的保护研究 [J]. 文博 , 1990(5): 328-329.

[9] 吴永琪 , 张志军 , 周铁 , 等 . 秦俑表面彩绘涂层的加固保护研究 [J]. 文博 , 1994(3): 72-75.

[10] 秦俑彩绘保护技术研究课题组 . 秦始皇兵马俑漆底彩绘保护技术研究 [J]. 中国生漆 , 2005(1): 21-27.

[11] 刘江卫 . 中国陶质彩绘文物保护修复案例报告——青州香山汉墓 [M]. 北京 : 科学出版社 , 2020.

[12] Irene Brückle, Jonathan Thornton, Kimberly Nichols, et al. Cyclododecane: Technical Note on Some Uses in Paper and Objects Conservation[J]. Journal of the American Institute for Conservation, 1999(2): 162-175.

[13] Xiangna Han, Bo Rong, Xiao Huang, et al. The Use of Menthol as Temporary Consolidant in Qin Shihuang's Terracotta Army Excavation [J]. Archaeometry. 2014, 56(6): 1041-1053.

[14] 杨植震 , 俞蕙 . 环氧树脂黏结剂在文物工艺美术品修复中的应用 [J]. 上海工艺美术 , 2018(4): 78-80.

[15] 张顺 , 谢建良 , 邓龙江 . 环氧树脂改性研究进展 [J]. 中国胶粘剂 , 2005(11): 39-43.

[16] 谭世语 , 滕柳梅 , 唐英， 等 . 改性环氧树脂及其在石质文物保护中的研究进展 [J]. 涂料工业 , 2012(6): 71-75.

[17] 谢丽娜 , 李玉虎 , 王盛霖 , 等 . 改性磷酸盐胶黏剂和环氧树脂胶黏剂在陶质文物黏接中的对比研究 [J]. 陕西师范大学学报 (自然科学版), 2019(4): 89-96.

[18] 杨璐 , 王丽琴 , 黄建华 . 纳米材料在文物保护中应用前景的探讨 [J]. 文物科技研究 , 2004(2).

[19] 袁传勋 . PVAc 和 PVB 改性硅溶胶加固保护陶质文物的研究 [J]. 文物保护与考古科学 , 2003(1): 12-21.

[20] 王蕙贞 , 董鲜艳 , 李涛 , 等 . 西汉初期粉彩陶俑的保护研究 [J]. 文物保护与考古科学 , 2005(4): 39-43.

[21] 王芳 , 党高潮 , 王丽琴 . 文物保护中几种有机聚合物涂料的光降解 [J]. 西北大学学报 (自然科学版), 2005(5): 565-570.

[22] 和玲 , 姜宝莲 , 梁国正 . 含氟聚合物用于陕西户县出土新石器彩陶的保护研究 [J]. 文物保护与考古科学 , 2003(3): 35-39.

[23] 周明全 , 耿国华 , 武仲科 . 文化遗产数字化保护技术及应用 [M], 北京 : 高等教育出版社 , 2011.

[24] 侯妙乐 , 赵思仲 , 杨溯 , 等 . 文物三维模型虚拟修复研究进展、挑战与发展趋势 [J]. 遗产与保护研究 , 2018(10): 5-14.

出土竹木漆器脱色脱水保护技术及应用
——以荆州文物保护中心为例

Decolorization and Dehydration Technology and Application for Conservation of Excavated Bamboo, Wood and Lacquer Artifacts: Taking Jingzhou Conservation Center as an Example

赵　阳[1,2]　方北松[1,2]　吴顺清[1,2]
Zhao Yang[1,2]　Fang Beisong[1,2]　Wu Shunqing[1,2]
（1. 荆州文物保护中心；2. 出土木漆器保护国家文物局重点科研基地）
(1. Jingzhou Conservation Center 2. Key Scientific Research Base of Excavated Wood and Lacquerware Conservation, State Administration of Cultural Heritage)

摘　要：在我国历史发展中，典雅华丽的竹木漆器类文物以其精巧的造型、飘逸神秘的纹饰、绚丽多彩的色调、丰富深远的精神内涵，成为中华文明的璀璨瑰宝。由于中国南方地下水位较高，出土的竹木漆器基本呈现饱水状态，在保存过程中，如果任由其自然挥发干燥，会引起竹木漆器的严重变形甚至是损毁。此外，饱水竹木简牍还面临着出土后与空气接触氧化变色的问题。我国从 20 世纪 60 年代开始研究饱水竹木漆器的病害问题，经过几十年的发展和探索，逐步形成了较为完善的饱水竹木漆器脱色、脱水方法体系。本文重点介绍几类常见脱色、脱水方法的基本原理、技术特点和在我国的应用情况，并阐述分析了未来竹木漆器保护技术的发展趋势。

关键词：竹木漆器；竹木简牍；饱水变色；脱色方法；脱水方法

Abstract:

In the historical development of China, the elegant and gorgeous bamboo, wood and lacquer artifacts have become the bright treasures of Chinese civilization with their exquisite shapes, graceful and mysterious decorations, rich colors and profound spiritual connotations. The bamboo, wood and lacquer artifacts excavated from in Southern China is basically water-logged due to the higher groundwater level. If they are allowed to evaporate and dry naturally during the preservation process, severe deformation or even damage may occur. In addition, the water-logged bamboo and wooden slips are also vulnerable to oxidation and discoloration after unearthed and exposed to the air.The problems of water-logged bamboo, wood and lacquer artifacts were began to study since 1960s in China. A complete system of decolorization and dehydration methods for water-logged bamboo, wood and lacquer artifacts has been formed gradually after decades of development and exploration. This paper will focus on several common decolorization and dehydration methods, including the basic principles, technical characteristics and application in China, and elaborate on the development trend of bamboo, wood and lacquer artifacts conservation technologies in the future.

Keywords:

Bamboo, wood and lacquer artifacts; bamboo and wood slips; water-logged and discoloration; decolorization method; dehydration method

在中国南方地区，由于地下水位较高，出土的竹木漆器类文物大多都呈现饱水状态[1]。由于长时间的地下埋藏，木胎内部的纤维素、半纤维素早已严重降解，细胞结构也遭到严重破坏[2]。如果保存处理不当，饱水竹木漆器木胎会在失水的过程中强烈收缩，从而引起开裂变形，漆膜皱缩，色彩黯淡，甚至自毁。

出土竹木漆器保护按流程可分为出土现场保护、运输过程保护、清洗、保存、脱色、脱水、脱水后修补、库房保存、展览等。一般而言，由于出土竹木漆器中饱水状态所占比例很大，其脱水保护是出土竹木漆器保护的主要环节，而对于饱水竹木简牍来说，脱色、脱水处理是其保护过程中的主要环节。本文将简述出土竹木漆器在脱色、脱水保护等方面的技术发展历程，并介绍荆州文物保护中心在该领域的科学研究、技术推广情况以及相关的应用案例。

一、荆州文物保护中心出土竹木漆器保护概述

在竹木漆器科学研究方面，荆州文物保护中心（以下简称中心）累计承担国家重点研发计划 1 项，各类竹木漆器科研课题 39 个。其中，科技部“十五攻关”“科技支撑计划”、重点研发计划课题 6 个，国家文物局文化遗产保护关键技术研究类及其他省部级课题 15 个（含行业标准 5 个），基地自主与开放课题 18 个。

中心牵头承担的重点研发计划项目是“馆藏典型脆弱有机质文物病害防治与评价技术研究”。承担的科技部课题有：“十五”期间，“高新技术在出土竹木类文物修复复原与保存技术中的应用研究（以简牍为主）”（科技攻关计划）；“十一五”期间，“古代简牍保护与整理研究”（科技支撑计划）；“十三五”期间，“出土有机质文物现场提取技术研究与应用示范”（国家科技支撑计划）、“馆藏竹木漆器典型病害及防治研究”（国家重点研发计划）、“馆藏有机质文物保护材料服役性能研究及应用示范”（国家重点研发计划）、“竹木漆器类文物价值认知及关键技术研究”（国家重点研发计划）。

中心在出土竹木漆器保护方面获得省部级奖励 2 项，发表竹木漆器类文物保护修复论文 76 篇（其中在 SCI 期刊上发表论文 4 篇），出版相关专著 2 部，获得有关专利 4 项。

在出土竹木漆器保护技术推广方面，荆州文物保护中心先后在成都、长沙、合肥、扬州、济南、兰州、南昌设立七个工作站，累计编制出土竹木漆器（含简牍）保护方案 170 余项，组织实施了河南长台关战国楚墓、荆州天星观楚墓、长沙马王堆汉墓、成都天回镇汉墓群等省市馆藏出土竹木漆器类文物保护修复项目，累计完成 5000 余件套竹木漆器类文物的保护修复工作；完成湖南里耶秦简、长沙走马楼三国吴简、荆门郭店楚简、安徽阜阳汉简以及各省市馆藏出土竹木简牍类文物共计 14 余万枚的清洗、脱色、脱水保护等工作；同时，中心长期为湖北、湖南、江西、四川、安徽、甘肃、山东等省市的竹木漆器类文物考古发掘现场提供技术支持。

中心始终坚持“以人为本”的理念，重视引进人才和专业培养。目前，中心有固定人员 51 名，其中博士 3 名、硕士 4 名，专业结构包括化学、生物、物理、美学、管理等学科，具有高级职称人员 8 名，其中技术二级岗位 2 人，经批准建有文化名家工作室、技能大师工作室、楚式漆器修复非遗传承项目团队各 1 个；中心直接用于文物保护的修复室面积达 8000 平方米；在出土竹木漆器分析保护设备方面，拥有高光谱图像分析系统、扫描电子显微镜、拉曼光谱仪、X 射线衍射仪、X 射线荧光光谱仪等文物观察和病害检测评估设备以及三维激光扫描仪、雕刻机器人、电热式加热槽等各类专用设备，总价值 5300 万元。

二、出土竹木简牍脱色技术

竹木简牍脱色的目的在于使竹木的本身颜色部分得以恢复，简牍上的古文字通过肉眼可以清晰识读，通过摄影得到清晰的图片，有助于对历史文化的研究。

实际工作中使用的饱水竹木简牍脱色方法，按脱色材料可分为草酸法、乙二胺四乙酸二钠法、连二亚硫酸钠法。

早期通常采用草酸脱色方法，其原理是基于饱水竹木简牍中的深色降解产物可部分溶解于草酸的酸性溶液中以及草酸与铁离子可发生化学反应，一般使用 3%～5%的水溶液。

由于 Fe^{3+} 是导致竹木简牍变色的主要原因之一，乙二胺四乙酸二钠脱色方法利用饱水竹木简牍中的铁离子可以与乙二胺四乙酸二钠盐形成稳定络合物的性质，从而大大减少了深色物质的产生，一般使用 1%～2%的水溶液。

乙二胺四乙酸二钠与 Fe^{3+} 具有很强的螯合作用，能够与竹木简牍中已经络合的 Fe^{3+} 形成稳定的水溶性螯合物，从而达到有效脱除竹木简牍中 Fe^{3+} 的目的。反应示意图见图 1。

基于上述两种脱色方法，连二亚硫酸钠脱色法作为一种新型的脱色方法于 20 世纪 90 年代出现，也是现阶段使用最为广泛和成熟的脱色方法[3]。

连二亚硫酸钠脱色法，一方面是基于连二亚硫酸钠的强还原性，使竹木简牍出土后所形成的深色络合物还原为出土前的无色基团；另一方面是连二亚硫酸钠可以大幅度降低竹木简牍内铁离子的含量，从而达到脱色的目的，一般使用 1%～2%的水溶液。还原反应示意图见图 2。

三、出土竹木漆器主要脱水技术

饱水竹木漆器的脱水处理，从最原始的自然干燥法，到利用各种化学、物理技术而开发出的脱水方法，不断发展创新。按技术种类可分为物理脱水法和化学脱水法。物理脱水法包括自然干燥法、真空冷冻干燥脱水法、真空热干燥脱水法、超临界干燥脱水法等。化学脱水法包括醇-醚连浸脱水法、明矾填充脱水法、聚乙二醇（polyethylene glycol，简称 PEG）填充脱水法、蔗糖填充脱水法、乳糖醇填充脱水法、海藻糖填充脱水法、高级醇填充脱水法、密胺树脂填充脱水法、乙二醛填充聚合脱水法、ArigalC 脱水法等。本文介绍我国常用的饱水竹木漆器脱水方法。

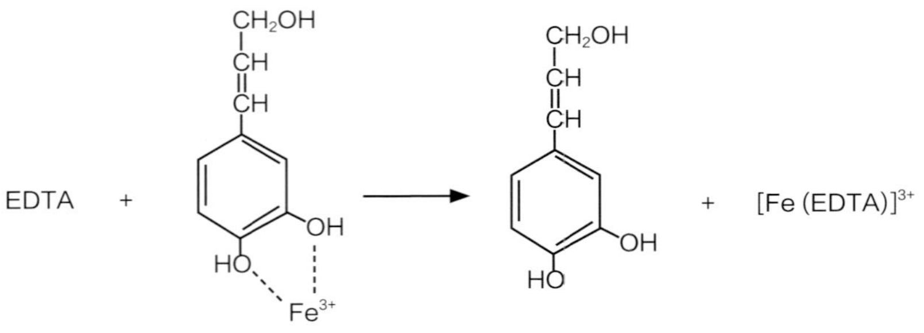

3.1 自然干燥法

在饱水竹木漆器的脱水保护方法中，自然干燥法无疑是最原始的方法。利用水在常温状态下可蒸发的特性，在不使用化学试剂和不改变水的物理状态下让其自然蒸发，此为自然干燥法。沙埋法、麻布或塑料薄膜包裹法、硅胶或无机盐湿度调节法等都是由该方法衍生而来，目的是通过调节水的蒸发速率来达到控制器物脱水的定型效果。李文英等[4]通过对硅胶吸收饱水木漆器水分速度的控制，来达到脱水定型的目的。沙土掩埋后，饱水器物水分挥发缓慢，可有效缓解器物失水变形，张立明等[5]使用这种自然干燥法对汉代两件耳杯进行脱水处理，效果尚可。

自然干燥法使用范围有限，从目前的饱水竹木漆器脱水经验来看，少量机械强度极佳的竹木漆器、脱胎漆器、陶胎和金属胎的漆器、机械强度尚可的杉木质地器物一般可采用此法脱水。对于大型木构件，如椁板、木棺等，若机械强度很好，含水率不高，考虑到成本因素，也可采用自然干燥法。在采取自然干燥法的同时，对于漆器，需要注意漆膜的防护。

3.2 真空冷冻干燥脱水法

20 世纪 50 年代中期，文物保护专家在荷兰首次采用冷冻干燥法对 8000 年前的橡木独木舟进行脱水处理，与此同时，在欧洲其他国家也开始了对冷冻干燥法的应用研究[6]。

将饱水竹木器在冷冻结冰的情况下进行干燥，干燥过程中冰不融化，从固态直接气化而器物得以干燥的过程称为冷冻干燥脱水，若升华时环境气压很低接近真空状态，则称这一过程为真空冷冻干燥。真空冷冻干燥从理论上来说，当器物失去水分时，由于水已经变成固态，表面张力会很小，这样饱水木质文物干燥后的形状可以基本保持。

真空冷冻干燥技术使用必须满足以下条件：① 器物必须充分冻结，温度在脱水溶液的共晶点以下；② 器物中的冰是以升华方式进行脱水，升华过程中环境温度必须受到严格控制，不允许出现冰融化的现象；③ 脱水环境气压应控制在真空状态，以利于水分更快地升华。

真空冷冻干燥技术处理器物时间短且能较好地保持饱水木质文物的器物外型，因此在国内也得到了一定范围的应用。卢衡、郑幼明[7]采用冷冻干燥法对河姆渡遗址出土的饱水木构件进行了室外冷冻干燥；吴福宝、张岚[8]采用冷冻干燥法对饱水古船做了室外冷冻干燥处理；河南信阳出土的耳杯豆[9]和辽宁建平出土的漆木耳杯[10]均采用了真空冷冻干燥法脱水。但是由于冷冻时水的体积膨胀，在对饱水竹木漆器进行冷冻干燥处理时，常会发生木材冻裂现象。为了克服这一缺点，可以使用膨胀性较小的填充物（聚乙二醇、蔗糖、乙二醛、叔丁醇等）来取代木质细胞中的水分，再进行真空冷冻干燥。通过以乙二醛为基础材料的复合液的渗透，陈元生等[11]对出土的战国饱水竹简采取了真空冷冻干燥处理，较完整地保存了该批竹简；张金萍[12]研究了采用甘露醇浸渍饱水木质文物的冷冻干燥法。

由于设备投资高、操作复杂且只能适用于饱水竹木器，冷冻干燥法在我国的应用仍然有限。

3.3 乙醇—乙醚连浸法

20 世纪 70 年代，醇—醚连浸脱水方法在世界各地都有不同程度的进展。

物质的不同物理形态称之为不同的“相”，两相界面上的分子所受到的周围分子的作用力与某一相内部的分子所受到的分子间的作用力并不相同。在气液界面，所有液面上的分子都受到一个垂直指向液体内部的力，它们相对于液体内部的分子来说处于不平衡的状态，有向液体内部移动的趋势，即有缩小外表面积抱成球状，成为液珠的趋

图 1　乙二胺四乙酸二钠的脱色示意图

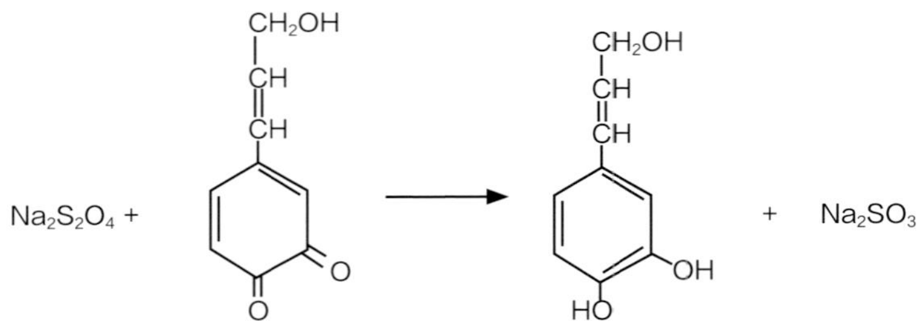

图 2　连二亚硫酸钠脱色示意图

势，这种使界面缩小的作用力称为表面张力。

饱水竹木漆器在失水干燥过程中，因水的表面张力很大（20℃时 72.8mN/m），随着水分的失去，加之器物过度糟朽，在表面张力的诱导下，器物表面会发生严重收缩。因此，与真空冷冻干燥类似，乙醇—乙醚连浸法也是基于降低器物干燥时表面张力的破坏作用，而改用液体挥发时表面张力小的乙醇、乙醚相继置换出水分，以期在器物干燥时保持器物的外形。

在乙醇—乙醚置换脱水的基础上，向乙醚中添加适当的化学材料来作为脱水后保存于竹木漆器中的填充材料，这也就是所谓的乙醇—乙醚—树脂填充脱水法，该方法可更好地降低乙醚挥发时器物的各向收缩率。

胡继高采用乙醇—乙醚—乳香胶填充脱水方法对银雀山和马王堆出土的竹简做了脱水处理，而在处理四川青川饱水木牍时，则使用了乙醇—石油醚连浸脱水法 [13,14]；陈中行 [15] 使用醇—醚连浸法对江陵望山 60 余枚竹简进行了脱水处理；魏象等 [16] 对乙醇—乙醚连浸法从操作工艺上做了多项改进；李琳 [17] 对阳新出土的商代黑漆木柄采用了乙醇—乙醚连浸法脱水；赵桂芳 [18] 探讨了醇—醚连浸法的脱水机理及相关技术参数。

乙醇—乙醚连浸脱水法在使用时也存在一定的缺陷，由于醇和醚都是易燃物质，所以对于木质文物存在一定的安全隐患，此外，大型器物会引起溶剂挥发的不均匀，导致木材干缩进而带来对文物的破坏。

3.4 聚乙二醇（PEG）填充脱水法

第二次世界大战后，随着化学工业的发展和对文物保护事业的愈加重视，聚乙二醇（PEG）填充脱水法在欧美被开发出来。

聚乙二醇（PEG）填充脱水法是利用 PEG 材料的水溶性、相对稳定性、常温下为固体等特性，通过 PEG 渗透进入到木材细胞结构内，把水分从竹木漆器中置换出来，同时 PEG 自身吸附在木材内部，从而达到固定竹木漆器形体，脱除水分的目的。

聚乙二醇填充脱水法适用于大部分饱水竹木器和少量残破漆器的脱水。Mortensen[19] 报道了采用聚乙二醇对 Vasa 战船的脱水保护情况；陈进良 [20] 在河南将 PEG6000 应用于河南信阳长台关出土的战国木漆器的脱水；周健林 [21] 采用聚乙二醇脱水法对汉代饱水木漆器进行了脱水处理，并较好地控制了文物尺寸变化；姜进展 [22] 分析了饱水木材在 PEG 溶液中发生收缩现象的原因及其改进方法；蓬莱地区出土了四艘古船，袁晓春 [23] 介绍了这四艘古船采用 PEG 法保护修复的现状；马清林等 [24] 选用 PEG 乙醇溶液与 B72 丙酮溶液为渗透剂对糟朽漆器进行加固，效果良好；周松峦 [25] 采用 PEG 复合液脱水加固定型出土饱水木构件，保护处理过的木构件保持了原有的几何形状，各向收缩率接近零。

聚乙二醇脱水法在使用过程中最大的问题就是易吸湿返潮，由于该填充材料是水溶性的，所以在对器物进行置换加固后会存在易吸湿返潮的缺点，这个问题可通过表面封护在一定程度上得到缓解。此外，采用聚乙二醇处理后的木材还可能存在颜色加深等问题。

3.5 高级醇填充脱水法

20 世纪 90 年代，高级醇被开发出来用于对饱水竹木漆器进行脱水加固定型处理。

高级醇填充脱水法首先是使用乙醇完全置换出饱水竹木漆器内的水分，再用高级醇完全置换乙醇，使高级醇保存在器物内部而达到器物脱水定型的目的。

高级醇不溶于水而易溶于乙醇，常温下高级醇化学性质稳定，不挥发，颜色为纯白色，毒性极低，这是高级醇可用于饱水竹木漆器脱水的重要原因。可用于饱水竹木漆器脱水的高级醇一般指十六醇和十八醇。

高级醇填充脱水法适用于小型饱水竹木漆器的脱水，尤其是饱水简牍的脱水处理。方北松 [26] 采用乙醇 - 十六醇对湖南走马楼三国吴简进行了脱水保护处理；韦荃等 [27] 采用十八醇对四川绵阳永兴双包山西汉墓出土的漆、木器文物进行了脱水保护；卢衡等 [28] 采用十八醇置换填充法对浙江安吉出土的饱水木俑进行了脱水研究。

3.6 乙二醛填充聚合脱水法

湖北省博物馆陈中行研究员从 1973 年开始研究乙二醛脱水加固饱水木漆器，并获得成功。此成果荣获 1988 年文化部科技进步一等奖，1989 年国家科技进步三等奖 [29]。

该技术是使用一定浓度的乙二醛水溶液（一般为 30% 或 40%）直接浸泡饱水竹木漆器，待充分渗透后，让水分自然挥发，留存于器物中的乙二醛会与竹木漆器胎体内的物质发生一定程度的化学反应，从而起到填充加固器物形体的作用。这一方法对于饱水竹木漆器脱水具有普适性 [30]、可重复处理、操作非常简便等优点，在中国饱水竹木漆器保护领域得到了广泛应用。

基于乙二醛脱水技术，吴顺清、方北松 [31,32] 对其进行了改进完善，经过筛选高效的引发剂和交联剂，提高了乙二醛的聚合程度，使其形成空间网络状结构，并通过氢键等分子间的作用力附着在木胎细胞结构上，当饱水竹木漆器脱水干燥时，该结构可以起到支撑定型的作用，抵消水的表面张力，使得器物不收缩、不变形。改进后的乙二醛填充聚合脱水法已抢救保护了全国各地数以千计的各类饱水竹木漆器文物 [3]。

四、出土竹木漆器保护案例

4.1 湖北荆州凤凰山 M24 出土简牍（2016 年出土）脱色、脱水保护

脱色方法：连二亚硫酸钠脱色法。

脱水方法：十六醇填充脱水法。

竹简保护修复前后情况见图 3 ～图 5 和表 1。

4.2 湖北荆州谢家桥 M1：25 漆壶（2007 年出土）脱水保护

脱水方法：乙二醛填充聚合脱水法。

修复方法：楚式漆器传统修复技术。

漆壶保护修复前后情况见图 6、图 7 和表 2。

4.3 江苏仪征市烟袋山 M26 漆奁（2005 年出土）脱水保护

脱水方法：乙二醛填充聚合脱水法。

修复方法：楚式漆器传统修复技术。

漆奁保护修复前后情况见图 8、图 9 和表 3。

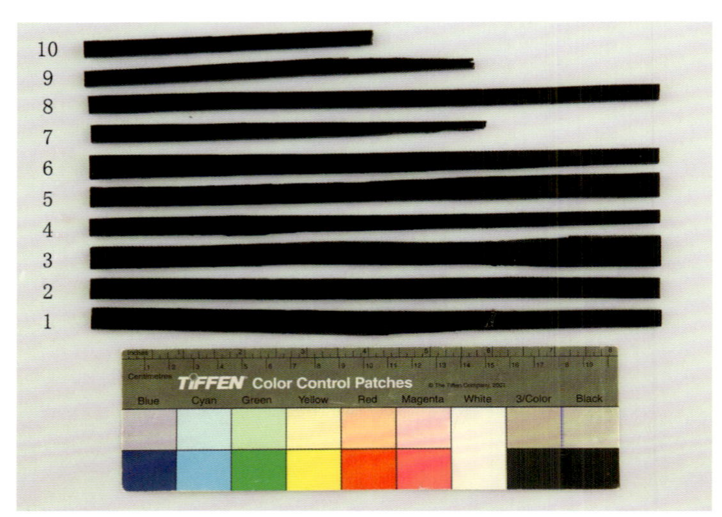

图 3　竹简脱色前

图 4　竹简脱色后

图 5　竹简脱水后

表 1　保护修复前后竹简尺寸及重量统计表

编号	尺寸（毫米）						重量（克）	
	脱水前			脱水后			脱水前	脱水后
	长	宽	厚	长	宽	厚		
1	231	9	2	231	9	2	5.9	4.1
2	231	8	2	232	8	2	6.5	4.4
3	232	12	2	232	12	2	6.9	4.7
4	232	8	2	232	8	2	4.5	3.1
5	231	9	2	231	9	2	6.9	4.6
6	232	8	2	232	8	2	5.6	3.9
7	161	7	2	161	7	2	3.2	2.3
8	231	7	2	231	7	2	4.1	2.9
9	159	6	2	159	6	2	3.1	2.1
10	117	6	2	111	6	2	2.3	1.6

表2　保护修复前后漆壶尺寸及重量统计表

尺寸（毫米）				重量（克）	
脱水前		脱水后		前	后
直径	高	直径	高		
残损	残损	333	23.5	2424	2179.6

图6　漆壶保护修复前

图7　漆壶保护修复后

表3　保护修复前后漆奁尺寸及重量统计表

尺寸（毫米）						重量（克）	
脱水前			脱水后			前	后
底直径	盖直径	高	底直径	盖直径	高		
124	113	52	125	113	52	85	67

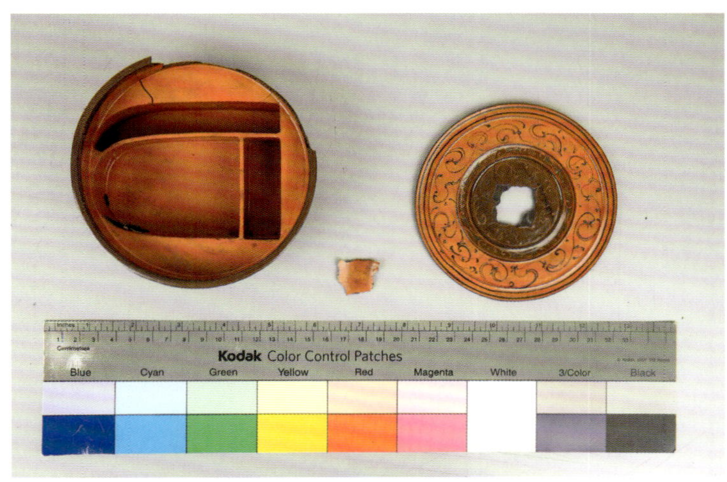

图8　漆奁保护修复前

图9　漆奁保护修复后

五、竹木漆器保护技术发展趋势

竹木漆器保护经过六十多年的发展，从早期引进国外保护技术到现阶段拥有自主创新技术，实现了跨越式发展。尤其是在脱色、脱水研究方面，已经形成了一整套成熟可靠的保护方法体系，抢救保护了数以万计的饱水竹木漆器和简牍，这些珍贵的文化遗产对于研究中国的历史文化具有非常重要的实物价值。在取得这些成绩的同时，也应该看到当前所面临的一些科学问题尚未解决：保存环境因素与竹木漆器的致病机制不明确、病害种类及程度难以量化、保护材料作用机制研究不充分等，此外，随着水下考古的兴起与发展，海洋出水木质文物的保护也缺乏相应的技术储备。这些关键技术问题如果无法取得实质突破，将极大制约保护技术向更高水平发展。今后，解决上述科学问题将是竹木漆器保护技术发展的主要趋势。

研究竹木漆器多维因素致病机制，探寻单维因素与文物本体的核心劣化反应过程，评估该因素在竹木漆器劣化中的危害机制和程度，以此为基础综合研究多维因素在竹木漆器劣化过程中的协同作用机制，突破竹木漆器理论基础研究薄弱的瓶颈。

建立竹木漆器病害程度量化评估指标体系，利用与病害程度呈关联的理化指标客观定量描述劣化程度，建立起多层次、可量化的劣化程度评估指标体系。该体系对于准确诊断竹木漆器病害，选择合适保护技术，制定科学修复方案，具有极为重要的参考价值。

竹木漆器劣化程度量化预测，从反应动力学角度研究劣化反应速率，建立劣化程度与时间的函数关系，构建劣化程度量化预测模型。针对竹木漆器劣化程度发展的量化预测，可以为馆藏环境下该类文物预防性保护方案的制定提供科学的依据。

竹木漆器保护材料服役期限预测，现有的保护材料对于文物的保护效果已经在应用中得到检验，但保护材料与文物本体的作用机制和失效规律尚不明确。建立典型保护材料服役期限预测模型有助于优化保护材料性能，为研发新型保护材料指引突破方向，同时也可以有效避免保护材料失效对文物造成的二次伤害。

研发新型脱水保护材料，选择易溶于水，性质稳定且易于聚合的有机小分子单体或可溶于水的高稳定性无机材料是未来研发的重点方向。

随着水下考古工作的深入发展，海洋出水木质文物也面临着诸多瓶颈问题需要克服。研究脆弱木质文物水下临时固型材料及配套提取技术，建立海洋出水木质文物保存状况评估体系，研发出水木质文物沉积物脱除技术与新型脱水材料，形成大型木质沉船整体保护技术解决方案，将是海洋出水木质文物研究的几个重要领域。通过相关领域成果的集成融合，构建海洋出水木质文物保护技术完整体系也是未来发展的大势所趋。

参考文献

[1] 吴顺清 . 古代饱水漆木器的清理脱水修复保护研究 [C]. 中国文物保护技术协会首届学术年会论文集 , 2001.
[2] Giachi G, Capretti C, Donato I D, et al. New trials in the consolidation of waterlogged archaeological wood with different acetone-carried products [J]. Journal of Archaeological Science, 2011, 38(11): 2957-2967.
[3] 方北松 , 刘姗姗 , 童华 , 等 . 饱水竹简变色机理的初步研究 [C]. 中国文物保护技术协会 . 中国文物保护技术协会第四次学术年会论文集 , 北京 : 科学出版社 , 2005: 367-373.
[4] 刘丽 , 李文英 , 杨竹英 . 硅胶在出土浸饱水漆木器脱水定型中的应用与研究 [J]. 文物保护与考古科学 , 2005(2): 39-41.
[5] 张立明 , 黄文川 , 何爱平 , 等 . 自然干燥法在保护西汉饱水漆耳杯中的应用 [J]. 文物保护与考古科学 , 2005(4): 44-47.
[6] 方北松 , 吴顺清 . 饱水竹木漆器保护修复的历史、现状与展望 [J]. 文物保护与考古科学 , 2008, 20(1): 122-130.
[7] 卢衡 , 郑幼明 . 河姆渡严重降解木构件的室外冷冻脱水 [J]. 文物保护与考古科学 , 1992, 4(2): 10-18.
[8] 吴福宝 , 张岚 . 川杨河大型古木船室外冷冻脱水处理 [J]. 文物保护与考古科学 , 1990(2): 13-21.
[9] 吴顺清 . 古代饱水漆木器的清理脱水修复保护研究 [C]. 中国文物保护技术协会首届学术年会论文集 , 2001.
[10] 刘博 . 漆木耳杯真空速冻干燥及加固处理 [J]. 北方文物 , 2005(4): 104-107.
[11] 陈元生 , 解玉林 , 罗曦芸 . 严重朽蚀饱水竹简的真空冷冻干燥研究 [J]. 文物保护与考古科学 , 1999(1): 7-17.
[12] Setesuo ImaZu, Tadateru Nishiura, 张金萍 . 用甘露醇和 PEG 保护饱水木质文物的冷冻干燥法 [J]. 东南文化 , 1998(4): 127-130.
[13] 胡继高 . 银雀山和马王堆出土竹简脱水试验报告 : 兼论醇 - 醚连浸法原理 [J]. 文物 , 1979(4): 64-72.
[14] 胡继高 , 赵桂芳 . 阜阳汉墓竹简的剥离与清川汉墓木牍的脱水保护 [C]. 中国文物保护技术协会 : 文物保护技术 (1981 ～ 1991) 论文集 , 北京 : 科学出版社 , 2010: 2.
[15] 陈中行 . 出土竹器的保护和脱水动力学 [C]. 中国文物保护技术协会 : 文物保护技术 (1981 ～ 1991) 论文集 , 北京 : 科学出版社 , 2010: 8.
[16] 魏象 , 肖觉民 . 漆木器脱水处理的新方法及其工艺的探索 : 关于高压降压膨胀法的实验报告 [C]. 中国文物保护技术协会 : 文物保护技术 (1981 ～ 1991) 论文集 , 北京 : 科学出版社 , 2010: 6.
[17] 李琳 . 阳新出土商代黑漆木柄的保护处理 [J]. 文物保护与考古科学 , 1994(1): 22-25.
[18] 赵桂芳 . 出土饱水古代竹木器的保护实验——醇醚连浸法的探讨 [C]. 中国文物保护技术协会 : 文物保护技术 (1981 ～ 1991) 论文集 , 北京 : 科学出版社 , 2010: 6.
[19] Mortensen M N, Egsgaard H, Hvilsted S, et al. Characterisation of the Polyethylene Glycol Impregnation of the Swedish Warship Vasa and one of the Danish Skuldelev Viking Ships[J]. Journal of Archaeological Science, 2007, 34(8): 1211-1218.
[20] 陈进良 . 谈谈出土饱水漆木器的脱水研究 [C]. 中国文物保护技术协会 : 文物保护技术 (1981 ～ 1991) 论文集 , 北京 : 科学出版社 , 2010: 4.
[21] 周健林 . 用聚乙二醇来控制木质文物尺寸的变化 [C]. 中国文物保护技术协会 : 文物保护技术 (1981 ～ 1991) 论文集 , 北京 : 科学出版社 , 2010: 6.
[22] 姜进展 . 木材在 PEG 法处理过程中收缩原因的研究 [J]. 文物保护与考古科学 , 1995(2): 57-61.
[23] 袁晓春 . 蓬莱三艘古船前期保护及元朝古船保护技术 [C]. 中国文物保护技术协会 , 故宫博物院文保科技部 . 中国文物保护技术协会第五次学术年会论文集 , 北京 : 科学出版社 , 2008: 10.
[24] 卢燕玲 , 韩鉴卿 , 张岚 , 等 . 中国北方干燥地区出土糟朽漆器加固材料及修复方法 [J]. 文物保护与考古科学 , 2003(3): 31-34.
[25] 周松峦 . 采用 PEG(聚乙二醇) 复合液脱水加固定型出土饱水木构件 . 湖北省博物馆 , 2004-11-01.
[26] 方北松 . 饱水简牍糟朽成因研究及脱水事例 : 清华大学出土文献研究与保护中心 . 出土文献 (第一辑)[M]. 上海 : 中西书局 , 2010: 252-262.
[27] 韦荃 , 金普军 , 冈田文男 , 等 . 四川省绵阳市永兴双包山西汉墓出土漆、木器文物保护研究 [J]. 文物保护与考古科学 , 2004(2): 39-44+67-68.
[28] 卢衡 , 刘莺 , 靳海斌 , 等 . 置换填充法稳定浙江安吉出土饱水木俑的研究 [C]. 中国文物保护技术协会 . 中国文物保护技术协会第六次学术年会论文集 , 北京 : 科学出版社 , 2010: 8.
[29] 陈中行 , 程丽臻 , 李澜 . 乙二醛脱水加固定型曾侯乙墓和包山楚墓彩漆主棺 [J]. 文博 , 2009(6): 463-467.
[30] 李澜 . 襄阳文物考古研究所藏出土饱水木漆器保护与修复 [J]. 文博 , 2012(3): 89-92.
[31] 吴昊 , 赵阳 , 方北松 , 等 . 饱水竹木漆器乙二醛脱水法引发剂材料筛选 [J]. 江汉考古 , 2019(1): 126-130.
[32] 赵阳 , 吴昊 , 方北松 , 等 . 饱水木漆器乙二醛复合法脱水加固机理研究 [J]. 江汉考古 , 2019(1): 131-136.

中国金属文物保护研究的发展

Development of Research on Metal Artifacts Conservation in China

张　然[1,2]　潘　路[1,2]

Zhang Ran[1,2]　Pan Lu[1,2]

（1. 中国国家博物馆；2. 金属文物保护国家文物局重点科研基地）

(1. National Museum of China　2. Key Scientific Research Base of Conservation on Metal Collection, State Administration of Cultural Heritage)

摘　要：本文简要回顾了中国金属（铜器、铁器）文物保护的历史沿革及其重要成果，并对基于显微镜的形貌观察，基于X射线成像和X射线CT技术的内部结构研究，以及基于光谱、色谱和质谱的材质鉴别在内的金属文物认知技术与成果进行了概述，同时从清洗除锈、脱盐（氯）、有害锈转化、缓蚀和封护几个方面，对中国金属文物保护技术的进展进行了总结与评述。

关键词：金属文物保护；青铜文物；铁质文物；腐蚀

Abstract:

This paper briefly reviews the historical evolution and significant achievements in the conservation of metal artifacts such as bronze and iron artifacts in China, and outlines the recognition technology and achievements of metal artifacts including the morphological observation based on microscope, the internal structure research based on X-ray imaging and X-ray CT and the identification of materials based on spectroscopy, chromatography and mass spectrometry. It also summarizes and comments on the development of metal artifacts conservation technology in China in terms of rust cleaning and removal, desalination (dechloridation), transformation of harmful rust, inhibition and coating.

Keywords:

Metal artifacts conservation; bronze artifacts; iron artifacts; corrosion

一、中国金属文物保护历史沿革和成果

1.1 历史沿革

青铜器修复技术源于春秋，盛于北宋，至清朝形成独立行业。《吕氏春秋·审已篇》和《韩非子·说林》均记载鲁国复制赝鼎送给齐国的故事，确认春秋已有青铜器复制的事实。北宋中期，宋徽宗赵佶崇古好古，复古之风盛行，复制出高水准的商周青铜器，推进了古器物修复复制工艺。清代中期乾隆盛世，宫廷倡导收藏鉴赏青铜器，刺激了民间古玩业的发展，复制作伪之风盛行，民间作坊形成各具特色的流派，如“北京派”、“苏州派”、“洛阳派”、“潍坊派”和“西安派”等。“北京派”创始人是清末故宫外号叫歪嘴于的工匠，清末年间他在北京开了个“万龙合”古铜作坊，以修理古铜器为业，据说经常给宫里修理铜器，后来他最得意的徒弟张泰恩将其传承光大，成为青铜修复史上著名的古铜张[1]。清乾隆以来，苏州则成为民间古器物复制修复业的基地，青铜修复业“苏州派”创始人金氏，是南派修复技艺的代表。“北京派”和“苏州派”代代相传，他们的传承人至今在青铜器保护修复领域中仍然发挥着重要作用[2]。

图 1　1976 年北京钢铁学院举办金属文物保护培训班

20 世纪 50 年代初期，分散在南北各地为数不多的传统文物修复技师，相继进入博物馆系统工作。1952 年，中国历史博物馆（现中国国家博物馆）成立文物修整室，为现在中国国家博物馆文保院的前身。古铜张的第三、四、五代传人都曾经或者正在这里工作。

60 年代初，中国历史博物馆、上海博物馆、甘肃省博物馆等相继成立文物保护实验室，并吸收了一些理工科大学毕业生，标志着在中国开始了应用现代科学技术保护文物的探索。60 ～ 80 年代，中国金属文物保护工作者利用现代科学知识，根据国外文献并结合中国古代金属器特点研究了去除有害锈和无害锈，表面缓蚀等一系列的保护方法。中国历史博物馆文物保护实验室开展的“青铜器的腐蚀与保护”科研项目，于 1978 年获全国科学大会奖 [1]。1974 年，柯俊院士组织并领导北京钢铁学院（现北京科技大学）成立冶金史研究室（所），组成专职队伍，与文物考古部门密切合作（图 1），运用现代实验方法对考古发掘出土的金属文物和冶金遗物进行系统的分析与研究，以阐明中国冶金技术发展历程及其对中国社会、经济与文化的作用，经过 40 多年的研究，取得了亘大突破和重要成果 [3]。80 年代前后，上海博物馆率先利用实验考古的方法，模拟并复制了汉代透光镜，继而又先后开展了“古代铜镜水银沁的表面处理”“商代陶范的研究”“春秋战国菱形暗格纹的研究”等研究，不仅在全国博物馆中首屈一指，在国际上都处于领先地位 [4]。

90 年代以来，传统的修复手工艺与化学保护、科学分析、现代机械加工技术和金属材料腐蚀与防护广泛地进行合作，相辅相成，加快了工作的进步，提高了工作的科学性，如陕西秦始皇帝陵博物院“秦陵一号铜车马”修复工程获国家文物局 1995 年科技进步二等奖，1996 年又获国家科技进步二等奖（图 2）。南京博物院“明代浑仪、简仪的修复工程”获 1991 年国家文物局科技进步三等奖。中外合

图 2　秦始皇陵铜车马修复

作交流也明显增多，1995年作为中意国家级合作项目，西安文物保护修复中心（现陕西省文物保护研究院）首次在中国文物保护领域建立了较为系统、全面的保护实验室[2,4]。

进入21世纪，在国家文物局多年持续不断的努力下，中国的文物保护事业得到前所未有的重视和支持，并取得了长足的进步。为筹办成立中国国家博物馆，国家财政投入近5个亿用于博物馆基础设施和基本业务的全面提升，其中约5000万用于国家博物馆文物科技保护中心建设，一批最为先进的科学分析检测仪器的购置为文物保护科学研究工作奠定了良好的基础。2008年，金属与矿冶文化遗产研究国家文物局重点科研基地（北京科技大学）获批成立；2010年，金属文物保护国家文物局重点科研基地（中国国家博物馆）获批成立。在科技部、财政部和国家文物局的大力支持下，先后实施了“十五”国家重点科技攻关课题“金属文物的病害及其防治研究”、“十一五”国家重点科技支撑课题“铁质文物综合保护技术研究”两项国家级金属文物保护科研项目，分别由中国国家博物馆、中国文化遗产研究院牵头承担，在青铜、铁质文物腐蚀机理、分析检测、保护技术和标准化等方面取得了显著的研究进展。不久前立项实施的“十三五”国家重点研发计划项目中，在金属文物保护领域部署了馆藏脆弱青铜文物、铁质文物劣化机理及保护关键技术研究项目，分别由河南省文物考古研究院和中国国家博物馆牵头承担，北京大学、中国科学技术大学等20家大学、科研院所、文博单位合作共同实施。新的思想、新的理念、新的技术方法和创新思路一定能够推动中国金属文物保护踏上一个更加崭新的台阶。

1.2 近期主要成果

在国家文物局和各考古文博单位的大力支持下，近年来大量金属文物保护与研究著作、教材、手册、保护修复报告相继出版。如在“十五”课题基础上完成的《金属文物保护——全程技术方案》[5]、“十一五”课题基础上完成的《铁质文物保护技术》[6]等著作；北京科技大学科学技术史团队汇集了30多年的重要研究成果，编写了《中国古代金属材料显微组织图谱》系列丛书[2,7]以及《中国古代冶金技术专论》[8]教材；中国文化遗产研究院出水文物保护团队总结阶段性成果，编著了《海洋出水铜器的腐蚀与保护》[9]；首都博物馆总结课题成果，编著了《铁质文物脱盐清洗及封护研究》[10]；中国国家博物馆杨小林总结金银制作工艺和文物保护方面的经验，编著了《中国细金工艺与文物》[11]；董亚巍先生长期从事铸造作业，采用模拟实验方法研究中国古代铜器铸造工艺，探索出了丰硕成果，经编辑形成《范铸工艺》[12]；北京大学陈建立等也长期从事铸造工艺研究，编著了《商周青铜器的陶范铸造技术研究》[13]；2016年商周青铜器暨铸造工艺研究研讨会在香港中文大学举行，会议论文经编辑形成《商周青铜器铸造工艺研究》[14]。国家文物局博物馆与社会文物司组织编写了《博物馆青铜文物保护技术手册》[15]和《博物馆铁质文物保护技术手册》[16]，明确了金属文物保护理念和原则，制定和规范保护修复流程，针对不同文物病害类型提出了相关的保护思路、技术路线、保护材料，以及文物保存环境要求，收集并点评大量馆藏文物保护修复案例。中国社会科学院考古研究所编著了《山东济南魏家庄墓地出土铁器的保护修复》[17]《山东高青陈庄遗址出土青铜器的保护修复》[18]，重庆市文化遗产研究院等编著了《重庆市开县馆藏青铜文物保护与研究》[19]《湖北省长阳土家族自治县博物馆馆藏金属文物保护修复报告》[20]，南京博物院编著了《青铜文物保护与修复》[21]，山西博物院编著了《山西博物院藏部分青铜器保护修复研究》[22]，武汉博物馆编著了《妙手呈金——武汉博物馆馆藏青铜文物保护修复报告》[23]，荆州博物馆编著了《荆州博物馆馆藏青铜器保护修复》[24]，襄阳市博物馆编著了《襄阳市博物馆青铜器修复技术报告》[25]，这些保护修复报告兼具科学性和实践性，在汇集大量基础资料、进行大量科学分析的基础上成功实施了金属文物的保护修复项目，为同类文物保护修复提供了理论支持和实践经验，对今后的工作具有重要的指导意义。此外中国文化遗产研究院等还组织翻译了《艺术品中的铜和青铜：腐蚀产物，颜料，保护》[26]《古代和历史时期金属制品金相学与显微结构》[27]等著作。

在国家文物局的大力推动下，“十五”以来国内的文物保护技术标准修订驶上了快车道，经过多年积累，2007～2008年中国国家博物馆先后制订了《馆藏青铜器病害与图示》《馆藏铁质文物病害与图示》《馆藏金属文物保护修复方案编写规范》[28]《馆藏金属文物保护修复档案记录规范》行业标准，2014年制订了《可移动文物病害评估技术规程　金属类文物》[29]行业标准和《馆藏青铜质和铁质文物病害与图示》[30]、《馆藏金属文物保护修复记录规范》[31]国家标准，2012年和2017年，中国文化遗产研究院先后制订了《室外铁质文物封护工艺规范》[32]和《室外铁质文物缓蚀工艺规范》[33]，对行业的规范健康发展做出了积极贡献。2015年经国家文物局和许多专家学者多年的努力，文物修复师列入国家职业大典。文物保护相关技术标准和规范的制订、推广与示范，是实现技术综合提升、推广的重要途径。

二、金属文物科学认知

金属文物的科学分析，对于研究金属的冶炼制作技术、判断腐蚀程度、病害状况和稳定性，进而提出切实可行的文物保护修复方案和技术路线具有重要的支撑作用。

2.1 基于显微镜的形貌观察

金属文物研究和保护中常用的显微镜包括光学显微镜和电子显微镜，其中光学显微镜包括体视显微镜、视频显微镜、偏光显微镜、金相显微镜、岩相显微镜等，电子显微镜包括扫描电子显微镜、透射电子显微镜等。近年来，光学显微镜

图 3　妇好偶方彝红外热波图像

在仪器设计、制造、使用方面都有新的发展，而电子显微镜则向综合性、多样性方面发展，这为金属文物的科学分析提供了良好的条件。国内许多博物馆、文物保护研究中心已经建立了实验室，购置了必要的仪器设备，为金属文物的科学分析与保护修复提供了良好的条件。

2.2　基于 X 射线成像和 X 射线 CT 的内部结构研究

早在 20 世纪 70 年代上海博物馆率先在文保行业使用软 X 射线成像技术，主要用于漆器和书画的检测。1990 年中国历史博物馆保护实验室在国宝后母戊鼎铸造工艺研究中拍摄了大量的 X 射线片，并购置了工业 X 射线成像仪；2003 年西安文保中心在“金属文物的病害与防治研究”课题研究中，对 X 射线成像在青铜文物结构缺陷、修复，锈蚀下铭文、花纹的揭示以及文物辨伪方面的应用进行了梳理；台北故宫博物院号称镇馆之宝之一的毛公鼎的鉴定，就是通过对器物进行 X 射线成像，发现了内部铸造使用的垫片而一锤定音。2012 年北京大学的胡东波教授在率领他的团队完成了上万件金属文物的 X 射线成像研究工作后，出版了《文物的 X 射线成像》[34] 一书。对于结构更为复杂的金属文物，仅使用 X 射线成像方法研究所能获得的信息依然有限，杨军昌最早在彩绘青铜水禽（Cat 3.1.1）的分析检测中使用了工业 CT[35]，2003 年中国国家博物馆购置了国内第一台文博行业的工业 CT，由于功率和样品仓大小限制，初步在小型金属和陶瓷检测方面做了探索，其后上海博物馆购置了较大功率、规范的工业 CT 用于文物的检测，故宫博物院于 2018 年购置了更大功率的工业 CT。国内应用工业 CT 于文物检测著名的案例包括彩绘青铜水禽（Cat 3.1.1）、曾侯乙尊盘（Cat 2.5.2）和子仲姜盘（Cat 2.2.1）的科学研究。2018 ～ 2019 年，因圆明园被掠夺而流失海外的青铜虎蓥、马首铜像（Cat 2.2.3）相继回归，专家对其进行了 X 射线成像和 X 射线 CT 扫描，揭示了铸造工艺和修复经历。现在双能 X 射线 CT、能谱 X 射线 CT 和三维分层成像仪等多种不同功率、分辨率和功能使用特点的 X 射线 CT 陆续都在文物保护研究中得到应用。

2.3　基于光谱、色谱和质谱的材质鉴别

金属文物的材质鉴别包括成分分析和物相分析，其中成分分析通常采用 X 射线荧光光谱仪（XRF）、扫描电子显微镜与配备附件 X 射线能谱仪（SEM-EDS）、电感耦合等离子体发射光谱或质谱（ICP-AES 或 ICP-MS）等；物相分析则通常采用 X 射线衍射（XRD）、激光拉曼光谱（Raman）和傅里叶变换红外光谱（FTIR）等。

便携式 XRF 可以快速、无损地检测合金成分，这对于大型金属文物以及现场的检测分析尤其适用 [36]，如在虎蓥回国前，中国国家博物馆马燕如使用便携式 XRF 对虎蓥进行了成分分析，排除了黄铜的可能性。Raman、FTIR 等方法可以快速鉴别锈蚀产物种类，如董少华等开发了显微红外光谱透射法快速鉴别青铜“粉状锈”的方法 [37]。

近年来，更多的高科技分析检测技术融入文物保护科学研究工作之中，金属文物的分析检测和稳定性评估技术呈现从单一技术到综合技术，从定性到定量，从局部到整体的发展趋势。在信息采集方面，三维扫描技术的发展使得信息采集由二维变为三维，且精度逐渐提高。中子成像 / X 射线 CT、高光谱、红外热波（图 3）等成像技术的发展使文物表面和内部整体的分析更加全面，中子技术、同步辐射技术的引入使得腐蚀产物的分析检测更加精确，而耗氧量检测和电化学方法则应用于腐蚀劣化速率的分析和稳定性评估。腐蚀机理研究不断细化，针对各类不同影响因素开展，尤其注重对腐蚀过程中间产物的分析，原位分析检测技术广泛应用于腐蚀监测，从而能够发现腐蚀产物的转变规律，进而推测腐蚀机理。2020 年 11 月中国文物保护技术协会在故宫博物院举办了首届文物保护青年论坛，在金属文物保护领域中国国家博物馆刘薇发表了包含高光谱、光纤反射光谱和红外热波成像在内的多种青铜文物锈蚀程度评估新方法研究的演讲。

三、金属文物保护技术

金属文物保护通常包括清洗除锈、脱盐（氯）或有害锈转化、缓蚀和封护等环节。

3.1　清洗除锈

金属文物的清洗除锈方法总体上可分为机械清理法和化学清理法两种。机械清理法包括手工工具法、电动工具法、超声波清洗法、喷砂法、激光法等，化学清理则一般使

用弱酸类或螯合剂类。有时也会将两种方法结合使用[38-43]。目前一般认为，机械清理的可控性较化学清理强，不会给器物引入新的化学材料，不给将来留下隐患。但针对鎏金、错金银文物表面，化学法也具有不会留下划痕等优点[44-47]。在金属文物保护中，应以不损伤文物的特征和最大限度地保留出土文物本身带有的各项信息为基本原则，选择合适的清洗除锈方法。

打磨机、刻字机、超声波清洗机或超声波洁牙机等电动工具在金属文物清洗除锈中的应用已十分普遍，喷砂、干冰、激光清洗等技术近年来发展迅速（图 4）。1996 年徐飞等尝试使用喷砂法用于青铜器除锈[48]；2006 年在“铁质文物综合保护技术”课题研究中综合研究了喷砂法在铁质文物除锈中的应用效果、材料和实施工艺条件。中国国家博物馆使用了可回收大型喷砂机处理蓬莱铁锚、铁炮[49]；中国文化遗产研究院使用便携式可回收式喷砂机，并经试验选用了二氧化硅与塑料砂混合材料处理延庆铁钟；2005 年故宫博物院曲亮首次在国内采用干冰作为喷砂材料对故宫延禧宫金属文物进行保护处理，干冰材料具有强度柔和可调、无残留和环境友好等优点。

20 世纪 80 年代起国内外开始尝试使用激光法去除金属上的有害锈蚀。中国文化遗产研究院、中国国家博物馆率先购置激光清洗设备用于金属文物除锈，到了 2014 年国内已有近 20 家文博单位购置了文物激光清洗设备，2015 年上海博物馆与意大利激光清洗设备厂家在上海联合组织了激光清洗技术在中国文物保护领域中应用研讨会[50-60]。

在化学法方面，除常用化学试剂除锈效果评价的研究[61-63]外，重庆市文化遗产研究院等采用复合水凝胶体系构建了鎏金青铜器除锈新方法，凝胶除锈剂可以高效去除鎏金层之上的腐蚀产物而不污染文物表面，减少湿法清洗中清洗剂在鎏金层中扩散而产生的腐蚀破坏[64-66]。上海博物馆则将凝胶与激光联用，凝胶具有降低激光能量，减轻激光引起青铜表面微观结构改变的优点，取得了理想的清洗效果[67]。

3.2　脱盐（氯）或有害锈转化

盐类特别是氯化物是导致青铜、铁质文物不稳定，腐蚀劣化持续发生的主要原因之一，因此在青铜和铁质文物保护过程中，脱盐（氯）或有害锈转化是重要的环节。

1921 年大英博物馆聘请的保护专家 Alexander Scott 报道了使用倍半碳酸钠处理青铜器的方法，虽然他可能不是发明这种方法的专家。1970 年 W.A.Oddy 和 M.J.Hughes 对倍半碳酸钠去除氯离子的方法进行了进一步的研究[68]。倍半碳酸钠法有两个缺点，一是试剂活性弱，处理周期长；二是长期浸泡处理易在器物表面生成蓝铜钠石复盐结晶，影响文物的外观[69]。中国的保护专家针对这两个缺点，利用超声波技术或复配溶液对这种方法进行了改进[70,71]。近年来，陕西师范大学等开展了基于反向微乳液的青铜、铁质文物脱氯技术研究，并申报了国家专利[72-75]。

图 4　鎏金青铜清洗前后对比

针对青铜器局部有害锈的转化处理，常用的方法有氧化银、锌粉法或双氧水法等。以双氧水为基础，国内学者对其配方和实施工艺进行了多项改进研究[76-78]。

铁质文物的脱盐（氯）常用方法主要包括碱液浸泡法、碱性亚硫酸盐浸泡法和电解法等[79-81]，近年来碱液的配方[82-86]、电解实施工艺不断优化[87-94]，脱盐（氯）处理的安全性和有效性不断提升，同时对脱氯机理、动力学规律等方面也开展了相应研究[95-97]。

针对大型铁质文物的脱盐（氯），纸浆贴敷法是比较适合的脱盐方法，近年来广泛应用于国内大型铁质文物，如山东蓬莱铁锚[98]、鸦片战争博物馆铁炮[99]、晋祠铁狮子[100]和铁钟[101]、魏家庄遗址出土铁器[102,103]等的保护处理过程中，所用纸浆大多为自行制备，工作较为繁重。中国国家博物馆对商品纸浆用于铁质文物脱盐的可行性进行了研究，通过添加氢氧化钠改进了脱盐效率并抑制了对铁基体的腐蚀，成功应用于大钟寺铁钟的脱盐[104]。中国国家博物馆还开发了室外大型铁质文物抽真空脱盐的新工艺，并获得了专利[105]。

近年来，美国克莱姆森大学文物保护中心（Clemson University Conservation Center）利用亚临界水技术开展了一系列稳定铁器和脱盐方面的研究工作。相对于传统方法，亚临界水处理法具有脱氯效率更高，且能将 β-FeOOH 转化从而完全脱除晶体中氯的优势。国家文物局考古研究中心（原国家文物局水下文化遗产保护中心）也在这方面开展了尝试研究[106]。

3.3 缓蚀

1967 年，Madsen[107] 首次使用苯并三氮唑（BTA）为缓蚀剂应用于青铜器的保护。国内青铜文物保护中，BTA 也是使用最普遍的缓蚀剂。上海博物馆从 20 世纪 70 年代起就开展 BTA 对青铜文物缓蚀作用的实验研究，并将其应用于带有严重“粉状锈”的文物，效果良好 [108]。此后，大量学者开展了 BTA 复配缓蚀剂的研究，试验了一系列配方，提高了缓蚀效率，并广泛应用于青铜文物保护 [109,110]。20 世纪 90 年代起，南京博物院与南京化工大学开展了新型缓蚀剂 2- 氨基 -5- 巯基 -1,3,4- 噻二唑（AMT）对青铜器缓蚀作用的研究，并研制了以 AMT 为主要成分的复合缓蚀剂，成功应用于青铜文物保护，荣获国家科技进步奖 [111]。此外，其他杂环化合物如 1- 苯基 -5- 巯基四氮唑（PMTA）、2- 巯基苯并噁唑（MBO）、2- 巯基苯并噻唑（MBT）等的缓蚀作用也有研究 [112]，但在青铜文物保护中应用还不多见。其中李晓东等 [113] 合成了 2,5- 巯基苯并咪唑，该方法申请了国家专利。

BTA 对钢铁也具有缓蚀作用，在国内大量案例中被应用于铁质文物保护 [114]。许淳淳等 [115] 发明了一种铁质文物缓蚀封护方法，其中底层封护剂中添加 BTA 或钨酸钠和十二烷基苯磺酸钠组成的复合缓蚀剂。另一种常用的铁质文物缓蚀剂是单宁酸，但单宁酸会造成铁器表面颜色的变化，而复配后的单宁酸溶液则克服了此缺点，并且提升了缓蚀效率 [116,117]。“十一五”国家科技支撑计划重点项目“铁质文物综合保护技术研究”课题中研究了大量缓蚀剂配方，在模拟样品和部分铁质文物上应用效果良好，其中包括复配单宁酸、复配硅酸盐和复配葡萄糖酸钠等，申请了多项国家专利 [117-122]。近年兴起的席夫碱类缓蚀剂也在铁质文物保护领域有所研究 [123]。直链饱和脂肪酸（盐）作为金属文物缓蚀剂，具有安全无毒、环境友好、价格低廉、易于实施、可逆性好等优点，近年来成为国外金属文物保护研究的热点 [123]。国内方面，近年来华东理工大学和上海博物馆合作，在青铜文物表面超疏水膜的制备方面取得进展 [124-128]。此外，气相缓蚀剂在一定条件下可以适用于金属文物的保护，近年来也有相关研究 [129-133]。

3.4 封护

封护是指为防止或减缓环境（介质）对金属文物造成的损害，在其表面涂覆天然或合成材料，以防止或减缓器物腐蚀的过程。金属文物封护材料包括蜡类（微晶石蜡、虫白蜡、棕榈蜡等）、虫胶（漆）、鱼油基材料、硝基清漆、聚乙烯醇缩丁醛、聚氨酯、丙烯酸树脂、聚硅氧烷、氟碳树脂、派拉纶和有机－无机杂化材料等 [134-138]。

中国是最早将蜡用于文物保护的国家之一。从传统古代宫廷青铜器的把玩，所谓的“熟”坑器，许多就是经过了除锈、上蜡的过程，再代代把玩流传。1949 年后，许多新成立的博物馆在面对极易腐蚀的金属铁器时，就采用将铁器在烧熔的蜡中煮，去除了铁器中的水汽和空气，虽然从现代的观点看其有品相不好、改变了文物外观等缺点，但确确实实使没有任何保存、展示环境控制的中小博物馆的一大批铁质文物得到保护。中国国家博物馆在山西蒲津渡遗址铁器群保护中，“可牺牲层”面漆使用的就是熔点较高的虫白蜡。现在环境友好水性氧化聚乙烯蜡在国际范围内得到研究和应用。

“十五”国家重点科技攻关课题“金属文物的病害及其防治研究”中研究了氟橡胶作为文物保护加固剂、封护剂各方面性能；应用交流阻抗法（EIS）评估了选定的复合抗蚀材料的性能，在室外大型铁器保护中引入氟碳材料作为复合封护剂的组分，引入牺牲层的概念 [137-139]。“十一五”国家重点科技支撑课题“铁质文物综合保护技术研究”中则研究了防锈底漆 / 氟碳面漆复合涂层、纳米 SiO_2/ 聚丙烯酸酯复合材料、氟硅材料等 [140,141]。

近年来金属文物封护材料的研究方向包括新型封护材料的研发 [142]，以及缓蚀与封护材料相结合，开发更有效的配方并研发一体化实施工艺等 [143-147]。

四、总结

中国金属文物保护修复研究始于传统修复，20 世纪 60 年代起引入现代科学技术、设备和国外技术材料，数十年间不断发展进步，更多的相关学科成果不断引入，传统技艺与现代科技不断融合。尤其是 21 世纪以来，在科技部、财政部的大力支持和国家文物局的领导下，各个博物馆、高等院校、科研院所密切合作，完成了多项重大科研项目，产生了具有中国特色的大量相关成果，在设备、技术、材料等方面取得了多项专利，出版了多部专著、手册和教材，制定了相关的国家或行业标准，培养了大批专业人才。未来的几年内，依托于“十三五”国家重点研发计划中的馆藏脆弱青铜和铁质文物保护项目，将进一步开展腐蚀劣化机理和环境因素影响、稳定性评估技术、新型病害防治稳定化处理技术和评价方法和数据库建设等相关研究，有望取得更丰硕的成果。

致谢：感谢河南省文物考古研究院陈家昌研究员、故宫博物院曲亮研究馆员在文章编写过程中给予的帮助。

参考文献

[1] 张月玲，吕文．从《山东滕州市博物馆馆藏青铜器保护修复方案》的编制论青铜器保护技术的继承和发展 [J]. 中国文物科学研究，2016(2): 74-82.

[2] 万俐．青铜文物保护技术的传承与发展 [J]. 东南文化，2000(1): 121-124.

[3] 韩汝玢，孙淑云，李秀辉．中国古代金属材料显微组织图谱总论 [M]. 北京：科学出版社，2014.

[4] 万俐．展望 21 世纪的青铜文物保护技术 [C]. 中国文物修复通讯（第 16 期），中国文物学会文物修复专业委员会，1999(16): 4.

[5] 许淳淳，潘路．金属文物保护：全程技术方案 [M]. 北京：化学工业出版社，2012.

[6] 马清林，沈大娲，永昕群．铁质文物保护技术 [M]. 北京：科学出版社，2011.

[7] 韩汝玢，孙淑云，李秀辉．中国古代材料显微组织图谱有色金属卷 [M]. 北京：科学出版社，2011.

[8] 孙淑云，李延祥．中国古代冶金技术专论 [M]. 北京：中国科学文化出版社，2003.

[9] 田兴玲．海洋出水铜器的腐蚀与保护 [M]. 北京：文物出版社，2019.

[10] 王武钰，何海平．铁质文物脱盐清洗及封护研究 [M]. 北京：北京燕山出版社，2008.

[11] 杨小林．中国细金工艺与文物 [M]. 北京：科学出版社，2008.

[12] 董子俊．范铸工艺 [M]. 北京：北京艺术与科学电子出版社，2016.

[13] 陈建立，刘煜．商周青铜器的陶范铸造技术研究 [M]. 北京：文物出版社，2011.

[14] 河南省文物考古研究院，香港承真楼．商周青铜器铸造工艺研究 [M]. 北京：科学出版社，2019.

[15] 国家文物局博物馆与社会文物司．博物馆青铜文物保护技术手册 [M]. 北京：文物出版社，2014.

[16] 国家文物局博物馆与社会文物司．博物馆铁质文物保护技术手册 [M]. 北京：文物出版社，2011.

[17] 中国社会科学院考古研究所，济南市考古研究所．山东济南魏家庄墓地出土铁器的保护修复 [M]. 北京：故宫出版社，2018.

[18] 中国社会科学院考古研究所，山东省文物考古研究院．山东高青陈庄遗址出土青铜器的保护修复 [M]. 北京：故宫出版社，2019.

[19] 重庆市文化遗产研究院，重庆文化遗产保护中心，开州博物馆．重庆市开县馆藏青铜文物保护与研究 [M]. 北京：科学出版社，2016.

[20] 重庆市文化遗产研究院，重庆文化遗产保护中心，长阳土家族自治县博物馆．湖北省长阳土家族自治县博物馆馆藏金属文物保护修复报告 [M]. 北京：科学出版社，2016.

[21] 南京博物院．青铜文物保护与修复 [M]. 南京：江苏美术出版社，2012.

[22] 山西博物院．山西博物院藏部分青铜器保护修复研究 [M]. 北京：科学出版社，2016.

[23] 夏建建．妙手呈金：武汉博物馆馆藏青铜文物保护修复报告 [M]. 北京：文物出版社，2019.

[24] 荆州博物馆．荆州博物馆馆藏青铜器保护修复 [M]. 北京：科学出版社，2017.

[25] 襄阳市博物馆．襄阳市博物馆青铜器修复技术报告 [M]. 北京：科学出版社，2017.

[26] 大卫・斯考特．艺术品中的铜和青铜：腐蚀产物，颜料，保护 [M]. 马清林，潘路，等译．北京：科学出版社，2009.

[27] David A. Scott. 古代和历史时期金属制品金相学与显微结构 [M]. 田兴玲，马清林，等译．北京：科学出版社，2012.

[28] 中华人民共和国国家文物局．馆藏金属文物保护修复方案编写规范：WW/T 0009—2007[S]. 北京：文物出版社，2008.

[29] 中华人民共和国国家文物局．可移动文物病害评估技术规程 金属类文物：WW/T 0058—2014[S]. 北京：文物出版社，2014

[30] 中华人民共和国国家文物局．馆藏青铜质和铁质文物病害与图示：GB/T 30686—2014[S]. 北京：中国标准出版社，2015.

[31] 中华人民共和国国家文物局．馆藏金属文物保护修复记录规范：GB/T 30687—2014[S]. 北京：中国标准出版社，2015.

[32] 中华人民共和国国家文物局．室外铁质文物封护工艺规范：WW/T 0041—2012[S]. 北京：文物出版社，2012.

[33] 中华人民共和国国家文物局．室外铁质文物缓蚀工艺规范：WW/T 0074—2017[S]. 北京：文物出版社，2017.

[34] 胡东波．文物的 X 射线成像 [M]. 北京：科学出版社，2012.

[35] 陕西省考古研究所，德国美茵兹罗马－日耳曼中央博物馆．秦始皇陵园陪葬坑严重锈蚀青铜水禽的保护修复 [J]. 中国文化遗产，2004(3): 31-32.

[36] 崔强．便携式 XRF 在考古发掘现场的文物原位无损分析研究 [D]. 兰州大学，2013.

[37] 董少华，杨军昌，束家平，等．显微红外光谱透射法快速鉴别“粉状锈”[J]. 文物保护与考古科学，2019, 31(1): 111-117.

[38] 国家文物局博物馆与社会文物司．博物馆青铜文物保护技术手册 [M]. 北京：文物出版社，2014.

[39] 国家文物局博物馆与社会文物司．博物馆铁质文物保护技术手册 [M]. 北京：文物出版社，2011.

[40] 于淼，许淳淳，王菊琳．青铜文物的清洗及封护 [C]. 中国化学会应用化学会学科委员会．文物保护与修复纪实——第八届全国考古与文物保护（化学）学术会议论文集，2004: 6.

[41] 杨毅．超声波清洗青铜文物 [C]. 中国文物保护技术协会．中国文物保护技术协会第二届学术年会论文集，2002: 3.

[42] 马立治．金属文物的清洗 [J]. 清洗世界，2014, 30(4): 23-27.

[43] 陈颢，马卫军．铜质文物修复过程中的清洗除锈技术 [J]. 清洗世界，2015, 31(9): 9-13+20.

[44] 邵安定．关于考古出土错金银青铜器保护问题的思考 [J]. 中国文物科学研究，2010(1): 58-60.

[45] 邵安定．关于考古出土鎏金铜器保护相关问题的探讨 [J]. 中国文物科学研究，2012(1): 49-52.

[46] 马清林，张治国，沈大娲．金属类文物保护材料选择：以铁器、银器与鎏金银器为例 [J]. 中国文物科学研究，2014(2): 44-48.

[47] 周双林．金属文物机械去锈与化学去锈方法之比较 [C]. 中国文物学会文物修复专业委员会．中国文物修复通讯（第 8 期）. 1995: 2.

[48] 徐飞，万俐．大型喷砂机在铜器去锈方面的应用研究 [J]. 东南文化，1996(4): 133-134.

[49] 成小林，胥谞，赵鹏．山东蓬莱水城出土铁锚病害分析与保护处理 [C]. 中国文物保护技术协会．中国文物保护技术协会第八次学术年会论文集，2014: 9.

[50] 蒋德宾，罗毅，高敏．脉冲激光去除青铜文物锈斑的研究 [J]. 西北大学学报（自然科学版），1986(4): 19-23+136.

[51] 李荃，沈引平．对激光清除青铜器粉状锈技术的分析和探讨 [J]. 文物保护与考古科学，1990(1): 22-25.

[52] 程国义，程念政．激光防治“古文物”锈蚀的实验研究 [J]. 应用激光，1996(6): 277-278+280.

[53] 罗毅，蒋德宾，高敏．脉冲激光去除青铜文物锈垢机理的研究 [J]. 激光杂志，1997(1): 45-47.
[54] 叶琳．鎏金青铜文物表面洁除的新方法 [J]. 文物鉴定与鉴赏，2010(9): 42-45.
[55] 张晓彤，张鹏宇，杨晨，等．激光清洗技术在一件鎏金青铜文物保护修复中的应用 [J]. 文物保护与考古科学，2013, 25(3): 98-103.
[56] 张陈．激光清洗青铜类文物试验研究 [D]. 中北大学，2015.
[57] 胡雨婷，秦伯豪．激光清洗技术在青铜器除锈中的应用 [G]. 文物修复研究，2016: 65-69.
[58] 王雄．激光清洗在青铜类文物上的应用研究 [D]. 华东理工大学，2019.
[59] 柏艺萌，韩雪．激光清洗技术在铜器表面清理中的初步实验研究 [G]. 辽宁省博物馆馆刊，2019: 168-175.
[60] 刘函，衣蕊，李延祥．不同波长激光清洗技术在考古金属器物清洗中的应用 [J]. 激光杂志，2019, 40(4): 149-153.
[61] 吴玉清．青铜器保护材料：清洗剂评价指标及评价方法研究 [D]. 北京化工大学，2014.
[62] 乌日罕．简析铁质文物的除锈方法 [J]. 赤峰学院学报 (自然科学版), 2016, 32(11): 54-56.
[63] 张然，成小林，潘路，等．铁质文物常用除锈试剂的除锈效率及其腐蚀性的比较研究 [J]. 文物保护与考古科学，2020, 32(3): 17-27.
[64] 杨小刚，刘屏，叶琳，等．基于水凝胶方法的重庆地区鎏金青铜器除锈新技术研究 [J]. 文物保护与考古科学，2019, 31(1): 35-40.
[65] 顾来沅，叶琳，贾一鸣．鎏金青铜文物的凝胶清洗技术 [C]. 中国文物保护技术协会，重庆市文物局．中国文物保护技术协会第九次学术年会论文集，2016: 9.
[66] 阮方红．基于水凝胶方法的鎏金青铜器除锈及彩绘文物除油烟技术研究 [D]. 陕西师范大学，2016.
[67] 沈依嘉，周浩，沈敬一．琼脂凝胶在青铜文物激光清洗中的应用研究 [J]. 文物保护与考古科学，2018, 30(3): 1-13.
[68] W A Oddy, M J Hughes. The Stabilization of Active Bronze and Iron Antiquities by the Use of Sodium Sesquicarbonate [J]. Study in Conservation, 1970(15): 183.
[69] A・M・波拉德，R・G・托马斯，P・A・威廉姆斯，等．使用碳酸钠水溶液处理铜质文物所引起的矿物变化 [J]. 北方文物，1994(4): 111-112+125.
[70] 潘路，杨小林．超声波技术在文物保护研究中的应用 [G]. 文物修复与研究，1995: 175-181.
[71] 刘育玲，熊金平，左禹，等．青铜文物倍半碳酸钠水溶液清洗机理及改性技术研究 [C]. 中国腐蚀与防护学会缓蚀剂专业委员会．第十三届全国缓蚀剂学术讨论会论文集，2004: 3.
[72] 张悦．基于反相微乳液的陶质与青铜文物脱氯技术研究 [D]. 陕西师范大学，2017.
[73] 孙存冲．基于反相微乳液体系构建铁质文物保护新技术 [D]. 陕西师范大学，2019.
[74] 金普军，张悦，杨小刚，等．一种去除青铜器中有害氯离子的反相微乳液 [P]. 陕西：CN104805462A, 2015-07-29.
[75] 金普军，孙存冲，张瑜瑾，等．一种带锈铁质文物一步法脱盐和缓蚀的方法 [P]. 陕西：CN108456892A, 2018-08-28.
[76] 杨植震，唐静娟，汪弘，等．清洗剂对青铜中氯化亚铜和氯离子的清洗效果的探讨 [J]. 文物保护与考古科学，1989, 1(1): 34-39.
[77] 廖原．青铜文物锈蚀机理及有害锈转化剂研究 [J]. 文物保护与考古科学，2003(2): 20-23+67.
[78] 沈璐．青铜器粉状锈氧化封闭法工艺研究 [D]. 西北大学，2008.
[79] 吴天才．出土铁器文物的脱盐 [J]. 考古与文物，2003(4): 94-96.
[80] 岳丽杰，许淳淳．铁器文物的脱氯技术 [C]. 中国化学会应用化学会学科委员会．文物保护与修复纪实：第八届全国考古与文物保护 (化学) 学术会议论文集，2004: 9.
[81] 许淳淳，岳丽杰，欧阳维真．海底打捞铁质文物的腐蚀机理及其脱氯方法 [J]. 文物保护与考古科学，2005(3): 55-59.
[82] 祝鸿范，周浩．出土铁器文物的脱盐清洗研究 [J]. 文物保护与考古科学，1995(1): 1-10.
[83] 岳丽杰，许淳淳，欧阳维真．乙二胺对铸铁文物在脱氯溶液中的缓蚀作用 [J]. 腐蚀科学与防护技术，2006(3): 187-189.
[84] 杨小林，胥谞．铁质文物有害盐脱除技术阶段性实验研究 [C]. 中国文物保护技术协会，故宫博物院文保科技部．中国文物保护技术协会第五次学术年会论文集，2007: 4.
[85] 欧阳维真，王蕾．模拟铁器文物的碱性脱氯清洗液研究 [J]. 梧州学院学报，2009, 19(3): 28-33.
[86] 吴相义．铁质文物脱盐方法 [P]. 广西：CN106591848A, 2017-04-26.
[87] 欧阳维真．沉于海底的铁器文物腐蚀机理与脱氯技术的基础研究 [D]. 北京化工大学，2005.
[88] 岳丽杰．铁器文物脱氯研究与新型缓蚀脱氯清洗液的研制 [D]. 北京化工大学，2005.
[89] 许淳淳，岳丽杰，欧阳维真．铁器文物脱氯方法 [P]. 北京：CN1796616, 2006-07-05.
[90] 欧阳维真，王蕾，许淳淳．模拟铁器文物恒电流碱液脱氯技术 [J]. 桂林工学院学报，2007(4): 572-575.
[91] 欧阳维真，许淳淳．模拟铁器文物恒电位碱液脱氯技术的研究 [J]. 腐蚀与防护，2007(7): 337-339+366.
[92] 欧阳维真，许淳淳，岳丽杰．模拟铁器文物恒电位脱氯控制电位的研究 [J]. 腐蚀与防护，2005(3): 93-95+99.
[93] 吴玉清，王菊琳，杨传森，等．铁质文物电化学脱盐材料的研究 [J]. 腐蚀科学与防护技术，2012, 24(2): 167-170.
[94] 胡钢．一种铁质文物脱氯方法 [P]. 北京：CN104911606A, 2015-09-16.
[95] 欧阳维真，许淳淳，岳丽杰．铁器文物脱盐过程氯离子迁出规律的研究 [C]. 中国化学会应用化学会学科委员会．文物保护与修复纪实：第八届全国考古与文物保护 (化学) 学术会议论文集，2004: 8.
[96] 欧阳维真，许淳淳．模拟铁器文物脱盐清洗前后表面锈层的分析 [J]. 腐蚀科学与防护技术，2005(6): 54-57.
[97] 成小林，张然．碱性溶液对出水铁器中四方纤铁矿 (β-FeOOH) 相中氯的脱除研究 [J]. 文物保护与考古科学，2016, 28(1): 1-6.
[98] 成小林，胥谞，赵鹏．山东蓬莱水城出土铁锚病害分析与保护处理 [C]. 中国文物保护技术协会．中国文物保护技术协会第八次学术年会论文集，2014: 9.
[99] 孙广平．鸦片战争博物馆馆藏明清铁炮保护修复技术 [J]. 客家文博，2016(2): 38-46.
[100] 李小波．浅谈室外铁质文物的保护修复方法：以晋祠对越牌坊前雄狮保护修复为例 [J]. 文物世界，2016(3): 75-78.
[101] 李娜，郭建．浅谈晋祠博物馆铁钟的保护和修复 [J]. 文物世界，2017(6): 74-78+64.
[102] 王浩天，张红燕，韩化蕊，等．魏家庄遗址出土铁器的保护修复 [J]. 南方文物，2016(4): 258-268.
[103] 张红燕，王浩天．魏家庄遗址出土铁质文物的脱盐处理研究 [J]. 文物保护与考古科学，2017, 29(1): 78-85.

[104] 张然，李沫，郭聪．铁质文物纸浆脱盐工艺初步研究及应用：以大钟寺铁钟为例 [C]. 中国文物保护技术协会．中国文物保护技术协会第十次学术年会论文集，2019: 15-23.
[105] 潘路，成小林，胥谞，等．铁质文物抽真空脱盐方法 [P]. 北京：CN101864574A, 2010-10-20.
[106] 张治国，李乃胜，沈大娲．亚临界水脱盐技术在海洋出水铁质文物保护中的应用 [J]. 中国文化遗产，2019(5): 31-34.
[107] H. B. Madsen. A Preliminary Note on the Use of Benzotriazole for Stabilizing Bronze Objects [J]. Stud. Conserv., 1967, 12(4): 163-167.
[108] 祝鸿范．保护古青铜器的一种新方法：关于用苯骈三氮唑保护青铜器的试验及应用 [J]. 考古，1975(3):195-196.
[109] 祝鸿范．BTA 缓蚀剂在文物保护中的应用 [J]. 腐蚀科学与防护技术，1999, 11(4): 64-65.
[110] 胡钢，吕国诚，许淳淳，等．BTA 和钼酸钠对青铜的协同缓蚀作用研究 [J]. 腐蚀科学与防护技术，2008, 20(1): 25-28.
[111] 付海涛，李瑛，魏无际，等．古代青铜文物保护研究现状及 AMT 的应用 [J]. 腐蚀科学与防护技术，2002, 14(1): 35-37.
[112] 陈刚，杨植震，郑成法．某些杂环化合物对青铜的缓蚀作用 [J]. 复旦学报（自然科学版），1996, 35(3): 295-304.
[113] 李晓东，安梅梅．一种具有双巯基平面结构青铜器文物缓蚀剂的制备方法 [P]. 甘肃：CN106674126A, 2017-05-17.
[114] 杨植震，白梁，周春林，等．铁器文物缓蚀剂 [P]. 上海：CN1070956A, 1993-04-14.
[115] 许淳淳，何海平，王菊琳．一种铁质文物的缓蚀封护方法 [P]. 北京：CN1788861A, 2006-06-21.
[116] 胡钢，胡沛．一种复合缓蚀剂对铸铁材料带锈缓蚀保护作用研究 [J]. 广东化工，2016, 43(13): 1-2+19.
[117] 张治国，马清林．一种用于铁质文物保护的单宁酸缓蚀剂 [P]. 北京：CN101851759A, 2011-12-28.
[118] 田兴玲，马清林．一种用于铁器保护的缓蚀剂 [P]. 北京：CN101831656A, 2010-09-15.
[119] 沈大娲，马清林．一种用于铁质文物保护的复配硅酸盐缓蚀剂 [P]. 北京：CN101845635A, 2010-12-28.
[120] 李乃胜，马清林．一种用于铸铁保护的缓蚀剂 [P]. 北京：CN101851758A, 2010-10-06.
[121] 李园，马清林．一种用于古代铸铁文物保护的缓蚀剂 [P]. 北京：CN101857956A, 2010-10-13.
[122] 王景勇，贾淼，马菁毓，等．一种用于铁质文物保护的席夫碱缓蚀剂的制备及应用性能对比研究 [J]. 文物保护与考古科学，2018, 30(1): 25-31.
[123] 张然，赵丹丹，李沫．金属文物新型缓蚀剂直链饱和脂肪酸（盐）的研究进展 [J]. 腐蚀科学与防护技术，2019, 31(2): 232-241.
[124] 伍思敏．模拟青铜文物材料表面超疏水膜的制备工艺及性能评价 [D]. 华东理工大学，2016.
[125] 史笔函．青铜文物表面超疏水薄膜的制备及性能评价 [D]. 华东理工大学，2017.
[126] 史笔函，闫莹，周浩，等．直接浸泡法构筑带锈青铜的超疏水表面 [J]. 腐蚀科学与防护技术，2017, 29(5): 540-546.
[127] 伍思敏，闫莹，白钟庆，等．模拟青铜文物粉状锈表面的超疏水制备及表征 [J]. 表面技术，2017, 46(2): 40-45.
[128] 汪敏，蔡兰坤，唐艺婧，等．带锈青铜表面超疏水薄膜的制备及防腐性能研究 [J]. 表面技术，2020, 49(11): 50-57+123.
[129] 丁艳梅．金属文物气相缓蚀剂的研制及应用研究 [D]. 北京化工大学，2005.
[130] 丁艳梅，许淳淳．复合气相缓蚀剂对铁质文物缓蚀机理的研究 [J]. 腐蚀科学与防护技术，2006(4): 241-245.
[131] 丁艳梅，许淳淳，王菊琳．铜器文物用气相缓蚀剂的研究 [J]. 北京化工大学学报（自然科学版），2006(2): 68-71.
[132] 滕飞，井宇阳，胡钢．铸铁文物复合气相缓蚀剂的复配与研究 [J]. 中国腐蚀与防护学报，2015, 35(3): 265-270.
[133] 滕飞，胡钢．WB-1 复合气相缓蚀剂对清代带锈铁质钱币文物的保护研究 [J]. 文物保护与考古科学，2016, 28(1): 18-23.
[134] 沈大娲，马立治，潘路，等．铁质文物保护的封护材料 [J]. 涂料工业，2009, 39(1): 17-19.
[135] 马立治．室外金属文物的封护 [J]. 中国文物科学研究，2015(2): 91-94.
[136] 王荣，田兴玲，贾政．铜质文物封护材料的研究及应用 [J]. 全面腐蚀控制，2020, 34(2): 20-27+98.
[137] 何海平，许淳淳．改性聚氨酯乳液在铁质文物保护中的应用 [J]. 北京化工大学学报（自然科学版），2005(2): 47-49+54.
[138] 许淳淳，于凯，李子丰．铁质文物复合防蚀封护剂的研制及应用研究Ⅱ [J]. 腐蚀科学与防护技术，2004(6): 408-410.
[139] 许淳淳，于凯，于淼．铁质文物复合封护剂防蚀性能研究 [J]. 腐蚀与防护，2004(6): 231-233+241.
[140] 马立治，沈大娲，王永生，等．氟碳涂料在铁质文物封护中的应用研究 [J]. 文物保护与考古科学，2010, 22(2): 27-32.
[141] 刘彧．有机 - 无机杂化纳米 TiO_2 防护涂层在汉代铁质箭头上的应用 [J]. 化工技术与开发，2009, 38(3): 19-23.
[142] 田兴玲，贾政，赵旭辉．新型封护材料 ZS-922 对青铜文物保护效果的评价研究 [J]. 材料保护，2020, 53(9): 32-38.
[143] 邵安定．金属文物保护中的缓蚀剂和封护剂 [G]. 人类文化遗产保护，2011: 13-16.
[144] 芮书静，李振兴，侯爱琴，等．含苯并三氮唑基团硅烷偶联剂用于铁质文物防腐 [J]. 广东化工，2017, 44(17): 7-9.
[145] 芮书静．铁质文物硅烷缓蚀封护膜的制备及其耐蚀性能研究 [D]. 郑州大学，2018.
[146] 芮书静，邵帅，李振兴，等．碳钢表面缓蚀封护膜的制备及耐蚀性能研究 [J]. 化工新型材料，2019, 47(3): 267-271.
[147] 齐迎萍，李振兴，冯绍彬．铁质基体表面缓蚀—封护工艺研究 [J]. 材料保护，2019, 52(10): 96-99.

考古现场文物保护的现实与期望

Reality and Expectation of Conservation of Cultural Heritage at the Archaeological Site

赵西晨 [1,2]
Zhao Xichen[1,2]
（1. 陕西省考古研究院；2. 考古发掘现场文物保护国家文物局重点科研基地）
（1. Shaanxi Academy of Archaeology
2. Key Scientific Research Base of On-site Conservation, State Administration of Cultural Heritage）

摘　要：考古发掘是揭示古代人类社会面貌，探寻历史本源的重要手段。其中现场保护是发掘过程中控制危害发生、减少多源信息流失的基础保障，是整个文物保护的第一步，也是至关重要的一步。本文通过对现场保护工作性质、任务及其对考古学研究的作用，和现阶段基本状况、目标与任务等方面的论述，说明了现场保护工作无论从紧迫性、必要性、可行性等角度，都需要落实到考古发掘的工作实践中，才能对考古学科和文物保护学科发展产生积极影响。

关键词：考古发掘；现场保护

Abstract:

Archaeological excavation is an important method to reveal the picture of ancient human society and explore the origin of history. On-site conservation, as the first and crucial step in the entire cultural heritage conservation project, is the basic guarantee to reduce the occurrence of hazards and the loss of multi-source information during the excavation process. In this paper, the nature, objective, role in archaeological research and the present situation of on-site conservation were fully discussed, illustrating that on-site conservation must be put into practice during archaeological excavation from the perspective of urgency, necessity, and feasibility. Hence, archaeology and cultural heritage conservation could be positively promoted.

Keywords:

Archaeological excavation; on-site conservation

在实物资料的有效获取、在判定年代确定关联关系、在了解人类古代社会生存环境与面貌等方面，考古发掘为考古学研究提供了最直接、可实证的材料，是支撑史学、文献学等开展相关研究工作的基础。不言而喻，考古现场是呈现上述实物资料的第一物证地点，其开展工作的内容、取得成果的多少是衡量考古发掘质量的重要标尺。夏鼐先生早在《中国大百科全书·考古卷》中就提到了现代考古学发展史上的学科交叉问题，提出了考古学方法论，以及考古学与其他学科关系的密切关联等问题，得出了考古学的建立从一开始就离不开其他学科支持和协助的基本判断[1]。因此，围绕考古现场开展的文物保护理应成为考古发掘的组成部分。

随着文化遗产保护理念的逐渐发展与概念的深化，考古现场文物保护工作日益受到重视，发挥的作用愈加为考古学界所接受[2]。那么作为与考古学科联系日渐密切的一项专业技术工作，如何持续有效推动融合，解决面临的问题以及未来的发展走向，需要从现场保护的理念认识和方法应用的角度，认识到因学科间理解差异、个人主观判断等因素造成的文物资料及赋存信息损失的危害性，才能不断深化现场保护以及成果，才能协同推动考古学科和文物保护学科发展。

一、现场保护的属性与作用

考古现场文物保护有其朴实自然的属性，它是基于考古学研究目标的伴生产物，主要通过文物保护的形式辅助于考古研究的实际需求。它的产生源于现代考古学概念的建立，考古学首先是以发现为基础，通过把一切与古代人类活动、干预自然遗留下的各式各样客观存在的直接证据收集并记录下来，再通过公正客观的分析判断和论证，解读现象背后的实质[3]。可以说，建立在物证基础上的分析、论证与研究，构成了考古学研究的方法论。

同时考古学又是一门涉及面极广的科学，与其他许多学科都有关系，需要得到这些学科的支持和协助，才能完成各项研究任务，其中涵盖自然科学、工程技术科学领域专业的文物保护技术就是考古学研究的有力支撑力量。

考古现场文物保护的实质是在考古现场特定场所、在考古学理论研究与方法体系下开展的专业技术应用工作，具体到每一处发掘项目，其目的是在丰富信息获取手段、提高识别能力，同时更多地提取遗物、遗迹实物资料，全面准确保留证据材料等方面发挥专业优势。

一般认为现场保护是文物保护的第一步，也是最重要的一步，它的重要性源于考古学研究对实物资料的依赖，考古现场源源不断提供的第一手实物资料，显著特征是客观真实性和信息完整性。所谓客观真实性在于经考古发掘呈现出来的遗迹或者遗物都是客观存在，实证着人类古代社会的状况，反映着历史变化的规律，是看得见摸得着的真实呈现；所谓信息完整性在于它需要集合愈加全面的多源信息，再经过梳理、判别和信息融合的过程，才能有利于真实、全面还原古代社会，更好解释古代社会现象的诸多方面。无论客观真实性和信息完整性，都需要借助科技手段的介入，都必须落实考古发掘过程的科学、细致与全面的理念上，同时还体现在文保人员的全程参与上。

图 1　考古现场残留的纺织品，竹席编织痕迹

考古发掘中需要解决的问题很多，比较突出的如有机质文物遗存，刚出土时可辨识形态，但会很快损毁，最终导致可能仅存图像，考古实物资料出现缺失（图 1）；还有许多遗痕裸眼难以辨识，但不等于遗迹不存在；甚至有些遗迹还没看到原状就很快发生氧化反应导致迹象消失（图 2），类似情况举不胜举。

面对诸多问题，现场保护可以通过及时介入、采取适应性的措施，在耐心细致、追求全面方面下工夫，开展区域环境控制、减缓衰变速率（图 3），现场遗迹、遗物的图形学信息记录（图 4），遗痕迹象的第一时间无损快速鉴别（图 5），脆弱易损器物的临时性固型提取（图 6）等工作。依靠科技手段的介入，将更多、更完整的原始信息保留下来，是现场保护技术措施发挥作用的直接体现。当

图 2　石鼓山墓地发现的绳纹及未完全碳化的颖果遗迹

图 3　凤栖原墓地环境控制下的漆木器提取

图 4　墓葬壁画人物的光学影像提取与记录

图 5　石鼓山发掘现场文物的原位无损分析调查

然也不仅限于此，建立在现场保护成果基础上的延续和深化，同样会在推动考古学研究方面发挥作用。

二、现场保护的意识与任务

对考古现场文物保护意识与任务的基本认知，源于对其属性与作用的判定。由于自身缺乏完整的理论方法体系，其任务出于需求导向，即主要是借助现代科技成果应用于考古学研究之中，因此现阶段它的产生、发展及未来走向，将离不开考古学学科的深化、认识与发展。而从另一个角度看，考古学研究所依赖的丰硕发掘成果又离不开现场保护的直接支撑，这种彼此相互依存的状态，凸显了考古现场及其保护工作的重要。

考古发掘现场会存在两个状态，其一是发掘前文物埋藏于地下的状况，即埋藏环境。由于长时间处于较为恒定的封闭状态，缺氧条件，加之土壤酸碱度、压力、温湿度等因素较为恒定，形成了长期稳定的环境，使文物遭受腐蚀的速率逐渐趋缓，相应起到了保护文物的作用；其二是从发掘开始，文物暴露后的状况，即保存环境，这时候温湿度、光照射、空气污染、虫害及微生物等作用的存在，会使一系列氧化、光老化、生物病害等现象迅速发生，这两种环境状况截然对立。

我们知道，考古发掘过程产生的各种干扰、破坏因素，导致千百年来埋藏文物固有的稳定平衡状态被打破，这一环境骤变产生的作用使文物极不适应，病变迅速发生，会产生包括肉眼能观察到的有机质文物腐化、灰化等现象；就无机质文物而言，同样会因这一过程而伴随存在酥解、

图 6　刘家洼墓地脆弱文物的现场加固与提取

破损等延续性损害现象，在文物遭受破坏的临界点，对于考古资料提取和文物抢救来说，发掘过程中的干预是关键，许多教训说明错过这一稍纵即逝的时机，造成的损失将无法挽回。因此，如何解决和处理好考古发掘与文物保护之间的对立矛盾显得尤为重要，多年实践经验表明只有加强文物出土时保护工作的力度，才是缓解这一矛盾的最直接途径[4]。

考古现场文物保护是指一切配合考古发掘中同步进行的保护工作，主要是常说的抢救性保护，其次就是遗址、遗迹类的现场保护。

考古现场文物保护的主要任务可以理解为：在保留出土文物资料的完整性和现场保护技术措施不影响实验室后续保护处理和考古研究的两大前提下，使得出土的文物在发掘现场到实验室这一特定的时间段得到妥善的维护[5]。保留资料完整性说明了考古学的主导性，现场保护不影响后续处理说明了文物保护的临时性；不影响后续考古研究说明了研究的持续性，而从现场到实验室说明了现场保护的必要性。

具体的任务与目标主要体现在以下四方面工作。

在第一时间及时采取措施，有效控制紧急危害的发生，为后续的文物保护赢得主动，提高文物保护的主动性，对文物病害的发生、发展与变化规律作出判断。

通过技术手段干预，完成从现场到实验室的过渡，避免因不可控制的环境，现场清理工作时间紧、任务重等因素影响产生保护性破坏，把文物从现场安全提取，为实验室内进行后续保护处理创造条件。

重点针对文物遗迹，易损、糟朽、需要保留原始形貌以及现场不具备保存条件的文物落实保护措施，保留更多的实物资料和证据（图7）。

结合专业研究方向，探索开展新技术新方法应用研究，推动行业发展，丰富考古发掘和信息认知手段，提高考古发掘过程中获取的信息量，满足真实性、完整性要求。

三、现场保护的问题与挑战

随着考古工作日渐在国家社会与经济建设发展中发挥作用，多学科合作共同参与的工作模式愈加得到重视，与之最直接最密切的就是考古现场文物保护。大量事实和经验教训说明，现场保护的参与度会影响到发掘工作的质量[6]。因此，从行政主管部门到具体的发掘执行单位，都迫切希望文保人员的高度参与，然而现实情况不尽如人意，目前这种停留在概念阶段的情况需亟待改变。

考古现场保护面临的问题很多，难以一概而论，就目前而言，由于存在着工作性质界定、涉及内容庞杂等天然缺陷，总体上呈现发展不平衡、问题认识不清、缺乏规范化的技术体系等问题，究其原因涉及现实、理念、行规、技术等诸多方面，现阶段开展的工作多属于被动式服从发掘工作的需要，缺乏主动性的规划、自觉性的投入以及实践性地参与交流性的互动，也就是没有真正摆脱两张皮的现象。一定程度上反映出目前现场保护面临的尴尬处境。大致问题表现如下。

意识与文保理念的问题。近些年来在大的背景环境下，文物保护人才方向涉及面广、需求量激增，各类文博单位主要引进理工类专业学生从事文保工作，但普遍存在专业跨度大、有待适应的问题。作为承担现场保护主体任务的人员大多出自考古研究机构，同样面临如科技考古、文物研究和本体保护修复等工作选择的问题，相对的现场保护由于面临情况复杂、时间周期长、条件差、成果难以预期等问题，使之缺乏主观能动保障，造成工作参与度不高、不深入全面的情况。

考古发掘传统运行模式的问题。考古发掘现场的主体是一线考古人员，作为一门拥有成熟理论体系的学科，考古调查、考古发掘、资料整理等环节已有田野考古工作规程可循，具有规范性和系统性。现场保护往往具有对象的

图7-1　横水墓地荒帷出土现场及保存状况

图7-2　保护修复后的荒帷用于博物馆展览

偶然性、方法选择的随意性，难以形成可复制、易推广的成果应用，造成了考古与文保的交流障碍，难以融入考古发掘体系之中。

解决问题能力的问题。客观讲，现场保护难度很大，基础积累不够，缺乏归类总结，技术操作不够成熟，造成了现场保护介入取得的成果预期与效果不明显，相应的标志性保护成果不多。加之主观上参与热情不高，仅局限于一般性的提取或保护，真正发挥的作用极为有限，令人难以信服。

资金、时间等客观现实问题。考古发掘偶然因素多，随时会发生意想不到的情况，而文物保护虽有一定的应对措施，但依然难以满足实际变化，必要的软硬件配置又带来时间的不确定性，打乱了发掘的节奏，出现许多麻烦，沟通障碍难以协调，这也就是为什么较多采取整体提取的方法化解保护压力的原因。需要说明的是，整体提取只是备选的方案之一，代表不了现场保护应有的作用。

总之，上述问题的存在有它的历史原因和复杂的背景，是多方面因素造成的结果。目前虽然业内已都意识到现场保护的重要性，也看到了所发挥的积极作用，但是要真正改变现状、推动融合，还面临着极大的挑战。既需要从顶层保障，建立协作共享机制，还要加大研究力度，形成成果储备，逐渐建立既有理论支撑，又能解决具体问题的技术应用体系，在这方面还需要持续加力。

四、现场保护的方向与展望

要想做好考古现场文物保护工作，最直接、最基本的还是要紧扣目标。源于考古发掘、止于考古学研究的需要，考古与文保达成思想、理念与认识的统一最为重要。一方面需要明确现场保护是考古发掘的有机组成，它必须融入考古发掘的过程之中，全程参与，相互配合，协调推进；另外，现场保护人员要积极、主动地发挥专业特长与优势，明晰现场参与保护的责任和目的，随时从实际情况出发开展专业工作（图8），这也是现场保护工作的前提条件。

考古现场文物保护工作解决的是发掘过程中面临的具体问题。

首先是最大限度有效提取记录文物遗存的原真信息，服务考古学研究；同时采取科学有效的抢救措施，使文物遗存和更多的脆弱、易损文物得以实物保存，达到揭示、保存和记录相关历史信息，抑制材质劣变、利于长久保存的目的。

其次是通过现场保护的探索实践，加强与考古学科的深度融合，把现场保护的行为纳入发掘体系之中，变被动为主动，联合参与形成可复制、易推广的标准化应用体系。

最后是通过体系化建设，形成细分的专业化操作模式，如现场临时性稳定处理、区域环境分类控制、不同材质科学提取方案等，逐步形成专有装备、专有材料的系列系统化，以技术成果转化促进关联学科的发展。

以上预期是循序渐进、互为推动的过程，之间有着密切的关联，既要加大技术应用，还要加快融合共同参与，以形成完整统一的联合体。融合的过程，一方面丰富了考古学研究的内涵，同时又扩展了文物保护技术的外延。

未来考古现场文物保护的发展，必然会随着考古学研究目标与定位而逐步深化。应该从考古现场保护的实际需求出发，积极尝试开展新技术、新方法的探索实践，深化技术应用研究体系，推动现场保护技术的普及和规范化。重点方向应当集中在科学调查文物出土现场、建立实验室微观清理与发掘方法、快速鉴别与分析研究文物赋存环境信息、文物出土现场应急性保护等考古学家关注的方面，通过现场保护体系建设、保护技术方法适应性研究等项工作的开展，逐步形成更为有效的实用技术储备和专用技术装备集成。具体任务应在以下几方面不断探索与实践：

一是针对出土过程中环境剧变极易导致常见有机质文物瞬间损毁，富含信息弥失，而现场快速辨识、信息全提取技术的不匹配，难以支持文物多维信息的真实获取与解读的问题，需要开展考古现场遗迹遗存的科学调查与记录研究。

二是针对时代地域差异、遗址墓葬形制结构不同导致埋藏状况复杂，难以提供有效的预判，技术措施缺乏针对性的问题，因此，可开展文物埋藏环境影响因素辨别与评估的研究。

三是针对文物种类繁多、材质差异大且病害程度各不相同，目前现场保护多是基于经验的判断和处置，可推动文物出土现场应急保护技术操作流程与规范的研究。

四是针对我国不同环境条件，在考古现场抢救性保护中的环境控制、应急保护和包装运输等方面缺乏专用设备和专有技术的问题，亟待开展考古现场文物保护装备设施标准化研究。

五是应对出土文物产生作用的内外因素变化，导致文物损毁，对应及时采取适应性保护技术措施等系列问题的决策依据，需要开展融合信息采集、人工智能管理决策集合的应急保护技术体系研究（图9）。

面对考古现场文物保护的重点方向和具体任务，需要积累，需要完善，需要全链条的技术集成体系，但是更为需要思想认识的高度统一，只有形成共识才能达到行动上的落实。所谓理念认知先行在于：通过学科间的彼此理解，相互信任与尊重，协调建立合作机制，才能真正促进深度融合，才能有效应用现代技术成果，才能推动考古学研究问题的解决，才能促进学科发展进步。所谓落实在行动中就需要在实践探索中，坚持以考古学理论方法为基础，借鉴运用现代科技手段与成果，持续开展现场文物保护的探索与实践，真正使“考古、文保、科学研究”融于一体，做到提升考古学研究水平、创新工作方法体系，才有可能逐步完善科学、规范的现场保护应用流程，形成文物保护技术体系的储备。这既是当前需要解决的问题，也是今后需要妥善协调的问题。

图 8-1　江村大墓车马遗迹现场调查与图形提取

图 8-2　韩城宋代壁画墓现场加固与保护性搬迁　图 8-3　凤栖原出土漆木器的整体起取　图 8-4　凤栖原墓地 M1 文物出土现场环境调查

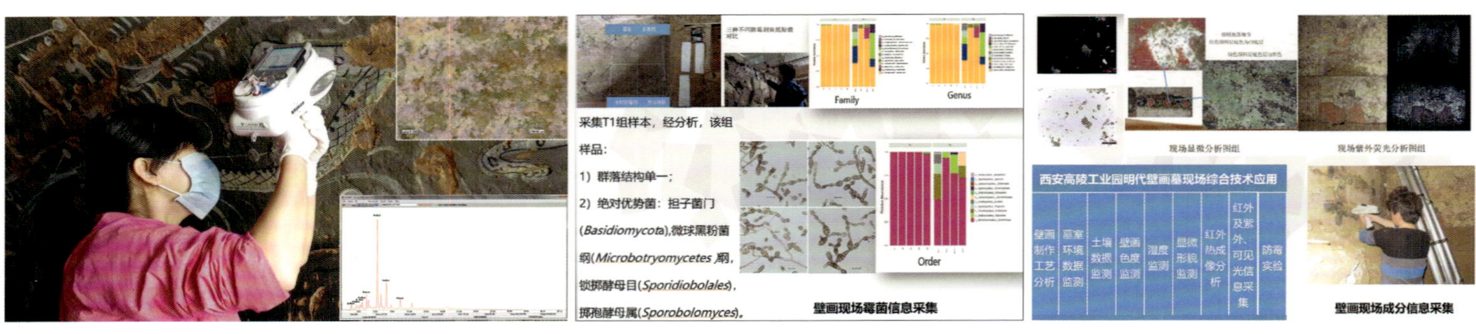

图 8-5　西安交大汉墓壁画颜料快速检测　图 8-6　考古现场微生物快速检测　图 8-7　文物出土现场综合信息调查

图 9　考古现场文物保护移动实验室

参考文献

[1] 夏鼐 . 中国大百科全书・考古学 [M]. 北京 : 中国大百科全书出版社 , 1986.

[2] 谢尧亭 . 考古发掘过程中的文物保护问题刍议 [EB/OL]. (2015-05-05). https://mp.weixin.qq.com/s/CtUeDUI-IVvnwq22kJaIdw.

[3] 俞伟超 . 考古学是什么 [M]. 北京 : 中国社会科学出版社 , 1996.

[4] 赵西晨 , 邵安定 . 试论“及时性”在考古现场保护中的重要意义——以张家川战国墓地现场保护实践为例 [J]. 文物保护与考古科学 , 2009(4): 111-115.

[5] 龚德才 . 考古发掘现场保护的理念与实践 [N]. 中国文物报 , 2003-05-30(8).

[6] 杜金鹏 . 试论考古与遗址保护 [J]. 考古 , 2008(1): 31-37.

[7] 梁嘉放 , 王占奎 , 赵西晨 , 等 . 陕西宝鸡石鼓山商周墓地 M4 发掘现场信息提取及文物保护 [J]. 文物 , 2016(1): 88-96.

纸质文物保护技术的发展现状

Current Developments of Paper Artifacts Conservation Technology

张金萍[1,2,3]

Zhang Jinping[1,2,3]

（1. 南京博物院；2. 纸质文物保护国家文物局重点科研基地；3. 近现代纸质文献脱酸保护技术文化和旅游部重点实验室）

（1. Nanjing Museum 2. Key Scientific Research Base of Paper Conservation, State Administraion of Cultural Heritage 3. Key Laboratory of Paper Literatures Deacidification Conservation in Neoteric and Modern China, Ministry of Culture and Tourism）

摘　要：纸质文物的保护修复技艺是从厚重的历史中积淀下来的，是一个不断去粗存精、迭代发展的动态演变过程。每个时代既有传承又有发展，同时也有属于自己的时代特征。本文从修复理念、分析手段、传统技艺科学化、保护技术四个方面简要阐述了当今纸质文物保护的现状，并对形成这些现状的内在支撑、发展逻辑分别进行了阐述，概括总结了现阶段纸质文物保护的总体特点，同时对未来纸质文物保护技术的发展进行了展望。

关键词：纸质文物；修复理念；传统技艺；科学化研究；文物保护技术

Abstract:

The conservation and restoration techniques of paper artifacts are accumulated in the profound historical culture. It is a dynamic evolution process of iterative development that constantly discards the dross and selects the essential. There are inheritance and development as well as unique features in each era. This paper briefly describes the current conservation status of paper artifacts in terms of restoration concepts, analytical methods, scientific traditional techniques and conservation technologies, elaborates on the internal support and development logic that contribute to the current conservation status, summarizes the overall characteristics of conservation of paper artifacts at present, and predicts the future conservation technology and development of paper artifacts.

Keywords:

Paper artifacts; Restoration concepts; Traditional techniques; Scientific research; Cultural heritage conservation technology

一、引言

我国古代在纸质文物保护方面积累了丰富经验，形成了较为完整的工艺体系。伴随着这套体系的应用，许多珍贵的文物得以传承，其技艺主体的有效性、实用性是经过上千年验证的，这一特点决定了继承与发展将是古老技术存续的主基调。优良工艺能否准确地传承；不合理的问题能否科学地解决；产生于民间的技艺与经验如何理论化、科学化、规范化，并让其受益于更广泛的人群和更长久的时代；科技的发展能否为纸质文物保护体系中存在的问题提供有效的解决手段和技术支撑；能否研制出更加满足需要的技术与材料等，都是今后解决问题的方向。新时期纸质文物的保护在继承传统修复技术的基础上，不断增强科学意识，在认知手段日益现代化的社会大背景下，基础研究、应用技术研究、科学性修复和预防性保护全面推进，相互促进。传统与现代、传承与创新、经验与理论以及人文科学与自然科学相融合已然成为当今乃至今后纸质文物保护修复工作的发展方向。

二、修复理念的践行

正确的修复要有正确的理念，采取何种修复理念为指导，都带有一定历史阶段的价值取向。无论东方还是西方，传统修复的初级阶段主要以满足古董商和收藏家的需求为导向，以恢复文物的完整性和艺术美为目的。自 20 世纪 70 年代中后期以来，在继承传统理念与技艺的基础上，传统纸质文物保护修复技术兼收并蓄，去粗存精，更加注重保护文物的原真性。最小干预原则、最大信息保留原则、安全性原则、可再处理性原则等得到更多的关注和重视，同时更强调修复应遵从文物修复原则，科学、规范、适度开展修复，并从技术路线、修复材料、修复人员、修复环境等方面进行了规范，让修复理念贯穿修复的全过程[1]。

折扇是古人常用的生活用品，也是文人雅士怀袖之物，很多博物馆都藏有被改裱成了镜片或册页的珍贵折扇，只有扇面而没有扇骨。这是因为破损严重的折扇修复难度很大，古人云“一两黄金修一扇面”，说的就是折扇修复不易，尤其是扇骨修复难度更大。从最大信息保留原则考虑，扇骨也是文物本体的一部分，也应该受到重视并得到修复。南京博物院白玉修复的设色山水洒金笺折扇（Cat 3.6.2）就是文物修复原则在实践中的较好应用案例。该扇面残缺、破损严重，尤其扇骨朽化缺损、严重断裂，需要大面积修复。修复人员匠心独运地采用了“贴肉、续筋”等修复技法，从古代建筑的“榫卯”结构获取灵感对残缺部位的扇骨进行整体性的还原修复[2]，最大限度地保留了折扇的审美与原始面貌（图 1 ～图 6）。

图 1　设色山水洒金笺扇骨修复前

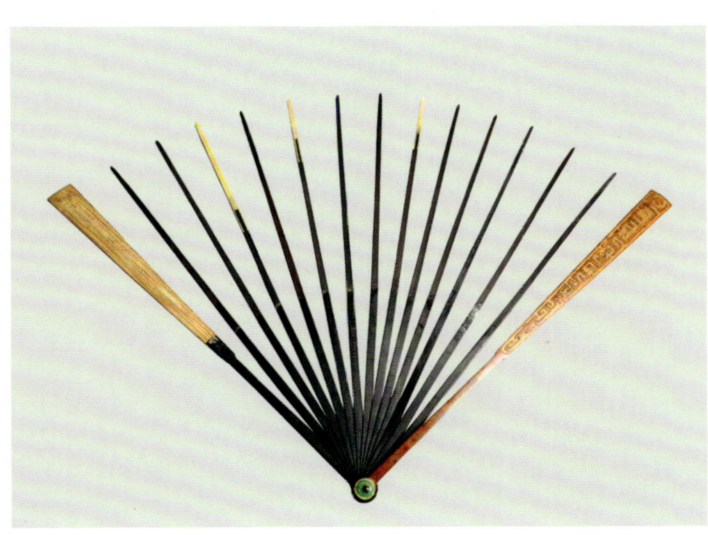

图 2　设色山水洒金笺扇骨修复后

图 3　设色山水洒金笺折扇修复前

图 4　设色山水洒金笺折扇修复后

在现今的书画修复中，保留具有时代特征或古旧气息的优秀原装裱，将其与残破的画芯一起修复的案例亦日益增多。这种修复理念的选择与《中国书画文物修复导则》提出的“综合考虑书画文物的价值、破损程度、原有装裱存续性，科学确定‘保留原裱、还旧处理、重新装裱’的可行性，优先利用用能够延续书画文物价值的原有装裱形制”[1]理念相一致。上海博物馆“吴昌硕篆书对联保留原裱绫的修复”就是这一理念很好的实践。该案例采用分离画芯与装裱，分别进行修复再组合的方法，并在组合还原时对原装裱不佳之处进行改进与微调，使其恢复原有面貌，保留典雅的时代气韵[3]。

纸浆修复是采用造纸技术原理进行修复的一种技术，在修复时不用浆糊而是靠纸张纤维之间的氢键结合，实现了最小干预性修复，有效降低了微生物和害虫的侵蚀。该技术尤其适用于双面有字的纸质文物的修复，具有安全、可逆、效率高的优点（图7）。

新疆地区出土了很多双面有字、糟朽严重的纸质文物，传统的整体托裱方法不适用这类文物的修复。纸浆滴注修复技术能够很好地适用于这类文物的修复，且修复仅局限在残缺部位，不会扩展到文物整体。对于糟朽严重、四周余幅窄的纸质文物，还可以用纸浆在文物四周加宽，便于安全提用。整个修复过程中不使用胶黏剂，降低了受虫霉侵蚀的风险。该技术的难点是对制浆和滴注工艺的把控，要选择与文物本体用纸成分一致或接近的纸作为原材料，修复实施前需要反复多次在实验室制浆，并根据修复对象的特点在纸浆纤维的悬浮性、色度、成纸的厚度、均度和滴注工艺等方面开展科学研究。如若修补部位需要重新处理，只需用水浸润就可以轻松取下。该项修复技术在一带一路沿线出土纸质文物修复、革命文物的修复中发挥了重要作用（图8～图12）。

图5 骨刀

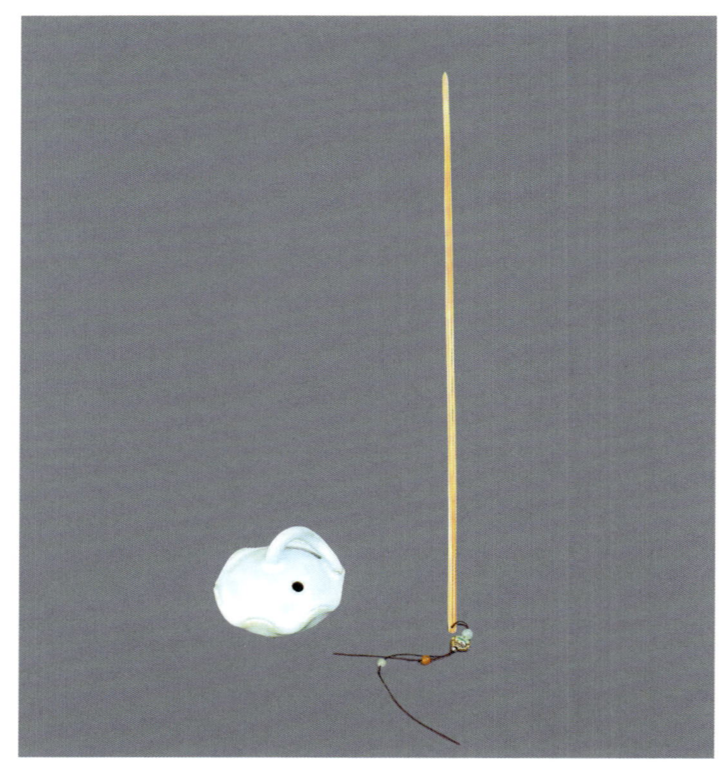

图6 扇骨穿

三、现代分析手段的运用

科技的进步为纸质文物保护研究开启了从宏观、介观和微观等多尺度全面认知的大门。传统的检测方法感知信息能力有限，捕捉到的信息的数量与质量都无法满足科学研究的需要。现代科学技术具有更强的感知信息能力、更强的穿透深度、更高的分辨率，既可以实现从摄影、显微成像、层析成像的直观呈现，又可以实现各种波谱与光谱技术高分辨指纹的准确鉴定[4]。目前现代科技在纸质文物保护展现出的研究主要体现在可以将纸质文物中模糊或被覆盖的墨迹、颜料和印章等通过信息增强技术重现出来[5]；可以将肉眼不见的书画表面胶结材料、一些霉变分布和残缺修复痕迹等信息呈现出来[6]；可以观察纸质文物样品中颜料、墨等污渍的内部结构[7]；可以分析书画颜料、纤维素的老化降解程度[8]；以及纸张、颜料的成分和含量[9,10,11]，等等。

图7 纸浆滴注修复技法

图 8　出土文书修复前（正面）

图 9　出土文书修复前（背面）

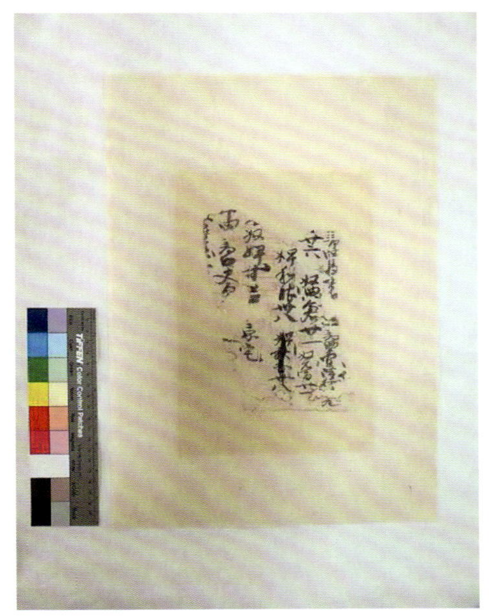

图 10　出土文书修复后（正面）

图 11　出土文书修复后（背面）

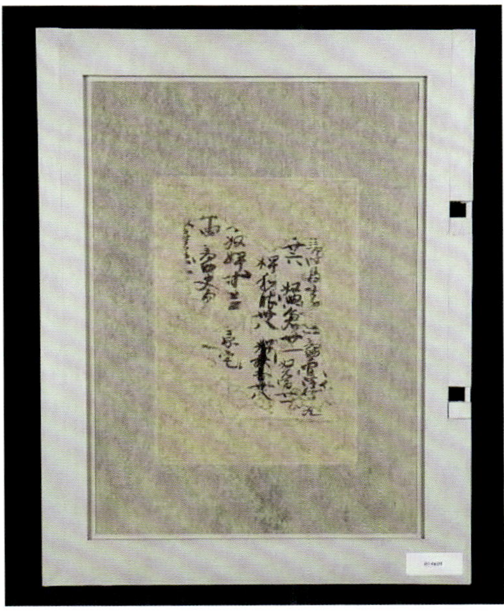

图 12　修复完成的文书装入无酸装具

纸张纤维聚合度是表征纸张内部纤维素分子链长短的指标，是纸张宏观物理强度的基础，可以很好地反映纸张的老化状态。纸张的物理强度、聚合度的测试需要大量的样品，因而无法用于文物的检测。故宫博物院的谷岸团队[12]和国家图书馆的易晓辉[13]等团队利用近红外光谱波长较短（780～2526nm）、光纤传输效率较高的特点，借助光纤探头方便、快速、无损地采集反射光谱，通过提取纸张中的相关信息探索建立近红外光谱与纤维聚合度之间的关联性，并结合化学计量学技术，实现对纸张老化成分较准确的定量分析和老化趋势的预测研究，展示了良好的应用前景。

拉曼光谱是一种散射光谱，能够获得物质的物相结构信息，具有原位无损、微区分析等优势。拉曼光谱是文物检测中最常用的技术之一，在纸质文物上的应用也由颜料分析逐渐深入到老化产物及造纸原料的纤维素[14]和木质素[15]的研究中。激光显微共聚焦拉曼光谱技术是将拉曼光谱分析技术与显微分析技术结合起来的一种应用技术，其空间分辨率更高，既能获取单根纤维的信息，也能避开纤维获取其他相关信息，这使得拉曼光谱逐渐成为研究纸张保存状态的一种有效手段。上海博物馆的裔传臻[8]结合国内外文献对拉曼光谱在纸张老化、炭黑颜料以及其他颜料上的应用和研究现状进行了梳理归纳，开展了阶段性研究。在修复工作中，国内的很多同行已开展拉曼光谱与扫描电子显微镜X射线能谱、红外光谱技术相结合的分析方法，实现对组成物质的进一步验证，取得了很好的成效。随着拉曼光谱应用研究的不断深入以及与其他分析技术、化学计量学等的结合，未来将在纸质文物研究中发挥更多的作用。

高光谱成像是漫反射光谱和二维成像技术的有机结合，是对同一物体在不同波长下进行光学成像的技术，具有波段多、光谱分辨率高和光谱覆盖范围宽等特点。近年来高光谱成像技术在文物保护领域的应用越来越多，多家博物馆购买了高光谱成像设备。故宫博物院史宁昌团队[16]、四川博物院的巩梦婷团队[17]、北京建筑大学侯妙乐和吕书强团队[18]、首都博物馆武望婷团队[19]、成都理工大学的武锋强团队[20]等均采用高光谱成像技术对纸质文物开展了相关研究，研究内容主要集中在文物颜料的分类识别、文物隐藏信息的提取、文物图像信息的增强、文物虚拟修复和文物病害提取等。虽然高光谱成像技术得到文博行业从业者的高度关注与重视，但目前的研究均处于探索性阶段。鉴于该技术专业性很强，对高光谱采集数据的深入解读还需要多学科、多领域专业技术人员的参与和合作，期待高光谱成像技术在文物分析领域发挥更大的作用。

由于纸质文物构成原材料的复杂性，很难通过某一种分析技术手段得到准确的分析结果，而是更多的是利用不同分析技术的特点和优势，相互印证、互为补充，完成对纸质文物材料的全面分析研究。近期，中国科学院大学人文学院考古学与人类学系杨益民教授课题组与西藏博物馆娘吉加研究员、中科院古脊椎动物与古人类研究所饶慧芸博士、以及法国国家自然历史博物馆、日本名古屋大学、龙谷大学等单位的学者合作，对西藏第一座藏传佛教寺院桑耶寺发现的古代藏纸残片开展了综合分析，主要手段包括^{14}C测年技术、显微镜以及扫描电子显微镜X射线能谱、X射线衍射、热裂解－气相色谱－质谱、热裂解－全二维气质联用和蛋白质组学分析等。利用热裂解－气相色谱质谱以及全二维气质联用分析现代瑞香狼毒样品，首次识别了瑞香狼毒纤维鉴定的生物标记物，并利用此方法鉴定了最早以瑞香狼毒为原料的藏纸；显微分析、成分分析和结构分析表明，填料以碳酸钙以及未破裂的小麦淀粉为主。同时，基于蛋白质组学分析首次报道了“奶＋小麦淀粉”这一独特纸张施胶剂；奶来源于牛属动物，根据地理位置推测为牦牛奶[21]。

现代科学技术在纸质文物保护中的应用，毕竟只经历了近40年的历程，我们既要看到现代科技对纸质文物保护产生的积极推动的一面，也须看到其可能产生的不利影响，如紫外光对纤维的影响、X射线产生的电离辐射、激光的高能量等负面因素。因此，研究人员需要进一步对各种现代科学技术在纸质文物保护中的应用边界、可能带来的影响和操作的规范等都开展深入、严谨和细致的研究，这也是当下需要考虑和重视的问题。

四、传统修复技艺与材料的科学化研究

近40年来，随着国家的强大、科技的进步，文物修复技艺从传统走向现代，已经可以在更为坚实的科学基础上审视和阐述众多的传统技术。利用现代科学技术对传统工艺和材料进行科学的分析，在此基础上进一步利用科学的原理。方法和知识对分析结果进行深入的阐释和揭示，并通过开展科学研究解决传统材料、工艺存在的问题，使其更加符合现代文物保护的需求，让传统技艺得到更好的应用和传承。

古人云：“墨以胶成，裱以糊就。”书画装裱修复中90%的工序都要用到浆糊。浆糊的原材料、制作工艺以及操作手法的好坏等直接影响书画修复装裱的质量。目前浆糊的问题主要集中在原材料质量不甚理想，杂质多，纯度不高；浆糊的制作工艺水平参差不齐，操作的随意性强，还未形成科学指导下的操作规范；不同工艺阶段对浆糊性能要求是不同的，但实际使用中，性能的改善基本靠水的调节，浆糊过厚导致开裂、断裂，过薄导致脱壳。因此从生产、制作源头控制原材料的质量，建立浆糊制作的工艺标准，控制小麦淀粉中直链和支链的比例，或通过改性、接枝等化学反应，研究满足不同修复环节、不同保存状态对浆糊或其衍生产品的质量要求，是传统工艺科学化研究的方向之一。首都博物馆武望婷团队[22]研究了不同浓度、搅拌速率、搅拌时间和最高温度等制作条件对糊化曲线的影响。南京博物院陈潇俐团队[23]开展原材料、制作工艺以及陈化条件的对比研究，并从pH值、黏度、剥离度、涂布宣纸抗张强度、撕裂度、耐折度和抗水性等理化指标对浆糊性能进行了表征与评价，并在此基础上，开展了多功能改性浆糊研究，获得了国家发明专利授权。

胶矾水作为一种施胶剂最早出现在唐代，通过在生宣或绢料表面涂刷矾水可以实现宣和绢的熟化，达到一定的疏水性，便于书写绘画。同时，在传统书画保护修复中，全色前、清洗书画前也常用胶矾水固定颜色、防止墨色晕散。但明矾易水解，水解后产生的酸（硫酸H_2SO_4）会加速纸或绢中的主要成分纤维素或丝素蛋白的水解老化，引起宣纸（绢料）酸化，导致古旧书画不易耐久保存。胶矾水作为延续千年仍在使用的修复用材料，其优劣性已渐渐得到科学的认识和改进，研究的内容主要体现在两个方面：一是胶矾水可以有效抑制写印色料在纸、绢表面的扩散[24]、使书画色彩得到加强，在提高纸绢的抗水性和形稳性等方面具有显著的优点[25]；二是对其弊端带来不利因素的分析、改进和新材料的研发。何秋菊应用扫描电镜、三维视频显微镜、质构仪、高场Al核磁共振波谱等科技手段研究了明矾水解后铝的形态及分布变化，在对胶矾水的疏水性、固色机理认知的基础上，探讨了胶矾水应用的科学内涵及明矾的负面作用，有针对性地“趋利避害”，研发出性能优异的书画保护修复新材料[26]。徐文娟研究了明矾对宣纸耐久性的影响，通过对比颜色、抗张强度、pH和耐折度等指

标，指出随着胶矾水浓度的增加，宣纸的老化速率增加[27]。何伟俊团队研发了以胶原蛋白(鱼胶)、魔芋葡甘聚糖和水溶性壳聚糖三种高分子材料复配形成的“三元膜”固色材料，作为胶矾水固色的替代材料，利用胶原蛋白、葡甘聚糖和壳聚糖三种高分子材料存在强烈的相互作用和良好的相容性，可制得截面形貌均匀光滑、透光率较高的共混膜，与单一聚合物和二元共混膜相比，其力学性能、透水汽性和渗透性也更加优良，获得了国家发明专利授权[28]。

五、纸质文物保护技术的发展

污渍、脆化、断裂是纸质文物常见的病害。污渍的种类很多，如水渍、锈斑和霉斑等，清洗是解决这些污渍的主要手段。清洗技术古而有之，千百年来，修复师依然倾向于采用传统的水洗方法。只有针对物理方法和水洗都无法去除，且对纸质文物后续的保存和利用带来不利影响的顽固污渍才考虑采用化学清洗方法。水是纸质文物修复不可或缺的重要材料，贯穿于整个修复过程。“水可载舟亦可覆舟”，对水的使用和把握不当，就会成为导致纸质文物损坏的重要风险因素。纸张纤维的排列是有方向性的，在清洗、修复、装裱过程中，水的过度使用，会引起纸张纤维在水的应力作用下发生位移和伸展，且伸展程度存在各向异性[29]，纤维横向要比纵向的伸长率大。纸张在干湿交替过程出现的皱缩、翘曲、颜料层脱落或松动等一系列显性或隐性的破坏都与纸张的纵横伸缩率的不同有直接关联。除此之外，过度清洗、水质不达标等问题都是长期存在的风险隐患[30]。近年来，在延续传统水洗方法的基础上，有关学者对清洗用水的质量、用量、水温的高低和清洗工艺等都开展了相关研究。水温较高可使去污力提高，残留的附着物易去除，但温度过高、用量过多、或者清洗方法不适宜，都可能危及写印色料[31]、纸张尤其加工纸[32,33]的安全，对颜料的稳定性、纸张的理化性能[34]和形稳性[35]等有很大的影响。因此，根据纸张的加工工艺、脆弱程度、损坏范围、所处的位置和耐水程度等选择适宜的清洗方法和工艺，将水洗可能带来的风险降到最低，是近年来纸质文物修复清洗技术的一个转变。在清洗工艺的选择方面，有些团队基于物理学的虹吸原理[36,37]，研制了纸质文物虹吸清洗设备，其优点是水温可控且水流不直接接触文物本体，而是通过黏胶纤维间接接触，并通过调节清洗台面的角度，达到控制水量的目的，防止纸张过度吸水，避免纤维排列受到大的干扰[38]。这种工艺在残破严重、色彩易脱落、纸张纵横方向分布不均匀的纸质文物清洗中发挥了很好的作用，降低了传统水洗过程中的诸多风险，实现了根据纸质文物损坏程度、本体特点选择最小干预的水洗方法。

脆化是威胁纸质文物寿命的主要病害之一，导致纸张脆化的因素有很多，其中造纸和修复过程中使用的明矾是导致纸质文物酸化、脆化的主要因素。因此，解决脆化病害的保护技术有两种类型：一是将酸性物质中和，二是对脆弱纸张进行加固。书画、古籍和近现代纸质文物都会酸化，只是酸化产生的阶段不同。酸化书画尤其是以熟宣(绢)创作的工笔绘画及一些经过反复修复后的书画为主，如为防止颜料墨迹脱落、晕色、扩散，书画修复中的清洗或全色步骤往往会使用胶矾水进行固色，胶矾水用量过多，或经过多次固色后这些字画很容易酸化；古籍的酸化更多是和环境有关[39,40]；近现代纸质文献酸化主要与造纸工艺和纸张本身的降解有关[41]。纸质文物酸化带来的危害已经引起全世界的关注，国内近十年加入脱酸技术研究行列的大学、科研院所、博物馆和图书馆越来越多。现代技术手段上有等离子技术[42]、超声雾化技术[43]、微波真空技术[44]和亚临界技术[45]等现代科技的运用。脱酸介质上有 $Ca(OH)_2$ 纳米颗粒、纳米级氧化镁以及氢氧化镁[46,47]等。目前，脱酸技术研究成果虽然很多，但多数成果还处于探索研究中，有的技术能够解决一些问题，在实践中也得到了应用，但技术的成熟度还不能达到推广应用的要求，实现规模化脱酸阶段依然有很多工作要做。

早期的纸张加固方法以托裱加固、丝网加固以及派拉纶(Parylene)成膜加固为典型代表[48]。在加固材料方面，一些天然高分子如淀粉、明胶、壳聚糖、纳米纤维素和细菌纤维素，以及合成高分子如聚醋酸乙烯酯水分散体、聚乙烯醇、聚乙烯、聚酰胺和各种形式的纤维素衍生物通过喷涂或浸渍方式用于加固劣化纸张。从实际应用效果分析，纸浆修复技术、丝网加固技术对纸张干预性小、操作简单，在业内得到了广泛的应用，时至今日依然发挥作用。化学材料加固技术的应用，业内表现出比较谨慎的态度。以派拉纶为例，该加固材料对十分脆弱的纸质表现出了非常好的加固效果[49]，但因加固后纸张材质更接近于“塑料”，令人们很难接受，加之设备昂贵、操作复杂，因此应用受限。这里有一个需要引起关注与探讨的问题，即在纸质文物接近濒危的情况下，保护技术的边界和接受度是否可以根据保护的对象有所调整。如面对一件文物，不加固它只有几年的寿命，如果采用类似派拉纶这样的加固技术就可以延长几十年、几百年的寿命，面对这一问题我们该如何看待与选择？随着材料科技的不断发展，生物技术为纸质文物加固提供了新的发展方向，以细菌纤维素为代表的相关研究在业内得到了极大的关注。细菌纤维素是一种由 β-D-吡喃葡萄糖以 1,4- 糖苷键连接而成的链状生物高分子[50]。它的基本结构与植物纤维素结构基本没有区别，由于其良好的相容性和可降解的特点符合文物保护中要求的兼容性和可再处理的准则，目前已经有研究把它用于文物加固修复中，如木质文物、丝织品和纸质文物的加固修复[51,52,53,54]。

六、总结与展望

纸质文物保护与修复是一个古老的领域，前人积累了大量极其宝贵的经验，经过代代的传承与发展，时至今日已呈现出了属于我们这个时代的特征。

（1）修复理念方面，更加注重对纸质文物原真性、整体性的保护；保护的范围从本体保护向保存环境的预防性保护扩展；技术路线和修复措施的选择也从单一因素的考量，向多因素、综合价值评估的方向发生转变，技术措施的选择和应用更趋谨慎。

（2）技艺传承方面，已经从依靠经验、口传身授和注重实用价值层面向注重对经验的总结、提炼，形成系统的理论、操作规范、技术流程和标准制定的层面转变；不仅关心修复技术的工艺、流程、工具，也注重对人文价值、隐性价值的挖掘。

（3）现代科技手段应用方面，从直接经验的感知到先进科技手段的运用，从直观的呈现到高分辨率的准确鉴定，获得信息的手段和途径越来越先进多样，科学研究的视角和认知文物的维度得以拓宽。

（4）纸质文物保护应用技术层面，自 1978 年全国科技大会以来，文物保护领域取得了不少科研成果，但真正应用在实际工作中的并不多。究其原因，一是科研课题针对性不强、脱离实际，科研与实际需求关联度不高；二是课题本身的研究水平有待提高，有的课题满足于验收完成，后续缺乏从理论到实践、再从实践到理论这样的不断纠错、完善的过程，导致具有较广泛应用前景与价值的课题完成后长久束之高阁；三是人们的固有思维、工作惯性阻碍了科研成果的运用，尤其书画修复领域接受新事物意愿不强；四是重应用研究轻基础研究，全面了解影响纸质文物耐久性因素和病害成因的研究、科学揭示纸质文物劣化过程的物理和化学变化规律、科学准确表征纸质文物保存状态的理化性质的基础研究还不够，已成为制约纸质文物保护技术发展的瓶颈。

未来纸质文物保护技术需要从以下五个方面推进。

（1）将延续千年的传统修复技艺科学、合理、有序地传承下去，深入挖掘其背后的核心价值和隐性价值，从科学层面上对传统技艺进行科学的认识和阐释，揭示其蕴含的科学原理与本质，并在此基础上对技术进行完善与创造，并使其理论化、显性化、系统化、规范化、科学化。

（2）更加关注综合因素、协同效应对纸质文物寿命的影响，以折痕、断裂病害为例，不仅与纸张制作工艺、浆糊本身性能的优异有关，也与文物存放的环境因素、装裱的形制、文物收卷的频率、操作工艺、时间季节和修复师的个人习惯等有关。

（3）技艺是人与物的结合，技艺最终是人作用于物，因此，在技艺的保护与传承中，也要关心人这个实施主体，他们的自然特征、性格禀赋以及个人爱好等都对技艺实施效果有很大的影响。因此，既要对老一代的传承人给予人文关怀，也要对年轻继承人的选择与培养方面有一定的要求。

（4）由于纸质文物构成原材料的复杂性，很难通过某一种技术得到理想的研究结果，利用不同分析技术的特点和优势，完成对纸质文物结构、组成、病害和研发等的全面认知，多种技术相互印证，互为补充，才能为纸质文物的科学研究提供理论支撑、数据支撑。科技有其积极的一面，也有其破坏性，目前很多现代科技手段在纸质文物中的应用还处在探索阶段，其对文物可能带来的风险隐患也不容忽视，因此科技的运用必须在坚实的研究基础上，谨慎地向前推进。

（5）应用技术的研究既要对存量科研成果进行不断地修正与完善，又要对增量的科研项目组织力量开展科研攻关，在污渍的清洗、脆弱纸张的加固、粘连纸质文物的揭取、酸化纸张的脱酸等方面，很多难点、瓶颈性的问题依然存在。这些都是未来科学研究要主攻的方向。

参考文献

[1] 张金萍，陈潇俐，何伟俊．中国书画文物修复导则 [M]. 南京：译林出版社，2017.

[2] 白玉．古代折扇的还原修复：以“文俶”“永瑢”扇为例 [J]. 文物保护与考古科学，2020, 32(4):103-109.

[3] 沈骅，徐文娟，裔传臻．吴昌硕篆书对联保留原裱绫的修复 [J]. 文物保护与考古科学，2020, 32(2): 64-72.

[4] 阎春生，黄晨，韩松涛，等．古代纸质文物科学检测技术综述 [J]. 中国光学，2020, 13(5): 936-964.

[5] 潘怡伶．张大千画作修复案例分析 [J]. 内江师范学院学报，2019, 34(11): 58-63.

[6] 张群喜．紫外荧光成像技术在馆藏壁画保护研究中的应用 [J]. 文博，2009(6): 222-228.

[7] R. Haswell, U. Zeile, K. Menschl. Van Gogh’s painting grounds: an examination of barium sulphate extender using analytical electron microscopy-SEM/FIB/TEM/EDX[J]. Microchim Acta, 2008(161): 363-369.

[8] 裔传臻．拉曼光谱在纸质文物研究中的应用 [J]. 文物保护与考古科学，2018, 30(3): 135-141.

[9] Suzanne Morsch, Birgit A. van Driel, Klaas Jan van den Berg, et al. Investigating the photocatalytic degradation of oil paint using ATRIR and AFM-IR [J]. ACS Applied Materials&Interfaces, 2017(9):10169-10179.

[10] 时倩, 铁付德, 梅建军. 胶矾水浓度对宣纸性能影响初探 [J]. 中国国家博物馆馆刊, 2013(11): 136-149.
[11] Ilaria Degano1, Jacopo La Nasa. Trends in high performance liquid chromatography for cultural heritage [J]. Topics in Current Chemistry, 2016(374): 20.
[12] 谷岸. 近红外光谱结合化学计量学无损检测新技术在文物保护中的应用与展望 [J]. 中国文物科学研究, 2019(1): 72-76.
[13] 易晓辉, 龙堃, 任珊珊, 等. 近红外光谱无损检测技术在古籍纸张性能分析中的可行性研究 [J]. 文物保护与考古科学, 2018, 30(3): 21-32.
[14] 马建锋, 杨淑敏, 田根林, 等. 拉曼光谱在天然纤维素结构研究中的应用进展 [J]. 光谱学与光谱分析, 2016, 36(6): 1734-1739.
[15] 金克霞, 王坤, 崔贺帅, 等. 拉曼光谱在木质素研究中的应用进展 [J]. 林业科学, 2018, 54(3): 144-151.
[16] 史宁昌, 李广华, 雷勇, 等. 高光谱成像技术在故宫书画文物保护中的应用 [J]. 文物保护与考古科学, 2017, 29(3): 23-29.
[17] 巩梦婷, 冯萍莉. 高光谱成像技术用于书画颜料的无损分析: 以张大千临摹敦煌壁画《隋藻井》为例 [C]. 中国文物保护技术协会第九次学术年会论文集, 北京: 科学出版社, 2017.
[18] 侯妙乐, 吴育华, 张向前, 等. 基于关节臂扫描的文物精细三维信息留取 [J]. 文物保护与考古科学, 2014, 26(3): 94-98.
[19] 武望婷, 张陈锋, 高爱东, 等. 基于高光谱技术对一幅清代画信息提取研究 [J]. 文物保护与考古科学, 2017, 29(4): 45-52.
[20] 武锋强, 杨武年, 李丹. 基于高光谱成像与拉曼技术的艺术画颜料成分对比检测研究 [J]. 矿物学报, 2014, 34(2): 166-170.
[21] Han B., Niang J., Rao H., et al. Paper fragments from the Tibetan Samye Monastery: Clues for an unusual sizing recipe implying wheat starch and milk in early Tibetan papermaking [J]. Journal of Archaeological Science: Reports, 2021(36): 102793.
[22] 武望婷, 盛扬, 施继龙, 等. 小麦淀粉和小麦面粉糊化及剥离强度对比研究 [J]. 黏接, 2015, 36(8): 74-78.
[23] 陈潇俐, 云悦, 张诺, 等. 纸质文物用改性黏合剂的研究 [J]. 中国胶粘剂, 2020, 29(10): 37-40.
[24] Irene Brückle. The role of alum in historical papermaking [J]. 1993, 17(4).
[25] 张桓. 浅析胶矾在中国绘画艺术中的运用 [J]. 株洲师范高等专科学校学报, 2003, 8(6): 42-44.
[26] 何秋菊. 古书画施胶剂的作用机理及中性铝盐施胶沉淀剂的研发 [D]. 西北大学, 2019.
[27] 徐文娟. 明矾对宣纸耐久性影响的研究 [J]. 文物保护与考古科学, 2008, 20(4): 47-50.
[28] 何伟俊, 张诺, 张金萍, 等. 一种书画固色材料及其制备方法和应用 [P]. 江苏省: CN107254253B, 2019-05-21.
[29] 刘云飞, 彭毓秀, 顾锡爵, 等. 纸张纤维取向的微波测试分析 [J]. 中国造纸, 1995(6): 28-31.
[30] 刘家真. 纸质藏品修复用水考量 [J]. 文物保护与考古科学, 2019, 31(6): 105-111.
[31] 俭英, 小松, 丹阳. 浅谈书画装裱中润墨现象的预防 [J]. 兰台内外, 1996(2): 52-53.
[32] 不同温度水的表面张力 [EB/OL]. (2018-03-21). http://www.wenku1.com/list/ 不同温度水的表面张力.
[33] 国家图书馆. 如何为书画做手术 [EB/OL]. (2018-03-21). http://www.chnm-Useum.cn/tabid/1836/InfoID/93832/frtid/144/Default.aspx.
[34] 孙大东, 鲁钢, 童丽媛, 等. 纸质文物清洗用水的选择及清洗条件初探 [J]. 文物保护与考古科学, 2015, 27(1): 84-88.
[35] 易晓辉, 闫智培, 龙堃, 等. 湿热加速老化法降低古籍修复用纸伸缩性的研究 [J]. 文物保护与考古科学, 2020, 32(5): 126-134.
[36] 徐文娟, 王春红. 西方现代保护修复方法在中国纸质文物中的应用 [J]. 文物保护与考古科学, 2008, 20(3): 40-43+75-76.
[37] 陈潇俐, 张金萍, 张诺. 纸质文物的清洗研究: 以清代册页清洗为例 [J]. 文物保护与考古科学, 2013, 25(2): 65-68.
[38] 陈潇俐, 朱庆贵, 张诺, 等. 书画文物清洗及修复技术选择: 最小干预原则在书画文物修复中的应用 [J]. 文物保护与考古科学, 2017, 29(6): 56-64.
[39] 李景仁, 周崇润. 中国古籍文献的酸化与防酸化 [N]. 中国图书馆学报, 2002(5): 79-82.
[40] 张金玲, 方岩雄. 古籍文献的酸化与现代修复技术 [J]. 图书馆学刊, 2011, 33 (8): 23-25.
[41] 刘家真. 纸质文献酸化的维护策略 [J]. 图书馆研究与工作, 2020(5): 79-84+90.
[42] 李青莲, 贺宇红, 李贤慧, 等. 等离子技术在近现代纸质文物脱酸保护中的应用研究 [J]. 文物保护与考古科学, 2014, 26(1): 76-80.
[43] 樊慧明, 李嘉禾, 牟洪艳, 等. 基于超声雾化 $Ca(OH)_2$ 在纸质文物脱酸修复中的研究 [J]. 造纸科学与技术, 2019, 38(2): 6-10.
[44] 郑冬青, 张金萍, 陈潇俐, 等. 微波真空技术在整本图书脱酸中的应用研究 [J]. 兰台世界, 2011(27): 58-59.
[45] 张淑娟, 马晟宇, 张小岗, 等. 基于高压二氧化碳流体的档案纸张去酸研究 [J]. 档案学通讯, 2014(2): 80-85
[46] 王思浓, 金超, 余辉, 等. 一维氧化镁材料的合成及其对民国文献脱酸性能的考察 [J]. 复旦学报(自然科学版), 2016, 55(6): 698-701+706.
[47] 张铭, 田周玲, 任珊珊, 等. 酸化图书批量脱酸处理实践. 图书馆论坛 [EB/OL]. (2021-01-27). http://kns.cnki.net/kcms/detail/44.1306.g2.20201204.0850.008.html.
[48] 张铭. 国内外纸质文献加固技术研究 [J]. 中国造纸, 2020, 39(3): 71-77.
[49] 龚德才, 奚三彩, 王勉. 派拉纶成膜技术在文物及图书保护中的应用研究 [J]. 文物保护与考古科学, 1996(1): 29-34.
[50] 贾士儒, 欧竑宇. 细菌纤维素的生物合成及其应用 [J]. 化工科技市场, 2001(2): 21-23.
[51] 卫扬波. 细菌纤维素保护修复木质文物的若干问题 [J]. 中国文物科学研究, 2014(4): 50-52+56.
[52] 申桂云, 刘博. 细菌纤维素在糟朽丝织品文物加固保护方面应用的初步研究 [C]. 中国文物保护技术协会论文集, 2011(10).
[53] 段大程. 细菌纤维素与壳聚糖在纸质文物修复加固与防霉保护中的应用研究 [D]. 辽宁大学, 2017.
[54] 张志惠. 细菌纤维素在纸质档案修复中的应用研究 [D]. 云南大学, 2015.

文物保护装备发展现状和趋势

Current Developments and Trends of Cultural Heritage Conservation Equipment

石镇山　刘　刚　方毅芳
Shi Zhenshan, Liu Gang, Fang Yifang
（机械工业仪器仪表综合技术经济研究所）
（Instrumentation Technology and Economy Institute, P.R.China）

摘　要：本文系统地梳理了《文物保护装备发展纲要（2018～2025年）》发布以来，我国文物保护装备领域取得的新成果、新进展，分析了“十四五”期间文物保护传承利用面临的新形势、新挑战，提出了文物保护装备产业健康发展的新思路、新举措。

关键词：文物保护；技术装备；需求分析；政策建议

Abstract:

This paper systematically reviews the new achievements and progress made in terms of cultural heritage conservation in China over the two years since the *Development Outline for Cultural relics Conservation Equipment* (2018-2025) was issued, analyzes the new situation and challenges in the cultural heritage conservation, inheritance and utilization during the “14th Five-Year Plan” period, and puts forward new ideas and measures for the sound development of cultural heritage conservation equipment industry.

Keywords:

Cultural heritage conservation; technical equipment; demand analysis; policy proposals

《文物保护装备发展纲要（2018—2025年）》（以下简称《纲要》）发布以来，我国文物保护装备方面取得一系列新成果、新进展，面对文物保护传承利用的新形势、新挑战，文物保护装备产业的健康发展急需新思路、新举措。

一、《纲要》主要内容回顾

2018年11月12日，国家文物局、工业和信息化部、科学技术部联合印发了《文物保护装备发展纲要（2018—2025年）》，对我国文物保护装备发展作出了全面部署，明确提出了到2025年文物保护装备发展的总体要求、发展目标、重点领域、主要任务和保障措施。

《纲要》提出，按照新时代加强文物保护利用改革的新要求，聚焦文物保护利用的重大需求，凝聚社会力量，创新发展模式，优化发展生态，构建产品体系，全面提升文物保护装备对文物事业发展的综合保障和支撑服务能力。到2025年，文物保护装备综合实力显著增强，产业快速增长和高质量发展兼顾的局面基本形成。《纲要》明确了安全防范与监管、文物勘查与考古、文物监测与修复、文物展示与利用4个重点领域，部署了分类推进文物保护装备发展、提升文物保护装备保障能力、深化文物保护装备发展模式、优化文物保护装备发展环境4项主要任务。

《纲要》要求，建立由国家文物局、工业和信息化部、科学技术部等相关部门组成的文物保护装备发展部门协调工作机制；从优化完善激励政策、健全人才保障体系和开展国际交流合作等方面开展工作，确保各项保障措施落实到位。

二、文物保护装备产业取得的新成果新进展

2.1 顶层设计实施初见成效

一是产品创新能力明显提高。自《纲要》发布以来，涌现出一批较强的技术创新产品，在关键特殊场景的应用进行积极探索与突破。利用物联网、人工智能和AR/VR等前沿技术，探索在智慧博物馆中的应用，如人工智能AI标记技术在壁画裂缝监测中的应用，“5G+AR文物修复系统”在文物保护修复工作中的应用。

二是市场供给与产业化转化水平显著提升。随着文物保护装备在田野考古、水下考古、价值挖掘、智慧博物馆、文化创意等多个领域得到广泛应用，企业的研发与供应能力不断提升，一批企业已在文物保护工作中崭露头角。如郑州枫华研制的“可移动立体文物高像素数字成像系统”在首都博物馆中成功应用，天津旺达生产的智能文物展柜在故宫博物院、国家博物馆的金属、书画类展览中得到应用。

三是产业生态逐步完善。文物保护装备产业生态体系逐步健全，产业环境进一步优化，在国家引导和市场竞争机制相互协调促进的作用下，形成具有一定优势的企业。如西安元智和重庆声光电在博物馆微环境监控与评估方面、深圳市埃克苏照明系统有限公司在博物馆照明方面、佰路得信息技术有限公司在文物陈列装备以及博物馆展陈技术等方面都取得了不错成绩。

四是科技创新注入新动能。“十三五”国家重点研发计划“重大自然灾害监测预警与防范”重点专项（文化遗产保护利用专题任务）全面实施，专题任务聚焦文化遗产价值认知与价值评估关键技术、文物病害评估与保护修复关键技术、文化遗产风险监测与防控关键技术、文化遗产传承利用关键技术等4个重点方向，开展基础研究和技术攻关，研发专有装备，推动标准化建设，为新一轮文物保护装备产业创新发展注入新动能。

2.2 产业规模不断扩大，服务型制造新业态初现端倪

据不完全统计，文物保护装备产业产值由2012年的不足30亿元，到2019年已接近百亿元；2013～2020年中央财政在文化遗产保护专项的资金安排超700亿元。产业规模的迅速扩大吸引了更多企业进入该领域，如格力、海康威视等跨领域优势企业。我国最具影响力的文物博物馆产品博览会“博物馆及相关产品与技术博览会”，参展企业也由2014年的70家增加至2016年的180余家、2018年约250余家。2020年因新冠肺炎疫情影响，展会延期至2021年举办，目前报名参展企业非常踊跃。

“制造商+用户”“产品+服务”的发展理念不断深入，企业与文博单位合作，尝试以购买服务的新模式，面向博物馆临时展览，以及基础条件不允许的中小博物馆，推动预防性保护装备系统的应用落地。这种模式，在保证文物保护效果的前提下，有效减轻了文博用户在经费、人力资源和固定资产管理与维护上的压力，同时也最大限度地拉近了企业与用户的距离和粘合度，帮助企业更深入地了解用户需求，引导其产品迭代升级、提升技术服务能力和专业人才的培养。

2.3 技术与产品发展促进文物保护与传播科学化

近年来，水下考古机器人、考古探测机器人、全息智能互动展示系统、多波束海洋考古勘测设备和三维扫描智慧系统等高端装备已在文物保护工作中崭露头角。文物展柜技术已趋成熟，并有部分展柜出口，与国际顶级品牌相比，国内的展柜定制化和性价比具有较大优势。国产文物专用消防设备在灭火剂纯度、灭火性能和温室效应指数等方面与国际产品性能相当，但成本仅为国外产品的60%。

文物保存环境实时监测调控装备、防震装置等预防性保护措施的普遍应用，大大改善了西藏、海南、黑龙江和四川等极端环境和多地震地区的文物保存状况。基于可移动文物风险理论的专用保存设备和养护设备，有效提高了文物收藏单位风险预控能力；具备远程数据传输、无源长续航能力的野外不可移动文物安全与环境监测装备，极大提高了无人值守文物的安全系数。考古现场文物保护移动实验室、野外智能考古集成平台等集成装备，实现了我国考古技术装备水平的跨越式发展。

高复杂度、高自由度的壁画裂隙发育分析系统，通过人工智能自动标记、自动构图，以可视化的方式对壁画的复杂性裂隙实现直观呈现。土遗址风化监测系统，通过人工智能自动配准，以数据可视化技术对土遗址的风化和水土流失情况进行统计，实现了风化速度的半定量分析。文物智能识别系统，通过神经网络、知识图谱等技术，初步实现了对青铜器、瓷器等文物的智能识别，并与文物知识库智能匹配。

疫情期间，借助虚拟现实、增强现实等技术产品，2000余项博物馆“云展览”吸引超50亿人次线上观览；通过红外测温和观众面部识别技术与云端预警系统的互联互通，疫情期间博物馆开放无后顾之忧。

三、文物保护装备面临的新形势新挑战

3.1 文博行业的需求挖掘仍显不足

如何将存量需求做细、做深，进一步发掘增量需求。比如从存量的角度上看，我国现拥有5535家博物馆，而实施预防性保护专项措施的仅有200余家，不足4%，并且在已实施的预防性保护工作中，更多还处于保存设施的改善上。从增量的角度上看，革命文物、水下文物保护和工

业遗产等新型文化遗产领域，新课题新需求层出不穷。

3.2 文物科技成果转化与产业化相对滞后

近年来，得以迅速产业化推广的文物保存环境监测调控、考古移动实验平台和文物风险预控系统等均源自“十一五”“十二五”以来的文物保护科技专项成果，然而大量的文物科技成果还留在书架上、文献库里。在刚刚结束的“十三五”文物领域重点研发计划项目立项中，含有相当数量的高端装备、核心部件和系统解决方案的考核指标。不少文物保护装备的企业和相关科研机构都积极地参与其中，这是一个好现象。但是，如何通过产学研用的联合攻关，加速实现科技成果的转化和产业化应用创新模式的探索仍然是一个亟待突破的难题。

3.3 标准化推进系统性有待加强

2015 年，在工信部和国标委的支持指导下，文标委文物保护专用设施分技术委员会成立。成立之初，分委会制定了领域“标准体系框架”，截至目前，共立项编制了 20 项行业标准，联合协同平台制定发布了 42 项平台标准，为相关装备的质量达标和推广应用发挥了积极作用。但标准体系与迅速的技术进步和需求拓展拉开了距离，无论是行业标准还是平台标准研制速度、质量，以及应用措施和执行手段仍显不足。

3.4 装备体系不完善且存在明显短板

目前，文物保护装备仍以环境监测调控、文物储藏设施、智能展柜、数字化传播等市场导向性产品为主，且系列化、专业化不够；而面向文物安全、勘查考古、本体监测、文物修复等需求导向性的装备产品供给不足，面向水下考古与文物保护、保护修复大型集成设备、文物无损分析仪器等重大需求和高端装备领域存在明显短板。

3.5 行业公共服务能力仍需提升

协同平台成立以来，积极开展产需对接、装备标准化、检验检测和质量认证等相关工作，有力推动了文物保护装备向产业化迈进。但在共性技术联合攻关、成果转化中验证、产品应用第三方评估等方面还缺乏相关措施，在产需深度融合、检测能力拓展以及产业宏观分析等方面还需强化。

四、文物保护装备发展的新思路、新举措

4.1 研究编制《纲要》在“十四五”期间的实施方案

面向“十四五”，研究提出《纲要》的落地措施，深入挖掘行业需求，引导装备支撑和服务方向。密切结合即将出台的《国家文物事业发展“十四五”规划》和《“十四五”文物科技保护专项规划》，深入挖掘新时代文物博物馆事业发展需求，研究做好《纲要》在“十四五”期间的实施方案。按照文物保护传承利用各细分领域，研究重大及前沿技术装备、量小急需关键装备和市场竞争性装备等三类装备的细化目标和推进路径。落地实施方案要围绕文物安全保障、文物勘察与考古、文物保护与修复和文物传承与利用等重点方向，研究提出协同研发、联合攻关模式机制，力争实现装备创新突破。协同平台也要积极组织更多的学术研讨、产需对接活动，为各平台单位营造协同融合的产业创新氛围。

4.2 完善文保装备体系，固优势、补短板

从“点线面体”四个维度，完善文保装备体系，固优势、补短板。加快“十二五”先进科研成果的工程化、产业化应用，做好“十三五”重点研发计划与产业化转化的有效衔接。瞄准文物本体病害监测传感器研发、文物专有检测分析仪器研发等单项核心关键技术的突破；通过集成有基础单项技术，形成考古探测集成系统、文物修复大型集成装备和无人机水下机器人搭载平台等文物保护细分领域成套技术装备系统的突破；通过多项技术与装备的系统集成，解决不可移动文物预防性保护风险管控的系统解决方案等领域性问题；解决跨领域、跨平台的互联互通和协同管控问题，面向智慧博物馆、智慧文化遗产地，开展“监测—决策—管理—保护—服务”一体化研究和平台开发，系统实现保护与利用的协同共融；加强 5G、人工智能以及区块链等新兴技术赋能文物保护传承利用，推动融合发展和示范。

4.3 加强产业基础公共服务能力建设

与时俱进，修订和完善文物装备标准体系，加大标准应用力度，促进产品和服务质量的“双提升”。切实加强标准化顶层设计，逐步完善涵盖基础、数据、技术、产品、管理、安全、应用和服务的文物保护装备标准体系。加大文物保护装备应用评价标准基础研究，促进文物保护装备应用标准化。加强国家标准、行业标准和平台标准等各级标准的制定和衔接，鼓励文物保护装备企业制定企业标准。不断拓展行业检验能力，开展标准的试验验证和试点示范。支持相关单位参与国际标准化工作，推动文物保护装备产品标准国际化。研究建立成果转化和孵化、人才培训、产业数据服务、发展战略研究和产品应用示范等支撑机制。推动国家文物保护装备产业基地的落地运行，逐步形成产需高度融合、协同创新的文物保护装备产业聚集，将基地打造成我国文物保护装备产业创新发展的动力引擎。

参考文献

Bibliography

包桂红 . 内蒙古锡林郭勒盟伊和淖尔一号墓墓主人身份探析 [J]. 内蒙古社会科学 (汉文版), 2017, 38(6): 89-92.
蔡欣 . 宋代绞经丝织物研究 [J]. 丝绸 , 2016, 53(2): 61-72.
柴勃隆 . 多光谱影像调查在莫高窟壁画保护中的应用研究 [D]. 兰州大学 , 2013.
柴勃隆，苏伯民，张文元，等 . 敦煌壁画绘画材料多光谱图像标准数据库的建立和应用 (英文) [J]. 光谱学与光谱分析 , 2017, 37(10): 3289-3306.
柴勃隆，肖冬瑞，苏伯民，等 . 莫高窟壁画颜料多光谱数字化识别系统的研发与应用 [J]. 敦煌研究 , 2018(3): 123-130.
陈港泉 . 干旱环境下古代壁画保护成套技术集成与应用示范研究 [M]. 北京 : 科学出版社 , 2020.
陈汉初 . “南澳一号”与“汕头器” [J]. 岭南文史 , 2014(4): 5-12+20.
陈华 . 谢家桥 1 号汉墓出土丝织品白色污渍的分析 [A]. 中国文物保护技术协会 . 中国文物保护技术协会第八次学术年会论文集 [C]. 中国文物保护技术协会 : 中国文物保护技术协会 , 2014: 5.
陈家昌，黄霞，陈晓琳，等 . 出土饱水木质文物的腐蚀病害类型与保护研究进展 [J]. 材料导报 , 2015, 29(11): 96-101+128.
陈静 . 实验性漆器案例研究 [M]. 北京 : 中国纺织出版社 , 2016.
陈启新 . 悬泉置出土墨迹残纸为东汉以后之书信 [J]. 中国造纸 , 1992(6): 66-68.
陈邵龙 . 福建宋代漆器的发现和研究 [J]. 福建文博 , 2020(2): 26-36.
陈抒 . 福州南宋黄昇墓服饰植物纹样艺术特征及成因分析 [J]. 轻纺工业与技术 , 2020, 49(12): 51-52.
陈淑英，赵作勇 . 谈馆藏文物微环境保护方法与策略 [J]. 文物世界 , 2011(2): 71-76.
陈永志，宋国栋，庄永兴 . 内蒙古正镶白旗伊和淖尔墓群再次发现北魏贵族墓 [N]. 中国文物报 , 2015-03-13(008).
陈中行，程丽臻，李澜 . 出土饱水竹木漆器脱水保护技术 [M]. 湖北 : 湖北人民出版社 , 2014.
陈仲陶 . 对青铜器保护修复理念、原则的探讨 [J]. 文物保护与考古科学 , 2010, 22(3): 87-91.
成都文物考古研究所 . 成都商业街船棺葬 [M]. 北京 : 文物出版社 , 2009.
成都文物考古研究所 . 成都市商业街船棺墓葬发掘报告 [M]. 北京 : 文物出版社 , 2009.
程燕，郭伟，樊巍巍，等 . 大气环境对博物馆内文物的影响 [J]. 中国粉体技术 , 2013, 19(5): 43-49.
程长新，张先得 . 伯椃虘簋之再发现 [J]. 文物 , 1980(5): 61-62+102.
崔剑锋 . 铅同位素考古研究 [M]. 北京 : 文物出版社 , 2008.
崔燕 . “南澳一号”五大谜团 [J]. 中国船检 , 2010(6): 58-61.
丁清华 . 以福州南宋黄昇墓出土文物为例 南宋贵族妇女的华衣美服 [J]. 大众考古 , 2014(12): 53-56
丁忠明，周亚，吴来明 . 计算机断层扫描技术 (X-CT) 在子仲姜盘制作工艺研究中的应用 [J]，2017, 29 (5): 12-25.
董俊卿，李青会，刘松，等 . 合浦汉墓出土绿柱石宝石珠饰的科学分析 [J]. 文物保护与考古科学 , 2019, 31(4): 30-38.
段清波 . 秦始皇帝陵园考古研究 [M]. 北京 : 北京大学出版社 , 2011.
俄军，杨富学 . 敦煌悬泉置出土文书研究 [M]. 甘肃 : 甘肃教育出版社 , 2015.
范鲁丹，郭丹华，刘剑，等 . 高效液相色谱 - 质谱联用技术鉴别清代小龙袍染料 [J]. 丝绸 , 2019, 56(2): 50-55.
方北松，吴顺清 . 饱水竹木漆器保护修复的历史、现状与展望 [J]. 文物保护与考古科学 , 2008, 20(S1): 122-130.
《纺织品文物保护修复概论》编写组 . 纺织品文物保护修复概论 [M]. 北京 : 文物出版社 , 2019.
冯永德 . 浅谈成都老官山汉墓出土蜀锦织机 [J]. 四川蚕业 , 2013, 41(4): 55-56.
付海涛，李瑛，魏无际，等 . 古代青铜文物保护研究现状及 AMT 的应用 [J]. 腐蚀科学与防护技术 , 2002(1): 35-37.
甘肃省文物考古研究所 . 西戎遗珍马家塬战国墓地出土文物 [M]. 北京 : 文物出版社 , 2014.
高飞，张雪雁 . 故宫博物院藏明代掐丝珐琅朝冠耳三足炉的修复保护研究 [J]. 中国文物科学研究 , 2020(2): 82-87.
高明涛，王俊华，黄广民，等 . 唐李倕墓发掘简报 [J]. 考古与文物 , 2015(6): 3-22+2+129.
龚德才，杨海艳，李晓岑 . 甘肃敦煌悬泉置纸制作工艺及填料成分研究 [J]. 文物 , 2014(9): 85-90.
广西文物保护与考古研究所 . 广西合浦文昌塔汉墓 [M]. 北京 : 文物出版社 , 2017.
郭宏，马清林 . 壁画保护技术 [M]. 北京 : 科学出版社 , 2011.
郭秋玥，严祎 . 汉代尼雅遗址出土丝织物研究——以“五星出东方利中国”锦护膊为例 [J]. 西部皮革 , 2021, 43(1): 99-100.
国家文物局博物馆与社会文物司 . 博物馆纺织品文物保护技术手册 [M]. 北京 : 文物出版社 , 2009.
韩飞 . 从纸的一般性能看敦煌悬泉置遗址出土的麻纸 [J]. 丝绸之路 , 2011(4): 29-31.
韩晓雯 . 汉代医生的书房——成都老官山汉墓医简探秘 [J]. 中国医学人文 , 2017, 3(12): 67-68.
杭州市萧山跨湖桥遗址博物馆 . 跨湖桥独木舟遗址原址保护 [M]. 北京 : 文物出版社 , 2014.
和立勇 . “福州南宋黄昇墓”服饰的价值重释 [J]. 厦门理工学院学报 , 2012, 20(1): 9-13.
洪石 . 战国秦汉漆器研究 [M]. 北京 : 文物出版社 , 2006.
胡继高，马菁毓 . 考古出土饱水竹、木、漆器脱水保护 [J]. 中国文化遗产 , 2004(3): 59-60.
胡智文，黄小芳，张敬，等 . 丝素蛋白 / 乙二醇二缩水甘油醚对老化丝纤维的加固 [J]. 高分子材料科学与工程 , 2011(12):44-47.
华西 . 成都老官山汉墓考古发掘中一批扁鹊学派失传医书出土 [J]. 中医药管理杂志 , 2013, 21(12): 1367.
黄骏 . 中国石窟壁画修复与保护 [M]. 浙江 : 中国美术学院出版社 , 2017.
黄维，陈建立，王辉 . 马家塬墓地金属制品技术研究 : 兼论战国时期西北地区文化交流 [M]. 北京大学出版社 , 2013.

黄维，陈建立，吴小红，等．马家塬墓地金制品的成分与制作技术初步研究 [J]. 边疆考古研究，2012(1): 405-422.
黄维，吴小红，陈建立，等．张家川马家塬墓地出土金管饰的研究 [J]. 文物，2009(10): 78-84+87.
黄鑫，杨弢，吴昊，等．成都老官山汉墓出土竹简饱水保存期间的细菌群落结构 [J]. 应用与环境生物学报，2018, 24(3): 493-499.
黄迎，张琛，陶黎明，等．大蒜素衍生物的生物活性研究 [C]. 中国化学会第 30 届学术年会摘要集，2016.
黄湛，汪灵．中国出土漆器文物及其保护研究现状 [J]. 南方文物，2009(1): 114-118.
霍嘉西，李西林．韩休墓乐舞壁画解析 [J]. 交响 (西安音乐学院学报), 2020, 39(1): 53-62.
金正耀，马渊久夫，Tom Chase, 等．广汉三星堆遗物坑青铜器的铅同位素比值研究 [J]. 文物，1995(2): 80-85.
金正耀．中国铅同位素考古 [M]. 安徽：中国科学技术大学出版社，2008.
凯风．中国甲胄 [M]. 上海：上海古籍出版社，2006.
兰德省，夏寅，周铁．陶质彩绘文物保护修复技术 [M]. 北京：文物出版社，2019.
兰德省．秦俑一号坑新出土兵马俑的病害与防治 [J]. 文博，2013(4): 77-84.
黎继立，何斌，刘松，等．南澳一号沉船出水青花瓷的无损分析研究 [J]. 激光与光电子学进展，2016, 53(5): 157-168.
李斌．陶质彩绘文物科学化保护发展成功经验探析 [J]. 文物世界，2019(4): 27-30+11.
李博，李云鹤．大型塑像修复复原研究——武威天梯山大佛的复原修复 [A]. 中国文物保护技术协会．中国文物保护技术协会第四次学术年会论文集 [C]. 中国文物保护技术协会：中国文物保护技术协会，2005: 5.
李丹婕．唐代舞筵考——从韩休墓壁画乐舞图谈起 [J]. 考古与文物，2020(5): 102-107.
李华，胡塔峰，杜维莎．秦兵马俑和汉阳陵遗址保存环境之比较 [J]. 文物保护与考古科学，2019, 31(2): 53-60.
李华飙．智慧博物馆大数据模型的构建 [J]. 电子技术，2020, 49(6): 10-13.
李娜，耿国华，龚星宇，等．采用纹理图像对兵马俑褪色的复原方法 [J]. 西安电子科技大学学报，2015, 42(4): 127-132+170.
李晓岑．甘肃汉代悬泉置遗址出土古纸的考察和分析 [J]. 广西民族大学学报 (自然科学版), 2010, 16(4): 7-16.
李晓岑，王辉，贺超海．甘肃悬泉置遗址出土古纸的时代及相关问题 [J]. 自然科学史研究，2012, 31(3): 277-287.
李玉虎．历史文化遗产保护科学研究系列丛书：西汉彩绘兵马俑修复与保护 [M]. 北京：科学出版社，2014.
李云鹤，李博．大型塑像复原的探讨——武威天梯山大佛的复原修复 [J]. 敦煌研究，2000(1): 132-135.
梁繁荣．揭秘敝昔遗书与漆人 - 老官山汉墓医学文物文献初识 [M]. 四川：四川科学技术出版社，2016.
梁宏刚，王贺．青铜文物保护修复技术的中外比较研究 [J]. 南方文物，2015(1): 81-88.
梁永煌，满瑞林，王宜飞，等．饱水竹木漆器的超临界 CO2 脱水干燥研究 [J]. 应用化工，2011, 40(5): 839-841+843.
廖原．青铜文物锈蚀机理及有害锈转化剂研究 [J]. 文物保护与考古科学，2003(2): 20-23+67.
林大梓，郑晶．福州南宋黄昇墓罗织物的工艺技术体系探析 [J]. 厦门理工学院学报，2017, 25(6): 1-7.
刘博．漆木耳杯真空速冻干燥及加固处理 [J]. 北方文物，2005(4): 104-107.
刘成功．武威天梯山石窟佛像艺术造型 [J]. 传奇．传记文学选刊 (理论研究), 2011(9): 53-54.
刘呆运，程旭，高明韬，等．西安郭庄唐代韩休墓发掘简报 [J]. 文物，2019(1): 4-43+2+97+1.
刘观民．中国青铜时代早期彩绘纹饰试析 [J]. 考古，1996(8): 61-70+80+102.
刘剑，王业宏．乾隆色谱——17—19 世纪纺织品染料研究与颜色复原 [M]. 浙江：浙江大学出版社，2020.
刘江卫，惠娜，赵昆，等．彩绘陶质文物修复保护操作流程规范化研究 [J]. 文博，2009(6): 318-324.
刘良佑．故宫所藏珐琅器的研究 [M]. 北京：故宫博物院，1977.
刘铁．典雅静谧：唐代李倕公主墓出土文物精品 [J]. 收藏，2018(11): 113-117+112.
刘翔，刘建安．唐代韩休墓壁画鉴赏 [J]. 东方收藏，2020(15): 69-73.
刘晓达．秦始皇陵陪葬坑对“地下宫殿”与“天下”的呈现 [J]. 艺术探索，2017, 31(2): 64-80.
楼淑琦．谢家桥一号汉墓出土“锦缘绢地乘云绣荒帷”的修复 [J]. 文物保护与考古科学，2010, 22(3): 55-60.
楼婷．“五星出东方利中国”汉式织锦——国宝级文物 [J]. 北方文物，2002(2): 27-28.
芦敏．张家川马家塬战国墓地出土车马金银铁饰件制作工艺初探 [J]. 遗产与保护研究，2018, 3(9): 151-154.
路智勇，惠任．纺织品文物回潮操作机理初探 [J]. 华夏考古，2012(1): 148-152.
路智勇，惠任．试论纺织品文物保护中的水质问题 [J]. 文物保护与考古科学，2010, 22(2): 87-91.
路智勇．辅料染色技术在古代纺织品保护修复中的应用 [J]. 文物保护与考古科学，2008(2): 56-59.
路智勇．浅论糟朽脆弱纺织品文物的展览问题 [J]. 中国博物馆，2009(4): 68-71.
罗华庆．解读敦煌：发现藏经洞 [M]. 上海：华东师范大学出版社，2016.
罗群．成都老官山汉墓出土织机复原研究 [J]. 文物保护与考古科学，2017, 29(5): 26-32.
罗之璇．从宋代漆妆奁看宋代女性的日常生活 [D]. 景德镇陶瓷大学，2020.
马清林，卢燕玲，胡之德，等．中国北方干燥地区出土漆器漆皮回软方法研究 [J]. 文物保护与考古科学，2000(2): 31-35.
马啸．敦煌郡悬泉置遗址出土的新莽时期麻纸墨迹 [J]. 中国书法，1992(2): 2+65.
马宇，张卫星．秦甲胄研究 [M]. 陕西：陕西人民出版社，2004.
马悦．张家川出土动物纹牌饰初探 [J]. 丝绸之路，2019(4): 148-151.
南普恒，马江波．绛县横水西周墓地青铜器的铅同位素比值分析 [J]. 文物世界，2012(4): 10-16.

彭子成 . 我国古代文物铅同位素比值研究的成果 [J]. 文物 , 1996(3): 86-93.
乔美美 . 马家塬战国墓葬出土铜容器文化因素分析 [J]. 秦汉研究 , 2019: 253-265.
秦始皇帝陵博物院 . 秦俑及彩绘文物保护与研究学术研讨会论文集 [M]. 北京 : 科学出版社 , 2017.
秦仙梅 . 罕世发现——秦陵石甲胄 [J]. 东南文化 , 2002(2): 76-77.
仇士华 , 蔡莲珍 . ^{14}C 测年及科技考古论集 [M]. 北京 : 文物出版社 , 2009.
饶宗颐 . 由悬泉置汉代纸帛法书名迹谈早期敦煌书家 [J]. 出土文献研究 , 1998(2): 1-3.
任式楠 . 中国史前农业的发生与发展 [J]. 学术探索 , 2005(6): 110-123.
任亚云 . 甘肃省博物馆藏武威天梯山石窟壁画保护修复——以“全国馆藏壁画保护与修复技术培训班”修复成果为例 [A]. 西安曲江艺术博物馆 . 丝路回音 : 第三届曲江壁画论坛论文集 [C]. 西安曲江艺术博物馆 : 西安曲江艺术博物馆 , 2017: 18.
容波 , 周铁 . 陶质彩绘文物保护材料研究新进展 [J]. 中国材料进展 , 2012, 31(11): 16-21.
容波 , 周铁 . 陶质文物科技保护研究现状 [J]. 文物保护与考古科学 , 2011, 23(2): 79-86.
单霁翔 . 从“文物保护”走向“文化遗产保护”[M]. 天津 : 天津大学出版社 , 2020.
山西省考古研究所 , 山西大学北方考古研究中心 . 山西翼城大河口遗址调查报告 [M]. 北京 : 科学出版社 , 2018.
陕西历史博物馆 , 成建正 . 陕西历史博物馆藏唐墓壁画保护修复研究报告 [M]. 陕西 : 三秦出版社 , 2011.
陕西省考古研究所 . 李倕墓考古现场保护 [J]. 中国文化遗产 , 2004(3): 26.
陕西省考古研究所 , 秦始皇兵马俑博物馆 . 秦始皇帝陵园考古报告 1999[M]. 北京 : 科学出版社 , 2000.
陕西省考古研究所 , 始皇陵秦俑坑考古发掘队 . 秦始皇陵兵马俑坑一号坑发掘报告 1974-1984（上、下）[M]. 北京 : 文物出版社 , 1988.
陕西省考古研究所 , 始皇陵秦俑坑考古发掘队 . 秦始皇陵兵马俑 [M]. 北京 : 文物出版社 , 1986.
陕西省考古研究院 . 汉唐墓葬壁画保护与修复 [M]. 陕西 : 三秦出版社 , 2010.
尚玉平 , 欧阳盼 , 刁常宇 , 等 . 新疆尼雅墓地出土纺织品文物的数字化信息采集——以 95MNIM8 ： 15“五星出东方利中国”织锦护臂为例 [J]. 文物 , 2020(5): 80-88.
邵安定 . 秦始皇帝陵园出土彩绘青铜水禽制作工艺及相关问题研究 [M]. 北京 : 科学出版社 , 2019.
邵安定 . 秦始皇帝陵园出土彩绘青铜水禽铸造工艺研究 [A]. 中国机械工程学会、铸造行业生产力促进中心 . 2018 中国铸造活动周论文集 [C]. 中国机械工程学会、铸造行业生产力促进中心 : 中国机械工程学会铸造分会 , 2018: 1.
邵安定 , 梅建军 , 陈坤龙 , 等 . 张家川马家塬战国墓地出土金属饰件的初步分析 [J]. 文物 , 2010(10): 88-96+1.
邵安定 , 梅建军 , 杨军昌 , 等 . 秦始皇帝陵园出土彩绘青铜水禽表面彩绘工艺研究 [J]. 文物保护与考古科学 , 2014, 26(3): 19-28.
邵安定 , 梅建军 , 杨军昌 , 等 . 秦始皇帝陵园出土彩绘青铜水禽基体材质分析及相关问题研究 [J]. 考古与文物 , 2016(1): 121-128.
邵安定 , 梅建军 , 杨军昌 , 等 . 秦始皇帝陵园出土彩绘青铜水禽铜矿料来源探索 [J]. 文物保护与考古科学 , 2015, 27(S1): 1-8.
邵安定 , 梅建军 , 杨军昌 , 等 . 秦始皇帝陵园出土青铜水禽泥芯的初步科学分析 [J]. 南方文物 , 2015(1): 72-80.
邵旻 . 明代宫廷服装色彩研究 [M]. 上海 : 东华大学出版社 , 2017.
申茂盛 . 秦始皇帝陵园兵俑军衔与兵俑冠式、甲衣 [J]. 秦始皇帝陵博物院 , 2012: 332-339.
首都博物馆 . 首都博物馆馆藏纺织品保护研究报告 [M]. 北京 : 文物出版社 , 2009.
丝绸文化与产品编写组 . 丝绸历史与文化 (4): 五星出东方利中国——尼雅考古 [J]. 现代丝绸科学与技术 , 2017, 32(2): 29-32.
宋伯航 . 五星出东方利中国 [J]. 中华魂 , 2013(20): 8-9.
宋晓东 , 张亭亭 . 国内皮质文物保存与保护研究 [J]. 山西大同大学学报 (自然科学版), 2017, 33(5): 93-96.
宋新潮 . 关于智慧博物馆体系建设的思考 [J]. 中国博物馆 , 2015(2): 12-45.
宋治民 . 成都市商业街墓葬的问题 [J]. 四川文物 , 2003(6): 21-30.
苏佳 . 浅析福州南宋黄昇墓出土的丝织品 [J]. 福建文博 , 2009(4): 53-55+52+99.
苏佳 . 轻纨叠绮烂生光——记福州南宋黄昇墓出土丝织品 [J]. 艺苑 , 2015(6): 89-91.
苏佳 . 纤身绮罗留余芳——从“黄昇墓”出土服饰看宋代仕女着装 [J]. 艺苑 , 2014(3): 96-98.
苏荣誉 , 詹长法 , 冈岩太郎 . 东亚纸质文物保护 : 第一届东亚纸张保护学术研讨会论文集 [M]. 北京 : 科学出版社 , 2008.
孙晓强 . 霉蚀皮质文物的保护 [J]. 文物世界 , 2002(5): 69-71.
孙晓强 . 青铜器的腐蚀与保护探讨 [J]. 文物世界 , 2002(6): 56-60.
唐铭 , 詹建 , 许瑛 , 等 . 博物馆藏品风险动态管理系统构建探讨 [J]. 博物馆管理 , 2020(2): 20-28.
陶喻之 . 关于悬泉置遗址出土残纸质疑 [J]. 中国造纸 , 1993(2): 66-69.
万晶迎 . 窄袜弓鞋承莲步——以“黄昇墓”出土的文物为例 [J]. 艺苑 , 2017(4): 105-106.
汪娟丽 , 李玉虎 , 邢慧萍 , 等 . 陕西杨家湾出土西汉彩绘兵马俑的修复保护研究 [J]. 文物保护与考古科学 , 2008, 20(4): 59-63+78.
汪万福 , 赵林毅 , 裴强强 , 等 . 馆藏壁画保护理论探索与实践——以甘肃省博物馆藏武威天梯山石窟壁画的保护修复为例 [J]. 文物保护与考古科学 , 2015, 27(4): 101-112.
王晨 . 新疆尼雅出土“五星出东方利中国”织锦 [J]. 西域研究 , 1997(1): 98.
王春法 . 关于智慧博物馆建设的若干思考 [J]. 博物馆管理 , 2020(3): 4-15.
王春苗 . 韩休墓壁画研究现状综述 [J]. 丝绸之路 , 2019(2): 67-69.
王东林 . 图说海昏侯 [M]. 江西 : 江西美术出版社 , 2016.

王菊，赵喜梅，李林杉．现代织物染色技术在古代纺织品保护修复中的应用探讨 [J]. 丝绸，2020, 57(12): 49-54.
王奎编．武威天梯山石窟壁画 [M]. 北京：中国戏剧出版社，2007.
王明钦，彭军，王家政，等．湖北荆州谢家桥一号汉墓发掘简报 [J]. 文物，2009(4): 26-42+1.
王淑娟．绉丝纱在中国古代纺织品修复中的应用 [J]. 文物保护与考古科学，2016, 28(2): 67-72.
王婷．文物真三维数字建模技术在秦始皇兵马俑博物馆中的应用——以一号坑陶俑为例 [J]. 文物保护与考古科学，2012, 24(4): 103-108.
王晓静．现代科技在纺织品文物保护中的应用 [J]. 文物世界，2014(6): 56-58.
王晓琨，庄永兴，刘洪元，等．内蒙古正镶白旗伊和淖尔 M1 发掘简报 [J]. 文物，2017(1): 15-34+2+1.
王煊．秦俑服饰研究探索中的一些体会 [J]. 秦始皇帝陵博物院，2014: 187-194.
王亚伟，董俊卿，李青会．广西合浦九只岭汉墓出土石榴子石珠饰的科学分析 [J]. 光谱学与光谱分析，2018, 38(1): 104-110.
王一童，王丽，李继明．成都老官山汉墓出土医简标识符号析义 [J]. 中医药文化，2016, 11(1): 15-18.
王颖竹，马泓蛟，马清林，等．甘肃张家川马家塬战国墓地 M4 出土料珠研究 [J]. 文物保护与考古科学，2019, 31(4): 39-46.
魏国锋，秦颖，王昌燧，等．古代青铜器基体与其锈蚀产物铅同位素对比研究 [J]. 中国科学技术大学学报，2006(7): 771-774+792.
魏阳，周明全，耿国华，等．基于多特征和 SVM 的兵马俑碎片分类 [J]. 西北大学学报（自然科学版），2017, 47(4): 497-504.
吴来明．雄奇宝器：古代青铜铸造术 [M]. 北京：文物出版社，2008.
吴小锋，郑海玲，周旸．利用丝素蛋白抗体鉴定古代丝织品 [J]. 蚕业科学，2014, 40(3): 520-526.
咸阳文物保护中心．唐墓壁画保护修复研究报告 [M]. 陕西：陕西科学技术出版社，2019.
向安强，张文绪，杨开勇．荆州谢家桥一号汉墓出土古稻研究 [J]. 江汉考古，2015(4): 110-114.
谢涛．成都老官山汉墓重大发现 [J]. 大众考古，2014(1): 14-15.
徐群杰，潘红涛，邓先钦，等．青铜器文物的腐蚀与防护研究进展 [J]. 上海电力学院学报，2010, 26(6): 567-571.
徐卫民．秦陵铜车马的科学工艺 [J]. 中学历史教学参考，1997(12): 25-26.
许鸣岐．中国古代造纸起源史研究 [M]. 上海：上海交通大学出版社，1991.
严静，赵西晨，黄晓娟，等．唐韩休墓壁画考古现场科学调查研究 [J]. 文物保护与考古科学，2019, 31(4): 100-108.
阎铁成．郑州古代遗址 [M]. 河南：河南人民出版社，2015.
杨军昌，安娜格雷特・格里克，侯改玲．西安市唐代李倕墓冠饰的室内清理与复原 [J]. 考古，2013(8): 36-45+2.
杨军昌，党小娟，柏柯．唐代“金珠”工艺制品：出土文物、显微观察与材质特征 [J]. 文博，2014(4): 79-84.
杨璐，黄建华，申茂盛，等．秦始皇兵马俑彩绘胶料的气相色谱 - 质谱联用分析 [J]. 分析化学，2019, 47(5): 695-701.
杨璐，黄建华，申茂盛，等．秦始皇兵马俑一号坑出土弓韬表面纺织品残留物的红外光谱及显微分析研究 [J]. 光谱学与光谱分析，2020, 40(11): 3623-3627.
雍际春．近年来关于天水放马滩木板地图研究的回顾与展望 [J]. 中国史研究动态，1997(5): 10-17.
雍际春．天水放马滩地图注记及其内容初探 [J]. 中国历史地理论丛，1998(1): 215-228.
于志勇．新疆尼雅出土“五星出东方利中国”彩锦织文初析 [J]. 西域研究，1996(3): 43-46.
郁永彬，陈建立，梅建军，等．关于叶家山青铜器铅同位素比值研究的几个问题 [J]. 南方文物，2016(1): 94-102.
郁永彬．湖北随州叶家山墓地出土西周青铜器的科学分析研究 [D]. 2015.
喻理．符望阁内檐原存蒋懋德画山水图贴落 [J]. 紫禁城，2020(8): 156-161.
袁燕飞．甘肃武威天梯山石窟地质灾害分析研究及措施建议 [J]. 中国金属通报，2020(9): 162-163.
袁仲一．秦始皇陵兵马俑坑出土的战车 [J]. 文博，1989(5): 41-57+2.
袁仲一．秦始皇陵兵马俑研究 [M]. 北京：文物出版社，1990.
曾剑华．谢家桥一号汉墓简牍概述 [J]. 长江大学学报（社会科学版），2010, 33(2): 9-11.
张春长，齐瑞普，常怀颖，等．河北行唐县故郡东周遗址 [J]. 考古，2018(7): 44-66+2.
张飞龙，张志军，张武桥，等．漆物质文化遗产保护技术研究 [J]. 中国生漆，2007(1): 11-37.
张飞龙．中国漆工艺的传承与发展研究 [J]. 中国生漆，2007(2): 10-31+35.
张飞龙．中国髹漆工艺与漆器保护 [M]. 北京：科学出版社，2010.
张吉，陈建立．东周青铜器铅同位素比值的初步研究 [J]. 南方文物，2017(2): 94-102.
张建林．李倕墓出土遗物杂考 [J]. 考古与文物，2015(6): 65-72.
张军，蔡玲，高翔，等．对秦兵马俑彩绘保护技术的思考与建议 [J]. 文物保护与考古科学，2007(1): 51-56.
张军，蔡玲，高翔，等．改性有机硅在模拟漆底彩绘保护中的应用研究 [J]. 文物保护与考古科学，2012, 24(1): 32-37.
张克复．西汉纸张与纸质档案述论 [J]. 社科纵横，1994(3): 56-59.
张萌．唐李倕墓头冠及配饰的金珠焊缀工艺研究 [J]. 艺术设计研究，2019(3): 56-60.
张尚欣，付倩丽，黄建华，等．秦俑二号坑出土一件彩绘跪射俑的保护修复 [J]. 文物保护与考古科学，2012, 24(4): 109-116.
张晓岚，张恒金，周双林，等．内蒙古地区皮质文物种类、组成和物化特性的研究 [J]. 文物保护与考古科学，2012, 24(4): 33-44.
张晓平，张国华．“五星出东方利中国”锦见证丝绸之路的畅通 [J]. 四川丝绸，2007(2): 50-52.
张晓萍．“南澳一号”水下考古直击 [J]. 中国新闻周刊，2010(20): 66-69.

张杨，龚德才．现代仪器分析技术在皮质文物保护中的应用 [J]. 文物保护与考古科学，2020, 32(3): 111-117.
张杨，魏彦飞，方乐民，等．硬化皮质文物的保护研究 [J]. 江汉考古，2012(3): 113-116.
张杨．皮革文物保护研究 [M]. 安徽：中国科学技术大学出版社，2020.
张乙小，周兴兰，曾芳，等．老官山汉墓出土经穴髹漆人像手阳明经脉循行演变研究 [J]. 中医杂志，2019, 60(23): 1985-1987+1992.
张逸雯，翁晓芳，顾漫．四川成都天回镇（老官山）汉墓出土医简和髹漆经脉木人研究综述 [J]. 中华中医药杂志，2020, 35(1): 287-291.
张寅．东周西戎文化马家塬类型来源初探 [J]. 考古与文物，2019(2): 71-76.
张勇剑，席琳，胡晓军，等．青海哇沿水库出土皮革文物保护修复 [J]. 草原文物，2019(1): 103-114.
张志军．秦始皇陵兵马俑文物保护研究 [M]. 陕西：陕西人民教育出版，1998.
赵丰，罗华庆．千缕百纳：敦煌莫高窟出土纺织品的保护与研究 [M]. 浙江：中国丝绸博物馆，2014.
赵丰．中国纺织品科技考古和保护修复的现状与将来 [J]. 文物保护与考古科学，2008, 20(S1): 27-31.
赵晶．西安南郊金沱村唐代壁画墓的发现与研究 [J]. 考古与文物，2019(1): 78-86.
赵思仲，侯妙乐，李爱群，等．融合多特征的兵马俑碎片分类技术研究 [J]. 地理信息世界，2019, 26(5): 14-21.
赵吴成．甘肃马家塬战国墓马车的复原（续二）——马车的设计制造技巧及牛车的改装与设计思想 [J]. 文物，2018(6): 44-57.
赵雪梅．天梯山石窟北魏壁画艺术特征探究 [J]. 东方收藏，2020(17): 74-75.
郑海玲，胡智文，赵丰，等．丝素蛋白 / 戊二醛对脆弱丝绸织物加固的工艺条件研究 [J]. 蚕业科学，2009(3):576-582.
郑海玲．丝素蛋白 / 戊二醛对脆弱丝绸织物加固的工艺条件研究 [A]. 中国文物保护技术协会．中国文物保护技术协会第六次学术年会论文集 [C]. 中国文物保护技术协会：中国文物保护技术协会，2009: 10-15.
郑岩．试析唐代韩休墓壁画乐舞图的绘制过程 [J]. 文物，2019(1): 76-83.
中国陕西省考古研究院，德国美因茨罗马 - 日耳曼中央博物馆．唐李倕墓：考古发掘、保护修复研究报告 [M]. 北京：科学出版社，2018.
中国文化遗产研究院．天衣有缝：中国古代纺织品保护修复论文集 [M]. 北京：文物出版社，2009.
钟家让．出土青铜器的锈蚀因素及其防护研究 [J]. 山西大学学报（自然科学版），2004(1): 44-47.
钟逵．就敦煌悬泉置出土有字“西汉纸”的报道——海峡两岸舆论纷纷质疑 [J]. 中国造纸，1992(4): 68-69.
钟明．蜀锦仿出汉锦“五星出东方利中国”[J]. 世界，2005(7): 56-58.
周新华．稻米部族：河姆渡遗址考古大发现 [M]. 浙江：浙江文艺出版社，2002.
周兴兰，张乙小，曾芳．成都老官山汉墓出土髹漆经穴人像手少阳脉循行特点研究 [J]. 中医杂志，2020, 61(11): 942-945.
周旸，郑海玲，胡智文，等．古代丝织品的丝素蛋白加固保护 [J]. 文物保护与考古科学，2010(3): 44-48
周旸．敦煌莫高窟出土纺织品的科学认知 [C]. 敦煌与丝绸之路：浙江、甘肃两省敦煌学研究会联合研讨会论文集，2015.
周智波，杨杰，高愚民．克孜尔石窟出土蓝色颜料研究 [J]. 文物保护与考古科学，2019, 31(4): 109-115.
朱君孝，宋远茹．试论秦始皇兵马俑的工艺技术渊源 [J]. 考古与文物，2005(2): 83-91.
祝鸿范，周浩．青铜器文物腐蚀受损原因的研究 [J]. 电化学，1999(3): 314-318.

岸辺成雄 . 古代シルクロードの音楽 : 正倉院·敦煌·高麗をたどって [M]. 東京 : 講談社 ,1982.
奥村正二 . シルクロードと綿 : 糸と織物の技術史 [M]. 東京 : 築地書館 ,1985.
冈田文男 . 古代出土漆器の研究 : 顕微鏡で探る材質と技法 (日文)[M]. 東京 : 京都书院，1995.
A.E.A.Werner, H.J.Plenderleit. The Conservation of Antiquities and Works of Art: Treatment, Repair, and Restoration [M]. Oxford: Oxford University Press, 1972.
Adrian Heritage, Robert Gowing. Conserving the Painted Past: Developing Approaches to Wall Painting Conservation [M]. Leeds: Maney Publishing, 2003.
D.Mu, W.Luo, F.Huang, et al. The bronze artifacts from the Yejiashan site and the political presence of the Zhou dynasty in the middle Yangtze Plain: an application of lead isotope analysis [J]. Archaeol Anthropol Sci., 2018(10): 1547-1555.
D.Tamburini, J.Dyer. Fibre optic reflectance spectroscopy and multispectral imaging for the non-invasive investigation of Asian colorants in Chinese textiles from Dunhuang (7th-10th century AD) [J]. Dyes and Pigments, 2019(162): 494-511.
Denise Patry Leidy, Metropolitan Museum of Art. A Tradition in Asian Lacquer [M]. New York: Metropolitan Museum of Art, 2006.
Dong, J., Han, Y., Ye, J., Li, Q., Liu, S. and Gu, D. In situ identification of gemstone beads excavated from tombs of the Han Dynasties in Hepu county, Guangxi Province, China using a portable Raman spectrometer [J]. Journal of Raman Spectroscopy, 2014(45): 596-602.
F.X.Gan, H.S.Cheng, Y.Q.Hu, et al. Study on the most early glass eye-beads in China unearthed from Xu Jialing Tomb in Xichuan of Henan Province, China [J]. Science in China Series E: Technological Sciences, 2009(52): 922-927.
F.Zhao, L.Wang. Glossary of Textile Terminology (Based on the Documents from Dunhuang and Tufan) [J]. Journal of the Royal Asiatic Society, 2013(23): 349-387.
F.Zhao, Y. Wang, Q.Luo, et al. The earliest evidence of pattern looms: Han Dynasty tomb models from Chengdu, China [J]. Antiquity, 2017(356): 360-374.
F.Zhao, Z.W.Hu, Y.Zhou, et al. Fibroin-EDGE Conservation: A New Method for Conserving Fragile Silk Textiles [C]. International Conference on adhesives and consolidation for conservation research and application, 2011.
Filip Sonja, Hilgner Alexandra. The lady with the phoenix crown: Tang-period grave goods of the noblewoman Li Chui (711-736)[M]. Regensburg: Schnell&Steiner, 2017.
Frances Lennard, Patricia Ewer. Textile Conservation:Advances In Practice [M]. Oxford: Routledge, 2010.
G.S.Zhao, C.Wu. The restoration of the chariots of the Warring-States Period in Majiayuan [J]. Chinese Archaeology,2013(1): 176-185.
H.L.Zheng, W.Zhang, H.L.Yang, et al. An immunomagnetic bead enrichment technique to improve the detection efficiency for trace silk protein, its application [J]. Journal of Cultural Heritage, 2019(38): 46-52.
H.Wang. On the issues relevant to the Majiayuan Cemetery in Zhang-jiachuan County [J]. Chinese Archaeology, 2011(11): 60-64.
Hermann Kuhn. The Conservation and Restoration of Works of Art and Antiquities [M]. Oxford: Butterworth-Heinemann, 1986.
J.D.Yang. Transportation, Boarding, Lodging, and Trade along the Early Silk Road: A Preliminary Study of the Xuanquan Manuscripts [J]. Journal of the American Oriental Society, 2015(135): 421-432.
J.F.Cui, X.H.Wu,B.L.Huang. Chemical and lead isotope analysis of some lead-barium glass wares from the Warring States Period, unearthed from Chu tombs in Changde City, Hunan Province, China [J]. Journal of Archaeological Science, 2011(38): 1671-1679.
J.Liu, D.H.Guo, Y.Zhou, et al. Identification of ancient textiles from Yingpan, Xinjiang, by multiple analytical techniques[J]. Journal of Archaeological Science, 2011(38): 1763-1770.
J.Liu, F.Zhao. Dye analysis of two polychrome woven textiles from the Han and Tang Dynasties.Color in ancient and medieval East Asia [J]. Spencer Museum of Art, 2013: 8-9.
J.Liu, Y.Zhou, F.Zhao,et al. Identification of early synthetic dyes in historical Chinese textiles of the late nineteenth century by high-performance liquid chromatography coupled with diode array detection and mass spectrometry [J]. Coloration Technology,2016(132):177-185.
J.Q.Dong, Q.H.Li, S.Liu. Scientific analysis of some glazed pottery unearthed from Warring States Chu tombs in Jiangling, Hubei Province: Indication for the origin of the low-fired glazed pottery in China [J]. X -RAY Spectrometry, 2020(49): 538-553.
L.Liu, G.A.Lee, L.Jiang, et al. Evidence for the early beginning (c. 9000 cal. BP) of rice domestication in China: a response [J]. The Holocene, 2007, 17(8): 1059-1068.
L.Mao, D.Mo, L.Jiang, et al. Environmental change since mid-Pleistocene re-corded in Shangshan achaeological site of Zhejiang [J]. J. Geogr. Sci., 2008(18): 247-256.
Lucy D.Rosenfeld. A Century of American Sculpture: The Roman Bronze Works Foundry [M]. Pennsylvania: Schiffer Publishing, 2002.
M.M.Liu, H.L.Zheng, Yang Zhou. Development of a gold-based immunochromatographic strip assay for the detection of ancient silk[J]. Analytical Methods, 2015: 1-13.
M.M.Liu, J.Xie, H.L.Zheng, et al. Identification of Ancient Silk Using an Enzyme-linked Immunosorbent Assay and Immuno fluorescence Microscopy [J]. Analytical Sciences, 2015(12):1317-1323.
N.David, Keightly. The “Science” of the Ancestors: Divination, Curing, and Bronze-Casting in Late Shang China [J]. Asia Major, 2001(2): 143-187.

N.Si. The origin of rice cultivation in the Lower Yangtze Region, China [J]. Archaeol Anthropol Sci, 2010(2): 107-113.

Paolo Mora. Conservation of Wall Paintings [M]. Oxford: Butterworth-Heinemann, 1984.

Q.Cheng, X.Y.Zhang, J.L.Guo, et al. Application of computed tomography in the analysis of glass beads unearthed in Shanpula cemetery (Khotan), Xinjiang Uyghur Autonomous Region [J]. Archaeological and Anthropological Sciences, 2019(11): 937-945.

Q.Feng, X.Ma, X.Zhang, et al. Studies on microbial factor on co lor change of Dunhuang mural. I. Classification of microbes on c olor-changed mural and property of some typical species [J]. Acta Microbiologica Sinica, 1998(38): 52-56.

Q.H.Li, S.Liu, H.X.Zhao.Characterization of some ancient glass beads unearthed from the Kizil reservoir and Wanquan cemeteries in Xinjiang, China [J]. Archaeometry, 2014(56): 601-624.

Q.S.You, M.M.Liu, Y.Zhou, et al. Lanthanide-Labeled Immunochromatographic Strip Assay for the On-Site Identification of Ancient Silk [J]. American Chemical Society, 2017(2): 569-575.

S.Liu, Q.H. Li, F.Gan, et al. Silk Road glass in Xinjiang, China: chemical compositional analysis and interpretation using a high-resolution portable XRF spectrometer [J]. Journal of Archaeological Science, 2012(39): 2128-2142.

S.P.Xia, W.J.Chen. Research of the Worn in the Donors'Portraits in the Unearthed Artworks of the Dunhuang Mogao Grotto Sutra Cave [J]. American Journal of Humanities and Social Science(AJHSS), 2020(5): 1-11.

W.G.de Kesel, N.De Bisscop. Chinees Lakwerk [M]. New York: Terra Publishing, 1982.

W.G.Luo,G.D.Song,Y.Q.Hu, et al. Tentative determination of a special bronze material by multiple technological test on a xuan-liu dagger-axe from the Xujialing Site, the Eastern Zhou period, Henan Province, China [J]. Journal of Cultural Heritage, 2020(46):304-312.

W.M.Wang, J.L.Ding, J.W.Shu, et al. Exploration of early rice farming in China [J]. Quaternary International,2010,227(1): 22-28.

X.F.Huang, Z.W.Hu, Z.Q.Peng, et al. Consolidation of Fragile Silk Fabrics with Fibroin Protein and Ethylene Glycol Diglycidyl Ether by Spaying [J]. International Conference on Advanced Textile Materials & Manufacturing Technology, 2010: 166-169.

X.Han, B.Rong, X.Huang. The Use of Menthol as Temporary Consolidant in the Excavation of Qin Shihuang's Terracotta Army [J], Archaeometry, 2014,56(6): 1041-1053.

X.Q.Chen, L.Xie, F. Wang, et al. Temporary consolidation and packaging of fragile cultural relics at underwater archaeological sites to maintain their original state during extraction [J]. Archaeometry, 2020, 62(5): 1067-1077.

Y.D.Zhang, J.L.Wang, H.L.Liu, et al. Integrated Analysis of Pigments on Murals and Sculptures in Mogao Grottoes [J]. Analytical Letters, 2015(15): 2400-2413

Y.F.Zheng, G.P.Sun, X.G.Chen.Characteristics of the short rachillae of rice from archaeological sites dating to 7000 years ago [J]. Chinese Science Bulletin, 2007(52): 1654-1660.

Y.Li, F.P. Wang, X.Y.Fu. Analysis of the pigments for smoked mural by confocal micro-Raman spectroscopy, Journal of Raman spectroscopy [C]. 12th International GeoRaman Conference, 2017, 48(11): 1479-1486.

Y.Li, R.X.Chang, H.L.Zheng, et al. Species identification of ancient leather objects by the use of the enzyme-linked immunosorbent assay [J]. Analytical Methods, 2016(42): 7689-7695.

Y.P.Yin, D.X.Sun, M.G.Su,et al. Investigation of ancient wall paintings in Mogao Grottoes at Dunhuang using laser-induced breakdown spectroscopy [J]. Optics & Laser Technology, 2019(120):1-10.

Y.P.Yin, D.X.Sun, Z.R.Yu, et al. Influence of particle size distribution of pigments on depth profiling of murals using laser-induced breakdown spectroscopy [J]. Journal of Cultural Heritage, 2021(47): 109-116.

Y.R.Yu, W.J.Zhang, X.N.Han, et al. Menthol-based eutectic mixtures: Novel potential temporary consolidants for archaeological excavation applications[J]. Journal of Cultural Heritage, 2019(39): 103-109.

Y.Su, L.Qu, H.Y.Duan, et al. Elemental analysis-aided Raman spectroscopic studies on Chinese cloisonné wares and painted enamels from the Imperial Palace [J]. Biomolecular Spectroscopy, 2016(153): 165-170.

Y.Zeng,Y.Liu, J.J.Liu, et al. Application of electron paramagnetic resonance spectroscopy, Fourier transform infrared spectroscopy-attenuated total reflectance and scanning electron microscopy to the study of the photo-oxidation of wool fiber [J]. Analytical Methods, 2015(24): 10403-10408.

Z. Zhao. New data and new issues for the study of origin of rice agriculture in China [J]. Archaeol Anthropol Sci, 2010(2): 99-105.

Z.C.Zhao, Y.C.Song, X.Huang, et al. Study of solidification of menthol for the applications in temporary consolidation of cultural heritage [J]. Journal of Cultural Heritage, 2020(44): 83-89.

Z.Qiu, L.Jiang, C.Wang, et al. New evidence for rice cultivation from the Early Neolithic Hehuashan site [J]. Archaeol Anthropol Sci., 2019(11): 1259-1272.

Z.Z.Ma, J.Yan, X.C.Zhao, et al. Multi-analytical study of the suspected binding medium residues of wall paintings excavated in Tang tomb, China [J]. Journal of Cultural Heritage, 2017(24): 171-174.

附 录

Appendices

展览涉及文物信息

Information of Related Collections

万年

章节索引	涉及文物	时代	收藏单位	出土地	文物组号
1	伯梡盧簋	西周	首都博物馆	北京通州	Cat 1.1

慧眼

<table>
<tr><th>章节索引</th><th colspan="2">涉及文物</th><th>时代</th><th>收藏单位</th><th>出土地</th><th>文物组号</th></tr>
<tr><td rowspan="5">2.1.1</td><td rowspan="5">书写纸
与
加工纸</td><td>敦煌悬泉麻纸</td><td>汉</td><td rowspan="2">甘肃简牍博物馆</td><td>甘肃敦煌悬泉置遗址</td><td rowspan="5">Cat 2.1.1</td></tr>
<tr><td>天水放马滩汉纸本地图</td><td>西汉</td><td>甘肃天水放马滩遗址</td></tr>
<tr><td>梅花玉版笺</td><td>清 乾隆</td><td rowspan="3">故宫博物院</td><td>传世品</td></tr>
<tr><td>白色描金暗八仙纹粉蜡笺</td><td>清 乾隆</td><td>传世品</td></tr>
<tr><td>深粉色描金暗八仙纹粉蜡笺</td><td>清 乾隆</td><td>传世品</td></tr>
<tr><td>2.1.2</td><td colspan="2">敦煌藏经洞纺织品</td><td>唐</td><td>法国吉美博物馆</td><td>敦煌藏经洞</td><td>Cat 2.1.2</td></tr>
<tr><td>2.2.1</td><td colspan="2">子仲姜盘</td><td>春秋</td><td>上海博物馆</td><td>捐赠品</td><td>Cat 2.2.1</td></tr>
<tr><td>2.2.2</td><td colspan="2">掐丝珐琅缠枝莲纹兽耳炉</td><td>/</td><td>故宫博物院</td><td>传世品</td><td>Cat 2.2.2</td></tr>
<tr><td>2.2.3</td><td colspan="2">圆明园马首铜像</td><td>清</td><td>北京市海淀区圆明园管理处</td><td>捐赠品</td><td>Cat 2.2.3</td></tr>
<tr><td>2.3.1</td><td colspan="2">M16 墓主身体配饰</td><td>战国</td><td>甘肃省文物考古研究所</td><td>甘肃张家川马家塬
战国墓地</td><td>Cat 2.3.1</td></tr>
<tr><td>2.3.2</td><td colspan="2">广西合浦汉墓出土珠饰</td><td>汉</td><td>合浦县博物馆</td><td>广西合浦汉墓</td><td>Cat 2.3.2</td></tr>
<tr><td>2.3.3</td><td colspan="2">第 98 窟供养人壁画颜料</td><td>五代</td><td>敦煌研究院</td><td>敦煌莫高窟</td><td>Cat 2.3.3</td></tr>
<tr><td>2.3.4</td><td colspan="2">清代宫廷服饰色彩与染料</td><td>清</td><td>中国丝绸博物馆</td><td>传世品</td><td>Cat 2.3.4</td></tr>
<tr><td>2.4.1</td><td colspan="2">独木舟修补用漆</td><td>新石器时代</td><td>跨湖桥遗址博物馆</td><td>浙江跨湖桥遗址</td><td>Cat 2.4.1</td></tr>
<tr><td>2.4.2</td><td colspan="2">瓮棺出土碳化丝绸</td><td>新石器时代
仰韶文化</td><td>郑州市文物考古研究院</td><td>河南郑州汪沟遗址</td><td>Cat 2.4.2</td></tr>
<tr><td>2.4.3</td><td colspan="2">《论语·知道》篇竹简</td><td>西汉</td><td>江西省文物考古研究院</td><td>江西海昏侯墓</td><td>Cat 2.4.3</td></tr>
<tr><td rowspan="2">2.5.1</td><td rowspan="2">稻米
与贝壳</td><td>碳化稻米</td><td>新石器时代
上山文化</td><td>浙江省文物考古研究所</td><td>浙江浦江上山遗址</td><td rowspan="2">Cat 2.5.1</td></tr>
<tr><td>井头山出土贝壳</td><td>距今
8000 年前</td><td>浙江省文物考古研究所</td><td>浙江井头山遗址</td></tr>
<tr><td>2.5.2</td><td colspan="2">曾侯乙尊盘</td><td>战国</td><td>湖北省博物馆</td><td>湖北随州擂鼓墩曾侯乙墓</td><td>Cat 2.5.2</td></tr>
</table>

巧手

章节索引	涉及文物		时代	收藏单位	出土地	文物组号
3.1.1	彩绘青铜水禽	6 号天鹅	秦	陕西省考古研究院	秦始皇帝陵 K0007 陪葬坑	Cat 3.1.1
		10 号天鹅	秦			
		37 号鸿雁	秦			
		铜鹤	秦	秦始皇帝陵博物院		
3.1.2	李倕复原冠饰及服装佩饰		唐	陕西省考古研究院	陕西西安唐李倕墓	Cat 3.1.2
3.2.1	CMK2 五号车左轮遗迹		东周	河北省文物考古研究院	故郡东周遗址车马坑 CMK2	Cat 3.2.1
3.2.2	兵马俑	彩绘紫衣御手俑	秦	秦始皇帝陵博物院	陕西西安秦始皇帝陵一、二号坑	Cat 3.2.2
		陶俑残块 1	秦			
		陶俑残块 2	秦			
		陶俑残块 3	秦			
		待修复俑（残）（1/3 残俑）	秦			
		残俑（2/3 残俑）	秦			
		彩绘绿面跪射俑	秦			
3.2.3	《玄武图》壁画		唐	陕西历史博物馆	唐韩休墓	Cat 3.2.3
3.2.4	胁侍菩萨重层壁画		北凉—元	武威市天梯山石窟保护研究所	甘肃武威天梯山石窟 第 4 窟中心柱	Cat 3.2.4
3.2.5	凝结物与出水瓷	青花缠枝花卉纹小罐	明	国家文物局考古研究中心	南澳一号明代沉船	Cat 3.2.5
		青花缠枝花卉纹玉壶春瓶	明			
		青花缠枝花卉四开光葡萄纹大碗	明			
		青花法螺应龙纹大碗	明			
		青花仕女纹盘	明			
		青花麒麟纹盘	明			
		青花高士图碗	明			
		青花应龙纹碗	明			
		青花缠枝牡丹五彩四开光花卉纹碗	明			
		青花缠枝牡丹纹“福”款杯	明			
		青花牡丹纹“福”款盖盒	明			
		凝结物	明			

续表

章节索引	涉及文物		时代	收藏单位	出土地	文物组号
3.3	石甲胄	石甲衣	秦	秦始皇帝陵博物院	陕西西安秦始皇陵 K9801 号陪葬坑	Cat 3.3
		石胄	秦			
3.4	毛领皮衣		北魏	内蒙古锡林郭勒盟博物馆	内蒙古正镶白旗伊和淖尔墓群 M3	Cat 3.4
3.5.1	壁龛漆器	壁龛漆器	西周	/	山西翼城大河口西周墓地 M1、M8031	Cat 3.5.1
		大河口墓地漆木禁	西周	山西省考古研究院	山西翼城大河口西周墓地 M1	
3.5.2	漆床		战国	成都文物考古研究院	成都商业街战国船棺葬	Cat 3.5.2
3.6.1	老官山汉墓医简		汉	成都文物考古研究院 成都博物馆	成都老官山汉墓 M3	Cat 3.6.1
3.6.2	设色山水洒金笺折扇		清 乾隆	南京博物院	传世品	Cat 3.6.2
3.7.1	锦缘绢绣荒帷		西汉	荆州博物馆	湖北荆州谢家桥一号汉墓	Cat 3.7.1
3.7.2	锦缘绢绣草编盒	草编盒（带盖）	汉	甘肃省博物馆	甘肃武威磨咀子汉墓	Cat 3.7.2
		绦带	汉			
		绦带	汉			
		缠线板	汉			
		针筒	汉			
		木线轴	汉			
3.7.3	紫褐色罗印金彩绘花边单衣		南宋	中国丝绸博物馆	福州南宋黄昇墓	Cat 3.7.3
3.7.4	蒋懋德画山水图贴落		清 乾隆	故宫博物院	传世品	Cat 3.7.4
3.7.5	黄江绸绣五彩五蝠平金佛字女龙袍		清 光绪	清东陵文物管理处	慈禧陵地宫	Cat 3.7.5

芳华

章节索引	涉及文物		收藏单位	文物组号
4.1	甘肃张家川马家塬战国墓地 M16-2 号车（复原件）		甘肃省文物考古研究所	Cat 4.1
4.2	彩绘重构将军立俑（复原件）		秦始皇帝陵博物院	Cat 4.2
4.3	汉机汉锦	复原的成都老官山汉墓提花织机	中国丝绸博物馆	Cat 4.3
		“五星出东方利中国”锦护膊（复原件）		
		“五星出东方利中国”锦（复原件）		

历史年表

History Timeline

旧石器时代　The Palaeolithic Age	距今 1700000—15000 年前　1,700,000 - 15,000 years before present
新石器时代　The Neolithic Age	距今 14000—公元前 21 世纪　14,000 years - 21st century BC before present
仰韶文化　Yangshao Culture	距今 7000—5000 年　7000 - 5000 years before present
河姆渡文化　Hemudu Culture	距今 7000—5300 年　7000 - 5300 years before present
良渚文化　Liangzhu Culture	距今 5300—4000 年　5300 - 4000 years before present
夏　The Xia Dynasty	公元前 2070—公元前 1600 年　2070 BC - 1600 BC
商　The Shang Dynasty	公元前 1600—公元前 1046 年　1600 BC - 1046 BC
周　The Zhou Dynasty	公元前 1046—公元前 256 年　1046 BC - 256 BC
西周　The Western Zhou Dynasty	公元前 1046—公元前 771 年　1046 BC - 771 BC
东周　The Eastern Zhou Dynasty	公元前 770—公元前 256 年　770 BC - 256 BC
春秋　The Spring and Autumn Period	公元前 770—公元前 476 年　770 BC - 476 BC
战国　The Warring States Period	公元前 475—公元前 221 年　475 BC - 221 BC
秦　The Qin Dynasty	公元前 221—公元前 206 年　221 BC - 206 BC
汉　The Han Dynasty	公元前 206—公元 220 年　206 BC - 220 AD
西汉　The Western Han Dynasty	公元前 206—公元 25 年　206 BC - 25 AD
东汉　The Eastern Han Dynasty	25—220 年　25 - 220 AD
三国　Three Kingdoms Period	220—280 年　220 - 280 AD
晋　The Jin Dynasty	265—420 年　265 - 420 AD
西晋　The Western Jin Dynasty	265—317 年　265 - 317 AD
东晋　The Eastern Jin Dynasty	317—420 年　317 - 420 AD
十六国　The Sixteen Kingdoms Period	304—439 年　304 - 439 AD
南北朝　The Northern and Southern Dynasties	386—589 年　386 - 589 AD
北朝　The Northern Dynasties	386—581 年　386 - 581 AD
南朝　The Southern Dynasties	420—589 年　420 - 589 AD

续表

隋 The Sui Dynasty	581—618 年 581 - 618 AD
唐 The Tang Dynasty	618—907 年 618 - 907 AD
五代 The Five Dynasties	907—960 年 907 - 960 AD
辽 The Liao Dynasty	915—1125 年 915 - 1125 AD
宋 The Song Dynasty	960—1279 年 960 - 1279 AD
西夏 The Western Xia Regime	1038—1227 年 1038 - 1227 AD
金 The Jin Dynasty	1115—1234 年 1115 - 1234 AD
元 The Yuan Dynasty	1271—1368 年 1271 - 1368 AD
明 The Ming Dynasty	1368—1644 年 1368 - 1644 AD
清 The Qing Dynasty	1644—1911 年 1644 - 1911 AD
中华民国 The Republic of China	1912—1949 年 1912 - 1949 AD

可移动文物保护相关技术标准

Technical Standards on Conservation of Movable Cultural Heritage

序号 No.	标准号 Standard number	标准名称 Standard name
1	GB/T 30237-2013	古代壁画病害与图示 Ancient wall painting deterioration and legends
2	GB/T 30236-2013	古代壁画保护修复方案编制规范 Specification for compilation of conservation and restoration plan of ancient wall painting
3	GB/T 30235-2013	古代壁画保护修复档案规范 Specification for archives of conservation and restoration of ancient wall painting
4	WW/T 0006-2007	古代壁画现状调查规范 Specification for condition survey of ancient murals
5	WW/T 0031-2010	古代壁画脱盐技术规范 Technical specification for desalination of ancient murals
6	WW/T 0032-2010	古代壁画地仗层可溶盐分析的取样与测定 Sampling and determination for soluble salts in plaster of ancient murals
7	WW/T 0079-2017	古代壁画可溶盐测定 离子色谱法 Determination method of soluble salt in ancient mural-Ion chromatography
8	WW/T 0003-2007	馆藏出土竹木漆器类文物病害分类与图示 Classification and symbol Illustration of the diseases of unearthed (bamboo, wood and lacquer) artifacts on museum collection
9	WW/T 0008-2007	馆藏出土竹木漆器类文物保护修复方案编写规范 Specification for compilation of conservation and restoration plan of unearthed (bamboo, wood and lacquer) artifacts on museum collection
10	WW/T 0011-2008	馆藏出土竹木漆器类文物保护修复档案记录规范 Specification for recording of conservation and restoration archives of unearthed (bamboo, wood and lacquer) artifacts on museum collection
11	WW/T 0086-2018	出土竹木漆器类文物含水率测定 失重法 Determination of the moisture content of unearthed (bamboo, wood and lacquer) artifacts-Drying-degravimetric method
12	GB/T 30686-2014	馆藏青铜质和铁质文物病害与图示 Bronze and iron collection's disease and illustration
13	WW/T 0009-2007	馆藏金属文物保护修复方案编写规范 Specification for compilation of conservation and restoration plan of metal collections
14	GB/T 30687-2014	馆藏金属文物保护修复记录规范 Specification for recording conservation and restoration of metal collection

续表

序号 No.	标准号 Standard number	标准名称 Standard name
15	WW/T 0013-2008	馆藏丝织品病害与图示 Diseases and legends of silk textiles on museum collection
16	WW/T 0014-2008	馆藏丝织品保护修复方案编写规范 Specifications for compilation of conservation and restoration plan of silk textiles on museum collection
17	WW/T 0015-2008	馆藏丝织品保护修复档案记录规范 Specification for recording of conservation and restorationarchives of silk textiles on museum collection
18	WW/T 0087-2018	馆藏丝织品老化程度测定 傅里叶变换红外光谱分析法 Technical specifications for the evaluation of aging degree of silk textiles on museum collection Analytical method by FT-IR
19	WW/T 0026-2010	馆藏纸质文物病害分类与图示 Classification and legends of the diseases of paper collection
20	WW/T 0025-2010	馆藏纸质文物保护修复方案编写规范 Specifications for compilation of conservation and restoration plan of paper collection
21	WW/T 0027-2010	馆藏纸质文物保护修复档案记录规范 Specification for recording of conservation and restorationarchives of paper collection
22	WW/T 0021-2010	陶质彩绘文物病害与图示 Diseases and legends of polychrome potteries
23	WW/T 0022-2010	陶质彩绘文物保护修复方案编写规范 Specification for compilation of conservation and restoration plan of polychrome potteries
24	WW/T 0023-2010	陶质彩绘文物保护修复档案记录规范 Specification for recording of conservation and restoration archives of polychrome potteries
25	GB/T 30239-2013	陶质文物彩绘保护修复技术要求 Technical requirements for conservation and restoration of polychrome on potteries
26	WW/T 0053-2014	古代陶瓷科技信息提取规范 方法与原则 Technical specification for analyzing ancient ceramic-Method and principle
27	WW/T 0054-2014	古代陶瓷科技信息提取规范 化学组成分析方法 Technical specification for analyzing ancient ceramic-Chemical composition analysis
28	WW/T 0055-2014	古代陶瓷科技信息提取规范 形貌结构分析方法 Technical specification for analyzing ancient ceramic-Morphology and structure analysis
29	GB/T 37665-2019	古陶瓷化学组成无损检测 PIXE 分析技术规范 Non-destructive testing for chemical compositions of ancient ceramics-PIXE analysis technique standards
30	GB/T 37909-2019	古陶瓷热释光测定年代技术规范 Technical specification for thermoluminescence dating of the ancient ceramics
31	GB/T 37666-2019	古陶瓷中子活化分析技术规范 Technical standards of neutron activation analysis(NAA) for ancient ceramics
32	GB/T 30688-2014	馆藏砖石文物病害与图示 Stone and brick collections disease and illustration
33	WW/T 0007-2007	石质文物保护修复方案编写规范 Specification for compilation of conservation and restoration plan of ancient stone objects
34	GB/T 33289-2016	馆藏砖石文物保护修复记录规范 Specification for recording of conservation andrestoration on brick and stone collection

续表

序号 No.	标准号 Standard number	标准名称 Standard name
35	WW/T 0065-2015	砖石质文物吸水性能测定 表面毛细吸收曲线法 Determination of water absorption for brick and stone cultural relics-The surface capillary absorption method
36	GB/T 30238-2013	可移动文物保护修复室规范化建设与仪器装备基本要求 Normalization construction and basic requirements of instruments and equipments of conservation and restoration laboratory of Movable Cultural Relics
37	WW/T 0057-2014	可移动文物病害评估技术规程 瓷器类文物 Technical specification for evaluating disease of movable collection-Porcelain
38	WW/T 0061-2014	可移动文物病害评估技术规程 馆藏壁画类文物 Technical specification for evaluating disease of movable collection-Wall painting
39	WW/T 0058-2014	可移动文物病害评估技术规程 金属类文物 Technical specification for evaluating disease of movable collection-Metal
40	WW/T 0062-2014	可移动文物病害评估技术规程 石质文物 Technical specification for evaluating disease of movable collection-Stone
41	WW/T 0059-2014	可移动文物病害评估技术规程 丝织品类文物 Technical specification for evaluating disease of movable collection-Silk
42	WW/T 0056-2014	可移动文物病害评估技术规程 陶质文物 Technical specification for evaluating disease of movable collection-Ancient pottery
43	WW/T 0060-2014	可移动文物病害评估技术规程 竹木漆器类文物 Technical specification for evaluating disease of movable collection-Bamboo, wood and lacquerware
44	WW/T 0066-2015	馆藏文物预防性保护方案编写规范 Specifications for compiling preventive conservation plan for museum collection
45	WW/T 0069-2015	馆藏文物防震规范 Specification for seismic protection of museum collection
46	GB/T 36111-2018	文物展柜基本技术要求及检测 Basic technical requirements and test procedures of museum showcase
47	GB/T 36110-2018	文物展柜密封性能及检测 Sealing performances and test procedures of museum showcase
48	WW/T 0016-2008	馆藏文物保存环境质量检测技术规范 Technical specifications for monitoring of museum environment quality
49	WW/T 0047-2012	馆藏文物保存环境检测 气体扩散采样测定方法 氨的测定 Detection for museum environment-Test methods of gas with diffusion sampling-Determination of ammonia
50	WW/T 0046-2012	馆藏文物保存环境检测 气体扩散采样测定方法 甲酸和乙酸的测定 Detection for museum environment-Test methods of gas with diffusion sampling-Determination of formic acid and acetic acid
51	WW/T 0068-2015	馆藏文物保存环境控制 调湿材料 The control of museum environment-Humidity controlling materials
52	WW/T 0067-2015	馆藏文物包装材料 无酸纸质材料 Packaging and storage material of museum collection-Acid-free paper material
53	GB/T 23862-2009	馆藏文物包装材料 无酸纸质材料 Packaging and storage material of museum collection-Acid-free paper material
54	WW/T 0077-2017	馆藏文物包装材料 无酸纸质材料 Packaging and storage material of museum collection-Acid-free paper material

后记

Postscript

经过近百年的积累与实践，我国的文物保护事业取得了令人瞩目的发展与进步。尤其是近年来随着经济社会的飞速发展，我国文博行业更是呈现出一片欣欣向荣的景象，通过加强开放合作，坚持科技创新、多学科协同保护，逐渐在理念、方法、技术等方面形成了一套既符合国际规则又具有中国特色的馆藏文物保护科学体系。

为配合在北京举办的“国际博物馆协会藏品保护委员会第19届大会”（ICOM-CC 19th Triennial Conference），向国际同行和社会展示我国馆藏文物保护的“中国理念、中国方案与中国技术”，2019年8月，在国家文物局的组织和指导下，首都博物馆、中国丝绸博物馆和中国文物保护技术协会联合策划并实施“万年永宝：中国馆藏文物保护成果展”。突如其来的新型冠状肺炎疫情，给展览带来了巨大挑战，由于ICOM-CC会议的延期，展览也由原计划的2020年9月延期至2021年5月18日国际博物馆日，终于在首都博物馆顺利开幕。

在此，要特别感谢展览主办方国家文物局，在展览的筹备与组织过程中，国家文物局博物馆与社会文物司（科技司）的罗静司长、金瑞国副司长、焦丽丹处长多次主持召开会议，审查大纲、提出建议、统筹安排，使得展览和图录的各项工作得以有序推进。

展览的基本要素是展品。因此，要诚挚感谢10省市文物主管部门的大力支持（名单见“协办单位”），正是由于他们的支持和帮助，使得来自全国23家单位的50余件（套）展品得以相聚在北京（名单见“展品提供”），集中展现我国馆藏文物保护的研究成果与经典案例。

展览的核心要务是内容。本次展览涉及发展历程、科学认知、保护修复、工艺复原和风险管理，感谢全国40余家文博机构、高等院校、科研院所为展览提供各类所需资料（名单见“资料提供”），没有各方的无私分享，展览将是无源之水、无根之木。

展览的最终呈现是形式。感谢杭州黑曜石展示设计有限公司韩萌女士及其团队完成展览设计与展览实施，中国美术学院方舒弘先生支持展览海报与平面设计；感谢杭州汉克展览科技有限公司、天津森罗科技股份有限公司、北京玻名堂玻璃有限公司提供部分定制展柜及玻璃，广州市三信红日照明有限公司提供部分定制展柜的柜内灯光系统与部分特殊图像成像灯光系统；感谢浙江科通数艺科技有限公司、巴可伟视（北京）电子有限公司提供展厅投影设备及部分媒体技术支持，杭州望雨文化传媒有限公司提供部分展厅多媒体视频内容制作。从设计到实现，充分体现展示内容和展示技术的深度融合。

展览的终极目标是传播。感谢杭州澜链科技有限公司孙波、甘为先生支持展览3D及虚拟展示内容的制作，中兵勘察设计研究院有限公司赵术强先生及其团队支持文物三维数据采集与处理；感谢华为终端有限公司提供华为AR眼镜系统设备及技术支持。虚实结合的全新尝试，为展览传播打开一片新天地。

展览的最终沉淀是图录。关于本图录的编写，我们要特别感谢马家郁、陆寿麟、周宝中、奚三彩等老专家慷慨提供我国文物保护的历史资料，感谢为图录撰写研究论文的专家，感谢各位文字作者、图片提供者、插图绘制者，同时感谢科学出版社张亚娜女士及其团队对图录出版工作的尽心尽力。

最后，对于所有为“万年永宝：中国馆藏文物保护成果展”成功举办及同名图录出版做出贡献的机构、领导、学者和各界朋友，一并表示最诚挚的感谢！

首都博物馆
中国丝绸博物馆
中国文物保护技术协会
2021年5月